高等院校人力资源管理系列规划教材

薪酬管理理论与实务

刘艳红　张艳萍◉主编

電子工業出版社
Publishing House of Electronics Industry
北京 · BEIJING

图书在版编目（CIP）数据

薪酬管理理论与实务 / 刘艳红，张艳萍主编．—北京：电子工业出版社，2016.4
高等院校人力资源管理系列规划教材
ISBN 978-7-121-28020-7

Ⅰ．①薪… Ⅱ．①刘… ②张… Ⅲ．①工资管理—高等学校—教材 Ⅳ．①F244

中国版本图书馆 CIP 数据核字（2016）第 003125 号

策划编辑：姜淑晶
责任编辑：李慧君
印　　刷：北京季蜂印刷有限公司
装　　订：北京季蜂印刷有限公司
出版发行：电子工业出版社
　　　　　北京市海淀区万寿路 173 信箱　邮编 100036
开　　本：787×1 092　1/16　印张：19.25　字数：479 千字
版　　次：2016 年 4 月第 1 版
印　　次：2016 年 4 月第 1 次印刷
定　　价：43.00 元

凡所购买电子工业出版社图书有缺损问题，请向购买书店调换。若书店售缺，请与本社发行部联系，联系及邮购电话：（010）88254888。

质量投诉请发邮件至 zlts@phei.com.cn，盗版侵权举报请发邮件至 dbqq@phei.com.cn。

服务热线：（010）88258888。

前　言

在过去数十年的时间里，我国依靠低廉的人力成本占据了全球的劳动力市场，但是这一优势正在不断弱化。企业承担着来自物价持续上涨、环境污染等多种因素造成的成本压力，除此之外，职场的新生力量也不再热衷于追求薪酬的绝对值。这对企业提出了更高的管理要求的同时，也给了企业一定的压缩人力成本的空间。企业的人力成本正处于持续的上升过程中，这意味着投入与过去相等数量的资源，为了获得相等数量的收益，企业必须提高成本转化效率，对薪酬体系而言就是提高薪酬体系效能。

薪酬管理作为提高员工工作热情的有效激励手段，是现代企业管理制度中不可或缺的一部分。企业经营者只有设计出符合企业发展阶段、行业特征和人员结构的薪酬体系，才可以最大限度地提高员工的积极性。员工不仅能够完成本职工作，而且能够积极地参与到公司的业务策略、流程改进和客户维护等工作中，才能极大地提高工作绩效。

本书以薪酬体系设计的流程为核心，全面阐述了薪酬体系设计的每个步骤和层次，通过使用前沿的理论知识、新的资料以及大量图表和实例操作对理论进行更好的诠释，使阅读起来能够通俗易懂，以满足教学和实际应用的需要。编写本书的目的是使读者既能学习薪酬管理理论，又能掌握薪酬管理的实际操作技能，能够学以致用。除此之外，本书配有电子课件及习题参考答案。

本书共 11 章，包括薪酬与薪酬管理概述、企业战略与薪酬管理、岗位评价、薪酬调查、薪酬水平定位、薪酬结构设计、基于岗位的薪酬体系设计、基于技能和能力的薪酬体系设计、基于绩效的薪酬体系设计、员工福利体系设计、薪酬业务处理。全书体系完整、结构清晰，高度关注企业薪酬体系设计与薪酬管理的实务，操作性强，有大量的图表解析及操作实例，突出体现了师生在教材应用上的方便性。

本书既可用作人力资源管理、劳动经济学、劳动与社会保障等专业的专科、本科生的教材，也可用作企业培训的参考用书。

本书总体框架由刘艳红和张艳萍审定，具体分工如下：刘艳红负责第 1、3、6、7 章的编写；张艳萍负责第 2、4、5、8 章的编写；第 9、11 章由王艳双、张艳萍、刘艳红和朱冰合作编写；第 10 章由任希玖编写；刘艳红和张艳萍负责审稿。感谢大家的辛苦合作，为本书付出了不懈努力。

本书在编写过程中参考和引用了国内外学者的大量著作，限于篇幅，在这里没有一一注明，特向著作者深表谢意。由于我们的理论知识和实际操作经验有限，书中错误和疏漏之处在所难免，恳请专家、学者、企业界人士和广大读者予以批评指正，欢迎大家随时与我们联系。

编　者

目　录

第 1 章

薪酬与薪酬管理概论

学习目标

📖 一般掌握

- 薪酬与薪酬管理的相关概念
- 影响薪酬的因素

📖 重点掌握

- 薪酬管理的基本流程
- 薪酬管理的实施原则

学习导航

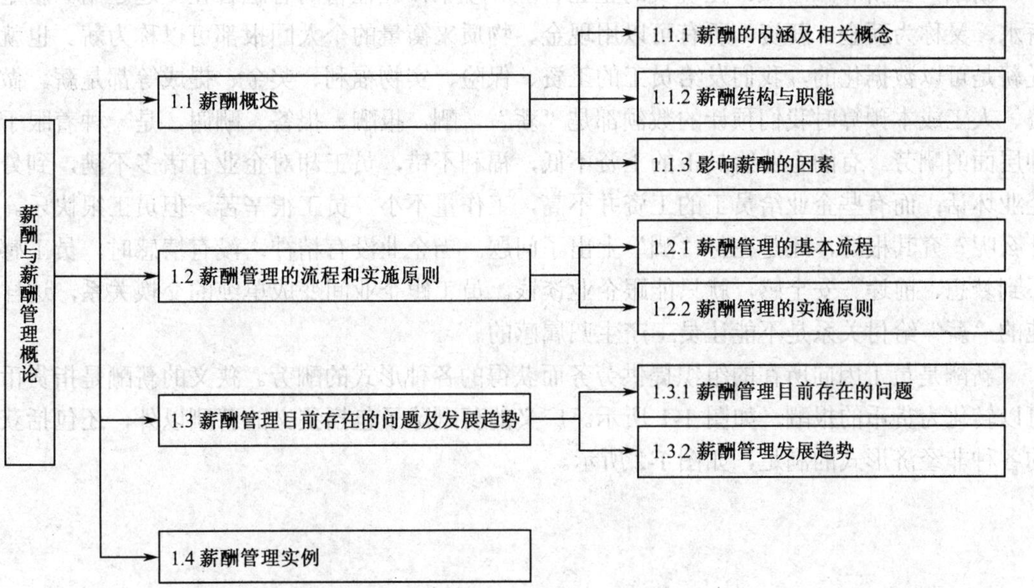

导入案例

A 企业是某市的明星企业，企业利润、效益都位于当地先进水平，薪酬总体水平在当地也很有竞争力。令企业管理者头痛的是，薪酬却一直是人员抱怨的目标，人员薪酬满意度并不高，骨干人员不断流失，超水平的薪酬付出并没有发挥出其应有的激励效果。

案例点评

有些企业可能会陷入这样一个误区——员工获得的薪酬越高，他们就会越幸福。但是众多事实表明，金钱并不能买到幸福。当然，金钱也不一定能换来员工的敬业度。合理的薪酬制度应达到三个目的：第一是提供具有市场竞争力的薪酬，以吸引有才能的人；第二是确定组织内部的公平，合理确定企业内部各岗位的相对价值；第三是薪酬必须与工作绩效挂钩，激励员工的工作动机，奖励优秀的工作业绩，利用金钱奖赏来达到激励员工的目的。企业的薪酬水平是否合理，直接影响到企业在人才市场的竞争力。只有提供具有竞争力的薪酬，企业才能吸引发展所需的各类优秀人才。因此，A 企业要想让薪酬激励达到预想的效果，就必须重新审视该企业内部的薪酬制度，重新设计薪酬体系。

（资料来源：薪酬设计，怎样达到最佳激励效果？中人网，2015-10-11）

1.1 薪酬概述

1.1.1 薪酬的内涵及相关概念

薪酬，由薪和酬组成。在现实的企业管理环境中，往往将两者融合在一起运用。薪是指薪水，又称为薪金、薪资，所有可以用现金、物质来衡量的个人回报都可以称为薪。也就是说薪是可以数据化的，我们发给员工的工资、保险、实物福利、奖金、提成等都是薪。做工资、人工成本预算时我们预计的数额都是“薪”。酬，报酬、报答、酬谢，是一种着眼于精神层面的酬劳。有的企业给员工的工资不低，福利不错，员工却对企业有诸多不满，到处说企业坏话；而有些企业给员工的工资并不高，工作量不小，员工很辛苦，但员工很快乐。为什么呢？究其根源，还是在付“酬”上出了问题。当企业没有精神，没有情感时，员工感受不到梦想、前途、安全感，就只能跟企业谈钱。员工跟企业间变成单纯的交换关系，这样单纯的“薪”给付关系是不能让员工产生归属感的。

薪酬是员工因向所在的组织提供劳务而获得的各种形式的酬劳。狭义的薪酬是指货币和可以转化为货币的报酬，如图 1-1 所示。广义的薪酬除了包括狭义的薪酬以外，还包括获得的各种非经济形式的满足，如图 1-2 所示。

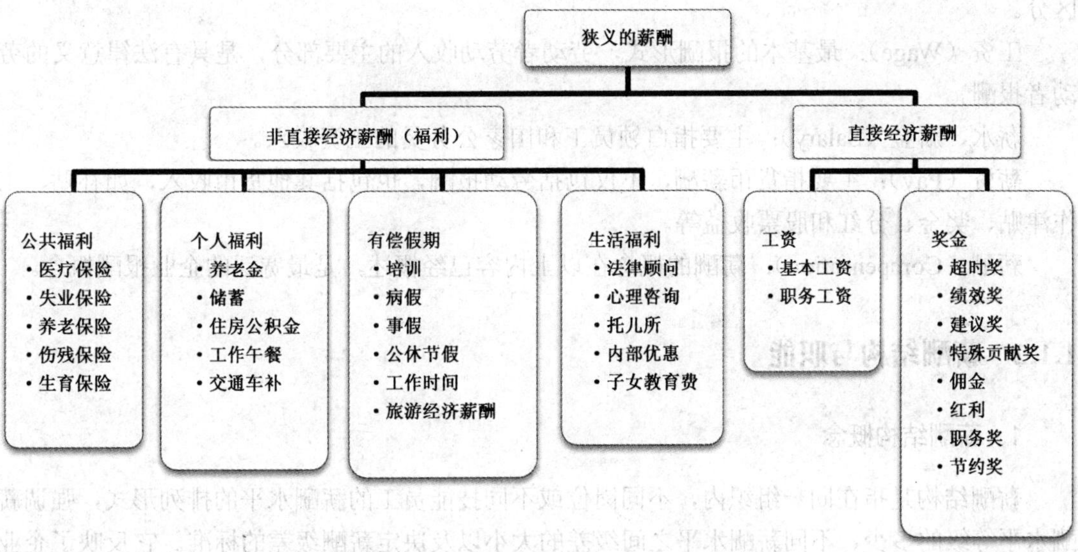

图 1-1　狭义的薪酬概念

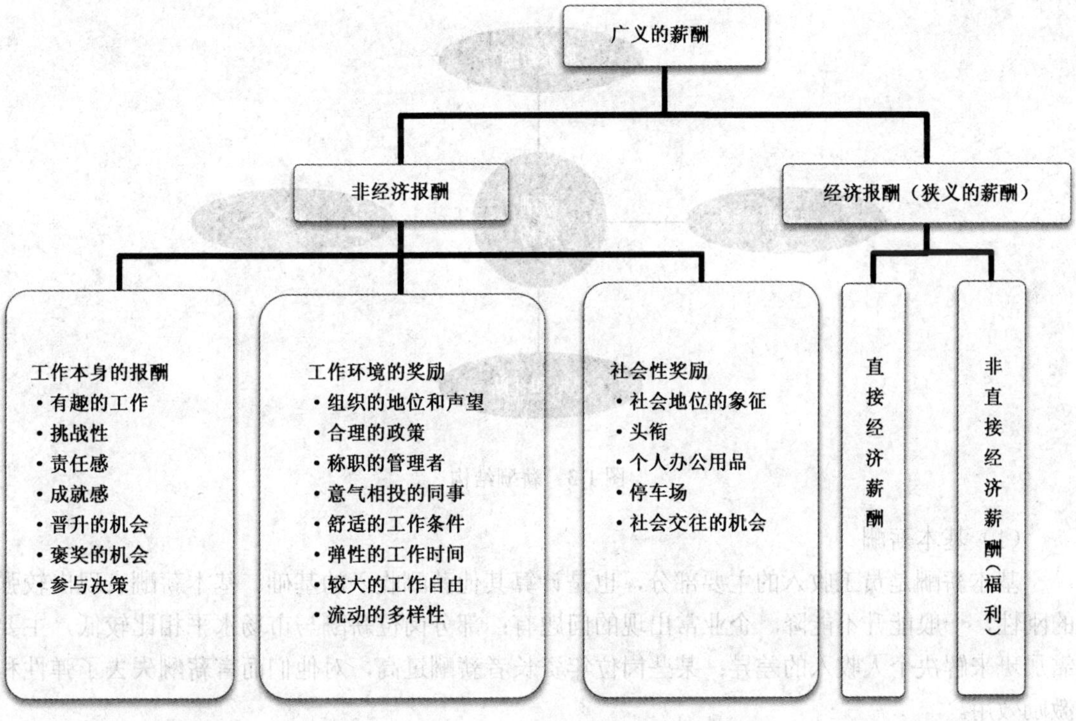

图 1-2　广义的薪酬概念

通常，我们在工作中都会用到工资、薪水、薪金、薪资和薪酬这几个概念，但是经常会把这些概念混淆，并且把它们作为同一含义的不同表述来看待，在这里我们对以上概念进行区分。

工资（Wage）：最基本的报酬形式，劳动者劳动收入的主要部分，是具有法律意义的劳动者报酬。

薪水、薪金（Salary）：主要指白领员工和国家公务员的工资收入。

薪资（Pay）：主要指货币薪酬，不仅包括劳动报酬，也包括其他货币收入，如补贴、工作津贴、奖金、分红和股票收益等。

薪酬（Compensation）：薪酬的概念在以上内容已经概述，是最宽泛的企业报酬概念。

1.1.2 薪酬结构与职能

1. 薪酬结构概念

薪酬结构是指在同一组织内，不同岗位或不同技能员工的薪酬水平的排列形式，强调薪酬水平等级的多少、不同薪酬水平之间级差的大小以及决定薪酬级差的标准。它反映了企业对不同职务和能力的重要性及其价值的看法。薪酬结构主要包括：基本薪酬，奖金，津贴和补贴，福利四大部分，如图 1-3 所示。

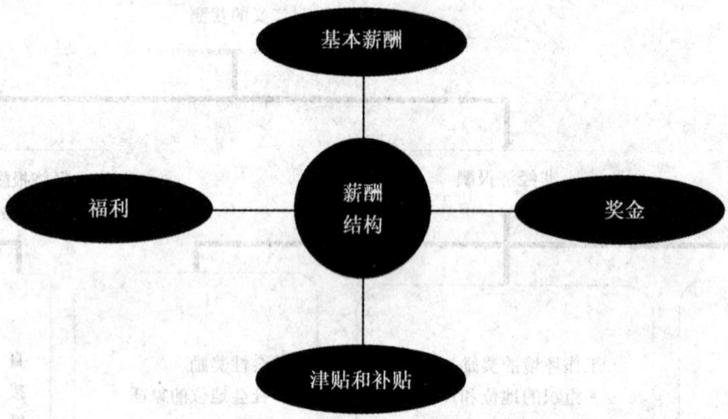

图 1-3 薪酬结构

（1）基本薪酬

基本薪酬是员工收入的主要部分，也是计算其他薪酬收入的基础。基本薪酬表现出较强的刚性，一般能升不能降。企业常出现的问题有：部分岗位薪酬与市场水平相比较低，主要靠加班来解决个人收入的差异；某些岗位年资长者薪酬过高，对他们而言薪酬失去了弹性和激励效用。

（2）奖金

奖金分为绩效奖金和效益奖金，绩效奖金反映员工工作业绩，效益奖金反映公司经济效益。一方面，绩效奖金及效益奖金的缺少会导致薪酬与工作业绩、经济效益脱节，使薪酬缺乏激励效用；另一方面，主张奖金占薪酬的主要比重，滥发奖金，又会本末倒置。

（3）津贴、补贴

津贴、补贴是一种补偿性的劳动报酬，具有一定的灵活性。人们习惯把属于生产性质的称为津贴，把属于生活性质的称为补贴。在津贴、补贴设计中要防止设置过滥和随意取消两种倾向。

（4）福利

福利是企业为满足员工的生活需要，在工资收入之外，向员工本人及家属提供的货币、实物及一些服务形式。它分为法定福利和企业福利。法定福利是根据政府的政策法规要求，企业必须向员工提供的福利，具有强制性，如五险一金等；企业福利是企业根据自身的特点有目的、有针对性地设计的一些福利项目。福利设计时应注重其长期性、整体性和计划性。另外，近年来弹性福利制兴起，员工可以从企业提供的列有各种福利项目的“菜单”中选择其所需要的福利，让员工有更大的自主权，激励效果更佳。

薪酬结构确定应注意两点：一是其制定过程要科学、合理，二是薪酬之间差异要合理。其设计思路一般有两种，一种是趋于平等的薪酬结构，一种是趋于等级化的薪酬结构。

薪酬结构必须满足公司经营对薪酬的基本要求：公平性和可操作性。薪酬公平性主要体现在三个方面：薪酬的对内公平、对外公平和个人公平。薪酬的可操作性是指薪酬在实际运行中，能够满足员工岗位调整、能力晋升、业绩认可等对薪酬调整的要求。

小案例

内部公平和外部公平

某公司想要引进几名计算机专业的高校毕业生，按公司现有的薪酬制度，这些毕业生进入公司初始阶段的薪酬低于教育水平稍低而工作年限较长的一般性员工。毕业生每月的薪酬是 4 500 元左右，但这些员工的市场水平却在 5 000 元左右。与此同时，该公司相当一部分员工每月薪酬在 4 500～5 500 元，其市场薪酬水平只有 4 000 元左右。因此，虽然公司对高素质计算机专业的毕业生有强烈需求，但很难留住这些员工。从本案例可以看出该公司的薪酬结构不仅内部不公平，外部也不公平。

2. 薪酬职能

薪酬职能是指薪酬在运用过程中的具体功能的体现和表现，是薪酬管理的核心，包括补偿职能、激励职能、社会信号职能、调节职能、效益职能和统计监督职能，如图 1-4 所示。

（1）补偿职能

职工在劳动过程中体力与脑力的消耗必须得到补偿，保证劳动力的再生产，劳动才能得以继续，社会才能不断进步、发展。同时，职工为了提高劳动力素质，要进行教育投资，这笔费用也需要得到补偿，否则劳动力素质就难以不断提高，进而影响社会发展。在市场经济体制下，对以上两方面的补偿不可能完全由社会来承担，有相当一部分要由个人承担。对职工来说，通过薪酬的取得，以薪酬换取物质、文化生活资料，就可以保证劳动力消耗与劳动力生产费用支出的补偿。薪酬的这一补偿职能表面上与薪酬保障职能是一个意思，实际上是有区别的。补偿职能符合按劳分配原则，多劳多得薪酬（补偿），少劳少得薪酬（补偿）。而保障职能是基于平均主义，不论干与不干、干多干少都要保障基本生活，而且还为一些单位打着保障生活、改善生活的旗号，盲目攀比薪酬水平，增加薪酬提供了“理论”根据。

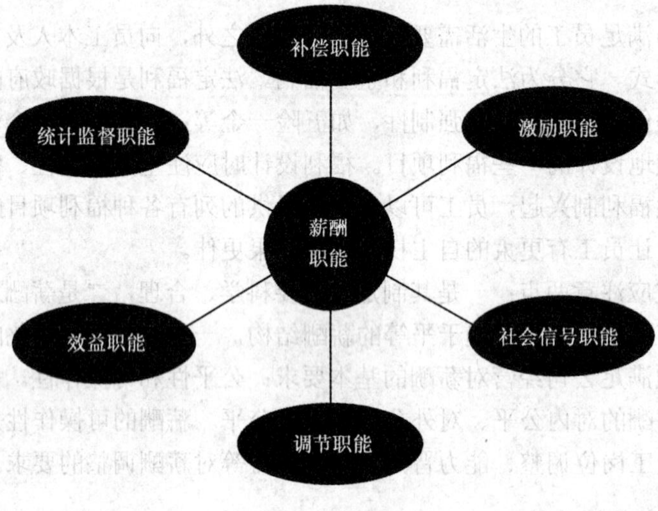

图 1-4　薪酬职能

（2）激励职能

在社会主义社会，物质文化生活资料是作为商品来生产和流通的，价值规律仍起着调节作用，货币仍旧是价值尺度和流通手段。职工为了取得所需要的物质文化生活资料，只能用货币去购买。货币薪酬多，购买的生活资料就多，生活水平就高；薪酬少则生活水平低。显然，为了提高生活水平，就要通过多劳动来多得薪酬。但是，薪酬的多少不仅取决于提供的劳动量，还在于劳动的质量。劳动质量高，薪酬就多；反之，薪酬就少。因此，职工为了取得较多的薪酬，提高生活水平，还应不断地、全面地提高自身的素质，以求能够提供数量更多、质量更高的劳动，从而获得更多的薪酬。通过薪酬的这一激励职能，就能激励职工关心自己劳动力素质的提高和劳动成果的增加，最终使全社会的经济不断发展，人民生活不断改善。

（3）社会信号职能

对于员工来说，薪酬所具有的信号传递功能也是一种非常重要的功能。员工所获得薪酬的水平高低向其他人传递了一种信号，人们可以根据这种信号来判定员工的家庭、朋友、职业、受教育程度、生活状况甚至宗教信仰以及价值取向等。员工对这种信号的关注实际上反映了员工对于自身在社会以及企业内部价值的关注。

（4）调节职能

薪酬的调节职能主要表现在引导劳动者合理流动。在劳动力市场中劳动供求的短期决定因素是薪酬。薪酬高，劳动供给数量就大；薪酬低，劳动供给数量就少。因此，科学合理地运用薪酬这个经济参数，就可以引导劳动者向合理的方向流动，使其从不急需的产业（部门）流向急需的产业（部门），从发挥作用小的产业（部门）流向发挥作用大的产业（部门），达到劳动力的合理配置。薪酬的调节职能还表现在通过对薪酬关系、薪酬水平的调整来引导劳动者努力学习和钻研企业等经济组织急需的业务（技术）知识，从人才过剩的职业（工种）向人才紧缺的职业（工种）流动，既满足了各行各业的需要，又平衡了人力资源结构。最后，薪酬的确定，还能协调国家、集体、个人三者的利益关系。

（5）效益职能

薪酬对于企业等经济组织来说是劳动的价格，是其投入的可变成本。不能将企业的薪酬投入仅看成货币投入，它是资本金投入的特定形式，是投入活劳动（通过劳动力）这一生产要素的货币表现。因此，薪酬投入也就是劳动投入，而劳动是经济效益的源泉。此外，薪酬对劳动者来说是收入，是生活资料的来源。在正常情况下，一个劳动者所创造的劳动成果总是大于他的薪酬收入，剩余部分就是薪酬经济效益。从雇主的眼光来看，薪酬具有效益职能。也正因为薪酬的效益职能，社会才有可能扩大再生产，经济才能不断发展，人们的生活水平也才会不断提高。

（6）统计监督职能

薪酬是按劳动数量与质量进行分配的。所以，薪酬可以反映出劳动者向社会提供的劳动量（劳动贡献）大小。薪酬是用来按一定价格购买与其劳动支出量相当的消费资料的。所以，薪酬还可以反映出劳动者的消费水平。因此，通过薪酬就把劳动量与消费量直接联系起来。对薪酬支付的统计与监督，实际上也是对活劳动消耗的统计与监督，进而也是对消费量的统计与监督。这就有助于国家从宏观上考虑合理安排消费品供应量与薪酬增长的关系，以及薪酬增长与劳动生产率增长、国内生产总值增长的比例关系。

1.1.3　影响薪酬的因素

在我国企业管理不断发展的今天，薪酬是与员工积极性结合最紧密的一个因素。影响薪酬的因素主要应该从三个方面考虑：企业因素、个人要素和外部因素，如图 1-5 所示。

1．企业因素对薪酬的影响

（1）企业负担能力

员工的薪酬与企业负担能力的大小存在着非常直接的关系，如果企业负担能力强，则员工的薪酬水平高且稳定；如果薪酬负担超过了企业的承受能力，那么就会造成企业严重亏损、停业或破产。

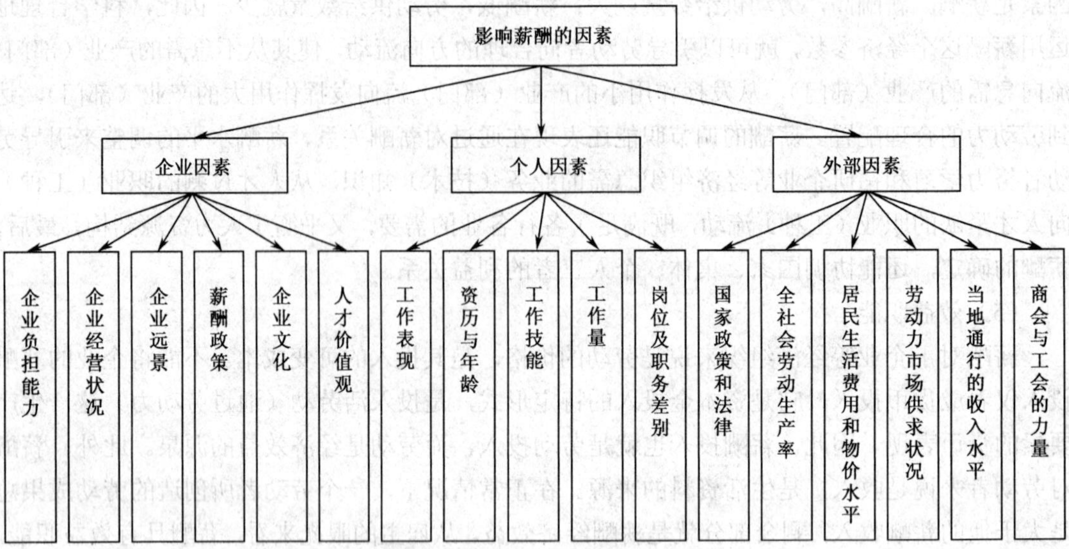

图 1-5 影响薪酬的因素

（2）企业经营状况

经营好的企业经济效益自然好，其薪酬水平相对比较稳定且有较大的增幅，而那些经营业绩较差的企业，其薪酬水平相对较低且没有保障。

（3）企业远景

企业处于行业的不同时期（初创期、成长期、成熟期、衰退期），企业的盈利水平和能力及企业远景是不同的，这些差别会导致薪酬水平的不同。

（4）薪酬政策

薪酬政策是企业分配机制的直接表现，薪酬政策直接影响着企业利润积累和薪酬分配的关系。一部分企业注重高利润、高积累，一部分企业注重二者之间的平衡关系，这些差别会直接导致企业薪酬水平的不同。

（5）企业文化

企业文化是企业分配思想、价值观、目标追求、价值取向和制度的土壤。企业文化不同，必然会导致观念和制度的不同，这些不同决定了企业的薪酬模型、分配机制的不同，这些因素间接地影响着企业的薪酬水平。

（6）人才价值观

人才价值观的不同会直接导致薪酬水平的不同，比如对“是否只有支付高薪才能吸引最优秀的人才？”“是否要重奖优秀人才?”的回答不同，薪酬水平是完全不一样的。

2. 个人因素对薪酬的影响

（1）工作表现

员工的薪酬是由个人工作表现决定的，因此在同等条件下，高薪也来自个人工作的高绩效。因为一般来说，个人表现好会产生较高的绩效。

（2）资历与年龄

通常资历高的员工比资历低的员工薪酬要高，其主要原因是要补偿员工在学习技术时所耗费的时间、体能、金钱和机会，甚至是心理上的压力等直接成本，以及因学习而减少收入所造成的机会成本，还带有激励作用，即促进员工愿意不断地学习新技术，提高生产力水平。资历与年龄应该说是一种财富，这主要取决于两种假定：一是人的能力随年龄的增长而增长；二是职工的生活费用支出或赡养人口随着年龄的增长而增加。

（3）工作技能

如今科技进步，资讯发达，企业之争便是人才之争，掌握关键技能的人已成为企业竞争的利器。这类人才成为企业高薪聘请的对象。企业竞争激烈，使得企业愿意付高薪给两种人：一是掌握关键技术的专才，二是阅历丰富的通才。阅历丰富的通才，可以有效整合企业内部高度分工的各项资源，形成综合效应。员工应该把握各种机会丰富自己的阅历，在参与各项工作中，均应尽心尽力，当做学习的机会，充实自己本专业以外的知识与技术等，假以时日，自然会造就非凡价值。

相关链接

雅虎关闭北京研发中心，钱多活少的工作越来越难找

2015 年 3 月 8 日，雅虎在内部正式宣布将关闭雅虎北京全球研发中心（简称“雅虎北研”）。之前雅虎北研有近 300 名员工，多数毕业于知名院校，拥有研究生学历。这个消息刚刚放出来，很多创业公司和猎头公司就已经开始摩拳擦掌了，有些创业公司老板已经准备专门去公司大厦下面“守株待兔”了。

同时也有不同的意见，看准网创始人赵鹏告诉 36 氪，他认为雅虎北研的员工可能比较难适应现在的环境。相比现在的互联网公司和创业公司，雅虎北研薪资高、工作清闲（之前有人因为担心技能荒废所以跳槽），雇主会担心招来的人“判断和技术不灵了”、“不能干活不能吃苦”。

之前诺基亚和摩托罗拉（中国）裁员，对这些员工，阿里巴巴和小米的态度就不太相同。所以雅虎北研的“下岗职工”们到基层去，可能还需要适应的时间。

（资料来源：网易科技，2015-03-18）

（4）工作量

不管按时计薪、按件计酬，还是按绩效计酬，通常工作量较大时，薪酬水平也较高。这种现实的工作量差别是导致薪酬水平高低差别的基本原因。

（5）岗位及职务差别

职务既包含着权力，同时也负有相应的责任。权力是以承担相应的责任为基础的，责任是由判断力或决策能力而产生的。通常情况下职务高的人权力大，责任也较重，因此其薪酬水平相对也较高。

3．外部因素对薪酬的影响

（1）国家政策和法律

不同时期，国家的经济政策会有所不同，有时刺激消费，有时抑制通货膨胀，甚至下令冻结工资。许多国家对于职工最低工资从法律上予以规定。此外，有的国家还规定了同工同酬等法律条文。

（2）全社会劳动生产率

劳动生产率水平及其变化是决定一个国家或地区或企业薪酬水平的首要因素。合理的薪酬水平就一定要处理好薪酬水平与劳动生产率的关系。薪酬水平应该随劳动生产率的增长而增长，其增长幅度应该低于劳动生产率的增长幅度，但又不能大大低于劳动生产率的增长幅度。实践证明，薪酬水平大大超过劳动生产率的增长幅度就会影响物质生产部门的发展，影响物价稳定；过分低于劳动生产率的增长幅度，则不符合按劳分配的原则，并会挫伤员工的劳动积极性，也不利于生产持续发展，最终影响薪酬和生活水平的提高。根据国外经验，薪酬增长与劳动生产率的比例一般保持在1∶0.5～1∶0.7为宜。当然，各地区、各企业的劳动生产率和薪酬增长比例不可能划一，因为其内部和外部的一系列因素（如生产结构的变化、管理人员的业务水平、劳动条件、所采用的物质刺激的效果、劳动定额的水平、某一时期的薪酬调整，等等）的作用而有所差别。

（3）居民生活费用和物价水平

职工的正常收入至少应能支付家庭的基本生活费用，而这个费用又与居民消费习惯及当地物价水平有关。有的国家规定公职人员的工资根据物价水平每年调整一次，以保证生活水准不下降。生活消费品价格的变动会直接影响员工的薪酬水平。

（4）劳动力市场供求状况

当劳动力供过于求时，员工就会接受较低的薪酬水平；当劳动力供不应求时，组织就要提高员工的薪酬水平。一般情况下，组织总是在财力允许的条件下，将薪酬水平制定在不低于同行业的平均水平，从而使组织的薪酬具有一定的竞争力。就个别劳动者而言，其劳动供给量可以说是由个人偏好来决定。

（5）当地通行的收入水平

人们总是在做各种横向比较，尤其是与当地就业者的收入水平作比较，同一行业在不同企业的收入不能相差太多，否则收入低的企业就不稳定。

（6）商会与工会的力量

某一地区某一行业的薪酬水平，往往是商会（业主或经理的联合）与工会谈判的结果。商会势力大，薪酬可能被压低；工会势力大，薪酬可能会提高。

1.2　薪酬管理的流程和实施原则

1.2.1　薪酬管理的基本流程

无论对于什么类型的企业，薪酬管理在企业管理中都是极其重要的。企业的薪酬管理与许多因素相关，如企业的薪酬原则和战略、地区及行业的薪酬水平、企业的竞争力、支付能力等。因此，企业薪酬管理是依据一系列的科学化原则，按照一定的步骤，分成以下六个基本环节完成的，这六个环节环环相扣，每个环节都将对企业薪酬管理的结果产生直接的影响，如图 1-6 所示。

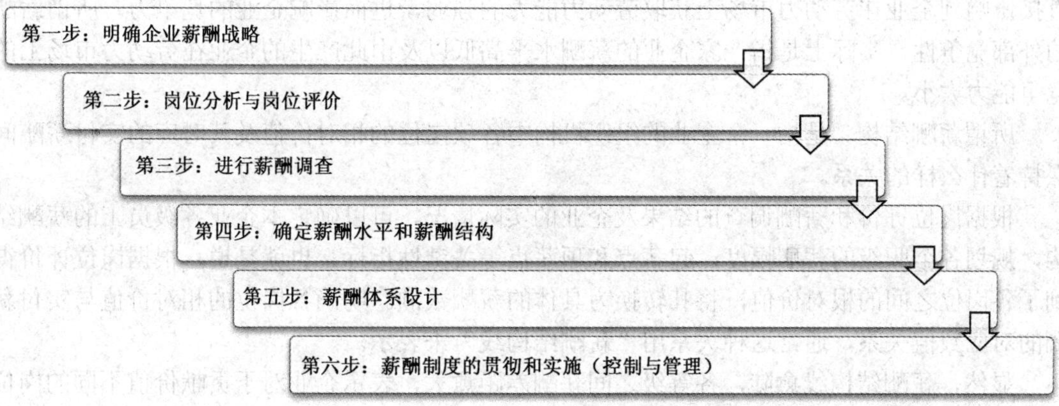

图 1-6　薪酬管理的基本流程

1．明确企业薪酬战略

对企业的薪酬管理来说，首先要明确企业薪酬政策及目标，提出企业薪酬战略和薪酬制度的基本原则，即应当明确企业是采用高薪酬或低薪酬政策，还是依照市场上人力资源的平均价位，将本企业员工的薪酬控制在一般水平上。企业薪酬政策必须与企业的总体人力资源战略相匹配，保持一致性。

2．岗位分析与岗位评价

岗位分析与岗位评价是制定科学合理的薪酬制度的前提和依据。通过岗位分析与岗位评价，能够明确岗位的工作性质、所承担责任的大小、劳动强度的轻重、工作环境的优劣，以及劳动者所应具备的工作经验、专业技能、学识、身体条件等方面的具体要求。同时，根据岗位分析所采集的数据和资料，采用系统科学的方法，对企业内各个层次和职别的工作岗位的相对价值做出客观的评价，并依据岗位评价的结果，按照各个岗位价值的重要性由高至低进行排列，以此作为确定企业基本薪酬制度的依据。

岗位评价的目的在于明确每个岗位的相对价值；根据对岗位系统科学的评价，确定各岗位的薪酬等级。

3．进行薪酬调查

通过必要的市场调查，充分了解和掌握企业外部的各种薪酬的影响因素，包括劳动力市场上人才竞争与供给状况、各行业的薪酬水平，以及其他企业所设立的薪酬福利保险项目等，以确保企业的薪酬制度对外具有一定竞争性，对内具有一定的公平性。

4．确定薪酬水平和薪酬结构

薪酬水平是指企业支付给不同岗位的平均薪酬。薪酬水平侧重分析组织之间的薪酬关系，是相对于竞争对手的组织整体的薪酬支付实力。一个组织所支付的薪酬水平高低无疑会直接影响到企业在劳动力市场上获取劳动力能力的强弱，进而影响企业的竞争力。所谓薪酬的外部竞争性，实际上是指一家企业的薪酬水平高低以及由此产生的企业在劳动力市场上的竞争能力大小。

所谓薪酬结构，是指一个企业的组织机构中各项岗位的相对价值及其对应的实付薪酬间保持着什么样的关系。

根据岗位评价和薪酬调查的结果及企业的实际情况，可以确定本企业各级员工的薪酬结构，规划各个职级的薪酬幅度、起薪点和顶薪点等关键性指标。也就是说，根据岗位评价得到了各岗位之间的根对价值，将其转换为具体的薪酬数额。明确各岗位的相对价值与实付薪酬的对应数值关系，通常这种关系用“薪酬结构线”来表示。

显然，薪酬结构线愈陡，各等级之间薪酬差距愈大，表示企业对于贡献价值不同的岗位采用的是拉大企业薪酬差距的薪酬策略。

薪酬结构设计的用途是开发企业的薪酬系统，使每一岗位的工资都对应于它的相对价值，因而具有一定的内在公平性。

5．薪酬体系设计

薪酬体系设计根据企业的实际情况，并紧密结合企业的战略和文化，系统、全面、科学地考虑各项因素，并及时根据实际情况进行修正和调整，遵循按劳分配、效率优先、兼顾公平及可持续发展的原则，充分发挥薪酬的激励和引导作用，为企业的生存和发展起到重要的制度保障作用。一个设计良好的薪酬体系直接与组织的战略规划相联系，从而使员工能够把他们的努力和行为集中到帮助组织在市场中生存和发展的方向上去。薪酬体系的设计应该补充和增强其他人力资源管理系统的作用，如人员选拔、培训和绩效评价等。

6．薪酬制度的贯彻和实施（控制与管理）

在企业薪酬制度确定以后，应当完成以下工作，才能保证其得以贯彻实施。

（1）建立工作标准与薪酬的计算方式

依据岗位分析和过去的原始记录，制定工作标准，明确具体的工作流程和程序，以及作业的数量与质量要求，而这些标准和要求应当是公平合理的。同时，必须向员工解释说明薪酬的具体计算方法和结算方式。

（2）建立员工绩效管理体系

对全员进行工作业绩的动态考评，员工绩效管理制度是建立激励制度的前提和基础也是贯彻执行企业薪酬制度的基本保证。

（3）建立有效的激励机制和薪酬福利计划

对表现突出的优秀员工进行必要表彰和物质鼓励，以鞭策员工对企业做出更大的贡献。

员工的福利计划，以及必要的服务、保障措施是为了最大限度地调动员工的生产积极性和创造性而设立的制度，这些福利性项目是企业薪酬制度的重要补充，有了这些项目，才能使薪酬制度的结构更加完美。

在完成上述各项工作，贯彻落实企业既定的薪酬政策的同时，企业的人力资源部门还需要认真地统计记录各种相关数据资料，提出薪酬福利的预算方案，定期进行复核检查，并采用必要有效的措施控制人工成本，提高薪酬效率。

在执行薪酬制度的过程中，可能会遇到许多问题，其中最主要的是薪酬的调整和薪酬总水平的控制问题。目前，在我国许多企业中已经建立了年度薪酬调整的制度，但没有统一的制度和标准。企业薪酬的主要特点是级别多、级差小、水平低。

1.2.2　薪酬管理的实施原则

薪酬管理的科学合理性不是一个绝对的概念，涉及组织内外部的许多因素，借鉴余凯成的观点，可以将薪酬管理的实施原则归结为以下五项。

1. 公平性

员工对薪酬分配的公平感，也就是对薪酬发放是否公正的判断与认识，是设计薪酬制度和进行薪酬管理的首要考虑因素，这也是由“公平感”的主观性和相对性所决定的。薪酬的公平性可以分为三个层次。

（1）外部公平性

指同一行业或同一地区同等规模的不同组织中类似岗位的薪酬应当基本相同，因为对他们的知识、技能与经验要求相似，他们的各自贡献应当相似。

（2）内部公平性

指同一组织中不同岗位所获薪酬应正比于各自的贡献。只要比值一致，便是公平。

（3）个人公平性

涉及同一组织中占据相同岗位的人所获薪酬间的比较。

2. 竞争性

这是指在社会上和人才市场中，组织的薪酬标准要有吸引力，才足以战胜其他组织，招到所需人才。究竟应将本组织摆在市场价格范围的哪一段，当然要视本组织的财力、所需人才可获得性的高低等具体条件而定，但要有竞争力，至少应不低于市场平均水平。

3．激励性

这是要在内部各类、各级岗位的薪酬水平上适当拉开差距，真正体现按贡献分配的原则。平均主义的“大锅饭”分配制度，其落后性和危害在过去我国的许多国有企业中已充分体现。

4．经济性

提高组织薪酬水平，固然可提高其竞争性与激励性，但同时不可避免地会导致人工成本的上升，所以薪酬制度不能不受经济性的制约。不过组织领导在对人工成本考察时，不能仅看薪酬水平的高低，还要看员工绩效的质量水平。事实上，后者对组织产品的竞争力的影响，远大于成本因素。此外，人工成本的影响还与行业的性质及成本构成有关。在劳动力密集型行业中，有时人工成本在总成本中的比重可高达 70%，这时人工成本确有牵一发而动全身之效，需精打细算；但在技术密集型行业中，人工成本却只占总成本的 8%～10%，而组织中科技人员的工作热情与革新性，却对组织在市场中的生存与发展起着关键的作用。

5．合法性

组织薪酬制度必须符合国家的政策法律法规，符合国家及地方有关劳动用工及人事的有关法律、法规，尤其要体现对劳动者的尊重、公正，避免不应有的歧视。例如在员工提供了正常劳动的前提下，企业支付的工资不能低于我国各省、直辖市和自治区普遍执行的《最低工资标准》规定。

1.3 薪酬管理目前存在的问题及发展趋势

1.3.1 薪酬管理目前存在的问题

1．薪酬战略缺失

企业战略其实就是企业谋略，是对企业整体性、长期性、基本性问题的规划，就是以未来为基点，为适应环境变化、赢得竞争优势和取得经营业绩而做出的事关全局的选择和行动。其所要解决的是“我们经营什么以及如何在经营中获胜”的问题。人力资源战略是对企业战略的一个有效支撑，其所要解决的是“人力资源对我们取胜有何作用”的问题。而企业的薪酬战略是公司人力资源战略的分解和细化，薪酬战略的核心是以一系列薪酬选择帮助企业赢得并保持竞争优势，其所要解决的是“整体薪酬制度如何帮助我们取胜”的问题。尤其在中小民营企业中，制定有切实可行的企业战略的公司很少，拥有符合企业战略和企业现状的人力资源战略、薪酬战略的更是凤毛麟角。领先、跟随、滞后的薪酬战略，分别适应于企业的不同阶段和不同类型。很多企业并不知道其中的差别。

2. 没有合理的薪酬体系

目前企业没有合理的薪酬体系的原因有很多，但是最重要的原因可能有两个。第一是企业意识方面的原因，对企业需要一套合理的薪酬体系没有引起足够的重视。第二个原因可能是企业自身能力的不足，从事人力资源管理的人员往往不是专业的人力资源人员，专业能力不足。没有合理的薪酬体系，企业人力资源相关的体系不能很好地配合起来，甚至有时会形成冲突，降低公司的人力资源管理效果。更加严重的是员工的薪酬标准如果仅由老板根据当时情况和经验与应聘人员谈判来确定，随意性较大，很难保持前后的一致性，结果就会导致企业内部员工薪酬标准的混乱。

3. 薪酬结构失衡

薪酬结构是由各种薪酬单元组成，这些薪酬单元一般可分为静态薪酬（基本工资等）、动态薪酬（绩效工资、奖金等）和人态薪酬（福利、津贴等）三类。薪酬结构失衡主要有两种体现：第一种是薪酬结构的失衡。很多企业对福利这一薪酬要素没有给予足够的重视。薪酬结构失衡会致使企业的薪酬体系在运行过程中缺乏足够的灵活性，无法满足员工在薪酬方面的不同需求，特别是会对员工的短、中、长期激励的组合效果产生影响。很多企业将福利完全变成了保健因素，激励效果很差，自助福利的设计没有引起重视。第二种是各类人员的薪酬单元组合比例失调，如固定工资比例过高，绩效工资比例过低，容易导致薪酬的激励作用无法有效发挥。

特别提示

人态薪酬

人态薪酬，即企业年功工资（企业工龄津贴）及公司规定的其他津贴，是对长期服务于企业或有特殊贡献的员工给予的一种补偿和鼓励。企业的年功工资是为了鼓励员工在本企业长期工作，同时也是对有较长的工龄，但始终没有得到升迁机会的员工提供的一定数额的补偿。

4. 岗位价值没有量化、薪酬的内部公平性不足

多数企业薪酬在内部不公平方面存在的问题，比薪酬的外部竞争性方面存在的问题更为严重。通常来讲，企业管理者们会注意到薪酬管理中公平的各层次——各生产要素所有者的公平、同等级员工薪酬的横向公平、不同等级员工的纵向公平等，但他们往往只注重了薪酬设计结果的公平，而忽视了对薪酬界定的程序公平的关注。在一些企业管理者们看来，只要

使员工得到的薪酬与他们的相对工作价值或企业的贡献相当，薪酬框架的设计与操作是公开还是隐蔽的操作并不重要。因此在成长初始阶段，相当一部分企业选择了暗箱操作的薪酬框架，这在企业规模较小的情况下，也不会出现什么大问题，但是一旦企业规模大了，就会出现问题。在我们的咨询实践中，经常会遇到一些这样的问题："职能部门与业务部门人员的待遇如何平衡？""销售人员与技术人员的待遇应如何平衡？""同一行政级别，如主任、经理的待遇都应该是一样的吗？"这些问题的本质上都是企业中岗位的相对价值问题。从企业价值链的角度来说，在基于价值创造的薪酬体系中，如果价值评估这个问题没有得到有效解决的话，会极大地影响价值创造，进而会影响到可分配的价值，价值链的传导作用会被极大地削弱。如果不对岗位价值的大小进行清楚界定的话，就会造成评价不公、分配不公等一系列重大问题，影响员工士气和组织的凝聚力，从而造成公司关键人才的流失。

5．对金钱之外的其他激励手段关注得不够，忽视薪酬体系中的"精神价值"

在大多数企业中，管理者们认为薪酬就是钱，这是一种极其错误的想法。广义的薪酬可分为内在薪酬与外在薪酬两个部分。外在薪酬是指企业支付给员工的工资、奖金、津贴、福利等实质性东西，它需要企业在经济资源方面付出代价。内在薪酬是指人们从工作本身中得到的满足，它一般无须企业耗费经济资源。正是企业的"唯钱论"，使后者受到了极大的忽视。这是一种很典型的，而且也是很原始的薪酬管理观念，会导致员工的人格得不到尊重，优秀的人才得不到重视和发展。依据马斯洛的需求原理，钱只能满足生理、安全和部分社会型的需求，尊重和自我实现的需求往往不能通过金钱得到满足。在民营企业中，很多高管和创业伙伴的离开不是因为钱太少，而是因为"精神价值"没有得到恰当的激励。

6．薪酬激励不及时

由于一些企业的整体管理水平较低，加之很多企业的直线经理没有掌握好有效激励下属的技能，这都大大降低了薪酬激励的及时性。当员工通过自己的努力，做出了杰出的业绩，这个时候，如果直线经理不运用包括薪酬激励在内的激励手段，对员工的行为进行及时的肯定，就会极大地挫伤员工的积极性。如果延迟几个月，奖励的作用将大打折扣，对其他员工的示范作用也将会大为降低。当员工做出公司所倡导的、所鼓励的行为时，他会一直关注公司管理层的行为，如果他的行为得不到及时激励的话，将极大地影响其工作主动性和热情。

1.3.2 薪酬管理发展趋势

建立全面的、科学的薪酬管理体系，对于企业在知识经济时代培育核心竞争能力和竞争优势，获得可持续发展具有重要意义。与传统的薪酬管理相比较，现代薪酬管理出现了以下发展新趋势，如图 1-7 所示。

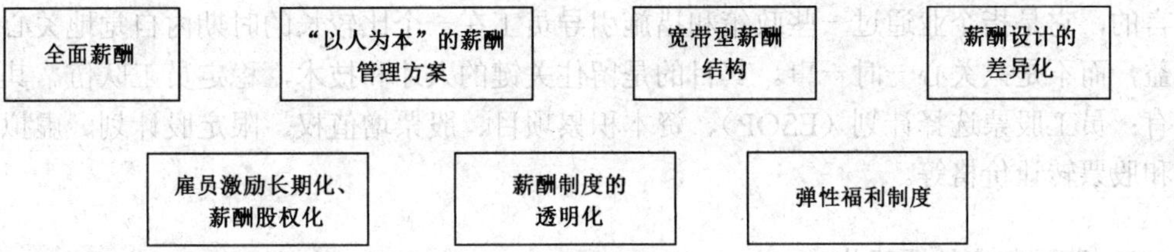

图 1-7　现代薪酬管理的发展趋势

1. 全面薪酬

薪酬不仅仅是指纯粹货币形式的报酬，还包括非货币性的报酬，也就是在精神方面的激励，比如优越的工作条件、良好的工作氛围、企业培训机会、晋升机会等，这些也应该很好地融入薪酬体系。公司给受聘者支付的薪酬应包括内在薪酬和外在薪酬两类，两者的组合也被称为“全面薪酬”。内在薪酬和外在薪酬相比较而言，更为灵活、更为经济，而且对员工的绩效有更高的认同程度。

2.“以人为本”的薪酬管理方案

传统的、以等价交易为核心的雇员薪酬管理方案正在被“以人为本”的、人性化的，以对雇员的参与和潜能开发为目标的管理方案所代替。这种薪酬管理方案的实质是将薪酬管理作为企业管理和人力资源开发的一个有机组成部分，作为一种激励的机制和手段，其基本思路是将企业的工资计划建立在四个原则之上：薪酬、信任、缩减工资分类和基于业绩。其目的是通过加大工作中的激励成分，换取雇员对企业的认同感和敬业精神。在脑力劳动占主导的知识经济时代，薪酬不再是纯粹经济学的计算问题，而更主要是人的心理学问题。薪酬的含义将更加注重人的价值，而不是工作的经济价值。

3. 宽带型薪酬结构

宽带型薪酬结构是对传统上那种带有大量等级层次的垂直型薪酬结构的一种改进或替代。它是指对多个薪酬等级以及薪酬变动范围进行重新组合，从而变成只有相对较少的薪酬等级以及相对较宽的薪酬变动范围。

4. 薪酬设计的差异化

薪酬设计的差异化首先是薪酬构成的差异化，过去计划经济时代那种单一的、僵化的薪酬构成已不再适应现代企业的需要，取而代之的是多元化、多层次、灵活的新的薪酬构成。其次是专门人员薪酬设计专门化。销售人员在公司中作用巨大，在设计他们薪酬时不应该采取和其他部门人员相同的薪酬体系。再次，一些指标的制定过程也应该差异化，尽量避免“一刀切”的做法。应该分别制定职务评价、绩效考评标准。

5. 雇员激励长期化、薪酬股权化

长期的员工激励计划日益受到关注，长期的薪酬激励计划是相对于短期的薪酬激励计划

而言的，它是指企业通过一些政策和措施引导员工在一个比较长的时期内自觉地关心企业的利益，而不是只关心一时一事。其目的是留住关键的人才和技术，稳定员工队伍。其主要方式有：员工股票选择计划（ESOP）、资本积累项目、股票增值权、限定股计划、虚拟股票计划和股票转让价格等。

6. 薪酬制度的透明化

实行薪酬制度的透明化，实际上是向员工传达了这样一个信息：公司的薪酬制度没有必要隐瞒，薪酬高的人有其高的道理，低的人有其不足之处；欢迎所有员工监督其公正性，如果对自己的薪酬有不满的地方，可以提出意见或者申诉。透明化是建立在公平、公正和公开的基础上的。

7. 弹性福利制度

弹性福利制度是一种有别于传统固定式福利的员工福利新制度。弹性福利制度又称为“自助餐式的福利”，即员工可以从企业所提供的一份列有各种福利项目的“菜单”中自由选择其所需要的福利。弹性福利制度强调的是让员工依照自己的需求从企业所提供的福利项目中来选择组合属于自己的一套福利“套餐”，每个人员工都有自己“专属的”福利组合。弹性福利制度还强调了“员工参与”的过程，希望从他人的角度来了解其需要。

灵活的弹性福利制度不仅能节约公司花费在员工不需要的福利上的成本，而且还能满足员工个性化的需要，由传统的单一福利的保健因素转变为员工激励因素，增加了员工的满意度和忠诚度，达到“福利比高薪更有效”的功效。

1.4 薪酬管理实例：如何合理设计薪酬体系[1]

盛凯物流公司是事业单位出资企业，行政化现象较为严重。在薪酬制度上存在着很多弊端，其中最主要的是缺乏规范性和科学性，现根据盛凯物流公司的具体情况对其薪酬体系进行重新设计，在设计的过程中按照图 1-8 所示思路进行。

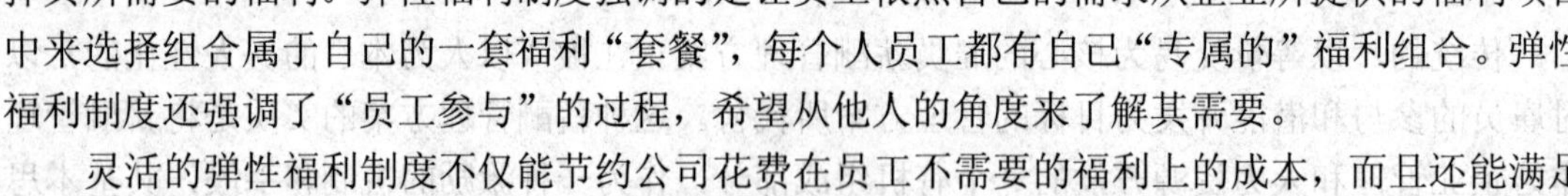

图 1-8 盛凯物流公司全面薪酬体系设计思路

1 本案例引自“G 物流公司全面薪酬管理体系设计”. 肖天佑. 知网数据库，2015.6，有改动。

1.4.1　盛凯物流公司发展战略目标要求

由于公司涉及省内几个不同区域，不同区域的经济薪酬环境有所差异，同时公司岗位较多，基层员工规范化操作程序固定，工作时间弹性较大，因此在采取稳定薪酬体系的基础上要增加弹性薪酬结构。在综合考虑各方面因素的情况下，盛凯物流公司在薪酬体系设计中采用了调和型薪酬结构。这种薪酬结构既有稳定性薪酬也有激励性薪酬，并且根据公司的经营具体状况可以较有弹性地灵活调整基本薪酬和绩效薪酬的比例。

1.4.2　工作内容分析与岗位评价

1．工作内容分析

盛凯物流公司在进行制度改革政企分离时，针对企业的实际情况及工作业务范围进行了分析研究，分析了各个岗位的具体情况并梳理出岗位说明书。

2．岗位评价

根据盛凯物流公司现状，选取要素计点法，在前期工作内容分析的基础上选取多个维度综合对岗位评价量化。

1.4.3　薪酬调查与分析

薪酬调查主要针对盛凯公司所在地部分同类物流企业，他们中的大部分是国有企业，其中还有改制企业，对盛凯物流公司的参考和借鉴意义比较明显。通过数据对比分析，我们发现盛凯物流公司在固定工资部分低于市场平均水平，同时在福利待遇上与类似企业的情况相比，缺少月度效益奖。

1.4.4　薪酬框架设计

薪酬框架设计需要从两个角度来构建，一个是纵向的等级区间角度，另一个是横向的薪酬构成以及相互间的比例关系角度。

1．划分工资等级

依据上面步骤进行的岗位评价分数划分等级，相近分数岗位划分在工资等级内，盛凯物流公司根据实际情况，把岗位等级划分为 7 级，具体等级划分采用均匀分布的方式，从最高分到最低分划分出 7 个等级。

2．确定岗位工资区间

岗位工资区间的确立基础建立在工资等级基础上，对每个等级，我们采用回归方程，利用薪酬区间的中间值求出每个工资等级的中间工资。

3．调整薪酬结构

薪酬结构指薪酬中的种类以及各个种类之间的关系。盛凯物流公司过去的薪酬结构中岗位工资的比例较小，对于盛凯物流公司来讲，一方面要提高岗位工资水平，增加工龄工资等固定工资，增强工资的基本保障能力，提高员工的薪酬满意度；另一方面要增加月度效益工资，增加各类激励性奖金刺激，提升薪酬的战略支撑能力。同时，重视非经济性报酬设计，提升员工工作舒适度和心理满足度。

复习思考题

一、单项选择题

1．（　　）是员工为所在单位提供劳动或劳务而获得的各种形式的回报或酬劳。

A．薪酬　　B．给付　　C．收入　　D．分配

2．狭义薪酬包括直接货币收入和间接货币收入，间接货币收入不包括（　　）。

A．福利　　B．工资　　C．教育培训　　D．社会保障

3．（　　）是与薪酬体系中与绩效直接挂钩的经济性报酬。

A．基本薪酬　　B．可变薪酬　　C．福利和服务　　D．间接薪酬

4．薪酬对员工所具有的职能不包括（　　）。

A．补偿职能　　B．改善经营绩效职能

C．社会信号职能　　D．激励职能

5．（　　）体现了薪酬对于企业的职能。

A．补偿职能　　B．激励职能

C．社会信号职能　　D．控制经营成本

6．下列各项中，（　　）属于经济报酬的形式。

A．奖金　　B．欣赏和认可

C．发展机会　　D．具有挑战性的工作

7．下列不属于非经济报酬的是（　　）。

A．岗位津贴　　B．奖金　　C．基本工资　　D．员工福利

8．支付相当于员工岗位价值的薪酬，体现了（　　）原则。

A．对外具有竞争力　　B．对内具有公平性

C．对员工具有激励性　　D．薪酬成本的控制

9. 关于有效性薪酬管理的基本原则，下列表述错误的是（　　）。

A. 尽量满足员工的需要

B. 薪酬管理系统在多大程度上能够帮助企业实现预定的经营目标

C. 经营目标包括利润率、股票价格、销售额等

D. 团队建设、服务质量等定性指标的达成情况也是有效性的体现。

10.（　　）是制定科学合理的薪酬制度的前提和依据。

A. 岗位分析与岗位评价　　B. 薪酬战略

C. 薪酬政策　　D. 薪酬调查

二、简答题

1. 薪酬的内涵是什么？薪酬由哪几部分组成？
2. 影响薪酬的因素有哪些？
3. 薪酬的职能有哪些？
4. 简述薪酬管理的基本流程。

三、案例分析题

王丽是一家路桥公司的 HR 工作人员，公司成立 6 年来，逐年发展壮大。但是随着公司的发展，大家的收入的不断增加，产生了很多不和谐的声音。去年在某个项目上，老板为了鼓励大家，一个月发了 40 万元的奖金，到头来却换回了一片叹息声。

之前都是年后调薪，中高层都是老板直接跟每个人谈工资，谈好了直接定。基础员工都是由各个部门的负责人负责谈工资。这么做的弊端就是涨工资很随意，也没有根据，说涨就涨了。所以在开年会的时候，老板说要改革薪酬制度，重点就是确定工资制定流程，确定以后每年的工资怎么涨，涨幅多少的依据。也就是说以后涨工资不是老板说了算，而是交给各个项目经理以及总经理办公室。

王丽之前从来没做过薪酬方面的改革。公司目前工资是由基本工资、岗位工资、工地补助三部分组成。王丽想了快一天了也没有头绪。她认为宽带薪酬制的模式挺好，层级少，灵活性大，不像国企那样分那么多级别。因为老板不止一次地说过：我们民营企业的优势就在于灵活，在公司里不看你的关系、学历、资历等，就看为公司创造的价值。

[案例讨论与练习题]

1. 王丽该如何做好薪酬改革？
2. 宽带薪酬是否适合本公司？
3. 如果重新进行薪酬体系设计，要经历哪几个步骤？

四、技能操作题

对某一企业做一次薪酬调研，了解其薪酬战略、薪酬的构成、薪酬水平情况及目前存在的问题，并书写一份调研报告。

第2章

企业战略与薪酬管理

学习目标

📖 一般掌握

- ■ 薪酬战略的内涵
- ■ 影响薪酬战略的因素
- ■ 薪酬战略与组织战略的匹配

📖 重点掌握

- ■ 战略性薪酬管理
- ■ 企业战略与薪酬管理实例

学习导航

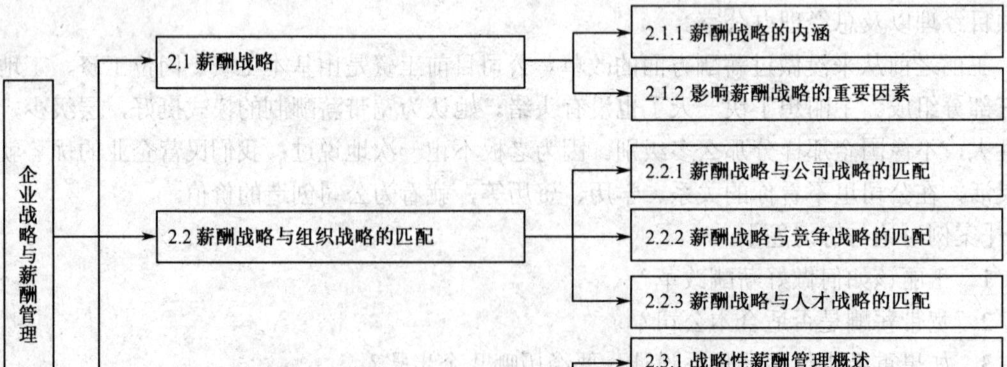

导入案例

杰克逊电力公司（这是一个真实的事例，但名字是虚构的）正挣扎在死亡线上。在过去的几年中它面临着不断加剧的市场竞争——主要来自国外市场。竞争对手的产品价格比杰克逊电力公司的产品价格低 15%～20%，而杰克逊电力公司是美国唯一生存的生产这种产品的公司。它现在所面临的挑战是为生存而战。

总体经营战略就是呼吁多方努力使杰克逊公司获得市场领先地位，重点满足客户变化的需求和降低成本。这可以通过在特定部门围绕生产线生产新的产品，降低现行产品线的价格（和成本），加强与客户面对面的关系来加以实现。此外，还可通过改善服务，提高产品质量，降低价格，努力降低与他们有业务往来的客户的所有成本。执行这一战略将涉及企业的许多成员，而不仅仅是管理人员、营销或是客户服务人员。

这种战略调整对杰克逊公司中的个人来说意义重大。

第一，它在员工中增加了紧迫感和反应速度的要求。等着别人去做是不会带来成功的。

第二，人们需要关注杰克逊公司所面临的核心竞争力问题，并把精力集中在能使公司克服目前困境的那些领域。这就要求把核心竞争战略转换成与每个人相关的衡量指标和指导原则。

第三，员工需要杜绝任何浪费或者低增值的活动，这将减少成本并加快工作进程。不必要的报告和会议将被停止。物资和供应的使用将更加谨慎，从而使得损失最小化。

第四，人们需要把他人，特别是外边的人，看作客户。从现在开始，每个人都将被看作客户或需要提供服务和加以赞赏的人。

第五，由于扭转局面的任务是巨大的，人们需要看到自己的成就和别人的评价。按照这种方式，杰克逊公司打算创造一种变革与胜利的企业精神，以此来激发人们并提高企业的成果。

作为经营战略的一个因素，杰克逊公司已经决定就薪酬制度进行专门的变革。这些变革的重点是推动杰克逊公司在经营时所必要的变革。这个薪酬战略包括以下的目标。

第一，确定并对人们可以产生影响的竞争性战略的关键因素予以关注：生产成本，交货业绩，客户服务质量和引入新产品。

第二，用薪酬战略来强调对企业和小组成果的可变薪酬；使用基本工资的增长来确定并奖励对小组或公司做出突出贡献的个人；采用业绩管理来评估对整体目标有贡献的因素，确定关键领域需要改进的地方，对加强杰克逊公司与现行或新客户关系的主要成就予以表彰。

第三，尽可能地减少关注外部竞争或者公司工资率的内部公平性，只要工资水平依然保持在市场可接受的范围。

第四，把激励制度的支出频率增加到一年四次，与不断增加的紧迫感相协调。重新构建激励计划，使得每个季度进行单独奖励，并不按照积累业绩进行奖励。使得每个季度出现一场必要的竞争。

（资料来源：[美] 托马斯 · B · 威尔逊. 张敏，等译. 以薪酬战略撬动企业变革. 北京：中国社会科学出版社，2004：57—58）

案例点评

通过杰克逊电力公司基于战略的薪酬管理调整案例，可以清晰地看出，企业应当重视薪酬战略的适用性，有效运用薪酬战略吸引、培育、保留、使用高“成长性”人才，提高组织的核心竞争力。薪酬战略研究也表明企业薪酬战略应当随着组织内部条件和外部环境的变化而适时调整。如何发挥薪酬在企业激励机制中的重要作用，设计合理的适合公司发展的薪酬体系，越来越得到企业高层管理者的重视。

2.1 薪酬战略

2.1.1 薪酬战略的内涵

在薪酬管理的研究中，薪酬战略一直是一项极为重要的内容。

1. 薪酬战略的概念

戈麦斯（Gomez）等人认为，薪酬战略是能对组织绩效和人力利用的有效性产生影响的薪酬决策的选择。这些薪酬决策能适应组织面临的内外部环境的制约，引导各个部门和员工为实现组织的战略目标而努力。薪酬方案选择的成功与否取决于当时组织的权变因素是否相符。[1]

米尔科维奇则指出，战略视角的薪酬要关注那些能帮助组织获取和维持竞争优势的薪酬选择。不同的经营战略决定了不同的薪酬战略，企业经营战略和薪酬战略之间联系得越紧密，彼此越适合，企业的效率就越高；反之，企业的效率就越低。成功的薪酬体系的最终目标应该是企业赢得并保持竞争优势。

本书认为，薪酬战略是关于薪酬管理的长期、整体的设想和行动方案，是从战略的高度，对人力资源的获取、配置、培训、开发的激励进行全局性、长远性和预见性的规划。从性质上讲，企业薪酬战略是一种管理战略，即通过对企业的薪酬管理行为来实现企业的战略目标。

薪酬战略对于组织绩效的实现和有效使用人力资源有具体的影响，它是组织薪酬系统设计及管理工作的行动指南，是组织实现其人力资源发展战略的重要保证。因此企业的薪酬战略除了与环境相匹配外，还必须与公司战略、竞争战略、人才战略相匹配。

2. 薪酬战略的框架

薪酬战略就是要关注那些能够帮助组织获取和维持竞争优势的薪酬决策。这些能够帮助组织获取和维持竞争优势的薪酬决策有哪些维度呢？戈麦斯的研究将其归纳为三个维度：薪酬

1 Luis R. Gomez-Mejia, Theresa M. Welborune, *Compensation Strategy: An Overview and Future Steps, Human Resource Planning*,1988.

水平的决定基础、薪酬体系的设计以及薪酬管理模式。而米尔科维奇则认为以下五个维度共同形成组织的薪酬战略，即薪酬目标、内部一致性、外部竞争力、员工的贡献以及薪酬管理。

综合现有的一些研究成果，本书认为薪酬战略可以分为薪酬支付依据、薪酬水平定位、薪酬组织方式、薪酬结构策略以及薪酬管理模式五个维度，如图 2-1 所示。

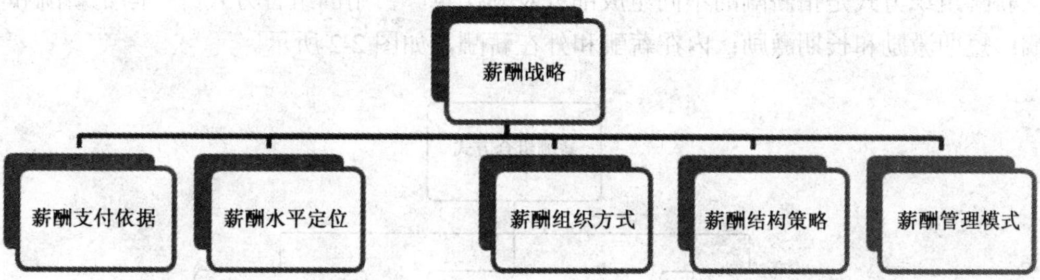

图 2-1　薪酬战略维度图

（1）薪酬支付依据

薪酬支付依据，是指组织向员工支付薪酬的根据是什么。岗位、技能、资历、绩效等都可能成为薪酬支付依据。

1）基于岗位还是技能（能力）

岗位决定薪酬是最常见的付酬依据。基于岗位的薪酬通常要求企业具有较为稳定的岗位结构。岗位决定薪酬虽然简单明了，但由于从事同一岗位的不同人员往往产生不同的绩效，因此，完全按岗位支付薪酬难以达到激励的公正性。

基于技能（能力）的薪酬观认为，技能或能力是企业竞争力的源泉，因此应根据员工的技能（能力）水平来制定员工的薪酬。该种方式能引导员工主动提高自身的技能或能力，但技能（能力）并不等于员工对企业的实际贡献；同时还容易导致人工成本过高。技能工资常应用于蓝领；能力工资常应用于白领。

当然，在实践中，还会出现既考虑岗位又考虑技能（能力）的薪酬方案，比如岗位技能工资制度。

2）基于资历还是绩效

基于资历支付薪酬是以资历与它所创造的价值成正比为假设前提的。由于资历是比较直观和容易确定的，因此采用这种方式支付薪酬相对比较简单。

基于绩效支付薪酬的一个最大难点就是组织能否科学准确地衡量员工的工作绩效。因为员工的工作绩效不仅包括员工个人的绩效，还应包括其在团队绩效中的贡献、在部门绩效中的贡献，甚至其在公司绩效中的贡献，而这些都是难以精确衡量的。如果组织确定能够精确地衡量员工绩效，并能支付相应的薪酬，那么这种薪酬制度就是非常好的；反之，这种薪酬制度就具有极大的不公平性，甚至会给企业带来巨大的破坏。

（2）薪酬支付水平

薪酬支付水平是指如何定位组织的薪酬水平，包括薪酬整体水平定位、基础工资、奖金、福利等各部分的水平定位。

薪酬整体水平定位是企业为保持薪酬的外部竞争性而进行的整体性定位，是各种可货币化的收入总和，包括基础工资、奖金、福利等。企业在进行薪酬整体水平定位时不仅要考虑到外部竞争性，还要考虑到企业未来的现金流状况以及高昂的人工成本对企业竞争力的影响。

（3）薪酬组织方式

薪酬组织方式是指薪酬的不同组成部分及其比重。常用的组合方式有：固定薪酬和变动薪酬；短期激励和长期激励；内在薪酬和外在薪酬，如图 2-2 所示。

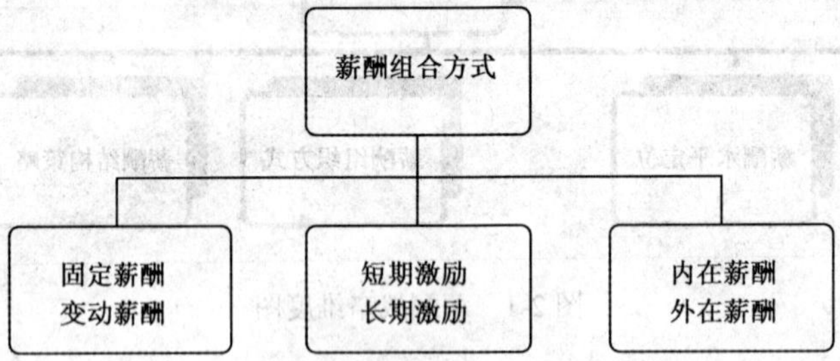

图 2-2　薪酬组合方式

1）固定薪酬和变动薪酬

在薪酬组合中，固定薪酬和变动薪酬是最常见的组合方式。固定薪酬意味着员工收入的保障程度，变动薪酬意味着员工收入的风险程度。二者的薪酬组合时的比例关系受到员工风险偏好、产业环境、企业文化以及企业发展阶段等因素的多重作用。通常，高成长性公司会采用高额奖金和收入风险；而成熟的企业则往往强调工作稳定和收入保障。

特别提示

变动薪酬是联系员工与客户目标，深化员工对公司需求和价值的理解，以及分享企业成果的重要薪资沟通媒介。变动薪酬包含现金和股权（如股票和股票期权）。它不仅为执行人员、管理人员和销售人员的主要奖励因素发挥作用，而且为全体员工的关键奖励措施服务。通用电气、孟山都、IBM、通用食品公司、赫门米勒家具公司以及其他一些市场主导者已经转变了自己的薪酬战略，即对员工的技能和能力进行投资，然后利用变动薪酬来奖励员工创造的成果。我们认为，一旦公司在其他薪酬原则的基础上已经设计、实施并传达了自己的变动薪酬，那么变动薪酬就成为聚焦公司所需预期成果的主要机会。

2）短期激励和长期激励

短期激励强调短期绩效，更容易激励员工，但也因此容易导致员工重视短期行为而忽视长期绩效，从而导致员工行为不符合企业发展的长远目标。长期激励则强调企业长远目标的实现，但过分重视企业的长期目标，就意味着放弃短期激励可能产生的激励效果。短期激励和长期激励的组合受到行业的性质、企业的发展阶段、职位的高低以及工作项目的周期等多方面因素的共同影响。

小案例

微软一直沿用的薪酬体制经证实是非常成功的。微软的薪酬构成中，薪金部分只处在同行业的中等水平，很多中、高级人员加入微软时的工资都低于原来所在公司的水平。但是，“持有微软股权”的分量足够吸引大部分所需要的人才。它的设计是这样的：相当级别以上的员工被雇用即得到一部分认股权，按当时市场最低价为授权价，所授认股份分期在几年内实现股权归属，员工可以按授权价认购已归属自己的股权，实际支付的认购价与认购当时市场价的差价就是股权收益。被雇用后每年都可能得到新的持股权奖励——取决于个人的绩效和对公司的长期价值。这实际上是公司在为员工投资而公司又不冒任何风险。对于员工也没有风险：股权归属时如果市价不高不必着急，尽可能等到升值再认购。唯一可能的风险是股票一路下跌再不升值，员工在较低工资方面的“损失”就补不回来了。可是，这在微软的历史上还没有过。

3）内在薪酬和外在薪酬

马尔托奇奥将薪酬界定为雇员因完成其完成工作而得到的内在和外在的奖励。他将薪酬划分为内在薪酬与外在薪酬[2]。如表 2-1 所示。

表 2-1　内在薪酬和外在薪酬比较表

类　型	定　义	内　容
内在薪酬	雇员由于完成工作而形成的心理形式收入，是精神形态的报酬	参与决策权、自由分配工作时间与消费方式、较多的职权、较有兴趣的工作、活动范围的多元化
外在薪酬	组织针对员工所作的而支付给员工的各种形式的收入	货币收入和非货币收入

相对而言，知识型员工更加重视工作的内在薪酬，而传统型员工则更关注可货币化的外在薪酬。

（4）薪酬结构策略

薪酬结构策略即薪酬应当由哪些部分构成，各部分的比重是多少，薪酬的层级以及各层次之间的关系。

薪酬结构是指在同一组织内不同职位或不同技能等级员工薪酬水平的排列形式，强调职位或技能等级的数量、不同等级之间的薪酬差距以及决定差距的标准，它反映了组织对不同职务和技能的重要性及其价值的看法。

特别提示

我们在确定薪酬结构时应注意三点：一是薪酬结构必须符合薪酬的基本要求——公平性

2 约瑟夫·J·马尔托奇奥．战略薪酬[M]．周眉，译．北京：社会科学文献出版社，2002，4-5.

和可操作性，公平性体现为薪酬的对内公平、对外公平和个人公平，可操作性强调在实际运行中能满足对薪酬调整的要求；二是薪酬制定过程要科学合理；三是薪酬之间差异是否合理。

（5）薪酬管理模式

薪酬管理模式是关于薪酬制度与薪酬决策的制定和执行的问题。薪酬制度是集权管理还是分权管理？哪些人应参与薪酬体系的设计和管理？如何管理现有的薪酬体系？如何调整现有的薪酬体系？

从理论的角度来讲，以上五个维度构成了完整的薪酬战略。但在实践中，不同的企业所面临的人力资源管理问题不尽相同，因而，其薪酬战略往往不是面面俱到，而是主要体现在与其自身发展特别相关的维度上。

2.1.2 影响薪酬战略的重要因素

薪酬支付依据、薪酬水平定位、薪酬组织方式、薪酬结构策略以及薪酬管理模式五个维度共同构成了薪酬战略。无论是薪酬战略整体，还是其中的任一维度，都会受到内外部多种因素的影响。这些因素主要包括：战略与发展阶段、文化、市场、价值等。

1. 战略与发展阶段因素

企业战略是制定薪酬战略的基本依据和前提。因此，企业在进行薪酬战略设计的时候，必须充分考虑企业自身的发展战略，这与战略的导向原则是一致的。同时，薪酬战略还必须与企业的发展阶段相结合，不同的发展阶段对薪酬策略的要求是不同的。

初创期的企业，应关注易操作性和激励性，在薪酬上表现为个人化的随机性报酬，在评价上以主观为主，企业管理者拥有非常高的决策权。成长期的企业，则必须考虑到薪酬的激励作用，这一时期的薪酬福利水平往往都相对比较高。对于成熟期或者衰退期的企业，其薪酬又应与创立期、成长期有所不同。总之，企业在制定薪酬战略时必须充分与企业战略和自身的所处的发展阶段紧密结合。

2. 文化因素

这里所说的文化因素主要是指企业工作时所倡导的文化氛围。企业的工作文化通常有四种：功能型工作文化、流程型工作文化、时效型工作文化和网络型工作文化，如表 2-2 所示。

表 2-2 常见的企业工作文化类型

文化类型	典型特征	最大特点	薪酬类型
功能型工作文化	清晰的责任体系； 合理的控制跨度； 强调技术和业务的专业化； 基于委员会的团队，部门职责较清晰； 强调依据预算和业务计划的财务结果	严密的自上而下的行政管理体系	以职务工资制为主

续表

文化类型	典型特征	最大特点	薪酬类型
流程型工作文化	以客户满意为导向来确定价值链； 基于团队和相互学习的工作关系，共同承担责任； 非常强调质量和改进； 以定量和定性方法来测量结果； 围绕流程和供应链来设定部门	客户满意度	为职能工资制为主
时效型工作文化	强调高增长和新市场进入； 项目驱动； 权力取决于对资源的控制； 跨部门团队，包括高水平的专家	快速反应，其次是技术和工作质量	以绩效工资制为主
网络型工作文化	以合伙人方式分配权力； 强调对公司总体目标的贡献； 以“合同”方式在主要合伙人间形成网络	以合伙方式共同为公司总目标服务	

小案例

部门责任严密的功能型文化曾给 IBM 带来蓝色巨人这一赞誉。但也正是由于这一文化，导致 IBM 险些被客户所抛弃。

在部门责任严密的功能型文化下的 IBM 运作效率很低，加上员工只对其上级负责，外部的市场压力很难快速传递到员工的身上，公司和客户的距离越来越远。为帮助企业被客户抛弃的命运，被美国《时代》周刊誉为“电子商务巨子”的郭士纳在担任 CEO 期间对 IBM 的组织结构进行了大刀阔斧的改革，将公司由部门责任严密的功能型文化转变为以客户为导向的强调部门团队合作的流程型文化，从而使 IBM 获得了新的活力。

3. 市场竞争因素

企业在进行薪酬设计时应考虑的市场竞争因素众多，主要包括行业薪酬水平、市场上的人才供给与需求状况、竞争对手的薪酬情况、企业所在市场的特点和竞争态势等。企业在进行充分调查和考虑以上因素的基础上，制定出适合本企业的市场薪酬制度。

4. 价值因素

价值因素是企业必须支付薪酬的因素。企业价值因素通常分为三大类：岗位因素、知识能力因素和绩效因素。岗位因素是确定岗位工资的基础，主要用于评价岗位所承担责任的大小，在公司中价值的大小。知识能力因素是确定能力工资的基础，主要用于评价员工知识和能力的大小以及这些能力对企业发展的重要性。绩效因素是确定绩效工资的基础，主要用于评价员工为企业做出多少业绩以及这些业绩对企业发展的重要性。

小案例

上海波特曼丽嘉酒店曾在《亚洲华尔街日报》及《远东经济评论》杂志联合举办的三届“亚洲最佳雇主”和“中国最佳雇主”评选中荣登榜首。酒店还两次荣膺“亚洲最佳商务酒店”的殊荣并四次蝉联“中国最佳商务酒店”的桂冠。作为最佳雇主，该酒店非常骄傲的却是他们能够令员工满意。

波特曼丽嘉酒店实行“市场领导型”策略，90%以上的岗位薪酬都是市场首位，经理层更是远高于同行。他们制定这一薪酬体系的出发点是“一流的企业要用一流的人才，支付一流的薪水”。而且，一旦发现员工能力和绩效达到新的高度，酒店就会主动给予加薪，而不是等到年终考核才做调整。他们认为，如果等到问题堆积、员工忍无可忍时向公司提出，公司再采取措施就已经晚了。

2.2 薪酬战略与组织战略的匹配

最早把“匹配”这一概念引入薪酬战略研究领域的是美国人力资源管理专家戈麦斯（Gomez Mejia）。他在1987年提出薪酬战略的理论基础是权变理论，即薪酬战略要根据环境的变化和企业战略的变化而变化。管理者要调整薪酬体系以适应组织的战略和外部环境。组织与薪酬战略之间越匹配，组织的效率就会越高；反之，则越低。本书将以企业为例，对这一问题加以分析论述。

2.2.1 薪酬战略与公司战略的匹配

公司战略，又称为总体战略，是企业最高层次的战略。它所要解决的是如何在既定的领域中合理配置企业经营所必需的资源，使各项经营业务相互支持、协调，战胜竞争对手。其与薪酬战略的匹配关系如表2-3所示。

表2-3 薪酬战略与公司战略匹配关系

公司战略的类型	与之相匹配的薪酬战略
成长战略	短期激励与长期激励相结合
稳定战略	稳定的基本薪酬和福利，薪酬水平与市场持平或略高于市场水平
收缩战略	降低固定薪酬比重，强调薪酬与业绩密切挂钩

1. 与成长战略相匹配的薪酬战略

成长战略，通常又被称为增长型战略、扩张型战略、发展型战略。它是一种关注市场开发、产品开发、创新以及合并等内容的战略。采用成长战略的企业强调的是创新、风险共担以及新市场的开发等，其灵活性比较强，因此与之相匹配的薪酬战略往往应采用短期激励与长期激励相结合的方式。在短期内提供相对较低的固定薪酬，同时提供奖金、股票选择等长期激励的方式，使员工获得有效的长期激励。

特别提示

由于成长战略的类型不同，不同公司在薪酬管理方面也存在一定的差异。

成长战略又可分为内部成长战略和外部成长战略，二者之间存在一定的差异。前者的成长是通过自身力量的增强和自我扩张的方式实现的，而后者则是通过兼并、联合、收购等方式来扩展企业的资源或巩固强化其市场地位的。因此，在薪酬管理上前者应将重心放在目标激励上，而后者则更应注重企业内部薪酬管理的规范化和标准化。

2. 与稳定战略相匹配的薪酬战略

稳定战略，又称为维持型战略。它是一种强调市场份额或运营资本的战略。这种战略要求企业集中资源于原有的经营范围和产品以增强其竞争力。采用稳定战略的企业往往不强调风险共担，而强调的是能否维持已有的技能，技能人员队伍的稳定就变得尤为重要。因此与之相匹配的薪酬战略往往强调较为稳定的基本薪酬和福利，其薪酬水平一般与市场持平或略高于市场水平，增长幅度不大。其薪酬理解决策方面也是比较集中的，薪酬确定的主要依据是员工所从事的工作本身。

小案例

星巴克公司的薪酬战略

薪酬目标：让所有的员工体验他们的价值，以此来取得企业的发展。

内部一致性：忽视差别，把员工当做“合作伙伴”，采用平等薪酬。

外部竞争力：在这个低工资的行业里比其他快餐店支付的薪酬稍高一点。

员工的奉献：给所有的员工，包括兼职人员提供医疗保险和股票期权。

薪酬管理：作为星巴克公司这个大家庭中的一员，员工知道什么是最好的，他们可以而且确实了解薪酬决策。

3. 与收缩战略相匹配的薪酬战略

收缩战略，又称为撤退型战略、紧缩型战略、精简型战略。这种战略往往是与裁员、剥离及清算等联系在一起的，因此采用这种战略的企业通常面临严重的经济困难，不得不缩小一部分经营业务。与之相匹配的薪酬战略则是将企业的经营业绩与员工收入密切挂钩，以鼓励员工与企业共担风险，比如降低固定薪酬在薪酬结构中的比重，同时力图实现员工股份所有权计划。

2.2.2 薪酬战略与竞争战略的匹配

薪酬作为最直接最有效的方式，已经成为企业激励员工的重要手段。企业在竞争战略的要求下，制定相应的薪酬战略；依据薪酬战略的规划，通过构建科学合理的薪酬体系来引导员工行为；通过员工行为的合理化，使员工个人目标与企业目标相一致，最终实现企业的竞争战略。三者之间的关系，我们可以用图 2-3 来表示。

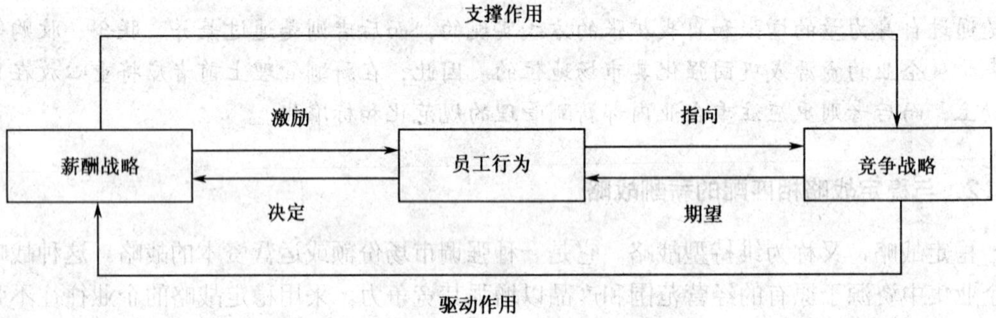

图 2-3 薪酬战略、员工行为与竞争战略关系图

战略大师迈克尔·波特将竞争战略划分为三种不同的类型：成本领先战略、差异化战略和集中战略。由于三种竞争战略具有不同的组织特征，因而，采取的人力资源管理政策也存在差异，相应的薪酬战略也表现出较大的差异性，如表 2-4 所示。

表 2-4 与不同经营战略相匹配的薪酬战略

薪酬战略维度	资料来源	经营战略		
		成本领先战略	差异化战略	集中战略
薪酬目标	Carroll（1987）	控制成本	激励	吸引/保留
薪酬水平	Mile and Snow（1984）	低于市场水平	与市场水平持平/略高	高于市场水平
薪酬组合的刺激性	Miller（1986）	低	适中	高
绩效加薪	Schuler and Jackson（1987）	有限使用	适中	广泛使用
薪酬管理与控制	Tichy et al.（1984）	封闭	适中	开放

1. 与成本领先战略相匹配的薪酬战略

成本领先战略强调通过控制成本的方式来获得竞争优势。采用这种战略的企业往往严格控制成本，尽量避免费用超支。鉴于这类企业的特点，我们认为其在制定薪酬战略时应侧重“劳动力成本”目标，即应该更注重考虑劳动力成本因素，其薪酬结构应以固定薪酬、短期薪酬为主，形成基于成本的薪酬决定制度。

2. 与差异化战略相匹配的薪酬战略

差异化战略强调利用独特性来提升竞争力。采用这种战略的企业一般处于不断成长与创新的环境中，对员工创新能力要求比较高，更加注重员工的技能和绩效，注重对团队绩效和个人绩效的长期绩效进行评估。这类企业倾向于与员工建立长期的工作关系以留住核心人才，乐于对员工进行培训投资，且投资费用在人力资源支出中往往占有较大比重。因此，与之相匹配的薪酬战略应侧重激励这一目标，薪酬水平与市场水平持平或略高于市场水平，薪酬结构强调变动薪酬、长期薪酬和内部公平，常采用分权的薪酬管理制度。

3. 与集中战略相匹配的薪酬战略

集中战略强调通过集中于某一产品或服务或顾客群来提升竞争力。采用这种战略的企业以满足顾客需求为中心，对专业技术要求比较严格。由于要保持企业在特定的技术领域内持久的领先地位，因而对员工的工作主动性与工作创新性要求非常高，通常会网罗大量复合型员工，满足企业对员工技能的要求。同时要保持持久的领先地位，还要求技能型员工对企业具有高度的忠诚度。因此，与之相匹配的薪酬战略应侧重对有价值员工的吸引，以及员工忠诚度。被广泛采用的薪酬政策是绩效加薪政策，在基本工资的基础上进行永久性加薪；在薪酬结构上侧重采用股票期权等长期薪酬激励，同时提供丰富的非经济性薪酬；在薪酬管理制度上采用分权管理，员工广泛参与薪酬的制定。

2.2.3　薪酬战略与人才战略的匹配

作为企业管理者首先应理解企业战略，在此基础上对人力资源进行分类，确定不同类型人才的管理特征，并据此制定薪酬战略。

斯奈尔教授认为，评价一个组织人力资源的标准分为价值和稀缺性两个标准，并以价值和稀缺性为维度将组织中的人力资源分为四类，如图 2-4 所示。

核心人才拥有特殊的知识和技能，对企业具有极高的价值，是企业核心能力的直接来源。这类人才往往是各大企业急于获取并激烈争夺的对象，具有高战略价值和高稀缺性的特点。

通用人才拥有较高的知识和技能，对企业具有较高的价格，与企业核心能力相关，但由于其知识和技能容易通过学习获得，因此虽然具有高战略价值，却不如核心人才稀缺。

独特人才通常拥有非常特殊、不易习得的知识和技能，市场供应相对比较紧缺，具有高稀缺性。同时因为其与企业所需的核心能力间接相关，因此其战略价值相对较低。

辅助性人才大多只具备一般的知识和技能，容易从市场上获取，对企业的战略价值也较低。因此其具有低价值和普遍性的特点。

作为企业管理者，在针对上述四种不同人才进行薪酬战略的制定时，应结合各自特点采取不同的薪酬体系设计，以适应企业发展之需要。如表 2-5 所示。

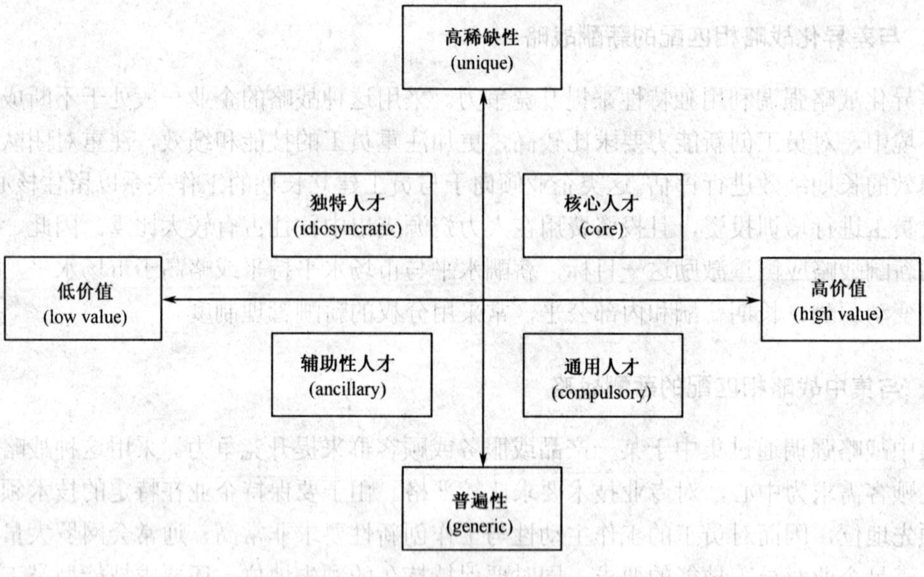

图 2-4 组织的四种人力资源

表 2-5 不同人才类型的薪酬战略（Scott A. Snell，2002）

人才类型	工作类型	雇佣关系	人力资源管理体系	薪酬战略
核心人才	知识工作	以组织为核心	基于承诺	外部公平（高工资） 为知识、经验、资历付酬 股权和额外福利
通用人才	传统工作	以职位为核心	基于生产率	注重外部公平（市场工资率） 为绩效付酬
独特人才	合同工作	劳动契约关系	基于合作关系	根据合同付酬，为知识付酬
辅助性人才	合作伙伴	协作关系	基于命令和服从	按小时或临时签订的合同付酬

2.3 战略性薪酬管理

战略性薪酬管理是以企业发展战略为依据，根据企业某一阶段的内部、外部总体情况，正确选择薪酬策略、系统设计薪酬体系并实施动态管理，使之促进企业战略目标实现的一种机制。战略性薪酬管理的基本模型如图 2-5 所示。

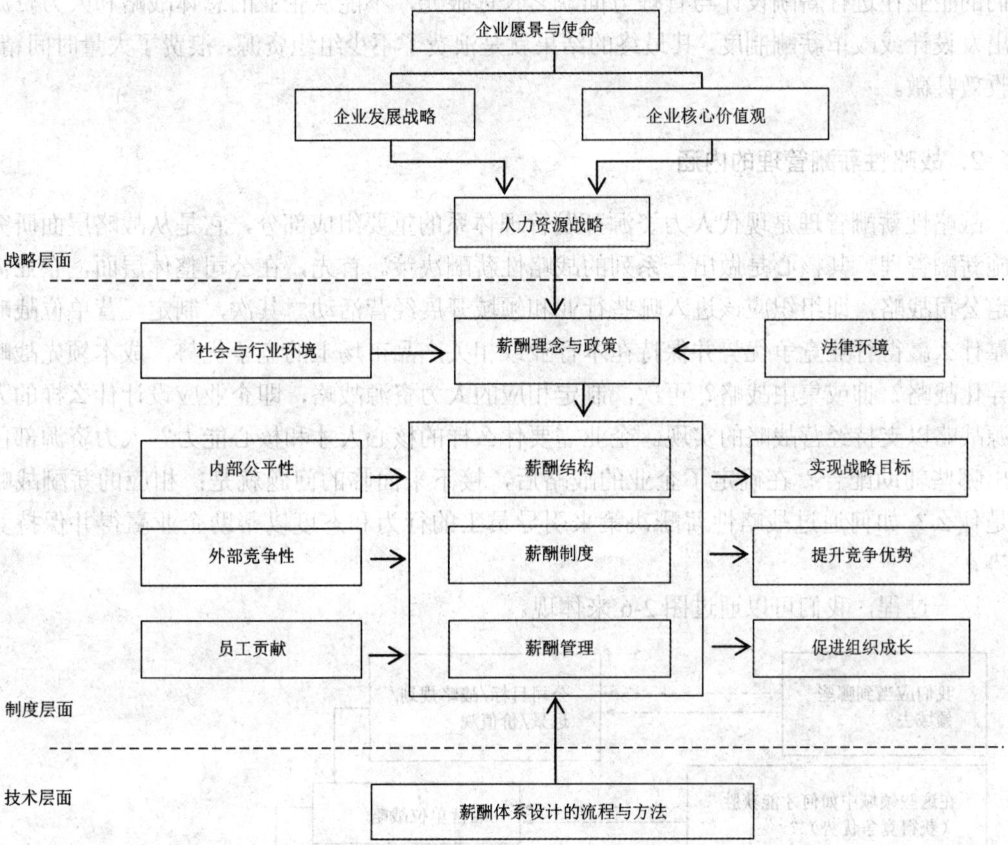

图 2-5　战略性薪酬管理的基本模型

2.3.1　战略性薪酬管理概述

1．战略性薪酬管理的必要性

薪酬与薪酬管理在组织中具有诸多方面的作用：激励个人和团队；提升组织竞争力；减少组织内冲突；留住核心人才；提升企业竞争力；促进组织成长等。因此，几乎所有的企业都会对薪酬管理投入大量的时间和精力。然而现实的情况却事与愿违，管理者在强调薪酬管理的重要性的同时却忽视了薪酬管理的根本目的是服务于企业战略和企业目标的，导致薪酬管理活动流于技术层面，战略层面涉及甚少，很多企业甚至没有考虑到战略层面。这种情况在现实中表现为很少有企业会真正考虑以下这些问题："现有薪酬管理技术能帮助我们达到什么样的目的？""它对实现我们的战略目标是否有益？""它是否体现了我们的价值观？""它是否符合并支持我们的组织文化？"等。

企业在进行薪酬制度的设计或者改革时，经常就薪酬论薪酬，过度强调薪酬的公平合理的结果就是薪酬制度无论怎么改来改去依然是无法提高员工总体满意度。很重要的原因就是我们的企业在进行薪酬设计与管理方面缺乏长远眼光，不能从企业的总体战略和人力资源战略出发设计或改革薪酬制度，其最终的结果就是浪费了不少组织资源，浪费了大量时间精力，却收效甚微。

2. 战略性薪酬管理的内涵

战略性薪酬管理是现代人力资源开发管理体系的重要组成部分，它是从战略层面研究并实施薪酬管理。其核心是做出一系列的战略性薪酬决策。首先，在公司整体层面，企业需要确定公司战略，即组织应该进入哪些行业和领域开展经营活动。其次，制定经营单位战略，即靠什么赢得行业竞争优势并保持在本行业或相关产品市场上的竞争优势。成本领先战略？差异化战略？抑或集中战略？再次，制定相应的人力资源战略，即企业应设计什么样的人力资源战略以支持经营战略的实现。企业需要什么样的核心人才和核心能力？人力资源部门应做出哪些辅助配合？在确定了企业的战略后，接下来面临的问题就是：相应的薪酬战略应该是什么？如何通过战略性薪酬决策来引导员工的行为和态度以帮助企业赢得并保持竞争优势？

这一过程，我们可以通过图 2-6 来体现。

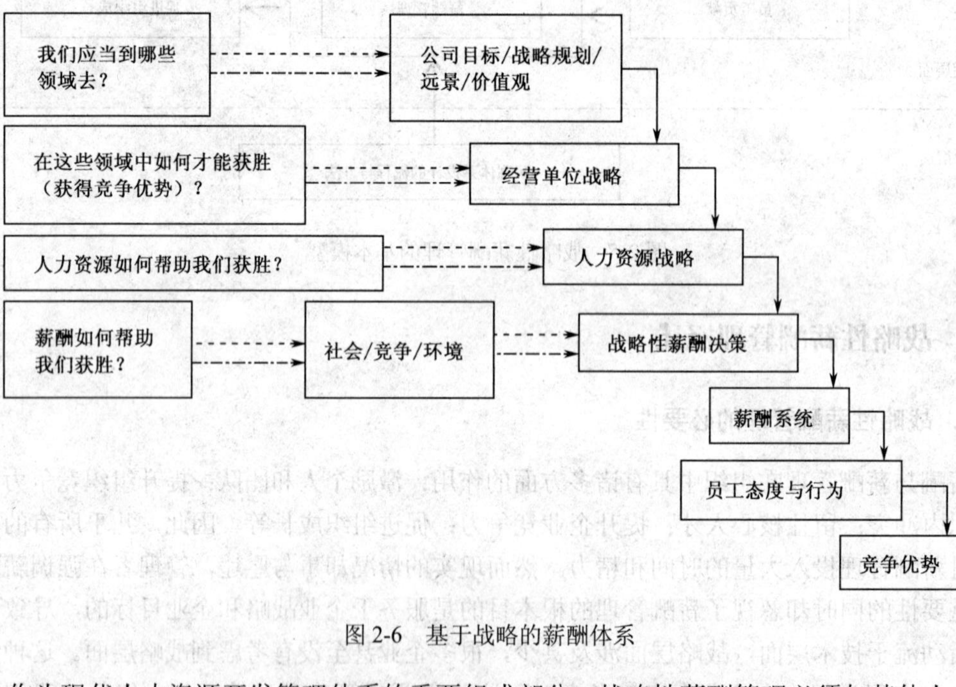

图 2-6 基于战略的薪酬体系

作为现代人力资源开发管理体系的重要组成部分，战略性薪酬管理必须与其他人力资源工作紧密联系，形成一个有机体。从企业战略层面研究并实施薪酬管理，有利于正确把握、建立、健全人力资源开发管理体系的方向，充实体系的内容，提升体系的交通。与此同时，人力资源开发管理体系的健全也有利于薪酬管理制度的改进完善，更好地发挥薪酬管理的作用。

综上所述，企业必须从战略的层面看待薪酬以及薪酬管理，必须清醒地认识到，薪酬制度和薪酬政策应当服从于企业总体经营战略以及与之相关的其他人力资源管理政策，并能够支持企业的经营战略，与企业的文化相容，与企业发展阶段相适应，具有快速对外界压力做出反应的能力，唯有如此，薪酬以及薪酬管理才能真正为企业赢得竞争优势。

3．战略性薪酬管理的主要任务

战略性薪酬管理的任务主要体现在以下五个方面。

（1）确定薪酬管理的目标。从而明确应如何从薪酬角度来支持企业的经营战略，当企业面临经营压力和文化变革压力时，应如何调整薪酬战略。

（2）维护薪酬的内部公平性。如何达到薪酬的内部一致性？薪酬在本企业内部不同职位和不同技能（能力）如何体现？

（3）保持薪酬的外部竞争性。如何使本企业的薪酬具有外部竞争性，即相对于竞争对手而言，本企业的薪酬水平应如何定位才能具有外部竞争性？又如何保持薪酬的外部竞争性？

（4）认可员工的战略贡献。认可员工的战略贡献是员工薪酬调整的依据。那么如何确认员工的战略贡献？是岗位、绩效、技能，还是以上的结合？是否需要根据员工的不同表现及业绩制定不同的绩效奖励计划？

（5）形成独特的薪酬文化。如何进行薪酬体系的管理？员工参与薪酬决策吗？薪酬体系应该是由哪些人来设计和管理的？如何提高薪酬的有效性？

特别提示

战略性薪酬管理主要是通过对执行力和竞争力的影响制约来实现的。战略性薪酬是以企业战略为指导，通过计划、设计实施和控制薪酬来调动全体员工的积极性和创造性，实现战略目的。因此，战略性薪酬管理实际上直接影响制约着执行力、竞争力的大小。因为执行和竞争力虽然是两种能力，但说到底还是靠人的智慧、才能、学有专长的发挥，靠知识、技能以及各种能力的实际运用来实现的。

2.3.2　战略性薪酬管理对企业人力资源管理的要求

战略性薪酬管理对人力资源部门以及薪酬管理人员的角色也提出了新要求。

1．使薪酬战略和薪酬体系与组织使命、战略及价值观紧密联系

从图2-4可以看出，薪酬战略和薪酬体系的建立以组织目标、战略规划、远景和价值观为前提。即薪酬体现了组织的价值观，将引导员工行为向企业预期的方向发展，促进员工个人目标与企业目标达到一致，促进企业战略目标的实现。薪酬战略在企业战略目标实现的过程中充当着激励者的角色，当薪酬战略与企业战略相适应时，它就能有效地实现对员工的激

励作用，从而增强员工对组织目标的承诺，促使员工将个人目标与组织目标达成一致，以实现组织目标。反之，当薪酬战略与企业战略不适应时，薪酬不但起不到激励的作用，往往还会带来负面的效果。因此，战略性薪酬管理的第一要义，就是要将薪酬战略和薪酬体系与组织使命、战略以及价值观紧密联系在一起。

2．确保组织的薪酬体系和薪酬管理政策简单实用

企业一定要根据自己的环境、使命、战略、价值观、业务要求等来制定个性化的薪酬制度，而不要盲目追求所谓的国际先进经验。在薪酬体系管理的战略上，应当是力求简单、明了，向员工传递非常明确的战略导向或行为和价值观信号。信号含糊不清或前后矛盾，都会使员工产生不安全感，从而整日陷入对企业目标和管理者的猜测中，无法专心于自身工作，执行力将被大打折扣，公司的竞争力也将受到严重影响。

3．降低事务性活动在薪酬管理中的比重，实现日常薪酬管理活动的自动化

按薪酬管理活动的内容和性质来划分，薪酬管理活动可以分为常规性管理活动、服务性管理活动和战略规划活动三种类型。在传统组织中，薪酬管理人员的时间主要耗费在常规性的管理活动上，比如职位说明书的撰写和更新、行业劳动力供求状况、绩效评价汇总、薪酬数据的收集汇总等；进行薪酬管理方面的沟通、为员工提供个性化服务、制定薪酬战略等服务性沟通活动和战略规划活动的时间则少之又少。

减少日常管理工作的时间消耗是战略性薪酬管理的显著要求。在进行战略性薪酬管理的公司中，薪酬管理人员花费在服务性管理活动和战略规划活动的时间将显著提升，而花费在常规性管理活动的时间则有所下降。如图 2-7 所示，在实行战略性薪酬管理的组织中，日常管理活动、服务与沟通活动以及战略规划活动三者之间所花费的时间比重大约是 2:5:3。

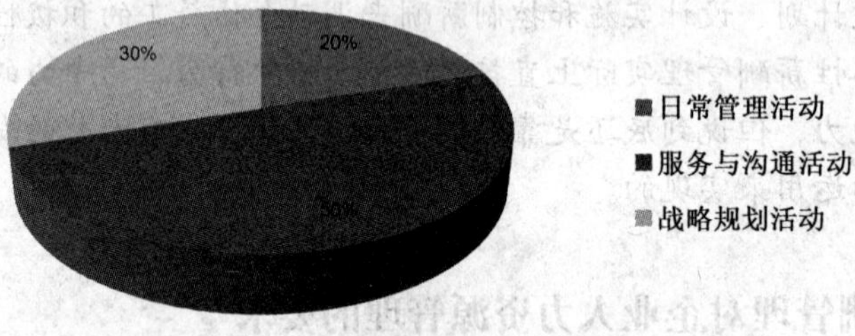

图 2-7 战略性薪酬管理时间分配图

在战略性薪酬管理理念下，高效率的组织往往把有关职位、能力、角色、员工以及市场的数据整合到同一个计算机系统当中去，在相当大的程度上实现自动化管理。通过这种自动化和系统化的管理，降低日常管理型活动所占的时间比重，提高在服务和沟通活动以及战略规划方面所花费的时间比重。

4．积极承担人力资源管理的新角色

在战略性薪酬管理这一全新的管理理念下，薪酬管理者将不再消耗大量的时间和精力在事务性工作中，转而将重心转移到服务性沟通活动和战略规划活动中。薪酬管理者将能够及时准确地获取组织中所发生的所有变化，同时薪酬管理也不仅仅是人力资源管理者的专利，直线管理者甚至普通员工都要参与其中。

2.3.3 企业不同发展阶段与薪酬战略

企业生命周期理论是现代企业理论的重要内容之一。企业生命周期是企业发展与成长的动态轨迹，一般分为初创期、成长期、成熟期和衰退期四个阶段。企业应当根据自身所处的不同成长阶段，制定适宜的薪酬战略。如表2-6所示。

表2-6 企业生命周期薪酬战略

企业生命周期	初创期	成长期	成熟期	衰退期
薪酬的决定基准	采用基于技能的薪酬体系；要注重外部公平；强调个人绩效；鼓励为承担风险付酬	采用基于技能的薪酬体系；兼顾内外部公平；注重团队绩效；鼓励为风险付酬	采用岗位为基础的薪酬体系；注重内部公平；注重团队绩效	基于技能的薪酬体系；注重外部竞争性；注重个人绩效
薪酬组织政策	固定薪酬应以中低水平为主；变动薪酬应占主导地位；长期激励	较低的基本工资、福利；较高的激励工资（特别是长期激励）	高工资和高福利；团队薪酬	较高的基本工资和较高的福利
薪酬管理政策	创业者们亲自负责薪酬决策	较低的员工参与度	更多的员工参与	—

1. 初创期与薪酬战略

在这一时期，企业需要优秀的管理、生产和销售人才去开辟市场。但组织本身的吸引力较低，无法发挥自身的品牌效用引来优秀人才，只有依靠具有竞争力的薪酬去吸纳人才的加入。

（1）薪酬的决定基准

①采用基于技能的薪酬体系。掌握多种技能的员工是公司竞争力的重要保证，企业应根据员工的技能水平来决定员工的薪酬。②要注重外部公平。处于初创期的企业往往急需大批优秀的生产技术人员和销售人员。但由于自身缺乏竞争力难以吸引到人才的加入，较高的薪酬水平成为吸引优秀人才的主要条件。因此，企业薪酬战略的重点应放在建立薪酬的外部竞争性上，而相对淡化内部公平性。③强调个人绩效。这一时期企业的经营管理都是由管理者唱“独角戏”，还不具备团队工作的条件，此时企业就是为了生存，企业管理者大权独揽还是比较有效率的。鉴于此，薪酬战略应主要基于个人绩效而不是团队绩效。④鼓励为承担风险付酬。这一时期的企业通常都面临比较恶劣的竞争环境，企业需要比成熟的竞争对象具有更多的冒险精神，需要管理者和员工比竞争对象具有更强的风险承受力，因此，薪酬战略应该强调为承担风险付酬的理论。

（2）薪酬组织政策

初创期的企业因为市场占有率较低，企业盈利较少甚至不盈利，资金往往呈现净流出状态，任何不确定的因素都会转化为对投资增加的需求，因此固定薪酬应以中低水平为主，其薪酬结构比例中，变动薪酬应占主导地位。同时为吸引和留住优秀员工，采取长期激励的方式也是非常有必要的。

（3）薪酬管理政策

初创期的企业往往没有专门的人力资源部门，也谈不上专职的人力资源管理人员，因此企业主管常常直接承担人力资源管理的主要工作。又由于薪酬管理对于企业的资金分配和流向将会产生直接影响，所以在这一时期创业者们常常会亲自负责薪酬决策，员工的参与较低，甚至不会参与到薪酬管理中。

小案例

在美国纳斯达克上市的百度公司，就是采用这种薪酬战略的成功者。从创业吸引第一个员工起，李彦宏就靠他讲故事的能力，把创业骨干以相对的低薪吸引到百度来。百度的一位高层此前在某公司任副总裁，年薪60万元，到了百度之后，薪酬比原来还低，但获得了期权。目前，这位高层的股票价值已达2亿元，最高时则达到过4亿元。创业型企业的这种薪酬战略，不仅使百度度过了现金短缺的过渡期，得到了高素质人才，同时也使放弃一时高薪的创业伙伴获得了很好的长期回报。

2．成长期与薪酬战略

随着企业规模不断扩大，企业所有权变得更为分散，创业者个人作用逐渐弱化。战略和环境迫使企业面对更为复杂的管理任务，企业规模的扩大和复杂的运作环境要求企业建立和完善规章制度，企业需要大量各类型高素质的管理人才加盟以适应组织的发展。

（1）薪酬的决定基准

①采用基于技能的薪酬体系。处于成长阶段的企业，岗位流动性和变化性较强，岗位职责要求也越来越多，无法用岗位分析结果来衡量不同岗位对企业的贡献。因此，基于技能的薪酬体系成为成长期企业的客观选择。②兼顾内外部公平。快速成长的企业中普遍存在一种现象，资历长的员工与新员工的工资相差无几甚至还高于自己，他们往往会认为自己没有得到企业的认可，积极性严重受挫，出现怠工甚至流失现象。实际上，这是因为在引入新员工时只能根据市场水准付酬。所以针对这一现象，企业应当基于市场水准，调整资深员工，特别是关键资深员工的薪酬。③注重团队绩效。成长阶段的企业，为应对多变的环境和激烈的竞争，必须更灵活地适应市场趋势的转变。团队合作将更有利于企业在这样的环境下生存和发展。而且基于团队的绩效也会使员工的薪酬与组织的绩效联系得更为紧密，不会增加企业的现金负担。④鼓励为风险付酬。处于成长阶段的企业虽然经过了初创期的求生存阶段，但仍面临着不确定的环境。企业需要敢于承担风险的员工一起工作。因此，企业应该通过提供和风险成比例的薪酬来鼓励员工的风险意识。

（2）薪酬组织政策

为增强员工的风险意识、创新精神和团队精神，企业一般应支付给员工较低的基本工资、福利和较高的激励工资（特别是长期激励）。

（3）薪酬管理政策

处于快速成长阶段的企业资源全面紧张，为避免加大资源紧张程度，宜采用较低的员工参与度。同时对于引入的人才薪酬建议采用秘密支付的方式，这样可以在一定程度上缓解资深员工对新进员工高薪酬的不满。

3. 成熟期与薪酬战略

当企业通过了快速发展阶段后，将会进入较稳定的成熟期。随着公司规模的逐渐扩张，公司逐步向集团化与跨国化发展。为适应产品多样化和组织集团化与跨国化，企业管理模式逐步由集权向分权转化。

（1）薪酬的决定基准

①采用岗位为基础的薪酬体系。成熟期的企业内部管理更加规范，建立以岗位为基础的薪酬体系更为容易。②注重内部公平。不再强调外部公平性，并不是外部公平不重要，而是因为该阶段的薪酬本身已经具有较强的外部竞争性，而且公司的品牌影响力也有助于巩固公司在人力资源方面的竞争力。更为重要的是，经过了成长期对人才的吸纳，企业内部已经拥有了大量的人力资源。这一时期企业对优秀人才的获取应开始从外部劳动力市场转向企业的内部劳动力市场。企业需要做的是发现和培养人才。③注重团队绩效。成熟期的企业发展主要是靠企业的整体实力和规范化机制，企业变革的重点是如何将企业的运作和业务恰当结合起来，使企业成为一个整体。因此，这一阶段的绩效考核应注重团队绩效。可以在薪酬制度中更多地使用利润分享计划和员工持股计划，以增强员工对企业目标的认同感。

（2）薪酬组合政策

处于成熟期的企业，产品的市场占有率和资本收益率较为稳定，现金存量较多，这时企业有能力向员工支付高工资和高福利。另外，因为市场的进一步扩大需要依靠团队合作，为提高组织效率和团队协作效率，还应特别重视体现团队的团队薪酬。

（3）薪酬管理政策

这一时期的企业可以让更多的员工参与到薪酬管理中来，以更好地调动员工的积极性，提高员工的满意度。同时可采用公开支付的方式支付薪酬，从而增加企业管理的透明度，减少员工间互相猜疑，有效发挥薪酬的激励作用，还可以迫使管理者公平有效地管理薪酬制度。

小案例

以自主创新打败跨国巨头著称的华为公司，早年靠高薪吸引英雄式的技术和营销人才，同时让这些骨干把获得的分红拿来购买公司内部股票，此举不仅能保留人才，构建公司的研发、营销等体系，而且公司不必支付巨额的现金薪酬。经过十几年的发展，华为公司已经构建了较好的研发平台，其目前在研发领域的用人策略，已经不是过去那种高薪招聘英雄式人才的模式，而是在薪酬总额相对不变的情况下，以不太高的薪酬招聘数量众多的各种研发人员。在众多研发新兵中，只要有一部分员工能冒尖，成为研发创新骨干，华为的薪酬策略就算达到预定目标了。

4. 衰退期和薪酬战略

处于衰退期的企业，其外部环境变得充满敌意：市场范围变得狭窄；内部环境变得盲目乐观、缺乏沟通、战略保守、群体思维和互不信任。产品老化，资源枯竭，“大企业病”等凸显，企业效益降低，统计员下降，甚至出现财务危机。与此同时，会出现员工离职率增加，士气低落，组织承诺度下降，员工不公平感提高，企业抗风险能力下降等。

（1）薪酬的决定基准

①基于技能的薪酬体系。基于技能的薪酬体系可以充分挖掘员工的潜力，激发员工的进取心，给处于衰退期的企业注入活力。②注重外部竞争性。调整企业人事政策，吸引并留住企业优秀人才是企业重生的前提条件。而要吸引和留住这些人才，薪酬就必须具有较强的市场竞争力。同时企业也可能为开拓新的业务领域而招聘适合该领域发展的人才，较强的市场竞争性也是尤其重要的。③注重个人绩效。这一时期的企业，整体业绩和效率都比较低，以个人绩效来衡量员工工作，更能激励那些对企业做出重要贡献的核心员工。

（2）薪酬组合政策

此时的企业通常有两条路可以选择，要么坐以待毙，要么收缩，培育新的增长点实现企业蜕变。大多数企业在此时都会采取收缩战略，因此强调个人绩效奖金和长期薪酬意义不大，较高的基本工资和较高的福利将会是更明智的选择。

（3）薪酬管理政策

处于衰退期的企业，将根据其经营发展的需求对其组织结构进行重新调整，这就决定了企业不可能采取高参与度与分权式的薪酬管理。为吸引和保留优秀员工，薪酬应该富有竞争力，注重外部公平；但同时企业还需要控制成本。因此在确定薪酬水平时，只能相对淡化内部公平。为缓解员工的不公平感，薪酬适宜采用秘密发放的形式。

2.4 企业战略与薪酬管理实例：华为的企业战略与薪酬管理[3]

华为技术有限公司（以下简称华为）是 20 世纪 80 年代末创建于深圳的一家民营高科技企业，任正非是其创始人。创建之初华为的主要业务是生产销售各类电信设备，发展至今，其主营业务涵盖了交换、传输、无线和数据通信类电信产品及设备，是世界第六大手机生产商。在 2011 年中国民营企业 500 强榜单中，华为排名第一。值得注意的是，华为也是参选世界 500 强企业中唯一没有上市的企业。其产品和解决方案等服务已经向世界超过 140 个国家

---

3 改编自：张旋，华为公司薪酬管理的研究及启示[D]. 上海外国语大学，2012.

和地区的客户提供，其客户包涵了全球电信运营商前 50 名中的 45 家，服务全球 1/3 的人口。

华为的快速成长得到了世界各国的肯定，就连世界级企业思科也不得不将其视为竞争对手。2015 年 7 月刚刚卸任思科公司 CEO 的钱伯斯曾说过，“在今后几年里，思科将只有一个竞争对手，就是华为。”华为的成功也引来了企业家、学者从不同的角度、切入点，采用不同的研究方法对华为作为案例研究和探索。

2.4.1　华为薪酬战略的发展阶段

华为的薪酬战略是随着组织内部的发展阶段和外部市场环境的发展变化而变更的，为企业取得源源不断的高质量、高竞争力和高绩效的人力资源。目前，华为的薪酬管理被学者们分为三个发展阶段。

第一阶段（1988—1996 年）：企业处于初创期，实力单薄，非经济性薪酬发挥主导作用。

该阶段为华为初步涉入通信领域，企业处于创业阶段。实行的是内部成长战略，各种外部资源比较贫乏。企业在外部环境处于“不支持”状态。企业的发展受到各种资源，如人力、财力、物力的限制。企业对通信人才的急需与无法支付具有竞争性的薪酬成为矛盾。华为人将其称为“乱世英雄的年代。”

众所周知，对于高科技行业的通讯领域来说，高科技人才的到位是业务能否开展起来的关键，可是当时华为无力提供具有竞争性的薪酬来吸引人才。因此，华为决定采取与当时所处阶段最相适应的非现金式的员工激励政策。就是说，在当时的华为，不论员工的年龄和资历，只要你对公司做出大的贡献，即使刚刚毕业几年的大学生也能管理几十个人的团队。据说在华为年纪最小的高级工程师的记录是 19 岁，最短时间升任高级工程师所用的时间是加入公司的一周。同时，企业对所有员工采用长期股权激励的福利，用来缓解给予员工浮动收入或者奖金带来的现金压力。通过这种薪酬管理的设计，以及怀着创业初期的冲动和对成功的向往，华为吸引了一批批优秀的朝气蓬勃的人才。

在创业两年后，华为建立并完善了公司的全员股权激励制度，这在当时是市场上极其罕见而又成功的实践案例。

第二阶段（1997—2002 年）：企业处于高速发展阶段，实力相对雄厚，实施领先薪酬战略。

1997 年以后，华为开始进行多元化经营，华为的战略也开始关注外部成长。除原有的电话交换机外，还介入了数据业务、无线通信、GSM 等通信领域的主导产品。随着进人快速扩张期，对优秀人才需求巨大。此时公司实力较以前相比雄厚，按照任正非的说法，当时华为平均每年招聘大约 3 000 人。

为了能够保证足够多高质量的科技人才的及时到岗和留用，此时华为的薪酬策略从最初的非经济性薪酬给付转变为“高薪酬+高压力+补助+加班费”的模式，“有竞争性的薪酬”成为当时华为薪酬给付的代名词。

华为的薪酬结构大体为：员工薪酬=基本工资+股票+福利。体系中的基本薪酬，通常包括基础薪酬、岗位薪酬、学历薪酬、职务薪酬、技能薪酬等。华为的全员持股随着企业的发展在方式上逐渐发生了转变。华为从最初的人人配股的固定股票分红逐渐转变为今天的“虚拟受限股”。这是华为发放给员工的虚拟股票，可以购买公司的股票，价格为1元人民币，但是，当员工离开公司的时候，所购的股票必须出售给公司。华为通过这种制度吸引优秀人才，快速盈利后马上发放股票和分红奖赏员工，同时也不影响总资本和现金流的运转。这种方式是企业对员工长期激励的最有效的政策，从“普惠”走向“重点激励”，它激励华为人以狼的精神不懈奋斗。

此外，华为的体贴福利待遇是让许多研究者津津乐道的一环。华为的人力资源管理将其视为动态分配机制的体现。华为的福利不以身份和资历，而是以贡献大小作为利益分配。这种体系有效克服了一切惰性。同时华为除了设计一些普通福利发放形式，如培训、分红、职工小区外，有自己的特色。例如员工福利采用货币化，即打到职工的工卡里，这笔钱可以用于购买车票、在公司食堂就餐、在公司小卖部购物等，同时还拥有基本工资15%的退休基金。

华为将奖金发放视为一种艺术。在华为的薪酬体系里，奖金的数量占到所有报酬的25%。与此同时各种补助、加班费都体现了“人本管理”的思想。

第三阶段（2005 年年底至今）：企业处于成熟发展期，企业需要配备国际化人才，薪酬战略更加丰富化。

从 2005 年到现在，华为逐渐步入成熟的发展阶段，业务已经拓展到海外，并且国外的销售已经超过了国内销售额。相应地，对国际化人才的需求量开始增加，尤其是对一些级别比较高并且对公司起着关键作用的职位，比如高级法律顾问、销售总监、财务总监等。此时企业需要对内部薪酬的公平性和外部竞争力进行分析，体现效率和价值原则。因此，华为在这一阶段采取的薪酬策略是：在保持内部薪酬的公平性的同时兼顾外部竞争力。根据《华为基本法》第四章基本人力资源政策，华为在工资分配上实行基于能力的职能工资制，奖金的分配与团队和个人的绩效改进直接挂钩；安全退休金等福利的分配，依据工作态度的考评结果；医疗保险按贡献大小，对公司高级别的重点职位和一般员工实行差别化待遇，从而使公司薪酬战略与经营战略的发展阶段相匹配，达到最优化组合。

2.4.2 华为薪酬战略的模式分析

1. 华为的薪酬战略是基于发展阶段的薪酬模式选择

企业在初创、成长、成熟、衰退等不同的发展阶段呈现出巨大的差异，企业需要采用不同的薪酬模式与之相匹配，选择适合自身发展的方案。华为在创立初期，各种资源处于“不支持”状态，企业对雇员多采用股权激励的方式，薪酬发放以非经济性薪酬和非货币化薪酬为主，以减少奖金激励给企业带来的现金流压力。而在企业快速发展和成长的时期，华为采用“压强原则”，提供有竞争性的薪酬，吸引“垄断”人才。该薪酬模式适应企业发展的需要，对员工的激励与约束效果不尽相同。

2．华为的薪酬战略是基于经营战略的薪酬模式选择

企业在进行薪酬设计时必须考虑外部竞争性、内部公平性和员工公平感。而企业在薪酬水平的定位（外部竞争性）上一般选择与企业的发展战略类型相匹配。在华为的创业初期，由于受到资源的硬性约束，企业只能通过整合和利用组织所拥有的资源来强化组织优势即实行内部成长战略。虽然在货币薪酬上华为此时落后于市场平均水平，但是华为通过与员工共担风险，体验着创业和开发新市场的激情，分享着企业未来的成功。这些非货币性的激励构成了华为早期薪酬战略的重要内容。在进人高速发展阶段之后，华为一直采用“有竞争性的薪酬”来吸引企业所需要的各种人才，采用市场领先型薪酬策略。薪酬体系中的各个部分基本上都处于行业领先水平，高薪酬作为第一推动力牵引公司成长。

3．华为的薪酬战略体现效率优先，兼顾公平

华为坚决推行定岗、定员、定责、定酬的待遇系统，以绩效作为竞争工具。1996 年，华为从英国引进任职评价体系，又请美国 HAY 公司作薪酬顾问，从此建立了华为任职资格评价体系，并在此基础上进行了合理的薪酬设计，从而解决了内部公平性问题。华为的战略观点是在薪酬体系构建要实现内部公平性和外部竞争性的辩证统一。

2.4.3　基于华为案例研究的发现和启示

通过对华为薪酬案例的研究，我们可以解读出，华为的薪酬战略发展是随着企业的发展阶段适时变化的。每个企业都会经历初创期、成长期、成熟期、衰退期这几个必经阶段，每个阶段在经营模式、流程管理、财务管理和人员管理方面都会呈现出巨大的差异性，与之相匹配的薪酬管理模式应当及时调整以适应公司不同的发展阶段。

与此同时，在设计薪酬体系时，华为还兼顾外部市场的变化，从非经济型激励到采取有竞争性的经济型激励，再到领先市场型的薪酬策略。这种薪酬策略为华为吸引了优秀人才，成为带领华为成长的第一推动力。

华为的成功使人们更清醒地认识到：薪酬制度是随着组织内部条件和外部环境的变化而发展的。组织只有实施与企业战略密切相关的战略薪酬，才能取得人才竞争优势，为企业源源不断提供具有竞争性、高绩效的人力资源，为企业远景、使命、目标的实现提供强大的保证。同时每个企业都有自己的特色，切记在模仿中迷失了自己。企业在进行战略薪酬设计时应根据自身发展的内部环境因素如企业发展战略、经营战略、企业发展阶段、企业文化设计与之匹配的薪酬模式。不选最优，只选最好，只有这样才能让薪酬制度处于有利的竞争地位，进而创造出巨大的价值，使自身处于有利的竞争地位。

复习思考题

一、单项选择题

1．在管理过程中，我们经常发现很多企业一直非常重视企业内部收入分配制度，并经常针对薪酬体系、薪酬水平、薪酬结构等方面进行改革和重新设计，但改革成效一直不佳，员工总体满意度低，企业总体绩效未从根本上得到改善，究其一个很重要的原因是（　　）。

A．企业薪酬战略不能适应企业扁平化组织结构

B．企业在薪酬管理改善过程中，就薪论薪，未与企业总体战略相联系

C．企业薪酬激励缺乏弹性和灵活性

D．企业系统过于单一

2．从薪酬管理的活动内容及其性质来看，以下哪项不属于薪酬管理活动（　）。

A．常规性管理活动　　B．服务性沟通活动

C．战略规划活动　　D．制度设计技术活动

3．T 企业是一家新兴高科技行业，假如你是 T 企业的人力资源薪酬设计专员，你认为对 T 企业的管理人员和产品研发人员应采用何种薪酬模式更具有吸引性（　）。

A．弹性高的基本薪酬模式　　B．短期薪酬占更大比重

C．长期薪酬占更大比重　　D．固定薪酬占较大比重

4．基于战略的薪酬系统设计必须在（　）这三个层面上得到体现。

A．战略、制度和技术　　B．战略、战术和技术

C．战略、制度和政策　　D．政策、制度和技术

5．（　）是对于企业而言，价值很高，并且非常稀缺和独特的人才。

A．核心人才　　B．通用人才

C．独特人才　　D．辅助性人才

6．下列对战略性薪酬内涵表述错误的一项是（　）。

A．战略性薪酬是以企业发展战略为依据

B．战略性薪酬就是要正确选择薪酬策略，系统设计薪酬体系

C．战略性薪酬是实施动态性管理过程

D．战略性薪酬不适用于扁平化组织结构

7．在实行战略性薪酬管理的组织中，日常管理活动、服务与沟通活动以及战略规划活动三者之间所花费的时间比重大约是（　）。

A．70%、20%、10%　　B．60%、20%、20%

C．20%、50%、30%　　D．30%、20%、50%

8．在实行战略性薪酬管理的企业中，人力资源管理部门以及薪酬管理人员的角色也要发生相应的转变，下列描述中不符合要求的是（　　）。

A．实施战略性薪酬必须与组织战略目标紧密联系

B．战略性薪酬要求增加事务性活动在薪酬管理中的比重

C．战略性薪酬要求实现日常薪酬管理活动的自动化

D．战略性薪酬要求薪酬管理者承担新的人力资源管理角色

9．对于追求成长战略的企业来说，所采取的薪酬战略往往是（　　）。

A．企业与员工共担风险，同时与员工分享成功收益

B．企业与员工不强调风险分担，采取稳定的薪酬策略

C．企业一般追求高于市场的薪酬水平

D．企业一般采用提高稳定薪酬在整个薪酬中的比例

10．企业的发展阶段不同，经营战略不同，因此薪酬战略也会不同，薪酬战略应与企业战略相适应，下列关于薪酬战略与企业发展阶段不相符的一项是（　　）。

A．在企业初创阶段，适合采用低于市场水平的基本工资

B．在企业增长阶段，适合采用等于市场水平的基本工资

C．在企业成熟阶段，适合采用低于或等于市场水平的基本工资

D．在企业衰退阶段，适合采用低于或等于市场水平的基本工资

二、简答题

1．什么是薪酬战略？影响薪酬战略的重要因素有哪些？

2．简述在不同的竞争战略下企业应分别采取什么样的薪酬战略与之相匹配。

3．企业成长期的薪酬战略是什么？

4．战略性薪酬管理对企业人力资源管理提出了哪些新要求？

三、案例分析题

“您知道，我对现在的公司有感情。但是我得承认，我对您描述的机遇和挑战很感兴趣。一想到能赚更多的钱，能获得更有挑战性的职位，我想我不能轻易放弃这个机会。这样，我再想想，明天早上给您一个答复。谢谢，再见。”

这是上海实业体育用品有限工业公司总经理王利在市场部总监李玉华的办公室外无意间听到的电话内容。王利暗自寻思：看样子，又有麻烦了。

上海实业体育用品有限公司是一家近年快速发展的体育用品制造企业。公司主要生产和经营运动鞋、运动服。随着中国人均国民收入水平和消费意识的不断提高，以及体育产业发展的迅猛，上海实业体育用品有限公司也逐步发展起来，在日益成熟的市场中占领了一席之地，其市场占有率连续 3 年一直稳定上升。2012 年开始，总经理王利又进一步扩大了公司的生产经营范围，开始生产运动器械等相关产品，尤其是羽毛球拍的销量一直持续上升，情况喜人。王利常常为取得的成绩感到高兴，同时也庆幸自己有一支优秀的员工队伍。但是，最近一段时间以来，王利觉得情况开始发生了变化。首先公司的财务总监许凡提出了辞呈，并且很快就到了公司最大的竞争对手三木体育用品公司任职。这之前，许凡曾经两次向王利提

出建议要求重新规划公司的薪酬预算，因为上海实业体育用品有限公司的薪酬标准近两年一直不曾有所提高，相对于同行业的薪资水准，已经远远落后了。王利则认为，本公司的资金周转率比较低，有限的资金应该首先用于公司的进一步发展上；而且，他认为如果公司的业务蒸蒸日上，对员工来说肯定是有利的。所以，他坚持公司的薪酬制度不做调整，认为可以采用其他方式激励员工，比如为员工提供更多的发展机会等。财务总监许凡没有再坚持自己的意见，但是她很快辞职了。总经理王利当时并没有太在意这件事情，只是觉得许凡没有远见，不能与公司共同克服发展中的暂时困难。

但是，刚才无意间听到的对话却让王利不得不重新思考这一问题。

李玉华是 2008 年进入公司的。当时，公司刚刚步入正轨，而且随着公司产品销量的不断增加，王利觉得公司需要有一个正式的、有组织的市场部。此时，公司的市场顾问陈文栋推荐了他的学生李玉华。李玉华是工商管理硕士，有一定的工作经验。经过他的亲自面试，王利觉得李玉华是目前公司市场部总监的最佳人选。一直以来，李玉华的表现都令王利满意。从进入公司那天开始，她就为开拓市场而四处奔波，以致只有周末才能回公司完成她的工作报告，她甚至因此也错过了与公司其他员工熟悉认识的机会，放弃了公司每年一次的野餐会。王利被李玉华的这种工作干劲深深地打动了。而且，李玉华在开辟新的销售渠道方面也卓有成效，其个人业绩占了公司销售总额的40%。李玉华来公司以前，上海实业体育用品有限公司的销售网络很不规范，如今这种情况也有了很大改观。王利承认李玉华对公司的贡献。王利越想越觉得不能失去这么一个人才。

只是王利实在有些想不通，以前公司的规模较小，员工的薪酬也不是很高，但是大家在一起都干得很开心。为什么现在公司发展了，规模在不断扩大，大家怎么反而要离开公司了呢?

[案例讨论与练习题]

上海实业体育用品有限公司的问题究竟出在哪里？王利应该怎么办？请说明理由。

四、技能操作题

某集团公司计划于近期进行薪酬战略的调整。此次调整将重点强调要针对不同人才采取不同的薪酬战略。假设你是集团的薪酬专员，请你为集团设计一份针对人才调整薪酬的方案。

第3章

岗位评价

学习目标

📖 一般掌握

- 岗位评价的概念
- 岗位评价的作用
- 岗位评价的原则

📖 重点掌握

- 岗位评价的方法及运用
- 岗位评价的操作程序
- 岗位评价实例

学习导航

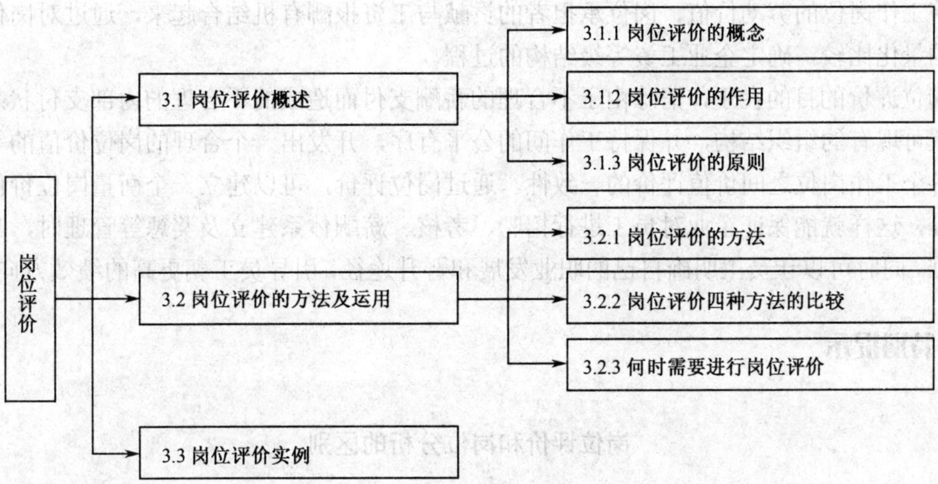

导入案例

梅特企业是中国一家带有国有性质的大型企业集团，为健全激励体系，决定向人力资源咨询公司进行项目招标，为其集团公司及其重要的各个下属公司优化薪酬体系。在项目招标过程中，梅特企业要求各家咨询公司回答一个问题，针对其集团内部的各个业务领域及不相关的企业涉及的各种类型的岗位，如何确定一个岗位的价值？或者一名财务经理和一名销售经理相比，究竟谁对企业的价值更大，谁应该获得更好的报酬？那么，究竟如何确定某个岗位在企业里的地位呢？对不同职位之间的贡献价值应该如何进行衡量比较呢？

案例点评

在一个企业中，岗位的名称很多，同时，在不同的企业中，相同的工作可能有不同的岗位名称，或者相同的岗位从事的工作有可能是大相径庭的。而企业出于各种需要，通常要确定不同岗位之间的价值比较，比如，企业在确定报酬水平的时候，需要知道一名销售人员与一名采购人员相比，究竟谁对企业的贡献大，谁应该获得更高的薪水。一般情况下，要解决这个问题，企业需要有一套科学合理的岗位评价系统。

3.1 岗位评价概述

3.1.1 岗位评价的概念

岗位评价，也称为职务评价或者工作评价，是指采用一定的方法对企业中各种岗位的相对价值做出评定依据，并以此作为薪酬分配的重要依据；是在岗位分析的基础上，对企业所设岗位需承担的责任大小、工作强度、难易程度、所需资格条件等进行评价。岗位评价的实质是将工作岗位的劳动价值、岗位承担者的贡献与工资报酬有机结合起来，通过对岗位劳动价值的量化比较，确定企业工资等级结构的过程。

岗位评价的目的在于，消除由于不合理的薪酬支付而造成的不合理的内部支付状态，使员工认可现有的组织结构，并保持工作间的公平有序，开发出一个合理的岗位价值的等级，取得各个工作岗位之间价值评价的一致性。通过岗位评价，可以建立一个衡量岗位价值的统一标准，这样就能保证企业对员工进行招聘、考核、薪酬体系建立及奖惩等管理时，具有统一标准。同时可以让员工明确自己的职业发展和晋升途径，引导员工朝更高的绩效方向发展。

特别提示

岗位评价和岗位分析的区别

岗位评价是评定工作的相对价值，确定岗位等级，以确定工资收入等级的依据。因此，岗位评价是岗位分析的逻辑结果。岗位分析主要包括了“工作描述”和“工作规范”两个方面的内容，而“岗位评价”是在前面两个环节的基础上进行的。

3.1.2 岗位评价的作用

1．衡量岗位间的相对价值，表现工作的重要性

岗位评价作为确定薪酬结构的一个有效的支持性工具，可以清楚地衡量岗位间的相对价值。岗位评价是在岗位分析的基础上，按照一定的客观衡量标准，对岗位的责任、能力要求、努力程度与工作环境等方面进行系统的评价，使岗位之间的联系公平有序，而且通过比较量值的大小，能够直接判断工作的重要程度。

2．薪酬分配的基础

在薪酬结构中，很多公司都有岗位工资这个项目。在通过岗位评价得出岗位等级之后，就便于确定岗位工资的差异。以岗位评价作为薪酬发放的基础，有利于减少薪酬发放的误差，能够提供解决薪酬争端的依据。岗位评价的目标就是建立一种公正、平等的薪酬结构，使员工在工作中体现的能力、绩效与辛苦程度可以在收入上得到相应的回报，减少工资制度的内部不公，实现同工同酬。

3．确定岗位等级的手段

岗位等级常常被组织作为确定工资级别、福利标准、出差待遇等各项权利的依据。而岗位评价则是确定工作等级的有效工具。它通过科学、系统、全面的比较来区分不同类别岗位的差异，通过岗位价值的大小划分出岗位等级，而不是通过职位头衔确保组织内部的公平。举例来说，尽管在组织内部，技术部经理和售后服务经理都是经理，但他们在组织中的价值并不相同，所以工作等级也不相同。同理，在不同企业之间，尽管都有总经理这个职位，但由于企业规模不同，该职位的具体工作职责和要求不尽相同，所以工作级别也不相同。

综上所述，岗位评价是薪酬体系设计的基础。在整个薪酬体系中的位置及作用如图 3-1 所示。

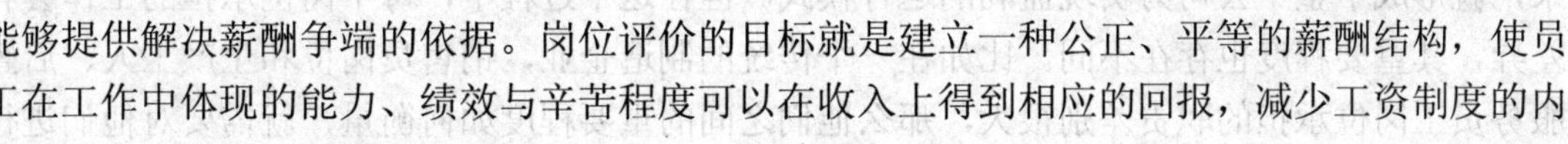

图 3-1 岗位评价在薪酬体系中的作用

3.1.3 岗位评价的原则

岗位评价原则如图 3-2 所示。

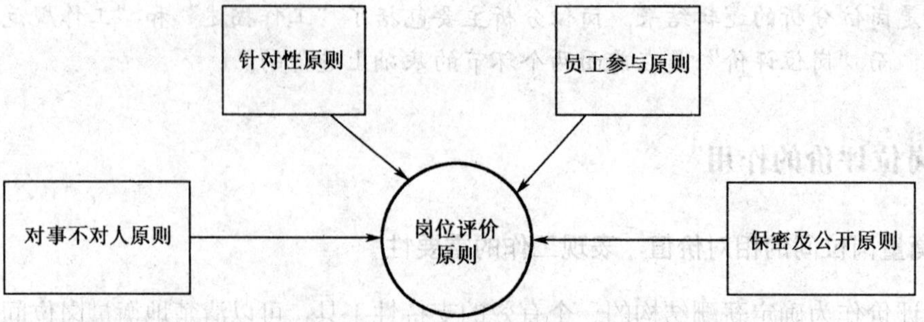

图 3-2 岗位评价的原则

1．对事不对人原则

岗位评价的是工作岗位而不是岗位上工作的人。在一般的岗位评价过程中，往往在考虑岗位重要性的同时，许多人就自然而然地将从事该岗位的员工联系在一起来考虑，这个观念是不对的。因为岗位承担了公司战略目标实现的所有事项，只要将每个岗位的工作职责加起来，就形成了整个公司为实现盈利的运行模式。但在这个过程中，每个岗位承担的工作会有差异，其重要程度也存在不同。比如在一个传统的制造企业，销售员岗位和生产工人、后勤服务员工岗位承担的职责差别很大，那么他们之间的重要程度如何衡量，就需要对他们进行岗位价值评估。

2．针对性原则

评分因素应尽可能结合实际，这需要根据公司的实际情况，对岗位评价因素定义与分档表的各类因素的权重和各个因素的定义进行协商讨论，尽可能切合实际。

3．员工参与原则

岗位评价工作涉及公司内部所有岗位，评价结果会影响公司的所有员工的薪资水平，所以岗位评价方法的准确性、岗位评价要素和评价标准的准确性以及评价数据处理的规范性等，都最终会影响公司中所有岗位的相对重要程度和地位。所以，适当地让员工参与到岗位评价工作中来，更容易让他们对岗位评价的结果产生认同感，也有利于增强岗位评价结果的合理性。

4．保密及公开原则

岗位评价的工作程序及评价结果在一定的时间内应该处于保密状态。在完成整个工资制度的设计之后，岗位评价的结果应该公开，使全体员工都了解到自己的岗位在公司中的位置。

3.2 岗位评价的方法及运用

3.2.1 岗位评价的方法

岗位评价的方法有岗位排序法、分类法、要素比较法和要素计点法等。其中，排列法、分类法属于定性评价，要素比较法和要素计点法属于定量评价。除此以外，还有两个国际著名的岗位评价方法，即海氏（HayGroup）三要素评估法和美世（Mercer）国际职位评估法（IPE）。下面仅对岗位排序法、岗位分类法、要素比较法、要素计点法进行重点介绍。

1. 岗位排序法

岗位排序法是最原始、最简单的岗位评价方法，是由岗位评价人员根据其对企业各项工作的经验认识和主观判断，对各岗位的相对价值大小进行整体比较，并由高到低进行排序。排序法有两种方法：交替排序法和配对比较法。

（1）交替排序法

交替排序法是先选出价值最高的岗位，然后选出价值最低的岗位，再选出价值次高的岗位、价值次低的岗位，如此继续，直到选完为止，这样就得到了所有岗位价值排序结果。以表 3-1 为例，说明了交替排序法的岗位评价过程。

表 3-1 交替排序法

岗　位	评价者 1	评价者 2	评价者 3	评价者 4	评价者 5	综　合	排序名次（由高到低）
项目经理	1	1	1	2	1	1.2	1
市场专员	2	2	2	1	2	1.8	2
市场经理	3	4	3	3	3	3.2	3
项目助理	4	3	4	4	4	3.8	4
人事助理	5	5	6	5	5	5.2	5
会计	7	6	5	7	6	6.2	6
出纳	6	7	7	6	8	6.8	7
前台	8	8	8	8	7	7.8	8

具体步骤如下。

1）选择岗位评价者：一般评价者要 5～10 人，本案例岗位评价者 5 人。

2）确定需要评估的岗位：本案例需要评价岗位 7 个。

3）通过岗位分析，形成岗位说明书，作为岗位评价的资料依据。

4）确定岗位排序因素：综合考虑工作职责、工作权限、任职资格、工作条件及环境等因素。

5）进行评价排序：以评价者 2 为例，先选择价值最高的，在项目经理岗位上写上序号“1”，再选价值最低的，在前台岗位上写上序号“8”，依次在市场专员、市场经理、项目助理、人事助理、会计和出纳岗位处写上“2”、“4”、“3”、“5”、“6”、“7”，这样评价者 2 就完成了岗位评价。

6）评价结果统计：将各位评价者评价结果进行统计，计算各岗位得到的平均分，依据平均分进行排序，得到最终评价结果。

（2）配对比较法

配对比较法也称为相互比较法、两两比较法或成对比较法等，就是将所有要进行评价的岗位列在一起，两两配对比较，其价值较高者可得 1 分，最后将各岗位所得分数相加，分数最高即等级最高，按分数高低将岗位进行排列，即可划定岗位等级。通过计算平均序数，便可得出岗位相对价值的次序。以表 3-2 为例，说明配对比较法岗位评价过程及排序结果。

表 3-2 配对比较法

被比较对象 比较对象	行政秘书	文员	电脑操作员	系统分析员	程序设计员	得分	排序名次（由高到低）
行政秘书	—	1	1	0	0	2	3
文员	0	—	0	0	0	0	5
电脑操作员	0	1	—	0	0	1	4
系统分析员	1	1	1	—	1	4	1
程序设计员	1	1	1	0	—	3	2

（3）排序法的问题及适用范围

1）主观性强。特别当某一岗位受特殊因素的影响（例如在高空、高温、高寒或在有害有毒的环境下工作时），常会将岗位的相对价值估计过高。

2）岗位序数差不能反映出岗位相对价值的差值大小。

3）评价结果的准确程度不高且不稳定。

适用范围：岗位排序法主要适用于生产单一、岗位较少的中小企业。

2. 岗位分类法

（1）岗位分类法概述

岗位分类法是岗位排列法的改革，又称为归级法。它是在岗位分析基础上，采用一定的科学方法，将所有的工作岗位，即职位，按其业务性质分为若干职组、职系（横向）；然后按责任大小，工作难易，所需教育程度及技术高低分为若干职级、职等（纵向），对每一职位给予准确的定义和描述，编成职位说明书，以此作为对聘用人员管理的依据。岗位分类相关术语如图 3-3 所示。

在这种方法中，最关键的一项工作是确定等级标准。各等级标准应明确反映出实际上各种工作在技能、责任上存在的不同水平。在确定不同等级要求之前，要选择出构成工作基本内容的基础因素，但如何选择因素或选取哪些因素则依据工作性质来决定。在实际测评时，应注意不能把岗位分解成各构成要素，而是要作为整体进行评定。岗位分类同企业单位以外的职业分类标准存在密切的联系。各类职业分类标准是以企业单位、国家机关岗位分类为基础制定的。一旦这类标准建立之后，企业单位在进行岗位分类时，便可依据、参照或执行这类标准。

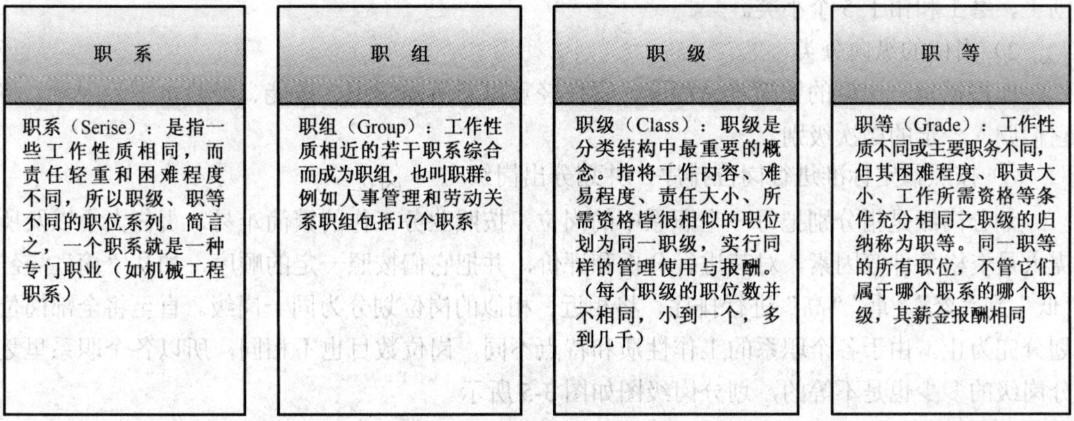

图 3-3 岗位分类相关术语

（2）岗位分类法的主要步骤（见图 3-4）

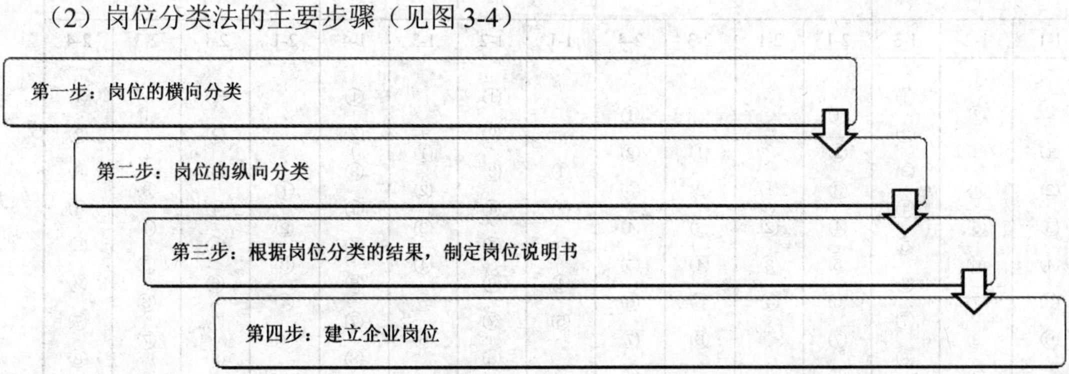

图 3-4 岗位分类法的主要步骤

1）岗位的横向分类

即根据岗位的工作性质及特征，将它们划分为若干类别。岗位的横向分类是一个由粗到细的工作过程。岗位的横向分类可以按照岗位承担者的性质和特点及岗位在企业生产过程中的地位和作用进行划分。

① 按照岗位承担者的性质和特点对岗位划分

如某公司将本企业的全部岗位分为直接生产人员岗位和管理人员岗位两大类。然后按照劳动分工的特点，将这两大类划分为若干种类或小类。以管理人员岗位为例，大致可以分为以下 10 个小类：生产管理类、市场营销类、财务审计类、科技管理类、劳动人事管理类、物资管理类、行政后勤类、党团工作类、综合管理类及其他；以生产人员岗位为例，大致可划分为以下 3 个小类：基本生产岗位、辅助生产岗位、生产生活服务等。

② 按照岗位在企业生产过程中的地位和作用划分

如某电器公司将全部岗位分为生产岗位、技术岗位、管理岗位、市场营销和供应服务五大类岗位。对每一大类又细分为若干小类，以技术岗位为例，大致可分为科研岗位、设计岗位、工艺岗位、理化分析和质量检测 5 个小类：；以生产岗位为例，大致可分为车工、铣工、刨工、磨工和钳工 5 个小类。

2）岗位的纵向分类

即根据每一岗位的繁简难易程度、责任轻重以及所需学识、技能、经验水平等因素，将它们归入一定的档次级别。

① 按照预定标准进行岗位排序，并划分出岗级

划分岗级是指分别把每一个职系中的岗位，按照业务工作的繁简难易、责任大小以及所需人员资格条件等因素，对其进行分析和评价，并把它们按照一定的顺序，如从“简”“轻”“低”到“繁”“重”“高”进行排序，将相近、相似的岗位划分为同一岗级。直至将全部岗位划分完为止。由于各个职系的工作性质和特点不同，岗位数目也不相同，所以各个职系里划分岗级的多少也是不等的，划分岗级图如图 3-5 所示。

<table>
<tr><th colspan="7">A</th><th colspan="8">B</th></tr>
<tr><th colspan="3">1</th><th colspan="4">2</th><th colspan="4">1</th><th colspan="4">2</th></tr>
<tr><th>1-1</th><th>1-2</th><th>1-3</th><th>2-1</th><th>2-1</th><th>2-3</th><th>2-4</th><th>1-1</th><th>1-2</th><th>1-3</th><th>1-4</th><th>2-1</th><th>2-1</th><th>2-3</th><th>2-4</th></tr>
<tr>
<td>①
②
③
④
⑤
⑥</td>
<td>①
②
③
④
⑤
⑥
⑦
⑧
⑨
⑩</td>
<td>①
②
③
④
⑤
⑥
⑦
⑧
⑨
⑩</td>
<td>①
②
③
④
⑤
⑥
⑦
⑧</td>
<td>①
②
③
④</td>
<td>①
②
③
④
⑤
⑥</td>
<td>①
②
③
④
⑤
⑥
⑦
⑧</td>
<td>①
②
③
④
⑤</td>
<td>①
②
③
④
⑤
⑥
⑦
⑧
⑨
⑩</td>
<td>①
②
③
④
⑤
⑥</td>
<td>①
②
③
④
⑤
⑥
⑦
⑧
⑨
⑩</td>
<td>①
②
③
④
⑩</td>
<td>①
②
③
④
⑤
⑥
⑦
⑧
⑨
⑩</td>
<td>①
②
③
④
⑤
⑥
⑦
⑧</td>
<td>①
②
③
④
⑤
⑥
⑦
⑧
⑨
⑩</td>
</tr>
</table>

图 3-5 划分岗级图

例如，出版业中的校对这一职系划分为一级校对、二级校对和三级校对这 3 个岗级；而在医疗卫生行业中，则将护理这一职系划分为主任护师、副主任护师、主管护师、护师和护士 5 个岗级。运输行业中的某个运输企业的岗位分级图，将普通员工层划分为 4 类岗位、9 个岗级，如图 3-6 所示。

职　层	岗　位	岗　级
员工层（D档）	专员（会计、机务员、人事专员、安全员、法务员、运务员、审督员、管理专员）	9级
		8级
		7级
	干事（客服管理员、管理员、协管员、片管员、出纳）	6级
		5级
		4级
	一线（厨师、保洁、保安、水电工、仓库管理员、水电工、叉车工、理货员）	3级
		2级
		1级

图3-6　某运输企业岗位分级图

②统一职等

前面提到过，各个职系中的岗级数是不等的，各个职系中最高或最低岗级中的岗位，其工作的繁简难易程度、责任大小以及所需人员资格条件等因素也不尽相同。这样就产生一个问题，各职系的岗级既无法直接进行横向的比较，又不能在各个职系岗位之间建立起横向和纵向联系。为此，必须在划分岗级的基础上，根据岗位工作的繁简难易程度、责任大小和所需人员资格条件等因素，对各职系的岗级进行横向的分析比较，然后将它们归入统一的职等内，从而使不同职系、不同岗级的岗位，纳入一个由职等、岗级与职系组成的三维岗位体系之中，如图3-7所示。

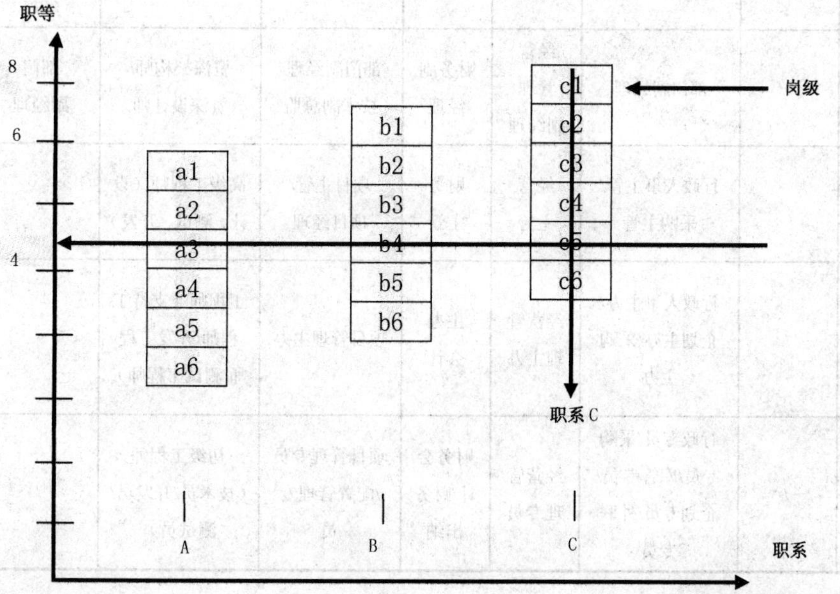

图3-7　统一等岗图

总之，将岗级归入统一的职等，其基本目的是对岗位进行系统化管理。也就是说，无论某一个岗位，在职系中处于什么岗级都能和所有职系的岗级进行比较，即与自己处于同一职等或不在同一个职等的岗位进行对比。处于同一职等的岗位，虽然岗位工作的性质千差万别，但工作的繁简难易程度、所承担的责任轻重程度以及对承担此岗位人员的资格条件要求等均是相似的，因而，它们的报酬待遇也应该是相同的。如美国 3 级看护为第 5 职等，1 级内科医生也属于第 5 职等，他们的薪金相同。表 3-3 为某公司的职等职级划分表，可以看出不同职系的不同岗位级别相同对应的岗位职等。岗位纵向分级有很多方法，如生产性岗位，我国多数企业采用要素计点法对生产性岗位进行纵向分级，其具体步骤我们将在讲述要素计点法时进行阐述。

表 3-3　某公司的职等职级划分表

职等	职级	决策管理系列	支持管理系列			技术系列		营销系列	
			人事行政管理	经营管理	财务管理	技术管理	技术	营销管理	营销
A	21	总经理	/	/	/	/	/	/	/
B	20	副总经理	/	/	/	/	/	/	/
	19		/	/	财务总监	技术总监	/	销售总监	/
	18		人事行政总监	经营管理总监			/		/
C	17	总经理助理	部门经理	经营管理经理	财务经理	部门经理/技术中心经理	首席架构师	部门经理/区域销售经理/部门经理	资深销售经理
	16								
	15								
D	14		部门副经理	经营管理副经理	财务副经理	部门副经理/技术副总监	资深架构师/资深设计师	部门副经理	高级销售经理
	13								
	12								
E	11		行政人事主管/采购主管	经营主管	财务主管	项目主管/项目经理	高级工程师（设计、测试、开发）	/	中级销售经理
	10								
	9								
F	8	/	行政人事主办/企划主办/采购主办	经营管理主办	主办会计	项目管理主办	工程师（支持工程师/开发工程师/测试工程师）	/	初级销售经理
	7								
	6								
	5								
G	4	/	行政专员/采购专员/库管专员/企划专员/外联专员	经营管理专员	财务会计/财务出纳	项目管理专员/配置管理专员	初级工程师（技术员/开发员/测试员）	/	销售专员
	3								
	2								
	1								

3）制定岗位说明书

根据岗位分类的结果，制定各类岗位的岗位规范即岗位说明书，并以此作为各项人力资源管理工作的依据。

4）建立企业岗位分类图表

说明企业各类岗位的分布及其配置状况，为企业员工的分类管理提供依据。

（3）岗位分类法的问题及适用范围

岗位分类法的问题主要是只做整体评价，难于进行精确评比；主观成分多；只能按相对价值大小简单排序，不能指出各级间差距的具体大小。岗位分类法一般适合于小型的，结构简单的企业。

3. 要素比较法

要素比较法是在确定关键岗位和付酬因素（即企业认为应当并愿意为之支付报酬的因素）的基础上，再运用关键岗位和付酬因素制成关键岗位排序表，然后将待评岗位就付酬因素与关键岗位进行比较，确定待评岗位的工资率。

（1）具体办法和步骤

1）提供工作信息

该方法需要细致和完备的岗位分析。包括对评估委员会进行评估的各要素进行描述和说明，这些要素可以称为要素指标。通常包括智力要求、体力要求、技能要求、责任和工作条件等方面。

2）选择标准工作

有工作评定委员会选择15～25个关键的、有代表性的工作（工种），以这些工作作为工作分级和排序的依据。

3）把工作要素指标排序

例如，把选择出来的5个要素指标排序。排列的依据是对工作的描述和工作种类。实施中，每个评为单独对工作要素进行评分和排序，然后将所有评委的结果综合起来。各工种对各要素指标的要求不同，权数也不同。例如，一般操作工的体力要求较高，但智力要求较低；而一些工作人员的责任重大，体力要求相对较低，如表3-4所示。

表3-4 工作要素评价

	心理需求	生理需求	技术需求	责　任	工作条件
焊工	1	4	1	1	2
起重机操纵员	3	1	3	4	4
冲床工	2	3	2	2	3
保安	4	2	4	3	1

注：1为最高分，4为最低分。

4）分要素的配置工资率

工资率确定是依据5个要素值确定的，一般来讲，一些关键性工作，要素值高，工资率相对也高，表 3-5 是西方国家一般性劳动者（以体力劳动为主）的要素小时工资率。

表 3-5 工作要素与小时工资率 （单位：美元）

根据工资率将职位排序						
	小时工资	心理要求	生理要求	技术要求	责任	工作条件
焊工	9.80	4.00(1)	0.40(4)	3.00(1)	2.00(1)	0.40(2)
起重工	5.60	1.40(3)	2.00(1)	1.80(3)	0.20(4)	0.20(4)
冲床工	6.00	1.60(2)	1.30(3)	2.00(2)	0.80(2)	0.30(3)
保安	4.00	1.20(4)	1.40(2)	0.40(4)	0.40(3)	0.60(1)

5）按照配置给每个要素的工资值进行工作分级（见表 3-6）。

表 3-6 不同工种工资率及其要素构成

职位（要素）比较等级表					
工资水平（美元）	心理要求	生理要求	技术要求	责 任	工作条件
0.20				起重工	起重工
0.30					冲床工
0.40		焊工	保安	保安	焊工
0.50					
0.60					保安
0.70					
0.80				冲床工	
0.90					
1.00					
1.10					
1.20	保安				
1.30		冲床工			
1.40	起重工	保安	主管		
1.50		主管			主管
1.60	冲床工				
1.70					
1.80			起重工	主管	
1.90					
2.00		起重工	冲床工	焊工	
2.20					

尚未进行评定的其他各岗位与现有的已评定完毕的重要岗位对比，就按相近条件的岗位工资分配计算工资。如在工资分配表中，根据“心理需求”要素，焊工应为 4.00 美元，因此，在职位比较等级表中，“焊工”栏的“心理需求”项写上 4.00 美元，对于所有关键职位的报酬要素都照此操作。

如表 3-7 所示，某公司岗位评价运用要素比较法，评价程序分析员的岗位价值。

表 3-7 某公司评价程序分析员的岗位价值

价值（元/天）	智力条件	技能	体能	责任	工作条件
100	系统分析员			系统分析员	
95					
90	程序分析员				
85				程序分析员	
80	程序设计员			程序设计员	
75					
70				控制台操作员	
65					
60					
55	控制台操作员				
50					
45		数据录入员			
40	数据录入员	控制台操作员			
35		程序设计员			
30		程序分析员	数据录入员	数据录入员	数据录入员
25			系统分析员		控制台操作员
20			程序设计员		系统分析员
15		系统分析员	程序分析员		程序分析员
10			控制台操作员		程序设计员
0					

因此，程序分析员的岗位价值为：90+30+15+85+15=235（元/天）

（2）要素比较法的问题及适用范围

要素比较法的存在问题主要是开发初期非常复杂而且难度大；成本很高；有许多主观因素，员工不易理解，容易怀疑其准确、公平性。要素比较法适合于特殊岗位多的企业。

4．要素计点法

要素计点法又称点数法，该法首先要选定职位的主要影响因素，并采用一定点数（分值）表示每一因素，然后按预先规定的衡量标准，对现有职位的各个因素逐一评比、估价，求得点数，经过加权求和，最后得到各个职位的总点数。与要素比较法不同的是，要素计点法并不能直接得到某职位的工资率，而是得到一个抽象的“点数”，最后用增加的“点数－工资”表来进行换算。要素计点法是最常用的一种岗位评价方法，常见的海氏（HayGroup）三要素评估法和美世（Mercer）国际职位评估法（IPE）都属于要素计点法。

（1）要素计点法实施步骤

1）确定关键因素

根据企业的要求，找出最关键的若干因素。例如：技能、努力、责任、工作条件，等等。

2）确定关键因素的子因素

例如:“技能”中的子因素为教育程度、经验和知识；“努力”中的子因素为生理要求和心理要求;“责任”中的子因素为对设备和过程的责任、对材料和产品的责任、对他人安全的责任、对他人工作的责任;“工作条件”中的子因素为工作场所条件和危险性。

3）确定每个子因素的等级

例如把每个子因素分为 5 个等级， 分别为：1 级，2 级，3 级，4 级，5 级。

4）具体规定每一等级的标准

例如：教育程度 5 级为硕士研究生以上，教育程度 4 级为大学本科生，教育程度 3 级为大学专科生，教育程度 2 级为中专生或高中生，教育程度 1 级为初中生及初中以下。

5）规定每一子因素的权重

根据各企业的要求，可以定出每一子因素的权数，在计算时可以加权计算。

6）计算出每一岗位的点数

7）划分岗位点数级别

为了将企业相同性质的岗位归入一定等级，可将岗位评价的总点数分为若干级别。

下面我们以具体的操作过程来阐述要素计点法的实施步骤。

举例：某集团公司要对人力资源部部长和业务经理运用要素计点法进行岗位评价。岗位评价的总点数定为 1 000 点（分），要从任职资格（知识技能）、工作责任、 工作强度和工作环境四大薪酬关键要素对销售经理、人力资源总监和财务专员进行岗位评价。

第一步：首先在四大关键因素的基础上，分解出 14 个子因素，每个子因素再细分为 4～6 个等级，并一一定义和配点，每个关键因素的权重、级别和配点都是由集体公司经过调研总结得出的数据，如表 3-8 所示。

表 3-8　某集团公司机关岗位评价要素、要素分级及配点表

关键因素	配点	权重（%）	子因素	一	二	三	四	五	六
任职资格（知识技能）	350	35	1．学历	20	40	60	80		
			2．经验	20	40	60	80	100	
			3．专业技能	15	30	45	60	75	90
			4．创造性	15	30	45	60	80	
工作责任	400	40	5．经营效益责任	20	40	60	90	120	
			6．对他人管理责任	15	30	45	60	75	90
			7．开拓发展责任	20	40	60	80	100	
			8．质量管理责任	10	20	30	40	50	
			9．企业文化建设责任	8	16	24	32	40	

续表

关键因素	配点	权重（%）	子因素	一	二	三	四	五	六
工作强度（工作难度）	200	20	10．脑力强度	20	40	60	80	100	
			11．工作负荷	10	20	30	40	50	
			12．心理压力	10	20	30	40	50	
工作环境	50	5	13．工作场所	15	30				
			14．潜在危险性	5	10	20			

第二步：对子因素进行分级定义及配点。

（一）任职资格

从学历、经验、专业技能及创造性 4 个方面进行分级定义及配点。如表 3-9 所示。

表 3-9　子因素分级定义及配点

第一大关键要素：任职资格		
学历分级定义及配点	1．学历定义：本因素衡量顺利履行工作职责所要求的最低文化水平，以及职工自学校或职业训练而不是实际工作中所获得的学业水平	
分　级	分 级 定 义	点　数
一	高中（中专）	20
二	大学专科	40
三	大学本科	60
四	研究生及以上	80
经验分级定义及配点	2．经验：本因素衡量工作在达到基本要求后，为获得并熟练掌握本岗位（专业）工作的技巧以达到胜任本岗位工作的要求，而所需要的实际工作经历时间，其中包括开始工作时的见习时间，以及从事相关工作的时间，但不包括在学校内的职业培训时间	
分级	分 级 定义	点　数
一	1 年以下	20
二	1～3 年	40
三	3～5 年	60
四	5～8 年	80
五	8 年以上	100
专业技能分级定义及配点	3．专业技能：本因素衡量岗位对任职人员在经营管理、计划、政策水平、分析判断等方面应达到的专业技术水平	
分　级	分 级 定 义	点　数
一	了解本专业工作内容，照章办事，具有完成一般辅助性工作的能力	15
二	了解和初步掌握本专业工作内容及与本专业有关的政策规定，具有简单的分析判断能力，能完成一般性技术管理工作	30

续表

第一大关键要素：任职资格		
分　级	分 级 定 义	点　数
三	熟悉本专业工作内容和政策规定，有一定分析判断能力，能够独立解决处理本专业范围内的问题；受过培训，能独立承担本专业中一般项目的设计、技术、经营管理工作，能完成一般性工作总结报告；借助字典，能阅读一般的专业外语资料	45
四	熟悉本专业工作内容和政策规定，具有一定的综合分析和独立判断及解决本专业较为复杂问题的能力；受过一定的培训，有一定的工作经验和开拓能力，能独立承担本部门或本专业较复杂的研究、设计及经营项目，能撰写一定水平的总结、报告；借助字典，能阅读一般的专业外语资料	60
五	有较高的政策（技术）业务水平和综合、独立判断和解决处理本专业复杂问题的能力；受过系统的培训，有较丰富的工作经验，具有较强的开拓能力，能够独立主持或组织本部门、本专业内的重大项目的研究和设计，能够撰写较高水平的总结、报告；能阅读、看懂专业外语资料	75
六	精通本专业，具有解决重大疑难问题和全面主持工作的组织能力；受过全面系统的培训，有丰富的工作经验，具有很强的开拓能力，能独立承担集团公司的重点研究课题和特大工程技术项目设计，有较强的综合分析和独创能力；精通一门专业外语	90
创造性分级定义及配点	4．创造性：本因素衡量工作本身所要求的判断、决定、计划、活动能力，以及所需要的智能程度	
分　级	分 级 定 义	点　数
一	要求具有较低的创造性：仅需按照简单的规定行事，具有对简单事项作出决断的能力	15
二	要求具有中等以下水平的创造性：能够按照若干具体规程行事，具有一般的判断能力和决断能力	30
三	要求具有中等水平的创造性：工作上具有做出一定规划的能力，具有确保工作正常运转和服务质量的一般决断能力	45
四	要求具有中等以上水平的创造性：工作上经常需要对非常规的困难工作进行决断，具有较高的规划能力	60
五	要求具有较高的创造性：需要突出的工作能力和高度的规划性，对涉及面很广、很复杂的问题进行主动机智的处理	80
第二大关键要素：工作责任		
经营效益责任分级定义及配点	5．经营效益责任：本因素衡量如果任职岗位发生工作失误，或者工作不达标准，对本公司经济效益所造成的直接和间接经济效益损失。经济效益损失的大小以销售成本、创汇额、利润额或其他不良经济后果来衡量	
分　级	分 级 定 义	点　数
一	对公司最终产品的销售成本及企业经济效益影响较小	20
二	对公司最终产品的销售成本及企业经济效益影响不大	40
三	对公司最终产品的销售成本及企业经济效益影响较大	60

续表

第二大关键要素：工作责任		
分 级	分 级 定 义	点　数
四	对企业最终产品的销售成本及企业经济效益影响很大	90
五	对企业最终产品的销售成本及企业经济效益影响巨大	120
对他人管理的责任分级定义及配点	6．对他人管理的责任：本因素衡量岗位任职人员在正常权限范围内对他人工作进行监督、指导、帮助的责任。其责任的大小，根据所监督指导人员的数量和层次进行判断	
分 级	分 级 定 义	点　数
一	在别人指导监督下工作，只对本人工作负责	15
二	担任主管、副主管职务，并负有指导他人工作责任	30
三	担任部门副职领导职务，负有中等指导监督责任	45
四	担任部门正职领导职务，负有中等以上指导监督责任	60
五	担任公司高层副职领导职务，负有重要领导监督责任	75
六	担任公司高层正职领导职务，负有全面领导监督责任	90
开拓发展责任分级定义及配点	7．开拓发展责任：本因素衡量岗位要求任职人员对公司的持续发展在开发新的产品、拓展市场、项目投资、管理创新等方面所应承担的开拓发展责任	
分 级	分 级 定 义	点 数
一	岗位要求对公司的发展负有较小责任	20
二	岗位要求干部对负有一定责任	40
三	岗位要求负有较大责任	60
四	岗位要求在主要方面负有重要责任	80
五	岗位要求负有全面责任	100
质量管理责任分级定义及配点	8．质量管理责任：本要素衡量岗位要求任职人员对保证贯彻落实集团公司质量方针所承担的责任	
分 级	分 级 定 义	点　数
一	岗位要求对贯彻公司质量方针负有较小责任	10
二	岗位要求对贯彻公司质量方针负有一定责任	20
三	岗位要求对贯彻公司质量方针负有较大责任	30
四	岗位要求对贯彻公司质量方针在主要方面负有重要责任	40
五	岗位要求对贯彻公司质量方针负有全面责任	50
企业文化建设责任分级定义及配点	9．企业文化建设责任：本要素衡量岗位要求任职人员对公司精神文明建设和企业文化建设应承担的责任	
分 级	分 级 定 义	点　数
一	岗位要求对企业文化建设负有较小责任	8
二	岗位要求对企业文化建设负有一定责任	16
三	岗位要求对企业文化建设负有较大责任	24
四	岗位要求对企业文化建设岗位在主要方面负有重要责任	32
五	岗位要求对企业文化建设负有全面责任	40

续表

第三大关键要素：工作强度		
脑力强度分级定义及配点	10. 脑力强度：本因素衡量工作上所需要的脑力，即在进行本岗位工作时需要的思想集中程度	
分级	分级定义	点数
一	需要较低的脑力：在从事本岗位工作时，工作节奏可以自由调节和掌握，需要较少的脑力	20
二	需要初等程度的脑力：在从事本岗位工作时需要集中脑力	40
三	需要中等程度的脑力：在从事本岗位工作时需要经常保持思想集中和运用脑力	60
四	需要中等程度以上的脑力：在从事本岗位工作时，需要持续地使用脑力	80
五	需要高强度的脑力：在从事本岗位工作时，需要高强度的脑力思考，并具有远见性和计划性	100
工作负荷率分级定义及配点	11. 工作负荷率：本因素衡量完成本岗位工作对日常确定性工作和非确定性工作所需要的纯劳动时间占制度工作时间的比率。在计算纯劳动时间时，对工作均衡的岗位，可以以工作日为单位评估；对工作不均衡的部门或岗位，可以以月、季或年为周期评估	
分级	分级定义	点数
一	工作负荷率60%以下，即纯劳动时间在5小时以下	10
二	工作负荷率61%～70%，即纯劳动时间在5～5.5小时	20
三	工作负荷率71%～80%，纯劳动时间在5.6～6.4小时	30
四	工作负荷率81%～90%，纯劳动时间在6.5～7.2小时	40
五	工作负荷率91%以上，纯劳动时间在7.3小时以上，甚至需要经常加班加点	50
心理压力分级定义及配点	12. 心理压力：本因素衡量在完成本岗位所承担的任务时，由于工作范围、工作节奏、责任大小、时间要求等方面的综合因素对岗位任职人员所造成的心理紧张程度和心理压力	
分级	分级定义	点数
一	很小的心理压力：工作单一，不需要或很少做出决定，工作常规化	10
二	较小的心理压力：工作较为单一，很少做出决定，工作节奏有一定要求	20
三	中等程度的心理压力：工作有较快节奏的要求，需要作出一些决定。需要处理一些应急性事宜	30
四	中上等程度的心理压力：工作任务多样，较为繁重，要求经常地迅速做出决定，上下班时间难以正常实现，经常需要处理一些非常规的问题	40
五	很大的心理压力：经常地迅速地做出决定，工作繁杂，很繁重、很紧张，以致在工作时间之外仍要继续考虑某些深层次的问题	50
第四大关键要素：工作环境		
工作环境分级定义及配点	13. 工作场所：本因素衡量工作区域的环境情况，包括闷热、寒冷、潮湿、噪音、震动、污垢、尘埃、油腻、烟灰等含量、露天工作时间以及工作的流动性	
分级	分级定义	点数
一	工作场所固定，没有污染：工作环境好	15
二	工作场所不固定，经常出差	30

续表

第三大关键要素：工作强度		
潜在危险性分级定义及配点	14．潜在危险性：本因素衡量工作中执行政策或按照原则处理人事事务，可能遭人误解或报复而招致的中伤或人身危险	
分级	分级定义	点数
一	没有：不直接处理人事问题，没有发生潜在被人中伤或人身伤害的危险性	5
二	较小：直接处理一些人事问题，但涉及的数量较少，因而发生潜在被人中伤或人身伤害的危险性较小	10
三	较大：直接处理人事问题，大量而频繁，因而发生潜在被人中伤或人身伤害的危险性较大	20

第三步：用评价要素进行分析和评价销售经理、HR 总监和会计这三个岗位，如表 3-10 所示。

表 3-10 销售经理、人力资源总监和财务专员三个岗位的评价总点数

关键因素	子因素	被评价岗位的要素等级			被评价岗位的点数		
		销售经理	HR 总监	会计	销售经理	HR 总监	会计
任职资格（知识技能）	1．学历	3	4	3	60	80	60
	2．经验	3	4	2	60	80	40
	3．专业技能	3	5	1	45	75	15
	4．创造性	2	4	1	30	60	15
工作责任	5．经营效益责任	3	4	3	60	90	60
	6．对他人管理责任	2	5	1	30	75	15
	7．开拓发展责任	1	3	1	20	60	20
	8．质量管理责任	2	3	1	20	30	10
	9．企业文化建设责任	1	4	1	8	32	8
工作强度（工作难度）	10．脑力强度	3	5	2	60	100	40
	11．工作负荷	4	5	3	40	50	30
	12．心理压力	3	5	1	30	50	10
工作环境	13．工作场所	2	1	1	30	15	151
	14．潜在危险性	1	1	1	5	5	5
总点数					498	802	479

第四步：对以上三个岗位评价点数由低到高进行排列，并将点数相接近的岗位归属同一级别，根据岗位的评价点数确定职位等级的数量及其点数变动范围。如表 3-11 所示。

表 3-11　岗位归级表

职级	一级	二级	三级	四级	五级	六级	七级	八级
薪点范围	200～280	240～360	320～480	400～560	480～640	600～760	680～840	800～1 000
一档	200	240	320	400	480	600	680	800
二档	240	280	360	440	520	640	720	840
三档	280	320	400	480	560	680	760	880
四档		360	440	520	600	720	800	920
五档			480	560	640	760	840	960
六档								1000

第五步：根据第三步的结果销售经理、HR 总监和会计这三个岗位的评价点数分别是 498 点、802 点、479 点，参照上面的岗位归级表，销售经理的工资等级在四级三档到五级二档之间；HR 总监的工资等级在七级四档到八级二档之间；会计的工资等级在三级四档到四级三档之间。

（2）要素计点法特点及适用范围

1）在运用评分法进行打分前需要有明确的计划。

2）这种方法要求评价小组有熟练的技术。

3）在确定要素时一般没有必要提出或想出一套全新的要素，只需从那些广泛使用要素中选择出适合于本企业的要素，因为这些要素在反复实践的基础上已具有普遍代表性。

4）其优点在于容易被人理解和接受，评定的准确以及客观相对较高。

5）其缺点在于工作量大，费时费力，在选定评价因素及确定权数时也带有一定的主观性。

6）适用范围：生产经营过程复杂，岗位类别、数目多的企业，这种方法适用于对大量岗位进行评价。

3.2.2　岗位评价四种方法的比较

以上四种岗位评价方法的各自优缺点，如表 3-12 所示。

表 3-12　岗位评价方法的比较

方　法	是否量化	评估的对象	比较的方法	优　点	缺　点
岗位排序法	非量化	对岗位整体进行评价	在岗位与岗位之间进行比较	简单、容易操作、省时省力	主观性强、无法准确确定相对价值，适用于小型企业
岗位分类法	非量化	对岗位整体进行评价	是将岗位与特定的级别标准进行比较	灵活性高、可以用于大型组织	对岗位等级的划分和界定存在一定的难度、无法确定相对价值
要素比较法	量化	对岗位要素进行评价	在岗位与岗位之间进行比较	可以较准确地确定相对价值	要素的选择较困难、市场工资随时变化
要素计点法	量化	对岗位要素进行评价	是将岗位与特定的级别标准进行比较	可以较准确地确定相对价值、适用于多类型岗位	工作量大，费时费力

3.2.3 何时需要进行岗位评价

岗位评价对组织来说比较重要，是组织必需的一项基础工作。通常在组织发生以下情况时，应该进行岗位评价。

1. 当组织内部失衡时

组织内部的失衡主要是由于组织结构的不合理以及各岗位职责的不明确造成的，此时，组织需要通过岗位评价获得与价值相关的各种信息，进而调整组织结构，明确各岗位要素，为员工提供参照的依据。

2. 当企业急速增长之后

由于组织规模的扩大。以前的评价结果也需要进一步的完善。原来的评价等级可能比较少。由于岗位的增加也应适当增加岗位的等级，避免不同岗位之间的级差过大。

3. 当组织合并和重整之后

此时组织中的岗位处于比较混乱的状态，可能受到两个甚至多个体系的控制。为了统一标准，组织需要重新进行岗位评价，营造出公平、科学的组织氛围。

4. 当员工成本过高时

为了控制成本，组织需要弄清楚人力成本到底用到了哪些因素上。此时只有通过岗位评价才能够清晰地判断，按照岗位的价值付酬。对员工来说公平合理，对组织来说也避免了某些岗位工资高于岗位价值的现象，在一定程度上节约了组织的开支。

5. 当员工士气低落时

流动率过高的时候，员工的不满和流动通常与收入不合理、工作没有动力、工作内容混乱、组织氛围差等因素有关。而岗位评价可以解决上述问题，给员工一个公平合理的收入分配、清晰的工作内容和明确的发展方向。

3.3 岗位评价实例：YY 集团的岗位评价[1]

YY 集团开发部员工问卷调查结果显示，超过一半的员工认为目前的薪酬体系没有实现内部公平、外部公平和自我公平。员工对薪酬普遍不满的深层次原因是现有薪酬方案不合理、不公平、不透明。因此公司需要重新制定薪酬体系，以提高员工对薪酬的满意度和公平感，

1 资料来源：新兰集团的岗位评价，易派企业管理咨询，2014-06-06.

充分激励员工的工作积极性。HR 部门与开发部经过充分的讨论最终达成了共识，即目前最适合开发部的工资改革方案是等级工资制。确立等级工资制需要岗位评价这个有力的支持性工具，因为岗位评价可以衡量出各岗位的排序和量化差异，并将之对应到各个职系中相应的职级，从而确定不同岗位间的相对价值。

3.3.1 岗位评价具体操作

第一步：选择岗位评价方法——要素计点法

岗位评价方法的选择关系到岗位评价的最终结果。选择评分法是由评分法的优点决定的：第一，科学性。虽然这种方法不完全排除主观判断，但它能将主观性减少到最低程度。这种方法采用明确的要素定义进行系统的比较，减少了主观成分，并将每个岗位置于一个可调整的确切位置。第二，适应性。评分法的要素选择面较宽，能找到适用于各种人员（从工人、技术人员到管理人员等）的一整套要素。第三，扩展性。当增加新的岗位或者现有岗位重组后，使用评分法可以方便评定其等级。

第二步：修改评价因素指标及权重

目前我们所使用的岗位评价因素定义表采用国际通用的评价标准，其整体的科学性是毋庸置疑的。但是由于企业的实际情况各异，在应用到某个具体的企业时，专家组成员对评价表各项指标理解的差异会直接影响到岗位评价的质量。

因此，针对企业的实际情况与价值导向，通过与企业领导沟通，项目组确定了每部分因素的分值，并对部分因素进行了修改。责任因素、知识技能因素、努力程度因素和工作环境因素这四大部分的分值比例由原来的400:300:200:100，调整为500:300:200:100，总分为1 100分。

第三步：组建专家小组

专家组成员的素质以及成员总体的构成情况将直接影响到岗位评价工作的质量。这是因为专家组的成员是岗位评价工作的主体，所有岗位的排序和分值都要由他们来决定。一个好的专家组成员必须能够客观地看问题，在打分时能尽可能摆脱部门利益。

第四步：培训专家小组成员并进行试打分

专家组成员虽了解各个岗位，但都没有相关经验，因此，在打分前，应对所有专家进行一次介绍性的岗位评价培训并在培训后进行试打分以发现问题，进行前馈控制。

破除两种在专家头脑中形成的思维定势：一是在给某一岗位打分时，依据对这个岗位上某个人的印象，而不是根据岗位本身的客观情况来打分；二是专家认为岗位评价的分数就是岗位的收入，从而在打分时倾向于某些岗位。这两种思维定势都会影响岗位评价的客观性。

第五步：重新组建专家小组

第一次专家组多数成员由于种种原因不能参与实际的岗位评分，经过项目组与项目领导小组的协商，重新组建新专家小组。

第六步：正式打分

专家组用了近两天时间（共三个阶段）对所有部门共 78 个岗位进行正式打分，操作组 5 名成员并行进行数据录入和分析工作。

第七步：重新打分

重打分的对象是总分排序明显不合理的岗位和专家们意见明显不一致的因素。每阶段结束后，操作小组将需要重打分的岗位反馈给专家组，专家组在充分讨论的基础上对这些岗位进行重新评估。至此，岗位评价中的打分过程结束。

3.3.2 岗位评价结果

岗位评价点数如表 3-13 所示，岗位评价结果—岗位职等示意图表 3-14 所示。

表 3-13 岗位评价点数

序 号	岗位名称	点 数	序 号	岗位名称	点数
1	总经理	880	21	财务部经理	555
2	研发部总监	725	22	PE 工程师	535
3	市场部总监	720	23	行政事务经理	525
4	制造部总监	715	24	空间设计	510
5	市场部经理	680	25	人力配置经理	510
6	HR 部总监	680	26	人力配置主管	505
7	研发部经理	670	27	采购员	495
8	制造部经理	655	28	工程师	490
9	形象设计经理	640	29	品质经理	490
10	工程制作经理	635	30	五金主管	485
11	客户开发经理	635	31	客户开发员	475
12	物控经理	625	32	税务核算主管	475
13	HR 部经理	625	33	行政事务主管	460
14	财务部总监	615	34	招聘培训专员	455
15	生管经理	605	35	绩效薪酬专员	455
16	PE 经理	600	36	ER 专员	455
17	客户开发主管	595	37	品质主管	445
18	工程制作主管	580	38	模特主管	445
19	物控主管	580	39	招聘培训员	400
20	PE 主管	565	40	绩效薪酬员	400

表 3-14 岗位评价结果—岗位职等示意图

职等	职级	对应岗位					对应薪等
		高层管理人员系列	营运支持系列	市务工程系列	客服支持系列	生产运行系列	
A	A11	董事长					A9
	A10	总经理、常务副总、党委书记、工会主席					
	A9	副总经理、总工程师、财务总监、总经济师					
B	B8		副总工程师、副总经济师、高级经理	高级经理	高级经理	高级经理	B8
	B7		部门经理、办公室主任	部门经理、办公室主任	部门经理、办公室主任	部门经理、办公室主任	B7
	B6		副经理、组别经理	副经理、组别经理	副经理、中心站站长、组别经理	副经理、中心站站长、组别经理	B6
	B5						B5
C	C4						C4
	C3						C3
	C2						C2
	C1						C1

复习思考题

一、单项选择题

1. 岗位评价又称为工作评价，最主要的目的是（　　）。
   A. 确定各岗位在组织中的相对价值
   B. 建立岗位价值序列
   C. 建立一套综合评价系统
   D. 为组织薪酬的内部公平提供依据
2. （　　）是岗位工资的重要基础，可以更好地体现同工同酬和按劳分配的原则。
   A. 岗位评价　　B. 工作设计
   C. 工龄　　D. 司龄
3. 下列划分的岗位评价的方法种类，（　　）属于定性的岗位评价方法。
   A. 岗位分类法和要素计点法　　B. 岗位排序法和要素比较法
   C. 岗位分类法和岗位排序法　　D. 要素计点法和要素比较法

4.（ ）的运用步骤是，从岗位分析开始，再选择标准工作岗位，进行工作岗位排列，最后进行岗位定级。

A．岗位分类法　　B．岗位排序法

C．要素计点法　　D．要素比较法

5.（ ）适用于规模较小的公司。

A．岗位分类法　　B．岗位排序法

C．要素计点法　　D．要素比较法

6.（ ）是在岗位分析基础上，采用一定的科学方法，按岗位的工作性质、特征、繁简难易程度、工作责任大小和人员必须具备的资格条件，对组织全部岗位所进行的多层次的划分，即先根据工作内容对工作岗位进行归类，然后确定等级结构。

A．岗位分类法　　B．岗位排序法

C．要素计点法　　D．要素比较法

7. 首先把工程、医务、管理等性质、特征较类似的岗位划分在同一个职业群，然后将职业群进一步划分为岗位系列，如建筑工程师、制图员、会计师、护士等系列，这是岗位评价方法中的（ ）。

A．求异表现相同　　B．纵向分类

C．要素比较法　　D．横向分类

8.（ ）是将不岗位群中根据岗位性质、特征较相近的岗位划分到同一个岗位等级中，为便于不同职系的工作人员进行横向比较、统一管理，再把不同职系中相同水平的职级归入同一职等。

A．横向分类　　B．纵向分类　　C．要素比较法　　D．趋同反映差异

9.（ ）的基本操作步骤是：1）进行岗位分析；2）进行岗位分类；3）建立等级结构和等级标准；4）对岗位进行测评和列等。

A．岗位分类法　　B．岗位排序法

C．要素计点法　　D．要素比较法

二、简答题

1. 简述岗位评价的概念及作用。

2. 简述岗位评价的原则。

3. 什么是岗位分类法？简述岗位分类法操作的具体步骤。

4. 什么是要素计点法？简述要素计点法操作的具体步骤。

三、案例分析题

A 公司在进行了岗位分析，获取岗位信息以后，着手进行岗位评价，以确定岗位的相对价值。

为合理地确定岗位相对价值，A 公司成立了以人力资源部经理为首的岗位评价小组，并邀请了外部专家参与岗位评价过程。在外部专家的建议下，A 公司采用了国际通行的 IPE 码作为岗位评价的工具，为保证岗位评价工具的科学性，岗位评价小组没有对岗位评价方案进行修正。

A 公司共有 80 多个岗位，有管理类、技术类、营销类三种岗位类别，岗位评价小组从中选择了约 30 个岗位作为标杆，标杆岗位的选择是按照纵向的岗位等级进行选择，没有考虑横向岗位类别的因素，这一疏漏为以后的岗位评价方案的扩展埋下了隐患。

为保证岗位分析的公平性，A 公司采取了三方评价的方式：上级评价占 40%、专家评价占 30%、员工个人评价占 30%，岗位评价方案下发后，立刻在员工中引起了较大的反应。首先由于事先没有进行培训，员工根本不理解进行岗位评价的意义和作用；其次，由于岗位评价方案过于专业，员工很难对各种描述准确把握，经过一番争论，大家渐渐对岗位评价失去了信任；最后，由于个人对方案中的表述理解不一样，每个人对自己岗位的评价都超出了常理，最为可笑的是公司行政文员对自己岗位的评价得分居然超过了行政人事总监。

通过这种方式收集的岗位评价数据当然不能使用，只有放弃这一途径，采取人力资源部门会同直接上级评价和专家评价的方式确认岗位的价值。在这一评价的过程中，遇到了一个致命的问题：技术类岗位的评价的结果平均水平低于管理类岗位，这一结果显然和公司倡导的薪资分配向技术人员倾斜的导向不相符合，而按照这一结果所得的薪酬显然不利于留住这些核心人员。经过七拼八凑，终于拿出了岗位评价方案的初稿，

岗位评价方案一经出台，立刻在员工中引起轩然大波，员工纷纷将自己岗位的结果与其他岗位进行对比，然后通过正式或非正式渠道向公司反应。岗位评价小组经过仔细审查，发现确实有很多岗位横向对比有很大的出入，在岗位评价的各维度上，各岗位也缺乏可比性，甚至出现在“沟通”维度上，人力资源部文员的得分比营销部主管还要高，这些显失公平的地方，成为本次岗位评价最为薄弱的被攻击环节，直接导致了岗位评价的最终失败。

［案例讨论与练习题］

1．A 公司岗位评价过程中出现了哪些问题？为什么 A 公司的岗位评价最终会失败？

2．在岗位评价中，员工应有多大的参与程度，是不是应该完全公开透明？

3．技术类岗位应如何确定其薪酬水平？

4．岗位评价的适用范围是什么？

四、技能操作题

某食品公司将对人力资源部部长、销售员、人力资源管理专员及质检员 4 个岗位运用要素计点法进行岗位评价。

附：岗位评价的总点数定为 1 000 分，从知识与技能、影响/责任、解决问题/制定决策、行动自由、沟通技能及工作环境 6 个薪酬要素进行评价。

由于在知识与技能、影响责任以及解决问题/制定决策方面比较注重，因此在权重上给予更多的分值，各因素所占的比例依次为：0.3:0.2:0.2:0.1:0.1:0.1，因此各因素所对应的权重值为 300、200、200、100、100、100。

各要素的定义及其岗位说明书可参考其他同行业类似公司制定的标准，请运用要素计点法对人力资源部部长、销售员、人力资源管理专员及质检员 4 个岗位进行岗位评价。

第4章

薪酬调查

学习目标

📖 一般掌握

- 薪酬调查的定义
- 薪酬调查的目的和意义
- 薪酬调查的种类
- 薪酬调查的原则

📖 重点掌握

- 薪酬调查的流程
- 薪酬调查的内容
- 薪酬调查的注意事项

学习导航

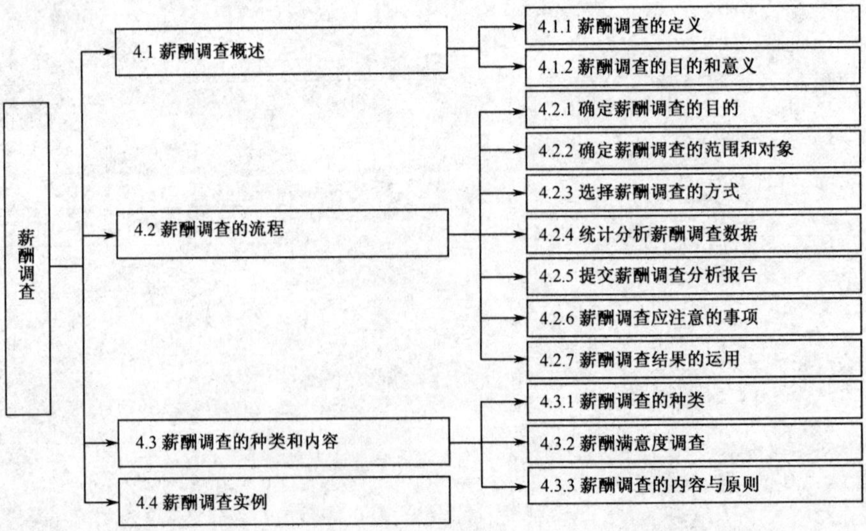

导入案例

小王是A公司的业务骨干。最近，小王感到有些苦恼和迷茫，因为曾经是自己最好朋友和搭档的小刘跳槽去了另一家同业公司，而且这段时间已经有好几位同事先后跳槽。事实上，A公司是一个高成长、高盈利行业的重量级企业，为员工支付的薪酬在同业中处于较高水平。公司的薪酬主体包括两部分：每月发放的为固定工资，年度为业绩奖金。小王暗自思量，已经到公司四年多了，但基本工资还是刚转正时的水平，年底奖金数量倒是不少，但对于到底能发多少奖金，完全无从判断。这是因为该公司的薪酬实行保密制，员工只知道自己固定工资的绝对水平，却不知道自己在公司的整体薪酬体系中处于什么样的位置，还有多大的发展空间；与表现好坏没有明显的关联，不是个人所能够控制的。而且公司的薪酬已经多年没有调整过，一成不变的薪酬体系让人看不到希望。小王觉得自己似乎只是在原地踏步，是不是也该像朋友那样改变自己目前的状况呢？

（资料来源：相正求，花军刚. 薪酬设计与实施. 上海：华东理工大学出版社，2008: 140）

案例点评

怎样为一个企业确定适当的薪酬水平，制定既公平又具有一定竞争力的薪酬标准呢？这就需要对薪酬水平进行调查。薪酬不能仅凭一个人或几个人的想象来确定，薪酬不能太高，也不能太低。太高了会增加企业的成本，降低企业的利润；太低了又缺乏竞争力，吸引不来人才，也留不住人才。唯有通过薪酬调查，了解劳动力市场的供给状况，明晰地区及行业内的薪酬水平情况，掌握各类人才的价格行情，才能以此确定正确的薪酬策略，有效控制组织的人力成本。因此薪酬调查是薪酬设计中的重要组成部分，薪酬调查的报告能够帮助企业达到个性化和有针对性地设计薪酬的目的。

4.1 薪酬调查概述

4.1.1 薪酬调查的定义

薪酬调查就是通过一系列标准、规范和专业的方法，对市场上各职位进行分类、汇总和统计分析，形成能够客观反映市场薪酬现状的调查报告，为企业提供薪酬设计方面的决策依据及参考。

大多数企业在制定自己的薪酬水平决策、确保薪酬的外部竞争性时，都是以薪酬调查数据为依据的。据统计，美国93%的雇主利用薪酬调查来确定薪酬水平，50%以上的企业主认为进行薪酬调查是非常必要，也是非常重要的。

相关链接

中国薪酬调查网统计显示：9 成企业需要进行薪酬调查

近期中国薪酬调查网做了一个关于公司是否需要进行薪酬调查的统计，共有 2 877 人参与调查。其中，表示非常需要进行薪酬调查的为 2 071 票，需要薪酬调查的为 548 票；对此不清楚的为 173 票；明确表示不需要的只有 39 票。在总的调查数据中，有超过 9 成的企业有薪酬调查的需求，国内企业的薪酬状况堪忧。

（来源：中国薪酬调查网，发布时间：2015-07-27）

21 世纪企业的竞争归根结底是人才的竞争，人力资本将成为企业更为关注的焦点。企业要想吸引才、留住人才，其薪酬水平必须与市场同一职位的薪酬水平相近。因此，要想发挥薪酬的激励作用，首先就是做好薪酬调查工作，这也是现代人力资源管理的一项重要工作。

4.1.2 薪酬调查的目的和意义

通过薪酬调查，既可以了解同行和相关行业劳动力市场的流行薪酬率，还可以增强对竞争对手的了解，建立更有竞争力的薪酬体系。此外，薪酬调查的结果对于企业实现薪酬在效率、公平、合法等方面的目标也会有重要的影响。

一般来讲，薪酬调查的目的和意义体现在以下几个方面。

1. 为企业的薪酬调整提供参考

薪酬调整包括对薪酬水平、薪酬结构，甚至薪酬政策、薪酬管理实践的调整。调整的依据一般包括生活成本变动、员工绩效的改善、企业经营状况与支付能力、国家劳动法有关薪酬政策的变化如最低工资的调整。企业可以参照相关的公开数据以及内部的财务指标进行调整。当然，也有可能是因为竞争对手的薪酬水平有了变化，为了保持人才或不至于在人才竞争中处于劣势，企业不得不进行调整。尤其是在后一种情况下，企业可以通过薪酬调查来了解竞争对手的薪酬变化情况，并有针对性地制定自己的薪酬调整对策，以避免在劳动力市场的竞争中处于不利地位。

2. 为企业新岗位的薪酬定位提供依据

企业在业务发展壮大或进入新的市场、行业时一般会产生新的岗位，这些新岗位都是与业务壮大或新市场新行业密切相关的，可以说这些岗位在某种程度上决定了企业能否扩张成功。由于是新岗位，企业原有的薪酬体系里是没有这个岗位的薪酬设计的，如果通过内部岗位的价值分析给出一个满足薪酬内部一致性原则的薪酬标准，但这些标准却与市场同类岗位的薪酬标准存在较大差异的话，企业根本招不到优秀的、能促使企业实现扩张战略的人才。

比如，对于多数从事建筑行业通过纵向一体化而进入房地产行业的企业来说，景观设计岗位就是全新的岗位，并且对企业的产品市场竞争力起着关键作用。要想招到企业所需要的优秀人才就必须通过薪酬调查，先了解房地产行业相关企业类似岗位的薪酬水平、结构，才可能制定出有市场竞争力的人才价格，吸引到符合企业发展需要的人才。

3．以此评估竞争对手的人力成本

企业的薪酬成本和其总成本密切相关，通常企业可以通过"薪酬成本＝雇员总数×（人均现金薪酬+人均福利成本）"来对竞争对手的总体成本进行大致的估算。对于知识密集型的企业，如咨询公司、软件企业等，其人力成本均占企业总成本的50%左右，对于竞争性激烈、产品需求随产品价格变动大的行业，如商业零售企业、快速消费品企业，这种估算尤其有价值。

4．为企业制定薪酬预算和控制人力成本提供参考

薪酬水平调查结果是企业进行薪酬决策的重要依据之一，最终会通过薪酬体系的实施影响到企业的公平、公正、合理等薪酬目标。企业的人力成本和产品的竞争力往往会受到薪酬水平调查结果的影响。因此，企业通常都会根据这一调查结果进行薪酬预算，进而确定企业的人力成本，为较为准确地预测企业的利润率提供支撑，从而制定出更为合理的市场竞争战略。

5．为解决与薪酬相关的人力资源管理问题做好准备

为什么不少为企业服务多年的员工纷纷离职？为什么很多表现良好的员工最近工作积极性下降？为什么企业绩效低下？为什么企业总招不到合适的员工？……这些都是在企业人力资源管理实践中让管理者们头痛不已的问题。这其中很重要一个原因，就是企业没有适合的薪酬水平及有激励作用的薪酬结构和薪酬政策。比如：企业的薪酬水平低于市场水平，员工不满而离职；企业的薪酬水平虽达到市场水平但薪酬结构有问题，达不到激励员工的目的。不同类型的员工有不同的薪酬分配偏好，企业需要通过薪酬调查结果审视自己的薪酬体系，实现薪酬效用最大化，既解决由薪酬导致的效率低下、人员流失等问题，又可避免引发各种劳资纠纷。

4.2 薪酬调查的流程

薪酬调查的流程如图 4-1 所示。

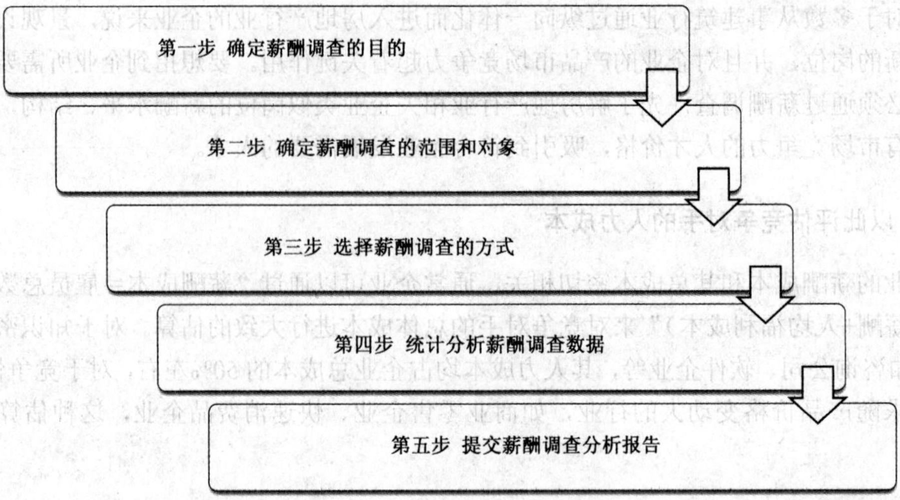

图 4-1 薪酬调查实施流程图

4.2.1 确定薪酬调查的目的

薪酬调查的目的一般有以下 4 个方面：制定薪酬标准、调整薪酬水平、制定薪酬预算、控制人工成本。不同企业、同一企业在不同阶段都存在不同的薪酬调查需求，薪酬调查的侧重点也不一样。因此，企业在进行薪酬调查之前，需要思考以下几个方面的问题：

（1）员工对薪酬不满意的地方主要有哪些？

（2）流动性最大的岗位是什么？最难招到人才的岗位是什么？

（3）哪些岗位上的员工存在质量和效率问题？

（4）哪些新岗位在企业内部没有可参照的薪酬标准？

（5）企业的薪酬投入与产出比率存在问题吗？

（6）需要对企业整个薪酬水平进行调整还是对个别岗位薪酬水平进行调整？

（7）是想制作薪酬预算还是想控制人力成本？

这些问题的思考和回答有利于企业明确调查的具体目的。

4.2.2 确定薪酬调查的范围和对象

1. 界定相关劳动力市场

在进行薪酬调查之前，必须首先对企业薪酬所面临的环境进行分析，以界定企业薪酬调查的相关劳动力市场。相关劳动力市场主要包括三大类企业：

（1）从劳动力市场角度来看，与本企业有从事相同或相似技能员工的企业。

（2）从产品市场角度来看，与企业在相同或相似行业中竞争的企业。

（3）从地理位置角度来看，与企业在同一地域范围内竞争员工的企业。

因此，通常企业会通过职业划分、产品市场和地理位置三个维度来界定劳动力市场，如表 4-1 所示。

表 4-1　特定岗位类型的薪酬调查中劳动力市场范围划分

		产品市场范围			
		所有行业	相关行业	特定行业	特定规模的特定企业
地理范围	地方劳动力市场	岗位类别 A			
	地区劳动力市场		岗位类别 B		岗位类别 E
	全国性劳动力市场	岗位类别 C		岗位类别 D	
	国际性劳动力市场				岗位类别 F

通常在任职资格条件增加、责任扩大时，调查的地理范围也随之增加。管理职位和专业性很强的竞争范围可能到全国，如岗位类别 C 一般为企业所需的高新技术人才和高级管理岗位的复合型人才，这类人才流动性较大，宜进行全国性的薪酬调查，我们常说的市场部总监、CEO、CFO 等就属于 C 类岗位。一般职员、生产工人在当地范围内选择调查就可以，如：岗位类别 A 一般是低薪或无专长的普通工作岗位，在企业所在地调查就可以。前台、会计等就属于 A 类岗位。

2. 确定调查企业

在明确了相关劳动力市场的基础上，还要确定参与薪酬调查的企业类型与数量，事实上对于选择多少企业进行调查并没有统一的规定。调查时一般会选择行业内知名、具有代表性的公司。但也可以根据企业不同的薪酬策略来选定调查企业，如：采用领先型薪酬策略的大企业一般仅和少数几个支付高薪酬的竞争对手比较；而采用跟随型薪酬策略的企业通常是调查 10～30 个有代表性的竞争对手。

3. 选择基准岗位

在选择完被调查企业后，就需要决定到底对哪些岗位进行调查了。通常情况下这是一个明确本行业标准岗位的过程，以保证薪酬福利调研报告能够充分体现该行业的特点。由于企业不同工作职责、内容、名称的岗位有几十个、上百个，不同企业的岗位工作内容也存在一定的差别，企业不可能也不需要对所有的岗位都进行调查。因此需要对不同企业中工作内容相似的、工作价值相当的岗位进行归类，从中选取有代表性的岗位进行调查，并将这些岗位的薪酬水平作为本企业薪酬水平的参照点。这些有代表性的岗位就是基准岗位。这类岗位的普遍特点是：

（1）工作内容众所周知、相对稳定。

（2）得到从事该职位雇员广泛认可。

（3）在被调查的大多数企业中大量存在并以类似的方式执行。

（4）能代表当前所研究的完整的职位结构，从高级到中级到低级。

（5）在劳动力市场上被广泛用来确定工资水平。

应该使用多少基准职位来进行调查没有统一的标准。企业可以根据自己的调查目的而定。如果是对某些关键岗位或存在薪酬问题的岗位进行调查，就只需要有针对性地选择这些类似的目标岗位作为基准岗位；如果是全面薪酬调查，通常可以选择企业全部岗位的 1/3 左右，或 15～50 个基准职位、平均 30 个为宜来进行调查。

4.2.3 选择薪酬调查的方式

薪酬调查方式指的是企业进行薪酬调查的方法。通常进行薪酬调查可使用的方法包括电话调查、个人访谈、问卷调查（包括纸制问卷和电子问卷）等。不同的调查方式对企业来讲其成本、效率和质量大不一样。企业选用哪种调查方式受调查要求的期限、调查成本、数据要求的准确程序、参加调查的公司数量和职位数量等因素影响。

1．电话调查

电话调查通常是最迅速，成本最低的薪酬信息收集方式，一般用以获取的信息如有关工资政策、工资管理以及少数几个工作的工资信息等。其适合对相近职位进行简单信息的调查，但调查结果的可靠性较低。

2．个人访谈

个人访谈能获得最有效的薪酬信息，其最大的优点是可以获取关于被访谈者的高质量和深入的信息，信息的可信度和可靠度都很高，但成本高，样本量小。同时对调查者素质要求较高，调查者应经过训练、对被调查工作有一定了解的人，应具备较好的人际沟通技巧和能力，能取得被调查者的配合，很好地控制调查的进行。

因此个人面谈要想取得好的效果，需要做好几个方面的工作：

（1）拟定访谈提纲。提纲应反映访谈的目的、需要获得的信息，应罗列出访谈的问题和主要内容。

（2）培训访谈人员。访谈人员要对访谈目的、内容有全面、透彻的理解，把握询问技巧、沟通技巧、访谈中可能出现的问题的处理技巧等。

（3）对被访谈对象事前有初步的了解。这将有利于尽快建立起双方融洽信任的关系，有利于被访谈者提供有价值和可靠的信息。

3．问卷调查

薪酬调查中最常用也是最有效的方法是问卷调查，这种方法具有调查面比较广、信息相对可靠和较为经济等特点。问卷调查法的关键在于设计一份适合的调查问卷。调查问卷所要涵盖的内容通常由具体的调查内容决定，包括以下几个方面：企业背景信息、企业薪酬政策、员工福利、具体工作资料。薪酬调查问卷除了要涵盖以上有关内容外，有时还需要做出更加详细的划分，如员工福利就包括养老金、医疗、住房、休假、交通、餐饮等，而且福利通常不是以现金形式发放给员工的，因而对于福利一般以单项福利标准为调查的内容。

调查问卷在设计时，应注意一些技巧，包括问卷易读、易懂、易回答；问卷的设计多使用封闭性问题；每一个问题只针对一个信息提问；尽量使用现成的量表；语言尽可能准确，无歧义；为确保所有的调查参与者都能够理解调查内容，最好准备一份详细的问卷填写说明。如表 4-2 所示。

表 4-2 薪酬调查表

一、该岗位的基本信息
1．岗位名称：　　2．公司所在城市：　　3．公司所在行业：
4．公司性质： A．国有企业　B．合资企业　C．外商独资企业　D．民营企业　E．国有民营企业
5．公司的总资产规模： A．1 亿元以上（含 1 亿元）　B．1 000 万元　C．100 万～1 000 万元　D．100 万元以下
6．公司的年度销售额： A．100 亿元以上　B．10 亿～100 亿元　C．1 亿～10 亿元　D．1 000 万～1 亿元　E．500 万～1 000 万元 F．100 万～500 万元　G．100 万元以下
7．公司的年度税后净利润： A．1 亿元以上　B．5 000 万～1 亿元　C．1 000 万～5 000 万元　D．500 万～1 000 万元　E．100 万～500 万元 F．100 万元以下
8．该岗位在组织中的位置：
二、岗位描述
该岗位在公司中要达成的工作目标以及主要工作内容，可以概括为
该岗位主要从事以下工作职责，请您判断下面列举的各项工作职责是否与贵公司中该岗位的实际工作职责相符合，并在符合的项目的括号中打上“√”，不符合的打上“×”。如果贵公司中该岗位除了上述工作职责之外还须承担其他工作职责，请您在“其他”一栏中加以简要叙述。 （1）1. （2）2. （3）3. （4）4. （5）5. （6）6. （7）7. （8）8. （9）9. 其他： 1. 2.

续表

三、任职者的个人信息
1．性别： A．男 B．女 2．学历： A．高中及其以上 B．大专 C．本科 D．硕士研究生 E．博士研究生 3．在本公司的任职年限： A．1年以下 B．1～2年 C．2～3年 D．3～4年 E．4年以上 4．从事本职工作或工作内容和难度相似的工作的年限： A．1年以下 B．1～3年 C．3～6年 D．6～8年 E．8年以上 5．英语水平： A．基本不具备英语水平 B．国家英语四级，简单读写 C．国家英语六级，具备一定听说读写能力 D．英语专业，能熟练使用英语表达 6．是否具备专业资格证书： A．不具备 B．具备，其证书为：
四、该岗位的薪酬状况
1．基本工资： 元/月 2．奖金：（凡是与绩效挂钩的部分均称为奖金，请在下面填写在绩效中等水平情况下的奖金额度） A．月度奖金：（1）无 （2） 元/月 B．季度奖金：（1）无 （2） 元/季度 C．半年度奖金：（1）无 （2） 元/半年 D．年度奖金：（1）无 （2） 元/年度 3．福利项目：请在该岗位任职者能够获得的福利项目前面打“√”，并注明其现金额度： （ ）（1）话费补贴 元/月 （ ）（2）交通补贴 元/月 （ ）（3）每月住房补贴 元/月 （ ）（4）一次性住房补贴 元/月 （ ）（5）过节费 元/月 （ ）（6）免费餐饮或餐补 元/月 （ ）（7）其他福利 元/月 4．福利总额：共 元/年 5．年度薪酬总额：共 元/年

4.2.4 统计分析薪酬调查数据

1．统计薪酬调查数据

调查问卷收回来以后，需要尽快进行检查、核对等一系列的整理工作。在问卷整理工作中一定要注意以下三点。

（1）统计的口径要一致

比如两个企业同样实行年薪制，按月分解后的月薪由于发放方式不同，一个是一次性发放，一个是将月薪分为基本工资和绩效工资两部分发放，其中基本工资占 40%，当月发放；绩效工资占 60%，次月考核后发放。那么在这两个企业员工填写问卷时基本工资和奖金就会出现不一致的情况。一次性发放的企业员工会将所有月薪都视为基本工资；分两次发放的企业员工会将月发放的 40%作为基本工资，而将次月发放的 60%作为奖金。那么，在统计时就要针对类似情况进行一些分析，必要时可寻求被调查者做出解释，然后严格按工资、奖金的定义进行区分，以确保统计口径的一致。

（2）统计要准确、全面

对调查结果进行分析的首要任务就是要核对数据信息的准确性。统计时不仅要关注数字信息，还要注意卷面上被调查者所填写的文字信息。统计者在统计时务必要将这些文字信息与相关数字联系起来进行分析，以确保信息的准确性。此外，在统计时还要注意数字之间的逻辑关系，两个数字单看起来没什么破绽，但把两者联系起来分析，矛盾可能就产生了，对于这种情况要及时加以纠正。

（3）采用专业软件进行统计

利用专业数据库软件进行分析不仅便于对数据进行处理与分析，更能够有效减少误差。如 spss 软件等。

相关链接

SPSS（Statistical Product and Service Solutions），即“统计产品与服务解决方案”软件。最初软件全称为“社会科学统计软件包”（Solution'sStatistical Package for the Social Sciences），2000 年正式将全称更改为“统计产品与服务解决方案”，标志着 SPSS 的战略方向正在做出重大调整。

SPSS 是世界上最早的统计分析软件，也是世界上最早采用图形菜单驱动界面的统计软件，它最突出的特点就是操作界面极为友好，输出结果美观漂亮。它将几乎所有的功能都以统一、规范的界面展现出来，使用 Windows 的窗口方式展示。

SPSS 采用类似 Excel 表格的方式输入与管理数据，数据接口较为通用，能方便地从其他数据库中读入数据。

SPSS 的基本功能包括数据管理、统计分析、图表分析、输出管理，等等。SPSS 统计分析过程包括描述性统计、均值比较、一般线性模型、相关分析、回归分析、对数线性模型、聚类分析、数据简化、生存分析、时间序列分析、多重响应等几大类，每类中又分好几个统计过程。SPSS 也有专门的绘图系统，可以根据数据绘制各种图形。

2. 分析薪酬调查数据

整理好薪酬调查问卷后，收集统计结果，接下来对统计结果进行分析。进行数据分析的方法一般包括：频率分析、集中趋势分析、离散趋势分析等。

（1）频率分析

频率分析是最简单也是最直观的一种分析方法。即将所得到的与每一职位相对应的薪酬数据从高到低排列，然后看落入每一薪酬范围内的企业数量。哪一个薪酬范围内企业的越多，表示这个薪酬范围越接近目前市场的薪酬水平。

如果被调查单位没有给出某类岗位完整的工资数据，只能采集到某类岗位的平均工资数据。在进行工资调整数据分析时，可以采取频率分析法，记录在各工资额度内各类企业岗位平均工资水平出现的频率，从而了解某类岗位人员工资的一般水平。

以北京市为例，企业行政主管一职的薪酬调查数据经过频率分析之后，得到如表 4-3 所示的结果。

表 4-3 行政主管薪酬数据频度分析

薪酬浮动范围（元）	此范围内的企业数量（家）	薪酬浮动范围（元）	此范围内的企业数量（家）
4 501～4 750	0	5 751～6 000	6
4 751～5 000	1	6 001～6 250	7
5 001～5 250	2	6 251～6 500	2
5 251～5 500	4	6 501～6 750	1
5 501～5 750	5	6 751～7 000	1

为了更为直观地进行观察，还可以根据调查数据绘制出直方图（如图 4-2 所示）。

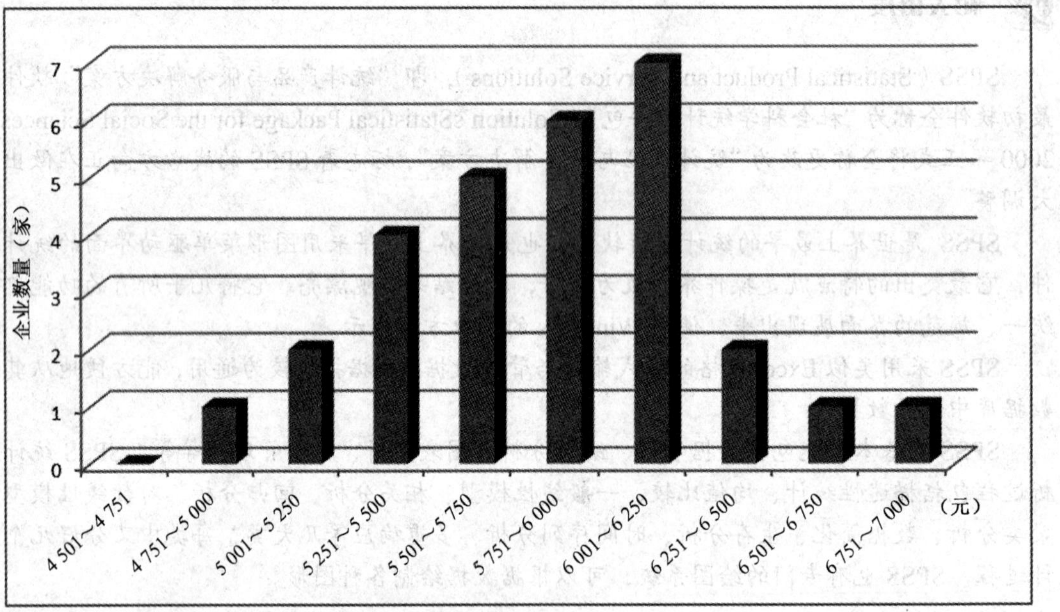

图 4-2 行政主管薪酬数据频度分析

从表 4-3 和图 4-2 可以看出，该职位的主要薪酬浮动范围为 5 251～6 250 元，这也是大部分企业为其支付的薪酬范围。

（2）集中趋势分析

集中趋势分析是描述一组数据聚焦在某一中心点的程序，这个点代表一个职位典型的薪酬数据，通常用平均数和中位数来度量。

以北京市为例，销售工程师一职的薪酬数据如表 4-4 所示。

表 4-4　销售工程师薪酬调查数据统计

公司代码	职位数	平均工资（元/年）
A	5	60 000
B	11	68 000
C	30	62 000
D	7	63 000
E	16	61 000
F	9	65 000
G	26	66 000
H	8	69 000
K	12	64 000
L	8	67 000
N	4	70 000

平均数是应用得最多的反映集中趋势的指标，又可细分为简单平均数、加权平均数和中位数。

1）简单平均数

简单平均数是一种最为常见的分析方法。就是将所有数据相加，然后除以数据个数即可获得。这种方法操作起来比较简单，但极端值有可能会破坏结果的准确性，所以有些公司会首先使用频率分布将极端值剔除掉。当调查者所获得数据不能全面代表行业或者竞争对手的情况，或者因为一些重要的目标公司拒绝参与而导致数据不完善时，采用简单平均数的方法是最好的。

在本例中，简单平均数为 65 000 元［(60 000+68 000+62 000+…+70 000）/11)］。企业可以利用简单平均数来判断销售工程师的薪酬水平是高于市场薪酬水平，还是低于市场薪酬水平。

2）加权平均数

与简单平均数不同，加权平均数中，不同企业的薪酬数据将会被赋予不同的权重。而权重的大小则取决于每一企业中在同种职位上工作的员工人数。本例中，薪酬的加权平均值为 64 426.47 元［（5×60 000+11×68 000+…+4×70 000）］/136。采用这种方法求得的最终结果比简单平均数更为科学。在调查结果基本上能代表行业总体状况的情况下，加权平均数的分析结果是最好的，因为这时经过加权的平均数比较接近劳动力市场的真实状况。

3）中位数

中位数是指把所有数据从小到大进行排列后，位于数据最中间的数值。当样本数为奇数时，中位数的位置在第（N+1）/2 处；当样本数是偶数时，中位数在第 N/2 处。本例中，样本数共计 136 个，其中位数应在第 68（136/2）处，如表 4-5 所示，即中位数为 64 000。

表 4-5　薪酬调查数据统计（销售工程师：职位数和平均工资表）

公司代码	职位数	平均工资（元/年）
A	5	60 000
E	16	61 000
C	30	62 000
D	7	63 000
K	12	64 000（中位数）
F	9	65 000
G	26	66 000
L	8	67 000
B	11	68 000
H	8	69 000
N	4	70 000

（3）离散趋势分析

离散趋势分析是用来描述一组数据分散程度的。在薪酬调查分析中运用离散趋势分析是为了分析公司薪酬与市场薪酬水平之间的差异。描述离散趋势的指标主要有标准差、四分位和百分位。

1）标准差

标准差是指每一个薪酬数据和平均薪酬水平之差的平均数，即薪酬数据比平均值高多少或低多少。用平均值加减标准差还可以用来判断本企业的薪酬范围是否接近市场薪酬范围。标准差具体的计算方法如下：

$$S.D.=[\sum_{i=1}^{n}(x_i-M^2)/(n-1)]^{\frac{1}{2}}$$

式中，$S.D.$——标准差；x_i——薪酬调查数据；M——薪酬调查数据的平均值。

下面我们将通过表 4-6 来学习离散趋势分析。

表 4-6　销售助理薪酬调查数据

公司代码	职位数量	平均工资（元/年）
A	5	26 500
B	16	31 000
C	30	23 000
D	7	34 500
E	12	32 000
F	9	28 000
G	26	25 000
H	8	25 500
I	11	29 000
J	8	30 500
K	4	24 500

以表 4-6 为例，*S.D.*为 3 595 元，它反映了员工工资“高于”或“低于”平均值对市场来说是否是“典型”。比如，员工工资为 23 000 时，比市场平均水平低 5 136 元（28 136−23 000），高出标准差很多，说明该数据比典型数据和平均数之间的差距大很多。员工的工资是 31 000 时，比市场平均水平高出 2 864 元（31 000−28 136），与标准差 3 595 相差不多，说明这个数据和典型数据相当。

通过标准差，我们还可以知道大多数薪酬的范围。在本例中，大多数公司薪酬的范围在 24 541 元（28 136−3 595 元）～31 731 元（28 136+3 595），这个范围就是市场典型的工资范围，排除其他因素，高于这个范围的公司将容易吸引到优秀人才，如公司 E、D。反之，将很难留住人才或吸引到人才，如公司 C、K、G。

2）四分位

四分位是将所有的薪酬数据从小到大排列，以 25%、50%、75%三个百分比将这些数值分为四组，第一四分位数的薪酬数据位于最低的 25%范围内，常用 25P 表示；第二四分位数的薪酬数据位于 25%～50%，常用 50P 表示；第三四分数的薪酬数据位于 50%～75%，常用 75P 表示；第四四分位数的薪酬高于均值，在薪酬数据中位于 75%以上，常用 100P 表示。

3）百分位

百分位是把薪酬数据按百分比划分，所代表的是有百分之多少的公司的薪酬水平低于位于该百分位上的公司的薪酬水平。较为重要的一般是位于整数百分比（如 10%）处的数据。在百分位分析法中，第 50 个百分位是中间值。百分位分析在企业的薪酬水平战略定位中是最常用的，因为它提示了本企业的薪酬水平在劳动力市场上的地位，如表 4-7 所示。

表 4-7 工资分位数表

23 000	
23 000	← 第 10 个百分位数
23 000	
24 500	
24 500	
25 000	← 第 1 个四分位数（25P）
25 000	
25 500	
25 500	
26 500	
26 500	
28 000	← 第 2 个四分位数（50P）（中位数）
28 000	
29 000	
29 000	
30 500	

续表

30 500		
31 000	←	第 3 个四分位数（75P）
31 000		
32 000		
32 000		
34 500	←	第 90 个百分位数
34 500	←	第 4 个四分位数（100P）

企业可以将薪酬调查数据和统计分析结果在统一的分析表中进行展示，以方便了解同一职位在不同企业中的不同薪酬水平和不同企业采用的不同薪酬结构。

将所有职位薪酬水平的中值（中上值）和 25P（中下值）从高到低排序，然后分别连接起来，就可以得到一张反映所有基准职位的市场薪酬水平图。在图中加上本企业自身的薪酬中值线，就可以直观地了解到在不同的岗位上企业薪酬水平的相对市场位置，或高于市场水平，或与市场水平持平，或低于市场水平。

4.2.5 提交薪酬调查分析报告

薪酬调查报告分为综合性分析报告和专项分析报告两种。综合性分析报告是对薪酬调查涵盖地区不同性质、规模、行业领域的企业的薪酬与福利数据进行综合分析与统计处理，全面反映被调查地区企业薪酬与福利现状的全貌；专项性报告是根据企业需要从参加薪酬调查的公司中选择一定数量具有可比性的公司，经过数据分析处理，获得针对性、指导性更强的专项薪酬报告。这两种报告对企业制定薪酬策略都具有重要的参与价值。

薪酬调查报告通常包括：（1）宏观经济、政策背景信息；（2）被调查企业背景资料；（3）职位薪酬福利水平、结构分析，即汇报每个职位的样本量，并提供每个职位在各薪酬福利项目上详细的数据分析结果，如 25P、50P、75P 以及平均值等数据；（4）其他信息，如专有名词解释、专业工具（职位等级评估工具、调研结果查询工具）简介等。

4.2.6 薪酬调查应注意的事项

随着企业对薪酬调查的重视意识的兴起，一些专业的调查机构近几年也开始进行调查，并为企业提供薪酬调查结果，比如前程无忧。各种各样的薪酬调查结果充斥着市场，良莠不齐，令人眼花缭乱。如何保证不偏离薪酬调查的目的？如何保证薪酬调查结果的客观真实性？这就需要企业在进行薪酬调查时必须关注细节。无论是企业本身进行调查，还是通过其他机构进行调查，都要首先领会意图，尽全力做好配合。同时在进行薪酬调查时还应注意以下事项。

1．企业薪酬调查时间的选择

薪酬调查不会一朝一夕就能完成的，它需要投入大量的人员、时间和精力。而且如果委托调查公司，还需要支付一定的费用。所以企业往往不会轻易引入薪酬调查。一般只有在以下三种情况时才应考虑引入薪酬调查。

（1）在每年进行薪酬调整的时候。

（2）企业产生新的岗位时。

（3）遇到特定的问题时，如出现高流失率。

2．对职位的描述是否清晰准确

企业在进行薪酬调查时，必须对所调查的职位进行清晰而准确的描述。在进行薪酬调查时，一定要注意对所调查的职位进行职位描述，有职位描述的调查结果要比没有职位描述的调查结果要准确可靠得多。因为同样的职位名称在不同企业的工作内容可能差别很大。尤其是国内的企业职位行政体系比较混乱，同样是办公室主任，有的可能实际从事的是后勤、保安等工作；而在有些单位从事的可能还有人事工作。

3．职位层次是否清晰

企业在进行薪酬调查时，一定要将职位层级进行说明。因为某些职位族可能会包括不同层级的职位，比如人力资源职位族就可能包括人力资源总监、人力资源经理、人力资源主管、人力资源专员、人力资源助理等。如果薪酬调查所包括的职位层级与公司的职位层级不完全一致，应与咨询公司协商来确定每一层级职位的薪酬水平。

4．劳动力市场的界定是否合适

劳动力市场过宽或过窄，数据都不具有代表性，所以企业在进行薪酬调查时还应注意明确薪酬调查的地域和行业。通常，对于一般技术人员类的低层级职位所调查的区域应该是和公司在地理位置上比较接近的地方；对于市场部经理等中高级职位而言，所调查的区域应该更大；对于高级管理人员的薪酬情况，则最好进行全国性的调查；甚至对于特定行业的特定职位，如同声传译等可进行全球范围的薪酬调查。

5．了解数据搜集的方法

数据搜集是薪酬调查中重要的一环。采用不同数据搜集方法会得到不同的结果。不管采用什么样的数据搜集方法，都应在调查报告中附上调查问卷或者调查提纲。

6．注意数据是否最新

前面提到薪酬调查不是一朝一夕就能完成的，从调查的策划、实施、数据处理到最后推出薪酬调查结果，需要一段时间。时间越长，受外界环境变化的影响就越大，数据的有效性就越值得怀疑，尤其是那些薪酬变化受外界影响较大的职位。因此，在进行薪酬调查时，必须要注意调查时间的合理分配，以使企业效果更为理想的数据。

4.2.7 薪酬调查结果的运用

企业在进行薪酬体系设计时，一般都会直接或间接地使用薪酬调查结果。在薪酬调查结果的使用上应注意哪些问题呢？一句话，就是要避免“拿来主义”的倾向，即：对报告数据不加以分析，不结合企业的情景因素，盲目相信，直接使用。

1. 薪酬调查结果使用上的偏差

调查结果存在的偏差主要有系统偏差、基准职位使用偏差和数据时效性偏差三种类型。其中基准职位使用偏差和数据时效性偏差，我们在前一个问题上已经阐述过，企业在进行薪酬调查时应避免出现这样的问题，这里就不再赘述了。

由于薪酬调查需要投入大量的人力、物力和财力，现代企业往往是借用专业的薪酬调查公司获得企业所需要的薪酬信息。但不同的调查公司所采用的调查指标、数据来源地域、样本量、职位匹配度、统计工具等各方面都有所不同，薪酬调查结果也会有所差异。比如，“年总收入”可能采用现金薪酬水平来计算，也可能是将福利货币化后加上现金薪酬来计算。因此，企业在使用薪酬调查结果之前，应该先判断数据的信度、企业需要的分析类型等。

小案例

A公司的一份薪资调查报告显示，所调查三资企业财务经理的平均月薪资是16 700元，其中最高水平是23 000元，最低为8 500元。同时，薪资调查报告所附的“职位说明书”中对财务经理的主要工作职责描述如下：“负责公司财务监控、财务管理和会计核算制度的建立和完善；负责财务部工作管理计划的制订、推行、指导和监督；处理财务部内部重大问题；考核、指导和培训财务部工作人员”，任职要求是“财会专业本科以上学历，相关工作经历3年以上”，由此，企业在制定财务经理的职位薪资时，要具体考虑本企业该职位的实际工作内容如何，该职位在企业的重要程度，以及该职位任职人员的实际工作能力、资历和学历，这样再参考8 500~23 000元的标准来浮动，使薪资体系真正具有公平性和竞争力，帮助企业吸引人、激励人和留住人。

2. 结合企业情景因素对调查结果进行调整

企业在使用调查数据的时候，不能照搬照抄。因为影响企业薪酬支付水平的因素有很多，有诸如行业差异、地区差异 、不同职位劳动力市场的供求差异等外部因素，也有企业战略差异、盈利水平差异、所处生命周期差异、文化差异、被调查者个人差异等内部因素。这些因素都在影响着不同企业对基准岗位的薪酬支付，甚至影响着同一企业对同一基准岗位的薪酬支付。

同时，还有一些收入是在薪酬调查报告中无法体现的，如因持有的股票或股票期权而给员工带来的收益。

此外，虽然有的企业薪酬福利的货币水平不是最高的，但其给员工提供了很好的职业发展机会，所提供的工作人员在工作和生活上的平衡，从而弥补了其在薪酬福利水平上的不足。

特别提示

企业使用薪酬调查报告时一定要注意，薪酬调查是我们进行薪酬战略调整的主要依据，但绝不是唯一的依据。企业需要根据诸多因素对薪酬调整的幅度、标准进行审慎选择。

4.3　薪酬调查的种类和内容

4.3.1　薪酬调查的种类

目前已经开展的薪酬调查各类繁多，按照调查的主体来划分，主要有两种：政府部门的非营利性调查和各类机构的营利性调查。

1．政府部门的非营利性调查

政府部门的非营利性调查是由政府部门组织实施的，对全国范围内各行各业薪酬水平进行的调查，为社会提供薪酬水平、薪酬成本及有关薪酬的其他信息，主要目的是发挥政府的宏观指导作用，促进劳动力市场的合理配置。

由于这类调查是由政府部门组织的，人力、财力、物力等都能得到充分的保障，同时调查所的样本范围广、数量多，因此，这类数据的准确性和权威性往往较高。

但其缺点也是很明显的，尤其是在信息的有效性和及时性方面。一是因为它的取样主要来自于企业的各种报告，而企业在上报时有可能存在误差，比如工资不可能申报太高，因为工资水平可能涉及企业的工资总额及税收等。二是因为这类调查涉及的范围广、行业多、调查耗时长，所提供的薪酬信息往往在公布时已经过时了。此外，由于政府部门的调查主要是集中在工资上面，未涉及其他形式的薪酬，因此很难描述各地区和各行业职工的实际收入水平。

相关链接

六安市开展企业薪酬调查

记者从市人社局了解到，为了给企业合理进行工资分配提供参考，六安市于今年 5 月至 6 月对 2014 年企业薪酬情况进行调查，调查的时期指标为 2014 年 1 月 1 日～12 月 31 日。

据了解，六安市是首批被列为全国薪酬调查试点市之一，安徽省 5 个调查城市之一。今年六安市企业薪酬调查将与本市人力资源市场工资指导价位发布结合起来，及时发布人力资源市场工资指导价位等信息，为企业合理进行工资分配提供参考。

本次调查是对六安市 2014 年企业薪酬情况的调查。此次调查涉及六安市市本级和五县三区样本 174 家，调查的重点是企业人工成本情况和单位全部职工的工资报酬情况，调查对象分两类：一是采矿业、制造业、建筑业、批发和零售业，住宿和餐饮业等 18 个行业各种登记注册类型的企业；二是由企业支付工资的劳动者。

（来源：中安在线，时间：2015-05-13，作者：杨星宇）

2. 各类机构开展的营利性调查

市场薪酬调查本身对企业影响重大，是一项很有价值的工作。因此，随着市场经济的发展，从事薪酬调查的管理咨询机构也应运而生、蓬勃发展。

（1）管理咨询公司的营利性调查

与政府部门开展的薪酬调查相比，管理咨询机构的薪酬调查最大的优点是能为组织提供“量身定做”的调查。由于这类机构与任何企业均无利益关系，因此更容易从其他企业获取相关的薪酬信息，因而它们能够按照企业的要求在相关劳动力市场上开展薪酬调查，这种调查的调查范围往往也比较集中，区域性比较强。其调查结论对于企业来讲更具有参考价值，能为企业薪酬体系的设计提供合理化的建议。

无论是委托管理咨询机构进行薪酬调查的方式，还是从管理咨询机构手中购买薪酬调查报告，其成本都比较高。而且调查指标定义不一，调查结果的可比性不高。比如关于年薪这个指标，既可以定义为货币收入与非货币收入之和；也可以仅定义为货币收入。

（2）网站媒体的营利性调查

随着网络时代的到来，网络薪酬调查也成为薪酬调查的一个重要渠道。目前，网络薪酬调查大多都采用在线调查方式。参与调查者以不记名的方式提供自身的薪资情况。这种调查方式的调查内容专业性并不强，但更贴近求职者，如行业平均薪酬水平排名榜，个人跳槽前后薪酬水平的比较等。网站为推动调查的进行，也会对参与调查的人施以一定的小奖励，或者对调查结果进行评论和给个人一些建议等，这样举动也会吸引上网员工参与薪酬调查。

但这种调查方式的随意性非常强，取样也并不科学，而且这种调查没有任何约束力，数据的可信度得不到保障。

4.3.2 薪酬满意度调查

在薪酬管理的具体工作中，经常会发生一些不和谐的现象。比如，一些经济效益较好，薪酬水平远高于同行业平均水平的企业，员工对薪酬的意见甚至比一般企业员工的意见更大；有些重要岗位的员工的薪酬收入与其他普通岗位相比已经比较高了，可他们仍然觉得受到不公平待遇。尽管企业管理部门在薪酬总额的确定上付出了很大的努力，可是员工仍然不满意。这里所涉及的就是员工的薪酬满意度的问题了。

1．薪酬满意度的内涵

从字面上理解，薪酬满意度就是员工对自己薪酬的满意度，是员工对自己所获薪酬进行评价产生的主观心理感受。员工薪酬满意度是一个相对的概念，超出期望值满意，达到期望值基本满意，低于期望值不满意。企业薪酬管理的目的在于提高员工满意度，从而提高企业绩效。

对薪酬满意度的理解和认识经历了从单一维度向多元维度的转变，即从最初的薪酬水平满意度，慢慢演变为包括对薪酬水平、福利、加薪、薪酬结构等几个方面的满意度。因此薪酬满意度是个体对其薪酬（涵盖薪酬的多个方面）所持有的积极或消极情感态度，如表 4-8 所示。如果在企业层面上界定薪酬满意度，它是指组织成员对薪酬所持有的、共享的积极或消极情感水平。

表 4-8　薪酬满意度

薪酬满意度	员工对薪酬水平的满意度
	员工对薪酬结构、比例的满意度
	员工对薪酬差距的满意度
	员工对薪酬决定因素的满意度
	员工对薪酬调整的满意度
	员工对薪酬发放方式的满意度
	员工对工作本身（如自主权、成就感、工作机会等）的满意度
	员工对工作环境（如管理制度、工作时间、办公设施等）的满意度

2．影响员工的薪酬满意度的因素

需要指出的是，员工对薪酬的满意度是一种态度，它直接影响着员工的行为。因此，企业要想提高员工的薪酬满意度，就必须对其影响因素进行分析。影响员工的薪酬满意度的因素有很多，主要有以下几个方面。

（1）员工对薪酬的期望值。员工对薪酬的满意度取决于对薪酬的期望值与实际收入之间的比较。员工对薪酬的期望值一般是从自己的工作能力、所受的教育、努力的程度和工作业绩出发估量的，他们将自己期望的与实际得到的薪酬相比较，从而产生满意或不满意的感觉。一般而言，员工的期望越高，对薪酬的满意度越低。

（2）薪酬制度的公平性。薪酬制度的公平性是从外部公平性和内部公平性两个方面体现的。所谓外部的公平性一般是指员工将自己的薪酬水平与同行业同岗位的薪酬进行比较，如果自己的薪酬高于平均水平，则满意度会提高；如果发现自己的薪酬低于平均水平，则满意度会降低。所谓内部的公平性是指员工把自己的薪酬与企业内其他员工的薪酬进行比较产生的感觉。提高内部公平性是薪酬管理的难点，因为这种比较常会有一些偏差。例如，员工一般多会看重自己的专长与近期绩效，容易高估他人的报酬，低估他人的绩效，造成这种偏差的一个重要原因是企业没有进行科学的岗位分析与绩效评价。

（3）边际效应规律。员工薪酬满意度会受边际效应规律的制约。随着员工的某些需要逐步得到满足，一些报酬，特别是物质的、外在的报酬所带来的满意效用越来越小。员工的需要是多样化的、有层次的，当物质层面的需要相对满足后，精神层面的需要就会产生．马斯洛的需求理论揭示了这一影响因素的内涵。因此，单纯强调外在报酬而忽视内在报酬，其激励效用会很低。一些研究也表明，工作单调的高收人员工对薪酬的整体满意度较低。

（4）员工职业生涯的阶段。员工对薪酬的满意度还受员工职业生涯阶段的影响。在职业生涯的不同发展阶段，员工对薪酬的需求重点不同。在职业生涯早期，员工较关注薪酬的高低，而忽视职业的稳定性；在职业生涯中、晚期，员工较关注职业的稳定性。

3．薪酬满意度调查的工作流程

薪酬满意度调查的工作流程，如图 4-3 所示。

图 4-3　薪酬满意度调查工作流程图

特别提示

（1）确定调查对象：薪酬满意度调查的对象是企业内部所有员工。

（2）确定调查方式：由于调查人数较多，比较常用的方式是发放调查表。

（3）确定调查内容：调查的内容包括员工对薪酬福利水平、薪酬福利结构比例、薪酬福利差距（与市场比较、与企业内部其他员工比较）、薪酬福利的决定因素、薪酬福利的调整、薪酬福利的发放方式等的满意度，当然，如果要调查得更全面，还可以调查员工对工作本身、工作环境等非财务酬赏的满意度。

4．薪酬满意度调查表的设计

为了保证薪酬满意度调查的质量。应当精心设计调查表，并根据环境和条件的变化，对调查表进行必要的补充和修改。薪酬满意度调查表见表 4-9。

表 4-9　员工薪酬满意度调查表

尊敬的员工：

您好，为了进一步了解员工对本公司薪酬方面的真实想法和建议，促进公司薪酬管理改革，特此向您进行问卷调查，本调查问卷的任何信息将以密件专人保管可放心作答，其结果将作为公司决策本年度职工薪酬制度的重要依据之一，请各位认真如实填写。衷心感谢您的参与！

姓名（可不填）		所在部门（可不填）	
职位		工龄	
年龄		学历程度	
性别		所学专业	

1．您个人认为本企业的薪资福利在本地区同行业中属于：

续表

A. 高收入 B. 中等收入 C. 低收入

2. 您对目前获得的收入感到满意：

A. 非常同意 B. 比较同意 C. 说不清楚 D. 不同意 E. 强烈反对

3. 和其他公司同职位的人相比，您觉得自己的工资：

A. 非常高 B. 较高 C. 不确定 D. 较低 E. 非常低

4. 您目前的薪酬收入属于哪个范围：

A. 2 000 元以下 B. 2 000～3 000 元 C. 4 000～5 000 元 D. 5 000～6 000 元 E. 其他______

5. 您觉得工资各个组成部分的比例设置是否合理：

A. 非常合理 B. 比较合理 C. 不确定 D. 不合理 E. 非常不合理

6. 您对自己努力付出与薪酬回报所得的公平薪酬是：

A. 2 000 元以下 B. 3 000～4 000 元 C. 4 000～5 000 元

D. 5 000～6 000 元 E. 其他______

7. 对于您所在的职位，您认为薪酬中浮动工资（绩效）比较合适的比例：

A. 10% 以内 B. 10%～20% C. 20%～30%

D. 30%～40% E. 其他______

8. 您认为公司设置的奖金项目的计算应占工资的比例为：

A、5%以内 B、5%～10% C. 10%～15% D. 15%～20% E. 其他______

9. 您对公司提供的福利、补贴感到满意：

A. 非常同意 B. 比较同意 C. 说不清楚 D. 不同意 E. 强烈反对

10. 您认为公司提供的福利必须有哪三项：

A. 五险一金 B. 带薪休假 C. 员工食堂

D. 子女教育津贴 E. 其他______

11. 您认为每月工资的支付时间应定在：

A. 1～5 日 B. 6～10 日 C. 11～15 日 D. 16～20 日

E. 21～25 日 F. 25～30（31）日

12. 您认为公司目前的薪酬制度能够起到吸引人才的作用：

A. 非常同意 B. 同意 C. 不确定 D. 部分不同意 E. 强烈反对

13. 您的收入反映了您的工作能力：

A. 非常同意 B. 同意 C. 不确定 D. 部分不同意 E. 强烈反对

14. 您认为公司薪酬方面的管理制度完整规范：

A. 非常同意 B. 同意 C. 不确定 D. 部分不同意 E. 强烈反对

15. 您对公司的建议：

薪酬满意度调查问卷回收之后，可采用数据统计软件进行分析，通过频率分析、集中趋势分析等方法进行统计分析，并写出分析报告。

4.3.3 薪酬调查的内容与原则

薪酬包括内部薪酬和外部薪酬。由于内部薪酬反映的是员工工作时的心理状态 ，难以衡量，因此，所谓的薪酬调查实际上只是针对外部薪酬的调查。

1. 薪酬调查的主要内容

薪酬调查的主要内容包括薪酬水平调查和薪酬结构调查。

（1）薪酬水平调查

在其他条件相同的情况下，与竞争对手相比薪酬水平高的企业会使员工满意度、企业吸引力、员工留置率、员工努力程度、企业绩效等方面得到收益，但其所提供的产品和服务的成本相对就会比较高，对企业总成本会产生重大影响。因此对企业来讲，了解市场的薪酬水平及其变动情况是非常必要的。

（2）薪酬结构调查

薪酬结构涉及的内容比较丰富，如职位等级、不同等级间的薪酬级差、决定职位等级和薪酬级差的标准、货币薪酬与非货币薪酬的比例、固定薪酬与可变薪酬的比例；福利的范围及支付方式等。在企业支付同样的薪酬成本时，不同的薪酬结构将会产生不同的效果。

2. 薪酬调查的原则

企业在进行薪酬调查时应注意遵循以下原则。

（1）被调查者同意的原则

由于薪酬数据在许多企业属于企业的商业秘密，不愿意让外部知晓，尤其是与自己有竞争关系的企业。所以在进行薪酬调查时，应与对方人力资源部门取得联系，或者也与对方相关负责人取得联系，在取得被调查者同意之后，才可进行薪酬数据的获取。

（2）准确原则

准确原则体现在两个方面：一是所获取数据的准确性；二是所调查基准岗位的准确性。

（3）更新原则

由于薪酬调查费时费力，因此有些企业在进行薪酬调查时，会选择借鉴企业以往调研的资料。这固然可以调查成本，但也会由于信息更新不及时而做出错误的判断。毕竟现在随着市场经济的发展和人力资源市场的日益完善，人力资源市场的变动也日益频繁，薪酬水平也随着企业效益和市场中人力资源供求的变化而不断变化。

4.4 薪酬调查实例：HG 公司的薪酬调查[1]

HG 公司是一家仪器仪表行业的民营小企业，总部工厂设在广州。主要生产制造仪器仪表，继电器，温控器等产品。公司成立于 2005 年，至今已有十余年，2007 年公司在江苏建立了第一家办事处后，陆续在北京、上海、四川、吉林、辽宁、安徽、湖北等地建立了多个

1 改编自：秦永臣，HG 公司薪酬管理满意度调查分析[D]. 沈阳大学，2015.

办事处。HG 公司根据自身的定位，形成自己的竞争力，通过差异化的产品和服务策略，树立自我挑战的目标，逐步实现年收入过亿元的阶段。公司产品除了广泛应用于国内各电网，省局重点电力系统装置中外，还广泛应用于石油、化工、冶金、轻工、市政、钢铁、铁路等行业。进入 2011 年后，HG 公司改变了之前全手工制作的流程，添置了自动化机械，同时将一些流程外包给有自动化生产能力的厂家代加工，以提高质量和效率。HG 公司的整体成长阶段逐步向快速增长阶段迈进。

HG 公司的快速成长但却没有带来整体管理水平增长，首先突出表现在人力资源力量并不充分，培养的人才和引入的人才还不能满足发展的需要，整体的管理水平不高。其次，人才市场信息并非透明化，不利于企业更好地开展人力资源储备。最后，竞争环境下的人才流失问题依然严峻，管理和技术团队的稳定性面临挑战。因此，此类的描述性问题困扰 HG 公司的进一步发展，未来企业如何在管理和薪酬方面进一步完善，需要通过实际研究调查来给予相应的解决方案，而现在急需通过薪酬管理满意度的调查，来调整和处理人力资源发展的战略性问题。

4.4.1　明确此次薪酬调查的目的

通常，员工对企业薪酬管理的满意度主要有 5 个维度：薪酬水平满意度、薪酬提升满意度、薪酬福利满意度、薪酬结构满意度、薪酬管理满意度。

此次薪酬调查将通过得到的主要影响因素与满意度各个方面进行相关性分析，得出员工对薪酬管理满意度意见中的主要因素。

4.4.2　确定薪酬调查的范围和对象

HG 公司员工由管理类、技术类、事务类、市场类和技能类五大类组成，详见表 4-10 和图 4-4。

表 4-10　HG 公司职位划分表

职位类别	职责	职务名称
管理类	维持企业管理的稳定运行，对公司的经营直到管理和决策的作用，有相应权利且需要承担对应责任	总经理、副总经理、财务部部长、人力资源部部长
技术类	专业从事技术开发的产品改良，为企业产品在行业内的领先性负责	设计是、质量工程师、设备管理师、工艺员、检验员
事务类	参与领导决策辅助性工作，专业服务模式帮助管理效率提高	会计、议员、出纳、质量管理文员、仓库员、现场物流服务、人力资源专员
市场类	推动企业产品的销售，占领市场，创造收入	业务员、外销计划人员
技能类	具有一定的专业技能，熟练进行生产操作和技能服务	插焊工、装配工、操作工、工艺兼喷洒工、维修电工

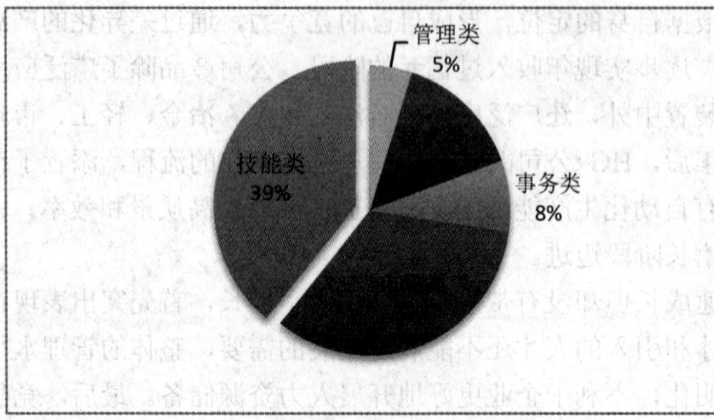

图 4-4 HG 公司员工构成比例图

本次薪酬调查样本选取的方法是随机抽取，实证调查研究的普遍原则要求，主要是为客观分析目的，避免出现结果偏差。

需要说明的是，在选取样本时，调研人员从 5 个方面（被调查人员的职位分布、性别分布情况、学历分布情况、年龄分布情况、工龄分布情况）对本次调查的对象进行了分析，确保样本具备一定的典型性和代表性。

4.4.3 采用问卷调查的方式

本次调查采用问卷调查的方式。

2013 年 9 月—2014 年 5 月 HG 公司的员工采取随机抽样的方式，共计发出问卷 120 份。在发放后的所有调查问卷中，回收 115 份，剔除无效问卷 13 份，得有效问卷共计 102 份，回收率 95.83%，回收有效率 85%。

4.4.4 统计分析薪酬调查数据

问卷调查资料处理与分析采用 SPSS13. 0 统计软件，运用资料分析方法有：因素分析、描述性统计、相关分析等。对有关问卷调查结果进行信度分析；员工对薪酬管理的满意度分析。

1. 描述性统计分析

在所有调查的 HG 公司的员工中，描述性统计分析具体为：在性别方面，男性占 49.5%，女性占了 50.5%。在年龄方面，以 21～30 岁的组群最多，占 28.2%，以 41～50 岁的组群最少，占 14.4%。教育程度以高中所占的比例最多，有 33.2%，研究所（含）以上最少，占 10.2%。在职业别方面，管理类为 5.32%，技术类为 11.62%，事务类为 9.84%，市场类为 37.05%，技能类为 36.17%。员工基本工资方面以在 3 000～4 000 元的组群为最多，占 36.6%，最少为 4 000

元以上，占 1.5%。绩效工资方面，在 2 000～3 000 元的组群为最多，占 31.2%，最少为 4 000 元以上，占 1.1%。

2．信度分析

在信度分析方面，本次研究调查中，将回收有效的问卷进行了信度分析，针对 HG 公司薪酬管理的有关因素及满意度方面，其 Cronbach's α 分别为 0.7891 和 0.8927，α 值均大于 0.7，表示信度合理。

相关链接

克朗巴哈系数法（Cronbach's alpha），Cronbach's α 或者 cronbach's alpha。是检视信度的一种方法，由李·克朗巴哈在 1951 年提出。它是目前社会科学研究最常使用的信度分析方法。

一般探索性研究，Cronbach's α 系数在 0.6 以上，基准研究在 0.8 以上，通常情况下 Cronbach's α 系数在 0.6 以上，被认为可信度较高。这是根据 Nunnally(1978)年的概念所确定的。

3．不同薪酬满意度维度的调查分析

（1）薪酬水平满意度分析

从有关调查结果针对薪酬水平来看，不同背景的员工对 HG 公司薪酬水平认同程度，工龄小于 1 年的好于工龄在 1～2 年的，可能主要是新加入的员工暂时对公司的薪酬水平较为认可。同时，学历越低的对薪酬水平的认可程度更高，反之高学历的员工对薪酬水平存在不满意状况。

从整体满意度来看，全体员工对薪酬水平满意度认可程度最高。不同职位员工总体对薪酬水平的满意度认可较高，市场类的认可程度较低，可能主要与市场类员工的薪酬体系和行业水平有关。

（2）薪酬提升满意度分析

不同背景下的员工对薪酬提升的满意度认可程度无法判断，而相关分析中，薪酬提升满意度处于第二位，说明目前 HG 公司的薪酬提升程度还是让员工有所认可，不同职位下的员工认可也较好，技术类的员工对薪酬提升满意度认可最差，可能与技术类员工的薪酬水平已经处于高位了，提升的空间和幅度有限有关。

（3）薪酬福利满意度分析

从调查结果分析来看，学历越高的员工薪酬福利认可程度就越高，年龄越大的员工薪酬福利认可程度也越高，薪酬福利对整体满意度的相关性程度处于一般，因此可以认为员工主要是更加关注薪酬水平和薪酬提升情况，同时对薪酬福利的要求关注程度一般。

从不同职位员工来看，技术类的认可程度很高，而市场类的认可程度很差，管理类、事务类和技能类的认可程度一般。

（4）薪酬结构满意度分析

不同背景下的员工对薪酬结构的满意度认可程度无法判断，而相关分析中，薪酬结构满意度处于后二位，说明目前HG公司的薪酬结构情况员工满意关注情况很低，薪酬结构的内容还无法让人满意。从不同职位员工来看，市场类的员工认可程度很高，而技术类的员工认可程度很差，管理类、事务类和技能类的员工认可程度一般。

（5）薪酬管理满意度分析

不同背景下的员工对薪酬管理的满意度认可程度无法判断，而相关分析中，薪酬管理满意度处于后二位，说明目前HG公司的薪酬管理情况员工满意关注情况很低，薪酬管理的内容还无法让人满意。不同职位的员工对薪酬管理的认可程度处于低位，即薪酬管理的水平和能力还无法让所有员工认可，需要进一步提升薪酬管理的实际管理经验和水平，创造更加符合公司的薪酬管理体系。

4.4.5 提交薪酬调查分析报告（略）

……

HG公司的薪酬满意度调查问题总结：

（1）薪酬水平和薪酬提升的满意度对员工的关系程度最大，但HG公司目前在两个管理维度的重视程度不足。（2）工龄越长的员工满意度越低，需要重视工龄问题。（3）学历高的员工满意度低，需要重视或者破除学历在民营企业的影响问题。（4）市场类的员工对薪酬水平和薪酬福利满意度很低。（5）技术类的员工对薪酬提升和薪酬结构满意度认可最低。（6）福利方面，HG公司的重视程度很低，导致员工对福利的认可不足。而关注程度处于一般状态，说明目前的福利薪酬并没有推动员工的积极性。（7）HG公司的薪酬管理水平整体较差。

综上，从HG公司的满意度调查结论看，一是相关性分析而言，当前薪酬水平和薪酬提升的满意度对整体的影响较大，对于HG公司今后的重点需要积极关注，同时，薪酬福利、结构和薪酬管理满意度较低，对于此类情况，需要进一步分析原因，企业在设计薪酬福利和做好薪酬结构方面需要进一步加大力度，而薪酬管理水平直接影响到员工的满意度。二是从不同背景和不同职位类别来看，年龄、工作经验和学历高低都对满意度的不同维度关注度不一，不同的职位类别也存在差异化情况，需要公司明确和细分，做好更加细致的调查和统计。

复习思考题

一、单项选择题

1．薪酬调查帮助企业了解其薪酬水平在市场中的位置，把握相关企业的薪酬政策和薪酬结构，以下哪项不属于薪酬调查的功能（　　）。

A．为企业的薪酬调整提供参考

B．为企业新岗位的薪酬定位提供依据

C．为公司的战略目标提供依据

D．为特定的人力资源问题提供解决方案

2．在薪酬调查过程中，对调查结果的分析其首要的任务是（　　）。

A．核对数据信息的准确性

B．对薪酬数据信息进行调整

C．对收集到的数据信息进行整理

D．对薪酬数据信息进行分析

3．薪酬调查中最常用的也最有效的方法是（　　）。

A．文案调查法　　B．访谈法

C．问卷调查法　　D．德尔菲法

4．薪酬水平一般的企业应注意市场薪酬的（　　）。

A．25%点处　　B．50%点处

C．75%点处　　D．90%点处

5．薪酬调查的主体不包括（　　）。

A．个人　　B．专业咨询调查机构

C．企业　　D．行业主管部门

6．在选择薪酬调查的企业时，以下说法错误的是（　　）。

A．可以用同行业中同类型的其他企业

B．本地区在同一劳动力市场上招聘员工的企业

C．同是国有或合资企业

D．不同行业的类似岗位

7．薪酬市场调查是为了确保企业员工薪酬的（　　）。

A．外部公平　　B．内部公平

C．个人公平　　D．程序公平

8．由国家劳动、人事、统计等部门进行的薪酬调查是（　　）。

A．政府薪酬调查　　B．专业性调查

C．商业性调查　　D．市场性调查

9．当对薪酬调查结果进行，检查核对数据时，我们发现即使是工作内容基本相同的同种职位，在不同的企业中所获得的报酬也会出现很大的差距，其中可能的原因是（　　）。

A．职位在不同的企业中对企业的价值不同

B．特定企业的薪酬哲学和文化不同

C．不同的行业之间存在不同的差异

D．以上都对

10．薪酬满意度调查的步骤包括：①设计并发放调查表：②回收并处理调查表：③确定调查方式 ④确定调查对象：⑤反馈调查结果：⑥确定调查内容。排序正确的是（　　）。

A．④③⑥①②⑤　　B．⑥④③①②⑤

C．④⑥③①②⑤　　D．⑥③④①②⑤

二、简答题

1．什么是薪酬调查？薪酬调查的意义是什么？
2．简述薪酬调查的流程。
3．简述薪酬调查时的注意事项。
4．简述企业在进行薪酬调查结果运用时应注意哪些问题。

三、案例分析题

A 公司成立于 2005 年，是一家中型企业，其主营业务是汽车配件。近几年汽车市场业绩很好，带动了该公司的经济效果也迅速提高，财务实力明显增强。但由于领导层重视生产轻视管理，使公司各项管理的基础工作十分薄弱，规章制度也不够健全完善，特别是在人力资源管理方面，绝大部分员工对公司目前的薪资制度怨声载道，严重地影响了公司生产经营活动的正常进行。为此，公司董事会决定对员工薪资制度进行一次全面调整。该公司目前一般员工实行的是技术等级工资制，采用计时工资加奖金（按月支付）的计酬方式，而管理人员实行的是职务等级工资制，按照职务高低支付工资，每个季度按照对各个部门的绩效考评结果，支付一定数额的季度奖，其奖金水平不得超过一般员工奖金水平 30%。图 1、图 2 和图 3 是一家管理咨询公司对该公司员工薪资满意度调查结果的分析图。

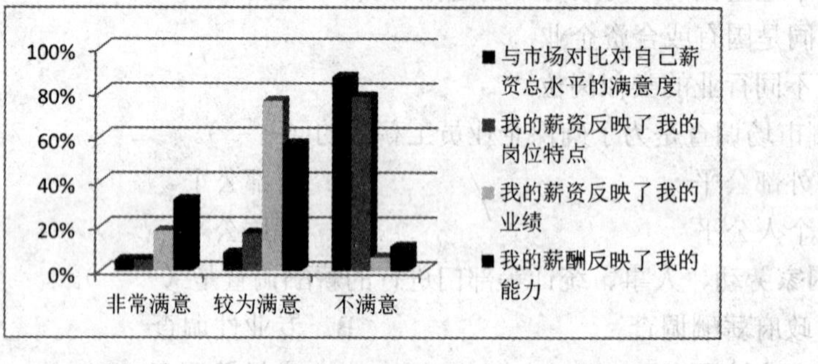

图 1　一般员工薪酬满意度调查结果分析图

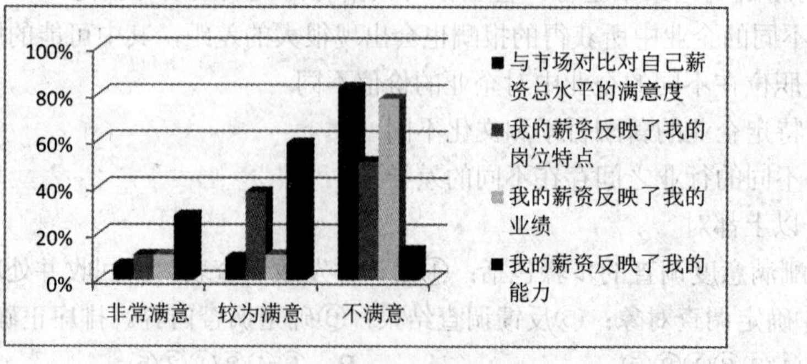

图 2　中级管理人员薪资满意度调查结果分析图

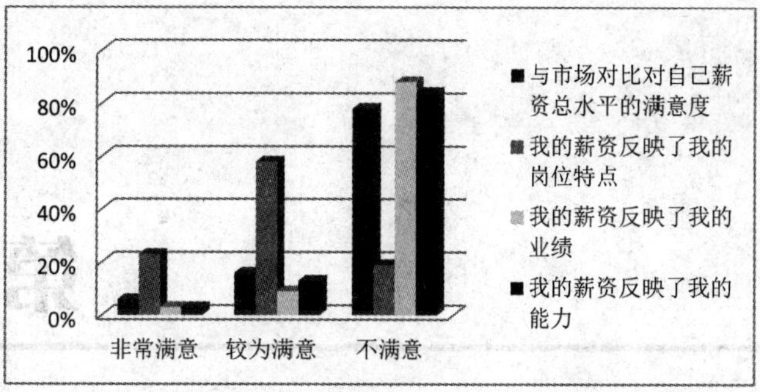

图 3　高级管理人员薪资满意度调查结果分析图

[案例讨论与练习题]

请结合上述三张结果分析图，回答下列问题：

（1）根据薪资调查的结果分析图，说明三类人员薪资结构存在的主要问题是什么？

（2）针对上述三类人员薪资管理存在的问题，应如何进行整体性的调整？

四、技能操作题

A 公司近年来产销两旺，公司高速发展，但公司员工仍有不少人辞职。公司人力资源部认为导致员工离职的主要原因可能是薪酬不合理，为此，人力资源部拟在员工中进行一次薪酬满意度调查。

请你为 A 公司人力资源部设计一份员工薪酬满意度调查表。

第 5 章

薪酬水平定位

学习目标

📖 一般掌握

- 薪酬水平的概念和类型
- 薪酬水平外部竞争性的内涵和意义
- 薪酬水平定位的制约因素
- 薪酬水平的衡量
- 薪酬水平定位的概念及定位模式
- 薪酬水平调整

📖 重点掌握

- 薪酬水平的影响因素
- 企业生命周期各阶段薪酬水平定位策略
- 薪酬水平外部竞争性的决策类型
- 薪酬水平定位实例

学习导航

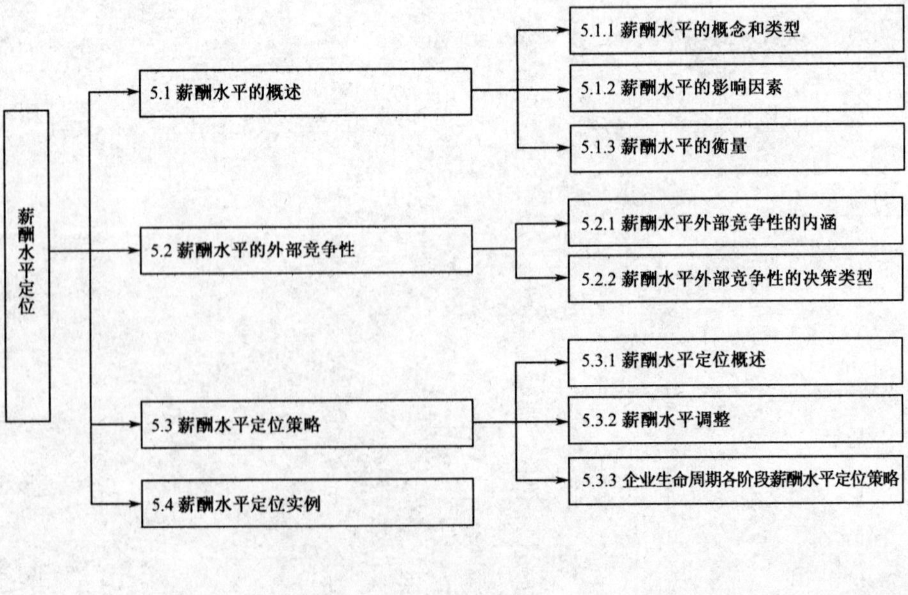

导入案例

某房地产集团下属一家物业经营管理公司，成立初期，该公司非常注重管理的规范化和充分调动员工积极性，制订了一套较科学完善的薪酬管理制度，公司得到了较快的发展。短短的两年多时间，公司的业务增长了 110%。随着公司业务的增加和规模的扩大，员工也增加了很多，人数达到了 220 多人。但公司的薪酬管理制度没有随公司业务发展和人才市场的变化而适时调整，还是沿用以前的制度。公司领导原以为发展已有了一定的规模，经营业绩理应超过以前，但事实上，整个公司的经营业绩不断滑坡，客户的投诉也不断增加，员工的工作失去了往日的热情，部分技术、管理骨干离职，其他人员也出现了不稳定的预兆。

其中：公司工程部经理在得知自己的收入与后勤部经理的收入相差很少时，感到不公平，他认为工程部经理这一岗位相对于后勤部经理，工作难度大、责任重，应该在薪酬上体现出这种差别，所以，工作起来没有了以前那种干劲，后来辞职而去。因为员工的流失、员工工作积极性的缺乏，致使该公司的经营一度出现困难。

在这种情况下，该公司的领导意识到问题的严重性，经过对公司内部管理的深入了解和诊断，发现问题出在公司的薪酬系统上，而且关键的技术骨干力量的薪酬水平较市场明显偏低，对外缺乏竞争力；公司的薪酬结构也不尽合理，对内缺乏公平，从而导致技术骨干和部分中层管理人员流失。针对这一具体问题，该公司就薪酬水平进行了市场调查和分析，并对公司原有薪酬制度进行调整，制订了新的与企业战略和组织架构相匹配的薪资方案，激发了员工的积极性和创造性，公司发展又开始恢复良好的势头。

案例点评

在以上的案例中，我们看到，市场薪酬水平对一个公司的薪酬，乃至对公司的人才吸纳、保留和激励都将产生巨大的作用。它将最终影响到企业的外部竞争力。正是因为如此，在设计薪酬制度时，及时获取市场薪酬信息，充分考虑外部市场对薪酬决定的影响，同时结合本公司的实际情况制定适合自身的薪酬水平，就显得十分重要。

5.1 薪酬水平的概述

5.1.1 薪酬水平的概念和类型

所谓薪酬水平，是指企业内部各类职位和人员平均薪酬的高低状况，它反映了企业薪酬的外部竞争性。薪酬水平反映了企业薪酬相对于当地市场薪酬行情和竞争对手薪酬绝对值的高低。它对员工的吸引力和企业的薪酬竞争力具有直接的作用。其计算公式为：薪酬水平＝薪酬总额/在业的员工人数。

薪酬水平主要分为以下几种类型。

1. 宏观薪酬水平、微观薪酬水平和个人薪酬水平

宏观薪酬水平通常指一个国家、地区或产业的薪酬水平。宏观薪酬水平的决定因素有：劳动生产率水平、积累与消费的比例、劳动就业状况、政府的政策法规调节、物价变动。微观薪酬水平主要是指一个组织的薪酬水平。微观薪酬水平的决定因素有：组织的经济效益与实力、劳动力供求状况、组织的分配方式与结构、劳资双方的谈判、心理因素。决定个人薪酬水平的因素有：员工绩效、资历和工作因素。

2. 名义薪酬水平和实际薪酬水平

所谓名义薪酬水平，就是以一定的货币量表示的薪酬水平；所谓实际薪酬水平就是一定量的货币薪酬所代表和反映的实际消费品和劳务的数量。

名义薪酬水平＝员工货币薪酬水平/员工人数

实际薪酬水平＝货币薪酬水平/同期消费品物价指数

显然，在其他条件不变时，名义薪酬水平越高，实际薪酬水平就越高；在货币薪酬水平一定的情况下，消费品价格指数越高，实际薪酬水平就越低。

相关链接

日本2014财年员工实际工资创历史最大降幅

日本厚生劳动省19日公布的数字显示，2014财年（止于2015年3月）日本员工月平均名义工资虽时隔4年首次出现增长，但由于去年消费税上调推高商品价格，在扣除物价上涨部分后的实际工资较上一财年下降3%，同时也创下历史最大降幅。

数据显示，2014财年，日本全国员工月平均名义工资为31.6万日元（约合2 634美元）。

厚生劳动省一名官员表示，由于政府去年4月将消费税从5%上调到8%，极大抬高商品价格，使得员工实际工资大幅缩水，这也意味着日本工薪阶层并未从日本政府实施的“安倍经济学”中真正获益。

构成日本员工月工资的收入，大致分为基本工资、额外薪资和奖金等特别收入三项。具体来看，2014财年日本员工基本月工资较2013财年下降0.2%，至24.09万日元（约合2 008美元），为连续第九年下滑；而包括加班费等在内的额外薪资则实现连续第五年增长，同比上涨1.6%至1.97万日元（约合164美元）。

按员工类别来看，2014财年日本全职员工月名义工资同比增长1%，而兼职员工月名义工资则增长了0.4%。由于消费税增加使得企业运营遭遇困难，企业雇佣兼职员工数量大幅增加，同期兼职员工数量占总就业人数的比重较2013财年上涨0.47个百分点，达到30%。

（2015年05月19日，来源：新华网）

3. 最低薪酬水平

所谓最低薪酬水平是指国家和省（市）通过立法形式规定的经济组织在不破产和劳动者

按照合法劳动合同从事了规定的劳动时，劳动者应得或该组织应付的最低劳动报酬，以满足其维持生存和延续后代所需。

5.1.2　薪酬水平的影响因素

为什么各个企业的薪酬水平不一样呢？为什么我们的同事和朋友的收入千差万别呢？这是因为存在许多的可变因素在影响着企业的薪酬水平的确定。在现代社会和市场经济环境中，企业如何吸引人才、留住人才，在确定薪酬时必须考虑到各种因素的影响。一般来说，这些影响薪酬水平的因素可以大致分为三大类：外部宏观环境因素、内部组织的微观环境因素及员工个人因素，如表 5-1 所示。

表 5-1　薪酬水平的影响因素

薪酬水平的影响因素	外部因素	社会经济发展水平
		劳动力市场供求状况
		竞争对手的薪酬水平
		地区居民生活水平
		物价变动
		政府的薪酬政策
	内部因素	企业的性质
		企业的经济效益
		企业的管理哲学和企业文化
		企业的生命周期
		劳资双方的谈判
		心理因素
	个人因素	工作表现
		资历水平
		工作技能
		岗位责任轻重和难度大小
		工作年限
		工作量
		工作环境

1. 外部因素对薪酬水平的影响

（1）社会经济发展水平

薪酬作为对于社会劳动成果的分配，当社会越富裕时，用于劳动报酬的数量就越大。因此，当薪酬作为一种生产成本时，社会经济越富裕、文明程度越高时，薪酬的价格也就越高。

（2）劳动力市场供求状况

在其他条件不变的情况下，薪酬水平是由劳动力市场的供求状况所决定的。在一般情况下，当劳动力供过于求时，企业的薪酬水平可能会低一些；当劳动力供不应求时，企业的薪酬水平应相应提高。

（3）竞争对手的薪酬水平

这是影响薪酬最直接、最主要的因素。为避免在竞争中处于不利地位，企业应密切关注其竞争对手的薪酬变化，并结合自身实际有针对性地调整自身的薪酬战略。

（4）地区居民生活水平

保证员工及其家庭获得维持生活费用的薪酬是企业在决定薪酬水平时所必须要考虑的因素。因为对于绝大多数员工来讲，薪酬就是他们最主要的经济来源。可以说薪酬与员工生活息息相关。

（5）物价变动

物价变动，尤其是生活消费品的价格变动将会直接影响劳动者的实际薪酬水平。在货币薪酬水平不变或者变动幅度小于物价上涨水平的情况下，会导致劳动者的实际薪酬水平下降；反之，会引起实际薪酬水平的上升。

（6）政府的薪酬政策

很多国家都制定了与薪酬有关的法律规定。政府对微观薪酬水平的干预，主要是为了发展和完善劳动力市场，引导劳动力的合理流动，同时也是为了规范企业组织的分配行为。国家在薪酬方面的政策法规主要体现在最低工资和经济补偿金上。通常政府的宏观调控政策有“工资挂钩制度”、“薪酬指导线制度”等形式，立法方面主要有“最低工资法”、“个人收入所得税法”等形式。

相关链接

西安白领平均薪酬水平 5 596 元　中介和外包服务薪酬最高

为给求职者带来帮助，相关网站近日发布了《2015 年春季西安雇主需求与白领人才供给报告》。报告显示，全国人才供需竞争指数为 26.1，也就是说平均 26.1 人竞争一个岗位。其中，西安的竞争指数为 41.4，在全国各城市供需比排名中位居第二，人才竞争较为激烈。

调查报告显示，相比 2014 年春季求职期 45.2 的竞争指数，2015 年春季求职期的竞争指数下降明显。全国人才供需竞争指数（供需竞争指数=收到的简历投递量/发布的职位数量）为 26.1，即从全国情况来看，平均一个职位收到 26.1 份简历。从春季各城市竞争指数来看，成都以 42.5 的竞争指数高居榜首，其次是西安，竞争指数为 41.4；沈阳以 41.1 的竞争指数位居第三。厦门、福州、宁波地区的竞争指数较低，居最后三位。

人力资源专家分析，受一线城市工作生活压力增大，生态环境恶化，限房限车等政策不断施压的背景下，越来越多的白领选择离开“北上广深”，迁移至经济发展形势较好、发展空间大的二线城市，如成都、西安、大连、苏州、南京等。这也由此带来这些二线城市职位竞争压力的上升。

（记者：王嘉，来源：陕西传媒网—三秦都市报，2015 年 04 月 21 日）

2. 内部因素对薪酬水平的影响

（1）企业的性质

企业的性质及其所处的行业都与薪酬确定有着一定程度的影响。比如传统的劳动密集型的企业，其薪酬水平往往较低；而高新技术或资本密集型企业，其薪酬水平往往较高。

（2）企业的经济效益

企业的经济效益直接决定着员工的工资水平。经济效益好的企业，也就有提高薪酬水平的稳定资金来源；而那些经济效益较差的企业，其薪酬水平相对较低且不具有保障。

（3）企业的管理哲学和企业文化

企业的管理哲学和企业文化是企业分配思想、价值观、目标追求、价值取向和制度的土壤。无论是企业管理哲学还是企业文化其核心要素反映的都是企业管理者对员工本性的认识和态度。当企业管理者把人看作“经济人”时，其薪酬往往只是简单地将收入与绩效挂钩，并不会考虑员工福利等长期激励因素；当企业管理者把人看作“复杂人”时，其薪酬构成中长期性激励的因素所占比重则往往较大。

（4）企业的生命周期

企业在不同生命周期的目标不同，其薪酬战略自然也不同。在不同薪酬战略下，企业的薪酬水平、薪酬构成也存在较大的差异。

（5）劳资双方的谈判

在薪酬谈判与签订有关协议时，劳资双方在每一轮谈判中所提出的薪酬水平主张都会影响到实际薪酬水平的确定。

（6）心理因素

心理因素对薪酬的影响主要体现在人们的心理期望及其程度对提高薪酬水平的影响、其他行业同类企业薪酬水平的示范效应和攀比效应、消费方式的变化对薪酬结构与水平的影响等。

3. 个人因素对薪酬水平的影响

（1）工作表现

员工的薪酬是由个人的工作表现所决定的，因此在同等条件下，良好的工作业绩也会带来高的薪酬水平。

（2）资历水平

通常资历高的员工比资历低的员工薪酬水平要高。这主要是为了补偿员工在学习技术时所耗费的时间、体能、金钱和机会，甚至是心理上的压力等直接成本，以及因学习而减少收入所造成的机会成本，同时还能促进员工愿意不断地学习新技术。

（3）工作技能

如今的企业之争便是人才之争，掌握关键技能的人，已成为企业在竞争中取胜的利器。一般来说，工作技能要求越高，工作复杂程度越难，工作环境越恶劣，其薪酬水平就越高。

（4）岗位责任轻重和难度大小

岗位既包含权力也包含责任和压力。岗位越高，其承担的责任和压力也就越大。因此，通常岗位越高其薪酬水平也就越高。

（5）工作年限

工龄长的员工薪酬通常会高一些，这主要是为了补偿员工过去的投资并有效减少人员流动。连续计算员工工龄工资的企业，通常能通过年薪起到稳定员工队伍、降低流动成本的作用。

（6）工作量

无论是按时计薪、按件计薪还是按绩效计薪，通常工作量较大时，薪酬水平也就越高。这种现实的工作量差别是导致薪酬水平高低差别的基本原因。

（7）工作环境

对于承担同样岗位职责的员工，也可能因工作环境的不同而取得不同的薪酬。比如有的员工在安全环境下工作，有的员工在危险荒凉的环境下工作。

5.1.3 薪酬水平的衡量

薪酬水平的衡量是指根据一些具体的指标对企业的薪酬水平做出判断和分析，准确地把握企业薪酬水平的现状和未来的发展趋势，通过分析指标的变化，弄清薪酬变化的原因，从而进行恰当的薪酬调整控制。

1. 对企业薪酬水平在市场中的地位的衡量

通过将本企业薪酬水平与市场平均薪酬水平及其竞争对手的薪酬水平相比较，企业可衡量出本企业薪酬水平在市场上的地位，使薪酬管理者能比较准确地了解企业所提供的薪酬水平在市场上的竞争能力，及时根据市场反馈信息调整本企业的薪酬水平，以保证其对人才的吸引力。

2. 对薪酬平均水平的衡量

对薪酬平均水平的衡量，可以通过绝对指标或薪酬平均率来衡量。绝对指标如企业员工的平均薪酬水平、部门的平均薪酬等；薪酬平均率是企业的实际平均薪酬与薪酬幅度中间数的比例。用公式表示如下。

$$薪酬平均率=实际平均薪酬/薪酬幅度的中间数$$

通常都是采用薪酬平均率这一指标来衡量薪酬平均水平的。薪酬平均率的数值常有以下4种情况。

（1）薪酬平均率的数值接近于 1。表明此时的薪酬水平比较理想。

（2）薪酬平均率等于 1。表明此时企业支付的薪酬总额符合平均趋势。

（3）薪酬平均率大于 1。表明企业支付的薪酬总额过高。

特别提示

一般情况下，导致薪酬平均率大于 1 的原因有：1）薪酬结构比例中年资比例较高，随着员工年限的增长，员工的年资薪酬水平逐年上升，最终其薪酬水平接近于顶薪点，因此对同等岗位来说，此时企业的薪酬负担较大。2）员工工作绩效优者居多，员工的薪酬很快超过薪酬幅度的中间数，从而使薪酬平均数超过 1。3）招聘的员工具有较高的资历和丰富的工作经验，其起薪点高于正常起薪点，也会使得企业的实际平均薪酬水平很高。

（4）薪酬平均率小于 1。表明企业实际支付的薪酬总额较低。

特别提示

表明此时企业实际支付的薪酬总额较低，大部分岗位的薪酬水平低于薪酬幅度中间数。导致此现象的原因通常有：1）大部分员工是新招聘的且缺乏经验，因而起薪点比较低。2）员工表现不佳，大部分员工技能水平尚未能达到较高的薪酬水平层次。

3. 对增薪幅度的衡量

所谓的增薪幅度是指薪酬水平的增长幅度，可用平均增薪额或平均增薪率来表示。

（1）平均增薪额

平均增薪额是指企业的全体员工的平均薪酬水平增长的数额。其计算公式如下。

$$平均增薪额 = 本年度的平均薪酬水平 - 上一年度的平均薪酬水平$$

通常平均增薪额越大，说明企业平均薪酬水平增加的强度越大；反之，说明企业平均薪酬水平增加的强度越小。强度的强弱应充分考虑组织的经济实力和竞争的要求以及调动劳动者积极性的需要，要注意将平均增薪额控制在企业所能承受的范围内。

（2）平均增薪率

平均增薪率又称为增薪幅度，是指薪酬水平递增的速率。其计算公式如下。

$$平均增薪率 = 本年度平均薪酬/上一年度平均薪酬 \times 100\% - 1$$

平均增薪率越大，说明企业的人工成本增长得越快；反之，则说明企业的平均薪酬水平比较稳定，人工成本变化很小。但并不是说增薪幅度越小就越好。因为也可能是该组织处于停滞阶段，仅仅在维持生存。在这种情况下，作为企业的管理者必须找到问题的原因所在，采取有效的措施激励员工提高绩效，帮助企业摆脱停滞困境，促进企业不断发展。

因此，要将企业的增薪幅度控制在合理的范围内，既不能超过企业的承受能力，又要起到激励员工的作用，为企业的发展做出贡献。

5.2 薪酬水平的外部竞争性

5.2.1 薪酬水平外部竞争性的内涵

1．薪酬水平外部竞争性的概念

我们可以将薪酬水平的外部竞争力理解为一个企业的薪酬水平的高低以及由此产生的该企业在外部劳动力市场上人才竞争能力的大小。

值得注意的是，我们并不能简单地说企业整体的平均薪酬水平高就意味着它在所有职位上都具有竞争力。事实往往并非如此。随着市场竞争的日益激烈，薪酬水平的外部竞争力更多的是落实到某个具体的职位上，也就是说比较职位与职位之间或者不同企业同类职位之间的薪酬水平。笼统地说A企业的平均薪酬水平高于B企业的平均薪酬水平，则A企业的外部竞争力就一定优于B企业的观点就有可能会犯错误。这是因为A企业的平均薪酬水平虽然高，但企业内部薪酬差距可能较小，职位间的薪酬差距不大；而在B企业中，尽管平均薪酬水平低于A企业，但企业内部薪酬差距可能较大，其为重要职位所支付的薪酬水平可能要高于A企业为同类职位所支付的薪酬水平。从这一点来说，B企业在重要职位的薪酬水平就比A企业更具有外部竞争力。

特别提示

当一个企业整体薪酬水平很高，但岗位薪酬水平差距过小时，就容易出现“平均主义”现象，即对高技能者所支付的报酬不足，对低技能者所支付的报酬又过高。对高技能者的激励不足，不仅会导致高技能者的流失现象；反过来，又会因为对低技能者的报酬具有较强的竞争力而吸引很多低技能者乐于加入。如此一来，导致的结果就是劣币驱逐良币。最终企业一方面在薪酬方面的支出成本越来越高，但人才流失得越来越快，绩效越来越低，直到最终破产倒闭。

此外，外部竞争性是与外部劳动力市场密切联系在一起的，因而，外部竞争性这一概念又可以用“市场推动”来替代——即职位价值的市场化。

2．薪酬水平外部竞争性的意义

通常来说，薪酬水平及其外部竞争性对企业的薪酬制度设计的重要性，主要表现在以下几个方面。

（1）吸引、保留和激励优秀的员工，提升企业竞争力

企业间的竞争，归根到底是人才的竞争，谁拥有了人才，谁就会在市场竞争中掌握主动。通过高水平的薪酬，企业可以很方便地招募到自己所需要的人员，同时也有利于避免已有员工的流失，这对企业保持自身在产品和服务市场上的竞争优势是非常必要的。此外，薪酬水

平高的企业也容易提高员工的忠诚度，增加其归属感，员工会与企业同呼吸共命运，因为他们认为只有在这里自己的价值才得到充分的体现和证实。

高的薪酬水平还有利于避免员工产生机会主义行为，从而降低了企业的监督管理成本。因为一旦对公司不利的行为被公司发现并因此被解雇，员工很难在市场上找到其他能够获得类似薪酬的新职位。新加坡政府所推行的“高薪养廉”政策的魅力也正在于此。

（2）控制劳动成本，提高经济效益

薪酬水平的高低和企业的总成本支出密切相关，尤其是在一些劳动密集型的行业和以成本作为竞争手段的企业中。对于任何一个企业而言，薪酬都是不容忽视的成本支出，因此，有效地控制薪酬成本支出对于大多数企业的经营来说都具有重大意义。显然，在其他条件一定的情况下，薪酬水平越高，企业的劳动力成本就越高；而相对于竞争对手的薪酬水平越高，则提供相同或类似产品、服务的相对成本也就越高。

（3）有利于塑造并提升企业形象

薪酬水平对于企业形象本身的意义也很大，它不仅直接体现了企业在特定劳动力市场上的相应定位，同时也显示了企业的支付能力以及对于人力资源的态度。在大多数市场经济国家，政府在最低薪酬水平等方面都有明文规定，为了确保自身经营的规范性和合法性，企业在确定薪酬水平时对这些规定是绝对不可忽视的。一旦在这些方面出现有损企业形象的问题，无论是对企业在劳动力市场的影响还是产品市场上的影响都将是极为恶劣的。

5.2.2　薪酬水平外部竞争性的决策类型

企业要想提高自身薪酬水平外部竞争性，需要在进行薪酬调查之后根据相关数据准确确定市场薪酬水平线，进而再结合自身情况适合的薪酬水平策略。

将典型岗位评价分数做变量，典型岗位薪酬数额做因变量，经线性回归 y=a+bx 可以得到一条直线，这条直线称为市场薪酬线。市场薪酬线对薪酬设计具有重要的指导意义。由于每个典型岗位都有很多薪酬数据，一般取平均值或中位值作为这个典型岗位的薪酬数额，如图 5-1 所示。

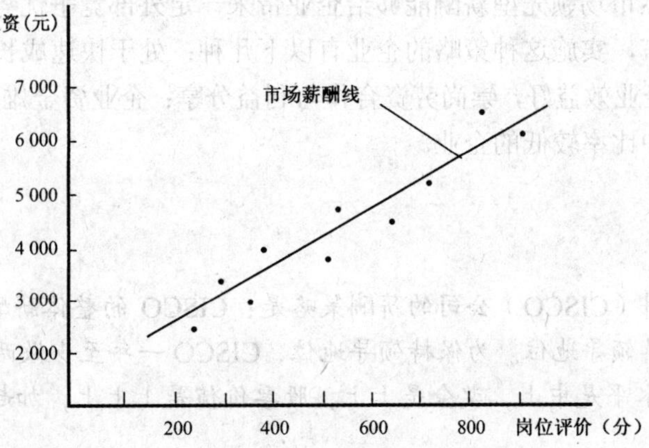

图 5-1　市场薪酬线

虽然企业在确定自己的薪酬水平时会受到来自外部劳动力市场和产品市场的双重压力，但是它们仍然存在一定的选择余地。通常来说，企业在做出薪酬水平竞争性决策时有以下五种决策可供选择。

1. 市场领先型薪酬策略

市场领先型薪酬策略又称为领袖型薪酬策略。它是指企业采用薪酬水平高于竞争对手或市场平均薪酬水平的策略。这种薪酬策略是以高薪为代价，在吸引和留住人才方面都有明显的竞争优势，并且将员工对薪酬水平的不满意度降至一个非常低的水平，如图 5−2 所示。

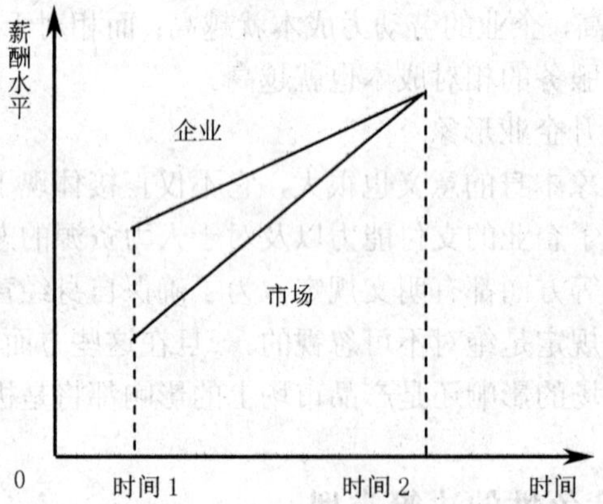

图 5-2 市场领先型薪酬策略

其优点：可以吸引到企业所需要的优秀人才；能够有效降低员工的流失率；帮助企业树立良好的形象；容易形成更高的投入产出比；减少因薪酬问题而引起的劳动纠纷；有效节约薪酬管理成本和监督员工所产生的费用等。

其缺点：如果不能将高薪酬转化为高回报，企业就很有可能面临资金压力；对于员工而言，伴随高薪酬的往往是更高的工作强度和工作负荷。

适用范围：虽然市场领先型薪酬能够给企业带来一定外部竞争优势，但也并非所有企业都适用的。一般而言，实施这种策略的企业有以下几种：处于快速成长期的企业，欲利用薪酬机制吸引人才；企业效益好，崇尚劳资合作与利益分享；企业资金雄厚，为体现企业实力；薪酬成本在总成本中比率较低的企业。

小案例

世界著名的思科（CISCO）公司的薪酬策略是：CISCO 的整体薪酬水平就像 CISCO 成长速度一样处于业界领导地位。为保持领导地位，CISCO 一年至少做两次薪酬调查，不断更新。CISCO 的工资水平是中上，奖金是上上，股票价值是上上上，加起来是上上。

2．市场匹配型薪酬策略

市场匹配型薪酬策略又称为市场跟随型薪酬策略。如图 5-3 所示，它是指企业根据竞争对手的薪酬水平或市场平均薪酬水平来确定本企业的薪酬水平的做法。事实上，这也是一种最为通用的薪酬策略，为大多数企业所采用。

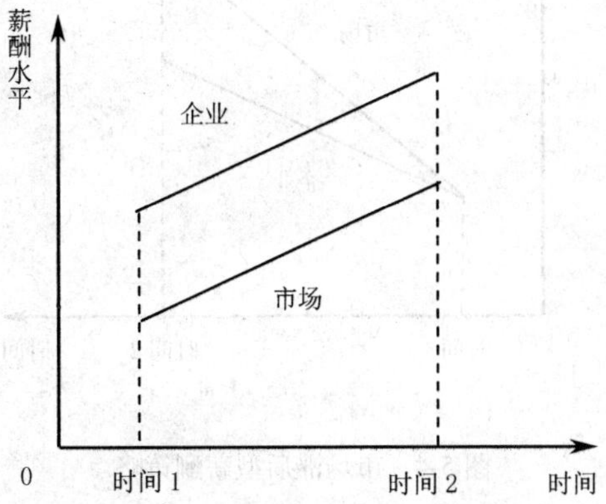

图 5-3　市场匹配型薪酬策略

其优点：采用这一策略制定薪酬水平对企业来说风险无疑是最小的；可以吸引到足够数量的员工为企业工作；人本成本压力不大。

其缺点：虽然能为企业吸引足够数量的员工，但在吸引优秀求职者方面缺乏优势；薪酬调整的滞后性易带来员工流失率上升现象或薪酬体系危机。

适用范围：市场匹配型薪酬策略经常被那些既想保持对求职者的吸引力，又不想承担高薪酬水平所带来的风险的企业所采用。这些企业一方面希望自己能够吸引并留住员工，并且薪酬水平还能够达到激励员工的目的，使企业在人才竞争中不至于陷于劣势；另一方面又希望能确保自己的薪酬成本与竞争对手的成本基本保持一致，以防高薪酬成为企业的负担，影响产品的市场竞争能力。

3．市场滞后型薪酬策略

市场滞后型薪酬策略又称为成本导向型薪酬策略，即企业以节约成本为目的制定的薪酬水平低于其竞争对手的薪酬水平或市场平均薪酬水平的策略，如图 5-4 所示。

其优点：节约企业的经营成本；有利于企业低成本战略的实现。但是如果采用这一策略是以牺牲当前收益为代价，提高未来收益为目的的话，则可提高员工对企业的承诺度，增强企业凝聚力；加强企业的团队意识。

其缺点：企业在劳动力市场上的外部竞争力不够；很难吸引到优秀的求职者；员工流失率较高；短期内企业的经营成本会下降，但从长远来看，员工的流失会造成人力资本的浪费，同时会加大招聘培训的成本费用。

适用范围：一般采用这种薪酬策略的企业组织规模相对较小，大多数处于竞争性的产品市场上，边际利润率较低，成本承受能力较弱，主要集中于中小企业。当然也不排除个别企业将其作为一种薪酬结构的战略。

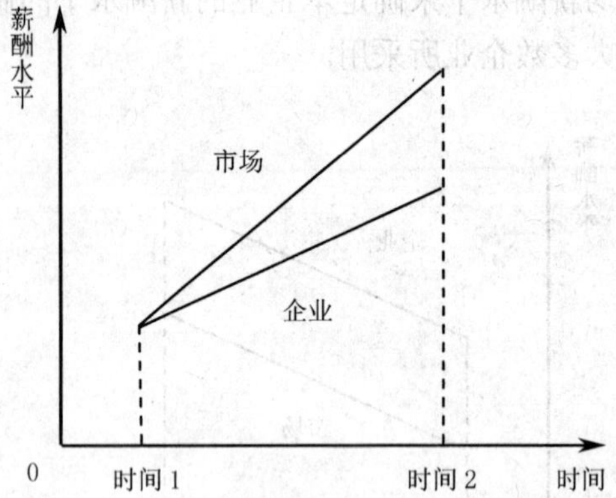

图 5-4 市场滞后型薪酬策略

小案例

微软公司就将其作为一种薪酬结构的战略。通过员工持股计划，使微软 70%左右的员工都拥有微软的股票或股票期权，虽然微软在薪酬方面与同业型企业相比并无竞争优势，但这种持股计划吸引了大批优秀的求职者，仍然保证了微软对高素质劳动力的需求。

4. 市场竞争型薪酬策略

市场竞争型薪酬策略是企业为了保持薪酬水平的竞争力，将市场领先型与市场滞后型薪酬结合起来选择的一种薪酬水平决策类型。常见的做法是，企业依据市场薪酬水平变化的趋势或变化的百分比，在初期采取高于市场平均水平的市场领先型薪酬策略，随后逐步降低百分比，到期末则采取低于市场平均水平的滞后型薪酬策略。如图 5-5 所示。

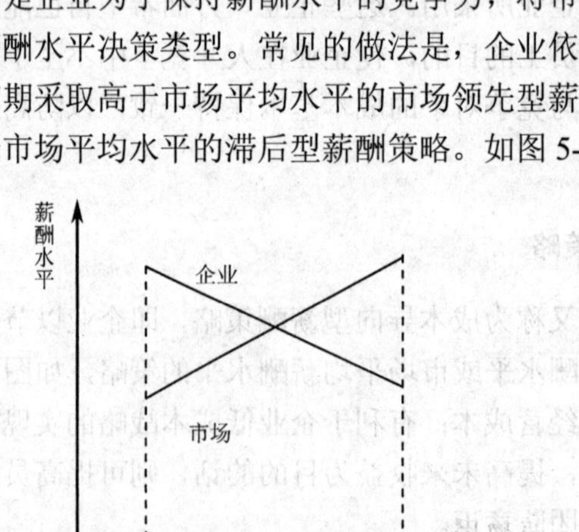

图 5-5 市场竞争型薪酬策略

其优点：能为处于发展期的企业以及急需紧缺人才的企业解决人才短缺的矛盾，在前期实施领先型薪酬策略有利于企业吸引优秀人才为企业服务，同时在业界也有着较好的口碑效应。

其缺点：当企业解决了人才紧缺的矛盾之后开始实施薪酬滞后策略时，容易导致员工产生不满的情绪，甚至会使部分优秀员工离职；也不利于企业在未来的持续发展中招聘到合适的优秀人才。

适用范围：主要适用于处于发展期的企业或者在短期内急需人才的企业。

5. 权变型薪酬策略

权变型薪酬策略又称为混合型薪酬策略。如图 5-6 所示，它是指企业在确定薪酬水平时，根据职位的类型或员工的类型来分别制定不同的薪酬水平决策，而不是对所有职位和员工均采用相同的薪酬水平定位。

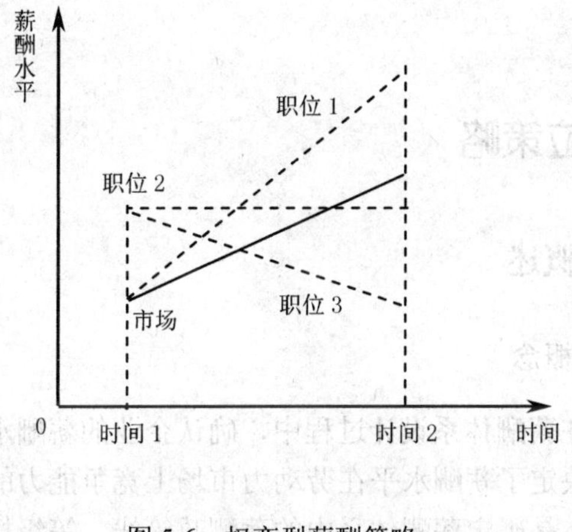

图 5-6　权变型薪酬策略

例如，有些公司没有针对所有职位族采用统一的薪酬策略，而是区别对待。对于在企业的核心职位族采用市场领先型薪酬策略，如高级管理人员、核心技术人员等他们的薪酬水平就是高于市场水平的；对于其他职位族，如一般员工则采用市场匹配型薪酬策略，提供其与市场薪酬水平相近的薪酬；而对于那些随时可以找到替代者的员工则采用滞后型的薪酬策略，提供低于市场价格的薪酬。

小案例

四川长虹集团在同一个公司内部，根据人才的稀缺性和岗位可替代性，采取“混合型薪酬策略”，即核心岗位采取市场中高位水平（75 分位以上），通用类可替代性强、市场供给充分的岗位，采取市场的中低位水平（50 分位以下），这样，既保证了企业人工成本支出的经济性，又体现了薪酬的市场性和岗位的价值。

再如，有些公司在不同的薪酬构成部分之间实行不同的薪酬策略，比如在基本薪酬方面处于略低于市场平均薪酬水平的滞后型薪酬，同时在激励性薪酬方面则提供高于市场平均水平的领先型薪酬。

小案例

A公司制定了这样的一项新的薪酬方案：员工的基本薪酬水平较市场上的平均薪酬水平低3%，但是如果员工所在部门的经营利润超过了预期目标，那么他们就会有机会得到最高相当于一个月工资的奖金。

其优点：最大的优点就是其灵活性和针对性，对于市场稀缺人才以及企业关键职位所需人才采取薪酬领先策略，对于较易从劳动力市场上获取的人才采取市场匹配型薪酬策略或市场滞后型薪酬策略。这样既有利于企业保持自己在人才市场上的外部竞争力，又可以合理控制本企业的薪酬成本。此外，采用权变型薪酬策略还有利于企业传递自己的价值观以及达成自己的经营目标。

5.3 薪酬水平定位策略

5.3.1 薪酬水平定位概述

1. 薪酬水平定位的概念

薪酬水平定位是指在薪酬体系设计过程中，确认企业的薪酬水平在劳动力市场中相对位置的决策过程，它直接决定了薪酬水平在劳动力市场上竞争能力的强弱程度。薪酬水平定位是薪酬管理的关键环节，是确定薪酬体系中的薪酬政策线、等级标准和等级范围的基础。薪酬水平定位明确了企业的薪酬水平在市场上的相对位置，决定了企业在劳动力市场上的竞争地位，是企业薪酬外部竞争性的直接体现，是衡量企业薪酬体系有效性的重要特征之一。

2. 薪酬水平定位模式

常见的薪酬水平定位模式主要有以下3种。

（1）基于岗位的薪酬水平定位模式

基于岗位的薪酬水平定位模式就是根据岗位的不同而评估，确定岗位的重要度，然后依据市场行情来确定有竞争力的薪酬。这种定位模式下将出现4种情况：1）职位的重要度很高，员工的素质也很高；2）职位的重要度很高，但员工的素质较低；3）职位的重要度较低，但员工的素质很高；4）职位的重要度较低，员工的素质也较低。由于这种定位的总原则是只有当重要的岗位由完全胜任的人才来担任时才能真正做到“人岗匹配”，才能公平合理，因此其他任何一种情形的搭配都是非最佳状态，都极易导致企业薪酬体系内部公平的缺失。

（2）基于技能的薪酬水平定位模式

基于技能的薪酬水平定位模式就是根据员工的技能与岗位的要求吻合度来确定薪酬。从理论上讲这是一种颇为合理的定薪方式，但是，这种定位有一个假设前提即“所有的员工是均质的”，也就是说每一位员工都能自觉地发挥其主观能动性。然而，在实践中此种定薪模式却又是十分困难的。最常见的情况便是员工“出工不出力”，他有能力、有水平，但就是不发挥，于是出现了劳动力价格定位与劳动力实际价值发生背离，从而导致员工的价格大于价值的现象，也就是说员工所获得的薪酬超出其所创造的价值，这势必引发企业的不满。

（3）基于绩效的薪酬水平定位模式

基于绩效的薪酬水平定位模式就是根据员工的绩效表现来支付薪酬。从理论上说，这种薪酬定位模式远比前两种合理，但在实际实施的过程中，也会遇到许多难以克服的问题，诸如新员工是否按绩效定薪？如果是，那么新员工在没有产生工作绩效之前怎么确定其薪酬？老员工的绩效薪酬又将如何确定？因为绩效是一个相对的概念，要想利用绩效确定薪酬，也涉及一个公正和公平的问题。需要企业注重绩效考核体系的科学合理，包括绩效考核指标应如何设定，采用何种绩效考核方法，绩效考核的力度等。

在实践中，企业往往并不是只通过一种模式确定其薪酬水平的。对于新员工，大部分企业都会参考其在原企业的薪酬，再结合本公司对其考察情况定薪，比如其适应过程、适应速度、业绩表现等；对于老员工，比较广泛的做法是参照市场行情，在本公司的贡献大小、贡献总量、就职年限和在现在岗位所发挥的作用而定。

5.3.2　薪酬水平调整

1．薪酬水平调整的定义

薪酬水平调整是指在薪酬结构、薪酬构成等不变的情况下，调整薪酬水平的过程。薪酬水平调整包括薪酬整体调整、薪酬部分调整以及薪酬个人调整三方面。

（1）薪酬整体调整

薪酬整体调整是指公司根据国家政策和物价水平等宏观因素的变化、行业及地区竞争状况、企业发展战略变化、公司整体效益情况以及员工工龄和司龄变化，而对公司所有岗位人员进行的调整。

薪酬整体调整就是整体调高或调低所有岗位和任职者薪酬水平，调整方式一般有以下几种。

①等比例调整

等比例调整是所有员工都在原工资基础上增长或降低同一百分比。等比例调整使工资高的员工调整幅度大于工资低的员工，从激励效果来看，这种调整方法能对所有人产生相同的激励效用。

② 等额式调整

等额式调整是不管员工原有工资高低，一律给予等幅调整。

③ 综合调整

综合调整考虑了等比例调整和等额式调整的优点，同一职等岗位调整幅度相同，不同职等岗位调整幅度不同。一般情况下，高职等岗位调整幅度大，低职等岗位调整幅度小。

在薪酬管理实践中，薪酬的整体调整是通过调整工资或津贴补贴项目来实现的。

特别提示

如果是因为物价上涨等因素增加薪酬，应该采用等额式调整，一般采取增加津贴补贴项目数额的方法；如果是因为外部竞争性以及公司效益进行调整，应该采用等比例调整法或综合调整法，一般都是通过调整岗位工资来实现；如果是因为工龄（司龄）因素进行调整，一般采取等额式调整，对工龄（司龄）工资或津贴进行调整。

对于岗位工资的调整，一般都是对每个员工岗位工资调整固定的等级，调整形式是由工资等级表的形式决定的。一般情况下，不同等级员工岗位工资调整大致符合等比例原则，同等级员工岗位工资调整大致符合等比例原则或者等额原则。

（2）薪酬部分调整

薪酬部分调整是指定期或不定期根据公司发展战略、公司效益、部门及个人业绩、人力资源市场价格变化、年终绩效考核情况，而对某一类岗位任职员工进行的调整，可以是某一部门员工，也可以是某一岗位序列员工，抑或符合一定条件的员工。年末，人力资源部门根据公司效益、物价指数以及部门、个人绩效考核情况，提出岗位工资调整方案，经公司讨论后实施。在一般情况下，个人绩效考核结果成为员工岗位工资调整的主要影响因素。对年终绩效考核结果优秀的员工，进行岗位工资晋级激励；对年终绩效考核结果不合格的员工，可以进行岗位工资降级处理。

根据人力资源市场价格变化，可以调整某岗位序列员工薪酬水平。薪酬调整可以通过调整岗位工资，也可以通过增加奖金、津贴补贴项目等形式来实现。

根据公司发展战略以及公司效益情况，可以调整某部门员工薪酬水平。薪酬调整一般不通过调整岗位工资实现，因为那样容易引起其他部门内部不公平感，一般情况下是通过增加奖金、津贴补贴项目等形式来实现。

（3）薪酬个人调整

薪酬个人调整是由于个人岗位变动、绩效考核或者为公司做出突出贡献，而给予岗位工资等级的调整。

员工岗位变动或者试用期满正式任用后，要根据新岗位进行工资等级确定；根据绩效管理制度，绩效考核优秀者可以晋升工资等级，绩效考核不合格者可以降低工资等级；对公司做出突出贡献者，可以给予晋级奖励。

2. 薪酬水平调整的方法

薪酬水平调整是对工资实际数量的增加或减少。

（1）降低工资水平

工资增加一般是呈刚性上升式的，即工资标准随经济发展和物价水平呈上升趋势。在一般情况下，同一职位的工资只升不降。所以当出现通货膨胀时，必然拉动企业员工工资的上涨。由于企业工资预算总额大大增加，而且造成了实行绩效工资的企业难以运转，因为工资成本大幅度上升，企业难以给绩效优秀者更多的奖励，其结果绩效优秀者与绩效平平者收入差异微小，激励机制失效。一些经营业绩不佳的企业便在薪酬管理上采取短期和长期两种方式应付难关。

1）短期措施：工资冻结、延缓提薪、暂停生活补贴等。

2）长期措施：解雇一些高级管理人员或让他们提前退休；缩短假期，延长工作时间，降低福利标准或者减少福利项目；控制企业非经营性支出；调整奖金计划，将薪酬结构更多地与刺激性奖励联系起来，而不是与固定工资联系在一起。

（2）提高工资水平

1）奖励性调整：对绩效或贡献突出的员工予以加薪。

2）生活指数调整：为了补偿物价上涨造成的实际收入水平下降，给全体员工加薪。

3）效益性调整：因为企业效益上升而给全体员工加薪。

4）工龄性调整：因为员工增加了在本企业服务的年限而予以加薪。

（3）工资指数化

工资指数化是指工资与物价挂钩。在工资表上，只列出等级工资的指数，实际工资的货币额等于工资指数乘以最低生活费，最低生活费则依物价的变动而变动。工资指数化的目的是消除市场经济条件下，物价波动对员工工资水平的影响，对工资制度实行物价补偿的原则，根据物价指数的变动而相应调整工资，使工资的增长高于或至少不低于物价的上涨。

5.3.3　企业生命周期各阶段薪酬水平定位策略

如图 5-7 所示，企业想要在激烈竞争中生存和发展，必须在薪酬设计时尽量做到使其薪酬水平与企业各生命周期相适应。一般应以标杆企业（即企业选定的竞争对手）的薪酬状况作为依据来确定企业自身的薪酬水平策略。

1. 初创阶段

企业此时唯一的目标是生存下去 ，这时可以采用低于杠杆企业薪酬水平的滞后策略，将福利和基本薪酬尽量降低，奖金尽可能与市场持平，以降低企业的人工成本，减少企业的资金压力，使企业能将有限的资金投入生产经营中去，为企业生存下去提供资金支持。这时企业宜采用长期激励的方式，而不宜采取短期激励的方式，应以精神激励为主，鼓励大家“向前看”，许员工以相应的承诺。

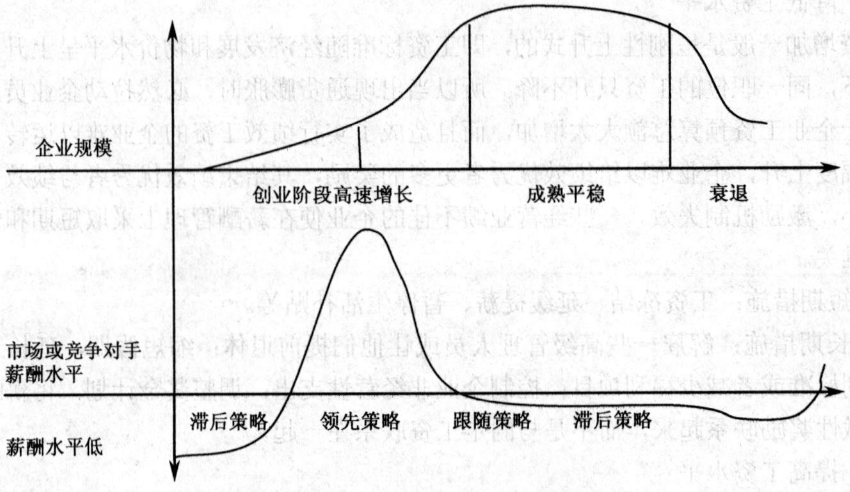

图 5-7　企业生命周期与薪酬策略匹配图

小案例

可口可乐公司进入中国大陆地区后，为了有效施展薪酬的激励功效，其薪酬轨制跟随外界环境和公司战略的变更而一直变化。进入中国大陆地区之初，公司采用的是强调外部竞争性的高薪政策。由于中国刚开始改革开放，人们生活程度较低。可口可乐中国公司针对当时中国物资不丰盛、员工收入水平低的状态，采用高薪政策以吸引和激励人才。当时可口可乐公司的薪酬构造由基础工资、奖金、津贴和福利组成。奖金是公司依据员工绩效，经考察后，在月底和年底向员工发放。因为采用了极具竞争力的高薪政策，可口可乐公司在当时吸引了中国大量人才加盟其中，并且员工的散失率很低，有力地增进了公司战略目的的实现。

2. 成长阶段

成长阶段是企业最容易出现问题的阶段，这时企业已经有一定的实力，有了相当的利润和经济效益，享乐主义开始滋生，员工也开始要求企业有所回报。此时，企业应选择市场领先型薪酬策略，支付高于标杆企业的薪酬，以激励员工和吸引所需要的高素质人才。企业在做法上可采用基本薪酬与标杆企业持平，提供员工更高的奖金和更好的福利的方式。

小案例

处于快速成长时期的可口可乐中国公司为了增强对人才资源竞争的优势，根据劳动力市场薪酬调查报告，做出每年给员工多发三个半月的基本工资的决定，以提高工资问题，保持公司总体薪酬水平处于美商在华企业平均薪酬的 3/4 水平。在福利方面，除了按政府的规定为员工支付基本养老金、住房公积金、失业保证金外，还根据公司情况增加补充养老保险金，向员工提供普通团队意外险和住房贷款计划等。在强化佣金、奖金等短期激励措施的同时，开始注重采用股票期权等长期激励手段。这样，通过改变后的薪酬制度，该公司对外更具有竞争力，对内更具有激励性和导向性。

3. 成熟阶段

柳暗花明又一村，度过了最容易出现问题的成长阶段，企业将步入成熟平稳的发展阶段。这一阶段员工考虑更多的是长远、稳定的工作以及由此带来的长期收益。这时企业可考虑选择市场匹配型薪酬策略，与杠杆企业薪酬水平相当。在这一阶段，企业应注意适当调整薪酬结构，基本薪酬仍然与市场持平，奖金绩效等激励性薪酬可适当调整到低于市场或与杠杆企业持平状态，保持较高的员工福利水平，以增加员工认同感。同时要处理好薪酬的内部公平性。

小案例

可口可乐中国公司进入稳定发展阶段时，与可口可乐竞争的企业不仅有百事可乐，还有国内的健力宝、汇源、娃哈哈、露露、统一、康师傅等企业。产品的市场竞争以及由此带来的人才市场竞争激烈，加上内部不尽完善的薪酬制度导致可口可乐人员辞职率上升、员工绩效下降的现象。为了扭转这种局面，可口可乐中国公司首先进行了重大的组织结构改革，然后对所有的职位进行全面的职位分析和职位评价，并在些基础上对薪酬制度作了重大调整，开始推行全面薪酬制度，将经济性和非经济性的薪酬真正融为一体，把薪酬范畴扩展到包括基本工资、绩效奖金、福利、股权、培训计划、职业生涯开发、员工沟通与参与、员工满意度提高等各个方面。同时，还为本地员工向国际化人才发展并进行国际间人才交流创造了条件。

4. 衰退阶段

当企业进入衰退阶段，产品滞销，市场萎缩，利润下降。此阶段的人力资源管理重点应转向减员管理，通过降低企业的人力成本，以提高企业的盈利能力。处于这一阶段的企业可采用市场滞后型薪酬策略，将薪酬定位于市场较低水平，奖金仍可采用成熟阶段的薪酬水平，这样会自然地降低企业的奖金支出，从而使企业薪酬水平降低。

5.4 薪酬水平定位实例：FC 公司的薪酬定位改进[1]

FC 公司成立于 2000 年，专业从事通信设计及建设服务，通过整合通信网络规划设计、通信工程监理等资源，为通信运营商等通信建设业提供技术支撑服务。主营业务主要为电信

1 改编自：张苗苗，FC 公司基于企业生命周期的薪酬定位改进，[D]，厦门大学硕士学位论文，2007.

专业服务中网络建设的设计咨询和监理服务。FC 公司主要集中在对技术经验人才要求较高的电信设计与咨询领域，涉及范畴主要是网络建设中的通信设计、土建设计和工程监理。

公司 96%以上的员工具有大学以上学历，并拥有多年从事无线通信、有线传输设备等通信工程和房建的设计、工程监理工作经验，专业结构合理、齐全。

如表 5-2 所示，从 2007 年到 2012 年底陆续有 340 位员工离开 FC 公司，企业的员工离职率每年基本都在 30%左右。

表 5-2　2007—2012 年员工离职人数统计表

年　份	2007 年 12 月	2008 年 12 月	2009 年 12 月	2010 年 12 月	2011 年 12 月	2012 年 12 月
员工总数（人）	128	153	166	198	208	230
离职人数（人）	41	45	52	68	58	76
离职率	32.0 %	29.4%	31.3%	34.3%	27.9%	33.0%

员工的高比例离职，不仅带走了客户和技术，使 FC 公司蒙受直接经济损失，而且增加了企业人力重置成本，影响了工作的连续性和工作质量，也影响了在职员工的稳定性。

5.4.1　FC 公司薪酬定位改进流程

根据“基于企业生命周期的薪酬定位设计思路图”（如图 5-8 所示），FC 公司按一定步骤开始公司的薪酬水平定位，具体的实施流程主要分为四步骤。

1．判断企业生命周期

从 2007 年的 3G 网络建设到现在的 4G 网络建设，FC 公司的业务快速增长，规模逐渐扩大。由于企业员工与各种资产的增加，管理难度也相应增加；各种资源比较紧张，更多的支出用于研究开发、扩大生产能力及市场占有率等各种形式的资本性支出。

结合生命周期理论，从 FC 公司表现出来的经营特征判断，FC 公司已经走出企业的初创阶段，进入成长阶段。

2．结合企业生命周期阶段判断薪酬定位区间

处于成长阶段的企业需要巨大的灵活性来投资于研发、新产品、扩张能力和市场营销来帮助企业完成组织战略。报酬体系应该增强员工的那些和组织成长有关的行为，如风险意识、创新、团队等。

（1）基本工资：企业的基本工资必须维持在市场水平。一定要用市场薪酬调查来为工作定价。FC 公司必须选择一个和竞争水平工资相同或高于竞争水平的政策来吸引那些胜任工作要求的高质量的员工，以达到快速成长的要求。

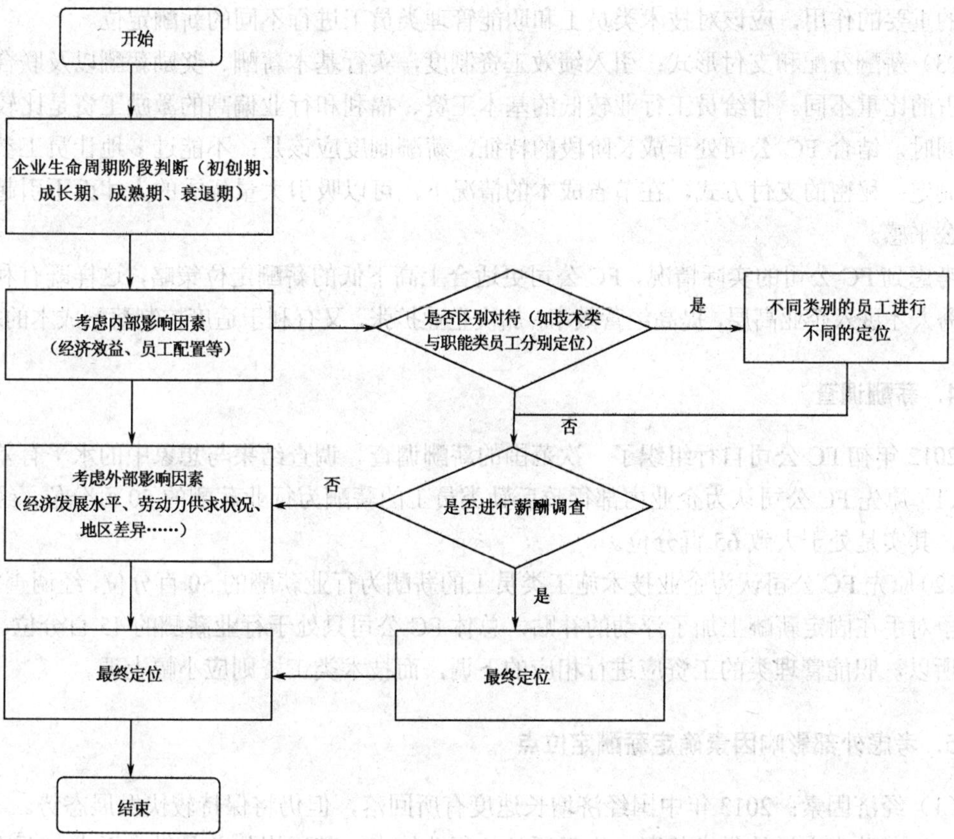

图 5-8　基于企业生命周期的薪酬定位设计思路图

（2）福利：FC 公司处于快速成长阶段，资金压力大，员工福利计划不宜过高。但必须提供健康保险、退休金、死亡保险以及带薪酬假期和病假等。

（3）激励：很多成长目标如增加市场份额，增加收入或新产品上市等都是团队或组织层次的。绩效奖励只能针对员工个人所能控制的层次。团队激励显得非常重要。也可以利用利润分享作为现金分配给员工使员工能分享企业的成功。

以上更多的是短期激励，而处于成长阶段的企业，还可以考虑长期激励。FC 公司已经上市，因此股权激励或股票期权对 FC 公司来也是一种有效的长期激励。

3. 考虑内部影响因素选定薪酬定位层次

（1）经济效益：由于电信专业服务行业有较高的进入壁垒，同时通信网络建设投资具有显著的周期性。随着 4G 网络建设高潮的到来，在保证投入、大量吸收和整合有效人力资源的情况下，FC 公司业务很有可能得到爆炸性的增长。相应地，经济效益也会有大幅提高，企业员工的个人收入就有了增加的基础。

（2）员工配置：具有丰富从业经验的管理人员或者技术人员，对公司的快速发展都起着不同的重要的作用，应该对技术类员工和职能管理类员工进行不同的薪酬定位。

（3）薪酬分配和支付形式：引入绩效工资制度，实行基本薪酬、奖励薪酬以及联合会薪酬所占的比重不同。付给员工行业较低的基本工资、福利和行业偏高的激励工资是比较合适的。同时，结合 FC 公司处于成长阶段的特征，薪酬制度应该是：不能过多地让员工参与薪酬的制定；秘密的支付方式，在节省成本的情况下，可以吸引大量优秀的人才而不引起他们的不公平感。

考虑到 FC 公司的实际情况，FC 公司更适合上高下低的薪酬定位策略，这样既有利于吸引优秀人才进入企业高层，提高经营效率，加快企业扩张，又有利于适度控制薪酬成本的增长。

4．薪酬调查

2012 年初 FC 公司自行组织了一次范围的薪酬调查。调查结果与想象中的水平有差距。

（1）原先 FC 公司认为企业内部行政后勤类员工的薪酬为行业薪酬的 50 百分位，经调查发现，其实是处于大致 65 百分位。

（2）原先 FC 公司认为企业技术施工类员工的薪酬为行业薪酬的 50 百分位，经调查发现，其竞争对手在固定薪酬上加了浮动的补贴，总体 FC 公司只处于行业薪酬的 45 百分位。

所以，职能管理类的工资应进行相应的下调，而技术类工资则应小幅上调。

5．考虑外部影响因素确定薪酬定位点

（1）经济因素：2013 年中国经济增长速度有所回落，但仍将保持较快发展态势。

（2）劳动力市场的供求状况：由于所处的行业特点，基层岗位总是供大于求，而招募技术总监或财务总监这样的高端岗位时，不得不进行“挖角”。

（3）物价变动：城乡居民收入的增长不但大大慢于 GDP 的名义增长速度，也慢于 GDP 的实际增长速度。所以，企业薪酬水平的年提升幅度必须与物价的增长幅度相当。

（4）地区差异：福建地处中国东南沿海，FC 公司总部在省会城市福州，但与其他省会城市相比，生活成本中等偏低。

5.4.2 FC 公司薪酬定位改进的实施

首先，从公司管理层面统一思想，切合企业生命周期实际，认真做好薪酬的定位工作。

其次，由人力资源部牵头，将具体流程执行到位；同时联系信誉好的人力资源管理咨询机构，对本行业的薪酬水平进行定期调查。

再次，由各部门经理负责指导下属进行自我薪酬定位，并客观公正地对待薪酬行业调查结果；与下属进行沟通，帮助下属认识到个人的薪酬期望与实际水平间的差距；针对薪酬定位中出现的问题随时与人力资源部门沟通，向人力资源部门提出建议。

最后，所有员工必须客观公正地对待薪酬行业调查结果，与主管经理进行开放的交流沟通，将个人的职业生涯规划与自己的薪酬定位相结合。

5.4.3　FC 公司薪酬定位改进的结果

综合考虑企业的生命周期特征、薪酬水平的影响因素，并在与公司管理层及骨干员工沟通后，人力资源部将 FC 公司的薪酬定位设计在中等偏上水平（见表 5-3）。

表 5-3　FC 公司薪酬定位改进表

占行业百分比	基本工资	福利	激励工资
职能管理类	45%～55%	40%～50%	50%～60%
技术类	45%～55%	40%～50%	60%～75%

具体而言，职能管理类和技术类的基本工资水平都居市场的中等略偏低的层次，有浮动幅度，但要根据员工的实际情况及工作业绩来定；福利水平保持在行业 40～50 百分位上，即提供国家规定的“职工养老保险金”、“失业保险金”和“医疗保险金”，其余的诸如住房公积金、商业保险等能免则免；加大激励工资部分比例，职能管理类员工可以拿到行业中等偏上的激励工资，而技术类员工则可以上升至行业的 70 百分位，激励员工以更多的凝聚力、创造力来拓展公司业务。这样总体结合起来，FC 公司员工的总体薪酬定位还是达到了行业中等偏上的水平。

FC 公司从 2013 年初开始对薪酬定位系统进行调整，到 2013 年 3 月份调整完成。新的薪酬定位系统实施了 10 个月后，比较以前的情况 FC 公司发生了一些变化。主要表现在以下几个方面：

（1）公司管理思想发生转变。管理层在操作中更加注重“实事求是”。

（2）员工离职率逐步降低。从 2013 年 1 月至 2013 年 6 月，FC 公司现有员工 242 人，六个月中，共有 18 位员工离职，离职率降为 7.44%。

（3）吸引更多优秀员工加盟。

（4）员工工作积极性增强。

（5）促使员工主动开发技能。

（6）提升绩效。

（7）职能管理部门与技术部门间配合更加紧密。

（8）公司经营业务得到提升。

复习思考题

一、单项选择题

1. T 企业在薪酬水平策略上主要基于两个出发点：一方面要确保自己的薪酬成本与其竞

争对手的成本保持基本一致，不至于在产品市场上陷入不利地位；另一方面是希望自己能够保留一定吸引、激励和保留员工的能力。T 企业实施的薪酬策略属于（　　）。

A．薪酬领袖政策　　B．市场跟随政策
C．拖后政策　　D．混合政策

2．在企业确定薪酬水平策略时，根据职位的类型或者员工的类型来分别制定不同的薪酬水平决策，此种混合政策最大的优点是（　　）。

A．灵活性和开放性　　B．灵活性和针对性
C．开放性和针对性　　D．选择性和针对性

3．在衰退阶段采取的薪酬战略为（　　）。

A．注重短期个人奖励与长期股权奖励相结合
B．注重个人——集体激励，不强调与员工共担风险
C．注重集体奖励和现金奖励
D．注重奖励成本控制，鼓励与员工共担风险

4．在日常生活中，人们常常发现不同行业的薪酬水平参差不齐，各个企业之间的薪酬水平存在明显差异。员工的报酬水平不完全是雇主和员工在劳动力市场上自由交易的结果，也不是户主在企业内部随心所欲的产物，它受到诸多因素的影响和制约，下列哪项是薪酬制定的外部制约因素？（　　）

A．劳动力市场的供需关系与竞争状况
B．企业经济效益
C．组织的生命周期
D．组织的管理哲学和企业文化

5．在通常情况下，在短期内提供水平相对较低的固定薪酬，但是同时实行奖金或股票选择权等计划，使员工能够在长期得到比较高的回报，一般与企业（　　）相适应。

A．成长阶段　　B．稳定阶段
C．成熟阶段　　D．衰退阶段

6．如果某企业在招聘销售人员时发现，劳动力市场上销售人员供大于求，那么在其支付此类员工的薪酬时，应该（　　）。

A．尊重销售人员的要求　　B．低一些
C．与供大于求情况无关　　D．高一些

7．为了保持企业产品的市场竞争力，应进行成本与收益的比较，通过了解（　　）的人工成本状况，决定本企业的薪酬水平。

A．统计年鉴　　B．国家机关
C．外资企业　　D．竞争对手

8．企业在制定薪酬管理制度时，必须遵循国家有关工资、福利、保险的法律法规，国家在薪酬方面的政策法规主要体现在（　　）上。

A．最低工资和经济补偿金
B．超时的工资支付和最低工资

C．最长工作时间和超时的工资支付

D．养老保险和工伤保险

9．薪酬平均率的数值越（　　），则实际平均薪酬越接近于薪酬幅度的中间数，薪酬水平越理想。

A．大于 1　　B．小于 1

C．接近 1　　D．接近 0

10．下列行业描述中，比较适合采用薪酬领袖战略的行业是（　　）。

A．生机械加工业　　B．纺织服装业

C．玩具、皮革业　　D．IT、证券业

二、简答题

1．什么是薪酬水平？影响薪酬水平的因素有哪些？

2．什么是薪酬水平的外部竞争性？其对于企业有什么样的意义？

3．常见的薪酬水平定位模式有哪些？

4．简述企业在成熟期的薪酬水平策略。

三、案例分析题

H 公司是一家地方国有金矿企业，成立于 80 年代晚期，在 20 世纪八九十年代，公司发展迅速，成为行业里的佼佼者。但进入 21 世纪后，金矿企业越来越多，竞争也越来越激烈。H 公司一直没有大胆地走出去，而又没有较大的资金实力去开拓新的矿源，使得 H 公司这些年一直在走下坡路。

受 2013 年市场黄金价格波动的影响，H 公司今年前三个季度亏损 2 000 多万。在金价不出现大幅上涨的情况下，今年的全年亏损局面不会改变。

H 公司的奖金与企业的利润是进行挂钩的，利润的 20%成为全员的奖金池。在去年盈利的情况下，奖金非常可观，尤其是高管，其年度薪酬总额超出绝大部分国企高管的薪酬。

但是按照公司的考核办法，今年亏损严重的情况下，不光没有奖金发放，甚至要拿出亏损总额的 10%来补偿公司亏损。奖金发放问题成了企业员工普遍关注的问题。由于该公司固定薪酬相对较少，奖金方面占比较大，不少员工对此感到不满，认为自己的薪酬水平不包含奖金会远低于市场水平。一时之间，公司人心浮动，部分员工已经开始离职。一系列由奖金发放引发的薪酬问题摆在 H 公司的面前，成为 H 公司最棘手的难题。

案例讨论与练习题

结合薪酬外部竞争性的相关理论分析 H 公司应采取什么样的薪酬策略才是合适的？

四、技能操作题

某企业对生产工人的岗位进行了薪酬市场调查，结果如表 1 所示。

表 1 生产岗位薪酬调查数据

企业名称	平均月工资（元）
A	3 000
B	1 800
C	2 000
D	2 000
E	1 200
F	1 800
G	1 800
H	1 500
I	2 500
J	2 500
K	2 200

目前，该企业处于初始创业阶段，企业管理工作基础十分薄弱，财力不足。请确定该企业人员岗位工资水平应定位在何处，其月平均工资为多少元？

第6章 薪酬结构设计

学习目标

📖 一般掌握

■ 薪酬结构的相关概念

◆ 薪酬等级数量

◆ 薪酬变动范围与薪酬变动比率

◆ 薪酬区间的叠幅

◆ 薪酬区间的比较比率与薪酬区间渗透度

◆ 薪酬区间中值

📖 重点掌握

■ 薪酬结构设计的步骤

■ 宽带薪酬设计的流程

学习导航

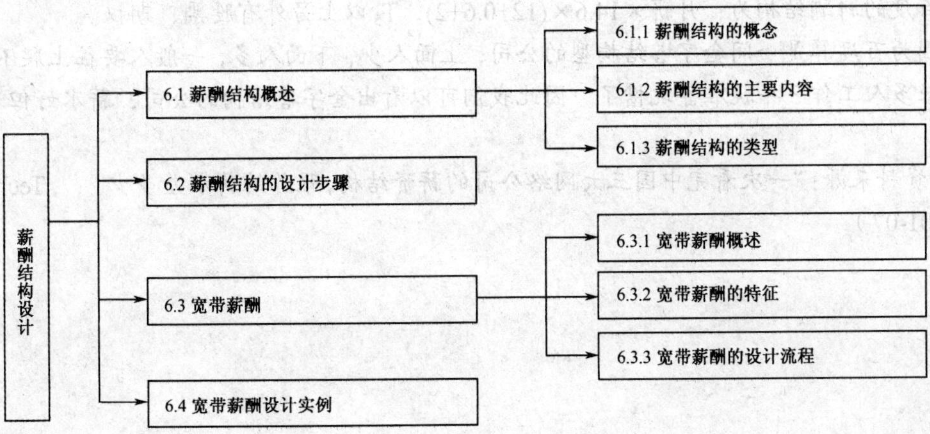

导入案例

中国的网络业发展快速，其中以阿里巴巴、腾讯、百度为三大网络业公司，许多大学生毕业后都想进入这三家公司，部分因为薪水非常诱人，起薪不低、工作几年后又有股票可以拿，那这三家的薪酬待遇究竟如何呢？三家公司划分级别的方式不同，不能直接拿来做对比。下面我们以百度为例看其员工的薪酬结构，这些数据是通过搜集的样本整理出来的，虽然样本有限，但还是可以作为参考。

百度员工有 4 万人，每年招募大概 1 000 名左右的应届生技术产品人员，公司员工的级别 12 级，如表 6-1 所示。表 6-1 只列出 9 级，T_{10}就是技术总监，人数 10 个人；T_{11}是首席科学家；T_{12}是一般人无法触及的层级。

表 6-1 百度公司的薪酬结构

Level	最高值（元）	中间值（元）	最低值（元）	股票（元）
T_1	14 万	10.6 万	7 万	
T_2	18 万	13.6 万	9 万	
T_3	26 万	19.4 万	13 万	
T_4	36 万	26.6 万	18 万	
T_5	45 万	33.1 万	23 万	30 万～40 万
T_6	60 万	42.6 万	29 万	35 万～55 万
T_7	70 万	57.2 万	39 万	45 万～70 万
T_8	100 万	73.6 万	50 万	70 万～100 万
T_9	130 万	98 万	66 万	90 万～120 万

注：薪酬以年为单位，币值为人民币。

案例点评

从上表可以看出：大部分的人都集中在 T_5、T_6，升到 T_7级别很难，T_7升到 T_8级别更难；T_7以上一般就不做编程，而一般人在百度待 3 年能爬到 T_5。

百度的薪酬结构为：月薪 × 14.6 × (12+0.6+2)，T_5以上另外有股票、期权。

因为百度算是一间金字塔结构型的公司，上面人少，下面人多，一般人要往上爬不容易，所以很多人工作 3 年就准备跳槽了。因此我们可以看出金字塔结构的公司，薪水好但不容易爬升。

（资料来源：“一次看完中国三大网络公司的薪资结构，跟你的薪水差多少？”，Technews，2015-01-07）

6.1　薪酬结构概述

6.1.1　薪酬结构的概念

薪酬结构是指在同一组织内不同职位或不同技能之间的员工薪酬水平的排列形式，强调薪酬水平等级的多少、不同薪酬水平之间级差的大小以及决定薪酬级差的标准，它反映了企业对不同职务和能力的重要性及其价值的看法。

薪酬结构确定应注重两点，一是其制定过程要科学、合理，二是薪酬之间差异是否合理。其设计思路一般有两种，一种是趋于平等的薪酬结构，一种是趋于等级化的薪酬结构。

薪酬结构必须满足公司经营对薪酬的基本要求：公平性和可操作性。薪酬公平性主要体现在三个方面——薪酬的对内公平、对外公平和个人公平。薪酬的可操作性是指薪酬在实际运行中，能够满足员工岗位调整、能力晋升、业绩认可等对薪酬调整的要求。

特别提示

薪酬结构设计和薪酬体系设计的区别

薪酬结构设计属于薪酬体系中的一个子模块，因此在设计薪酬结构时必须服从薪酬体系所要达到的目标这个大前提。薪酬体系主要有两个目的：确保企业合理控制成本及帮助企业有效激励员工。

薪酬结构模型示例如图 6-1 所示，完整的薪酬结构包括以下三方面内容。

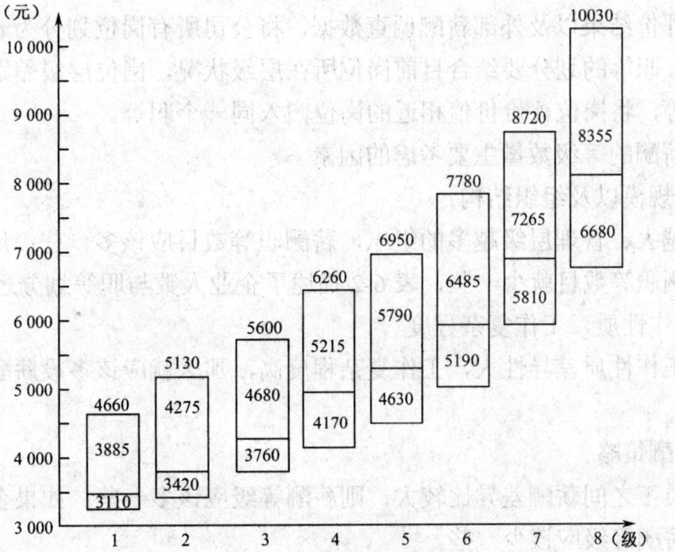

图 6-1　薪酬结构模型

（1）薪酬的等级数量；

（2）同一薪酬等级内部的薪酬变化范围（最高值、最低值以及中间值）；

（3）相邻两个薪酬等级之间的交叉与重叠关系。

6.1.2 薪酬结构的主要内容

一个完整的薪酬结构内容（见图 6-2）包含：确定薪酬等级的数量；同一薪酬等级内部的薪酬变动范围（最高值、中间值以及最低值）及相邻两个薪酬等级之间的交叉与重叠关系。薪酬等级的数量主要通过岗位评价或技能评价获取；同一薪酬等级内部的薪酬变化范围（最高值、最低值以及中间值）主要考虑薪酬变动范围与薪酬变动比率、薪酬区间中值与薪酬区间渗透度这几个因素；相邻两个薪酬等级之间的交叉与重叠关系主要看不同薪酬等级之间的区间叠幅及不同薪酬等级之间的中值极差两个因素。

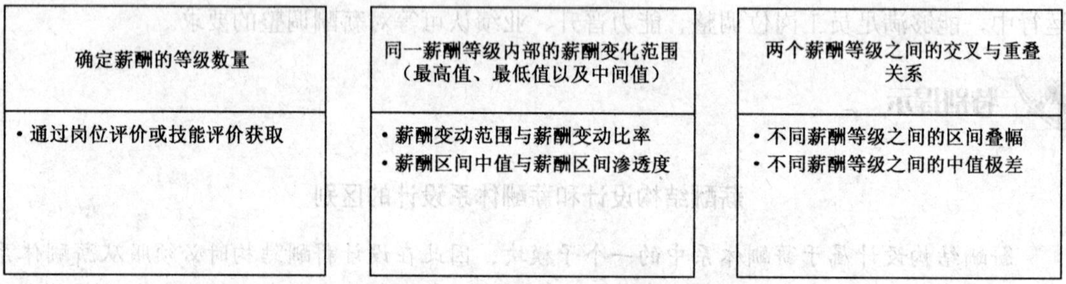

图 6-2 薪酬结构的内容

1. 确定薪酬的等级数量

根据岗位评价结果以及外部薪酬调查数据，将公司所有岗位划分为若干职等，薪酬等级的数目应适中。职等的划分要结合目前岗位所在层级状况，岗位层级差别较大的岗位尽量不要归在一个职等，将岗位评价价值相近的岗位归入同一个职等。

（1）确定薪酬的等级数量主要考虑的因素

1）企业的规模以及组织结构

企业规模越大、管理层级越多的组织，薪酬职等数目应该多一些；反之，企业规模小、扁平化组织薪酬职等数目就少一些，表 6-2 描述了企业人数与职等划分之间的一般关系。

2）岗位工作性质、工作复杂程度

如果岗位工作性质差异性大，工作复杂程度高，那么就应该多设薪酬等级，反之少设薪酬等级。

3）企业薪酬策略

如果企业员工之间薪酬差异比较大，则薪酬等级应该多一些；如果企业员工之间薪酬差异比较小，则薪酬等级应该少一些。

表 6-2　人数与职等之间的关系

人　数	职　等
1 万～3 万	24 个以上
0.8 万～1 万	22～24
0.5 万～0.8 万	20～22
0.3 万～0.5 万	18～20
0.1 万～0.3 万	16～18
0.05 万～0.1 万	14～16
0.03 万～0.05 万	12～14
0.01 万～0.03 万	12
0.01 万以下	10
注：一般的企业在 7～10 个，目前的趋势是等级数目减少，幅度拉宽，差距拉大，适应组织扁平化的趋势	

（2）薪酬等级级差的设计

薪酬等级（pay grade）级差是指薪酬等级中相邻两个等级薪酬中值之间的比率 ，高等级工资标准与低等级工资标准的相差数额，表明不同等级的劳动，由于其劳动复杂程度和熟练程度不同，有不同的劳动报酬。薪酬等级级差可以用绝对额、级差百分比或薪酬等级系数表示。

确定薪酬等级级差首先要确定薪酬等级表的“倍数”，也可称为“幅度”，即最高薪酬等级与最低薪酬等级的比值关系。“倍数”的确定需要考虑以下因素。

1）最高与最低等级劳动复杂程度上的差别；

2）政府规定的最低工资率；

3）最高等级工资现实达到的收入水平；

4）企业工资基金的支付能力和工资结构。

薪酬等级级差确定方法有 4 种，分别是等比级差、累进级差、累退级差及不规则级差。

①等比级差

即各薪酬等级之间以相同的级差百分比逐级递增，某公司薪酬区间中值的等级分布情况测算，如表 6-3 所示。

公式为：

$$D+1=\sqrt[n-1]{A}$$

式中：D——等比级差；

n——薪酬等级数目；

A——薪酬等级表的倍数。

表 6-3　某公司薪酬区间中值的等级分布情况测算

薪酬等级	区间中值（元）	级差
1	1 825	—
2	2 053	12.5%
3	2 310	12.5%
4	2 599	12.5%
5	2 923	12.5%
6	3 289	12.5%
7	3 700	12.5%
8	4 162	12.5%

②累进级差

累进级差是指各等级薪酬之间以累进的百分比逐级递增。按照累进方式确定的薪酬级差，等级之间的绝对额悬殊明显，收入差距大，较之等比级差对员工的激励作用强，对一些需要突出个人能力的工作比较适用，如表 6-4 所示。

表 6-4　累进级差示例

薪酬等级	级差	区间中值（元）	绝对级差（元）
1	—	1 825	—
2	13%	2 062	237
3	14.5%	2 361	299
4	15%	2 715	354
5	16%	3 149	434
6	17.5%	3 700	551
7	18.2%	4 373	673
8	19%	5 204	831

③累退级差

累退级差是指各薪酬等级之间以累退的比例逐级递增。如表 6-5 所示。累退级差适用于劳动强度大，技术差别小，又需要对员工定期升级的工作。

表 6-5　累退级差示例

薪酬等级	级差	区间中值（元）	绝对级差（元）
1	—	1 825	—
2	27%	2 318	493
3	21.3%	2 812	494
4	17.6%	3 307	495
5	14.9%	3 800	493
6	13%	4 294	494
7	11.5%	4 788	494
8	10.3%	5 281	493

④不规则级差

即各等级工资之间按照"分段式"来确定级差百分比和级差绝对额的变化，如表 6-6 所示。各段分别采用等比、累进或累退的形式。如一些企业采用"两头小、中间大"的级差，不规则级差在确定上较其他级差方式灵活，也比较符合工资分布的规律。

表 6-6　不规则级差示例

薪酬等级	级差	区间中值（元）	绝对级差（元）
1	—	1 825	—
2	12%	2 044	219
3	15%	2 351	307
4	20%	2 821	470
5	20%	3 385	564
6	18%	3 994	609
7	16%	4 633	639
8	14%	5 282	649

2．同一薪酬等级内部的薪酬变化范围（最高值、最低值及中间值）

（1）薪酬变动范围与薪酬变动比率

薪酬变动范围也称为薪酬区间，是在某一薪酬等级内部允许薪酬变动的最大幅度，是最低薪酬水平与最高薪酬水平之间的绝对差距问题；薪酬变动比率通常在 10%～15%浮动，不同薪酬等级的变动比率不一定要一致。薪酬变动范围影响因素主要有：岗位价值、岗位层级、基本称职和非常娴熟之间的能力差距及企业文化和管理倾向。

薪酬变动比率：是指同一薪酬等级内部的最高值与最低值之差与最低值之间的比率，或以中值为基础的薪酬变动比率，具体公式如下所示。

薪酬变动比率＝（最高值－最低值）/最低值

上半部分薪酬变动比率=（最高值－中间值）/中间值

下半部分薪酬变动比率＝（中间值－最高值）/中间值

我们以图 6-1 的第 1 个等级为例来计算薪酬变动范围与薪酬变动比率的，如图 6-3 所示。

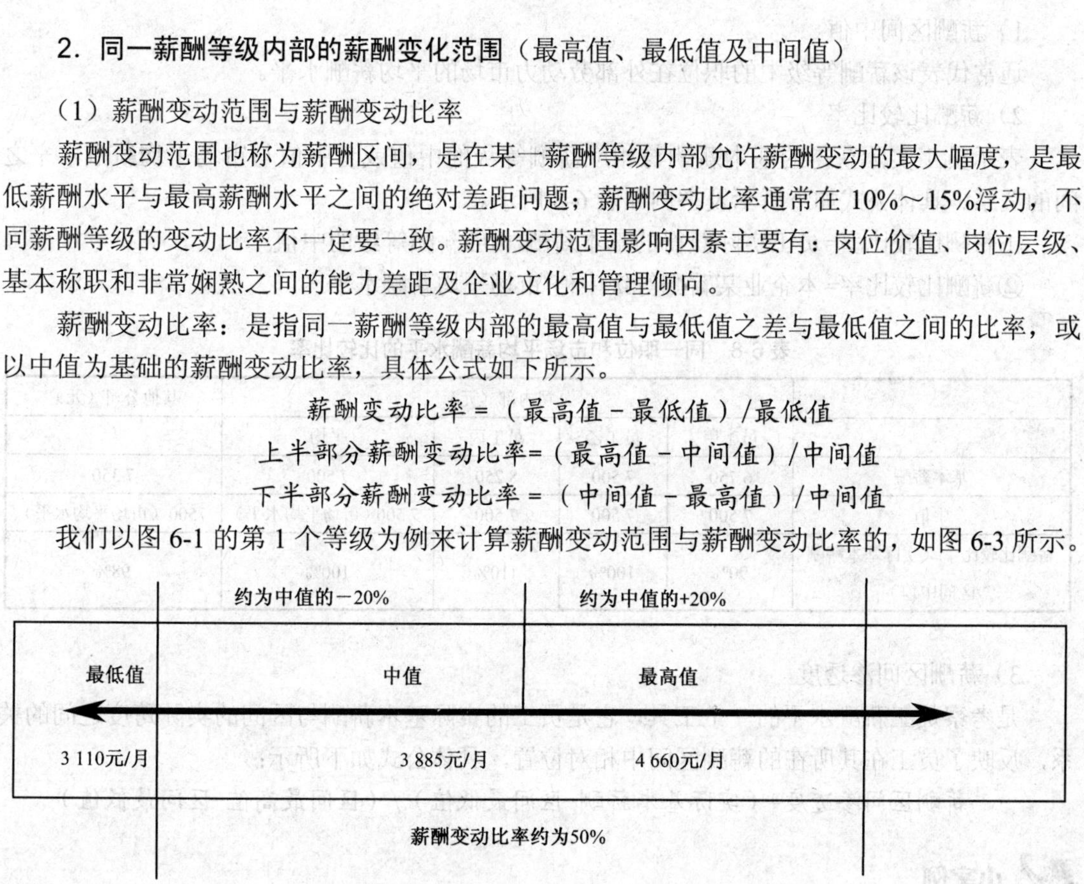

图 6-3　薪酬变动范围与薪酬变动比率举例

根据公式得出：

薪酬变动比率 =（最高值 - 最低值）/最低值=50%

上半部分薪酬变动比率=（最高值 - 中间值）/中间值=20%

下半部分薪酬变动比率 =（中间值 - 最高值）/中间=20%

薪酬变动比率大小取决于职位要求的技能水平高低、个人绩效对企业的影响程度及职位的晋升空间大小。不同职位类型，其薪酬变动比率是不同的，如表 6-7 所示。

表 6-7　不同职位类型及其薪酬变动比率

薪酬变动比率	职位类型
20%～25%	生产、维修、服务等类职位
30%～40%	办公室文员、技术工人、专家助理
40%～50%	专家、中层管理人员
50%以上	高层管理人员、高级专家

（2）薪酬区间中值与薪酬区间渗透度

1）薪酬区间中值

通常代表该薪酬等级中的职位在外部劳动力市场的平均薪酬水平。

2）薪酬比较比率

表示员工实际获得的基本薪酬与相应薪酬等级的中值或者中值与市场平均薪酬水平之间的关系。具体公式如下所示及举例如表 6-8 所示。

①薪酬比较比率=员工实际获得的基本薪酬/相应薪酬等级的中值

②薪酬比较比率=本企业某薪酬等级中值/市场平均薪酬水平

表 6-8　同一职位和市场平均薪酬水平的比较比率

	公司内部（元）				其他公司（元）
	员工甲	员工乙	员工丙	平均	
基本薪酬	6 750	7 500	8 250	7 500	7 350
中值	7 500	7 500	7 500	7 500（市场平均水平）	7500（市场平均水平）
薪酬比较比率/（实际基本薪酬/区间中值）	90%	100%	110%	100%	98%

3）薪酬区间渗透度

是考察员工薪酬水平的一个工具，它是员工的实际基本薪酬与区间的实际跨度之间的关系，反映了员工在其所在的薪酬区间中相对位置，具体公式如下所示：

薪酬区间渗透度=（实际基本薪酬-区间最低值）/（区间最高值-区间最低值）

小案例

假定某一薪酬等级的薪酬区间变动率恒为 50%，企业每年的总体薪酬水平提高幅度恒为

2.5%，同时某一员工的薪酬总是以每年 6%的速度上升，且其进公司第一年的基本薪酬为 3 840 元，则该员工的长期薪酬变化如表 6-9 所示。

表 6-9　通过薪酬区间变动比率与区间渗透度分析员工的长期薪酬变化

工作年限	区间最低值（元）	区间中值（元）	区间最高值（元）	实际基本薪酬（元）	区间渗透度
1	3 840	4 800	5 760	3 840	0.00%
2	3 936	4 920	5 904	4 071	6.86%
3	4 035	5 043	6 051	4 314	13.84%
4	4 134	5 169	6 204	4 575	21.30%
5	4 239	5 298	6 357	4 848	28.75%
6	4 344	5 430	6 516	5 139	36.60%
7	4 452	5 568	6 681	5 448	44.68%
8	4 566	5 706	6 846	5 775	53.03%
9	4 680	5 847	7 017	6 120	61.62%
10	4 797	5 994	7 194	6 489	70.59%
11	4 917	6 243	7 374	6 876	79.73%
12	5 040	6 297	7 557	7 290	89.39%
13	5 166	6 456	7 746	7 728	99.30%

6.1.3　薪酬结构的类型

人力资源部门的薪酬政策制定者经常会考虑这样一个问题：如何用相同的薪酬水平更好地保留和激励人才？ 要解决这个问题，第一要明确企业的薪酬支付理念，选择相应的薪酬结构类型；第二要确定合理的薪酬结构比例。如果说薪酬水平会对员工的吸引产生重大影响，那么薪酬结构的合理与否往往会对员工的流动率和工作积极性产生重大影响。

薪酬结构的类型主要有 4 种：基于岗位的薪酬结构、基于技能和能力的薪酬结构、基于绩效的薪酬结构和组合薪酬结构。

1. 基于岗位的薪酬结构

基于岗位的薪酬结构是指首先对员工所从事的工作本身的价值做出客观评估，然后根据所评价的结果赋予担任这一工作的员工与其工作价值相当的薪酬结构，特点是：它以岗位（工作）评价为基础，完成工作所需的技能越多，则该员工的薪酬越高；工作条件越差，则薪酬越高；该工作对组织的贡献越大，则薪酬越高，发达国家有 70%的企业都采用基于岗位的薪酬结构。

（1）基于岗位的薪酬结构的优缺点

优点：实现了职得其人和人尽其才，容易实现同工同酬；

缺点：岗位（工作）评价容易主观化，难以激励员工进行创新。

（2）基于岗位薪酬模式的理论前提

1）岗位的重要性及其对组织的贡献是可以评价并准确计量的。

2）岗位本身的价值与该岗位的任职者关系不大，即任职者的实际能力大小不会影响到该岗位的职能。只有在理论前提成立的条件下，岗位工资才能准确地反映出员工的业绩水平，才能有效地发挥作用。

2. 基于技能和能力的薪酬结构

基于技能和能力的薪酬结构是根据员工所掌握的技能和能力来确定的薪酬结构，基于技能和能力的薪酬结构有两种表现形式。

（1）知识为基础的薪酬结构

根据员工所掌握的完成工作所需要的知识的深度来确定薪酬。在教师职业中应该最为普及。

小案例

两个教师正在承担相同的工作，其中一个具有本科学历，另一个具有博士学历。在接受教育过程中花费的不同时间意味着他们具有不同的知识深度。由于具有较高文凭的教师，工作效果更好，而且可以承担更高级别的科研活动，其薪酬应该高于具有本科学历文凭的教师。

（2）以多重技能为基础的薪酬结构

根据员工能够胜任的工作的种类数目，或者说员工技能的广度来确定薪酬，员工所掌握的技能种类越多，应该得到的薪酬也就越多。

优点：有利于激励员工学习，可以灵活地调配员工，有利于保留精干的员工。

缺点：如果员工的技能普遍很高，则组织运营成本较高，组织的经济负担较重，从而使组织失去一定的竞争力。

适用范围：比较适合于学校、研发机构等技术密集型的组织。

公司在采用该机制时，需要先搞清楚自己对能力的定义，它在企业发展中的作用，企业员工对该机制的了解及接受程度以及公司在这方面的经验等。在通常情况下，完全以能力为基础提供薪酬并不可取。在美国大多数公司中，考虑职位的职能和作用以及员工的业绩表现都是十分必要的。这些素质与员工能力一起构成了薪酬机制的基础。与能力有关的薪酬并不能够完全替代传统的报酬。此外，市场工资模式也在很多企业中广泛应用。市场工资即是根据市场对人才价值的评判来支付薪酬。广州市劳动局每年都制定劳动力市场指导价格，供企业参考使用。企业在引进高级管理人才或其他特殊人才时可采用这种模式。售货员、保安、收银员等工种也可采用市场工资模式。市场工资模式保证了工资的外部公平性，但很难保证工资的内部公平性，因此，市场工资模式只适合于部分特殊的、特定的岗位。

大多数技能等级制是针对制造业的非豁免员工目前正在开展把技能工资方法扩展到专业人员和管理人员领域的运动。这一运动结果称为能力工资制。国家机关和事业单位称职能工资制。

基于岗位的薪酬结构和基于技能和能力的薪酬结构的区别如表 6-10 所示。

表 6-10　基于岗位的薪酬结构和基于技能和能力的薪酬结构的区别

	基于岗位的薪酬结构	基于技能和能力的薪酬结构
结构基础	承担的工作	掌握的技能
价值依据	工作的价值	技能的价值
对应关系	薪酬对应工作，员工与工作匹配	薪酬对应员工，员工与技能相连
激励机制	追求工作晋升，以获得更好报酬	追求更多技能，以获得更高报酬
必要步骤	评估工作内容，估值工作	评估技能，估值技能
绩效评估	业绩考核	能力测试
提薪依据	年资、业绩的考核；结果和实际产出	技能测试中表现出来的技能提高
工作变动	引起工资变动	不引起工资变动
培训作用	是工作需要，而非员工愿意	是增加工作适应性和增加报酬的基础
晋升条件	需要工作空缺	不需要空缺，要通过能力测试

3. 基于绩效的薪酬结构

基于业绩的薪酬结构是根据员工的绩效来确定，因工作绩效量的不同而变化，处于同一职位的员工不一定能获得相同数额的劳动报酬。

（1）基于绩效的薪酬结构的优缺点

优点：首先，员工的收入与工作目标的完成情况直接挂钩，“干多干少，干好干坏，不一样”，激励效果明显。其次，员工的工作目标明确，通过层层目标分解，企业目标容易实现。再次，企业不用事先支付过高的人力成本，在整体绩效不好时能够节省人工成本。

缺点：以绩效为导向的薪酬结构基于这样一个假设，金钱对员工的激励作用很大。这将导致在企业增长缓慢时，员工拿不到高的物质方面的报酬，对员工的激励力度下降，在企业困难时，很难做到“共渡难关”，造成离职率上升。

（2）绩效薪酬模式的理论前提

1）员工的业绩表现可以准确测量。绩效考核的结果必须令人信服。

2）员工对其工作绩效具有很高的可控性。也就是说，员工的工作独立性较高，只要付出了努力，就可以取得相应的成绩。

（3）绩效薪酬的几种类型。

1）销售人员绩效薪酬模型。

2）生产人员的绩效薪酬模型通常有简单计时制、差别计时制、简单计件制、差别计件制等。

3）管理人员的绩效薪酬模型。管理人员的业绩很难测量，一般情况下，企业采取的评价的方式薪酬模型通常为：绩效工资基数×绩效评价系数。绩效工资基数一般通过岗位测评来确定，或参照市场同类岗位的劳动力价格的平均数确定。绩效评价系数则是根据测评结果在 0.8～1.2 区间取值。正常的绩效表现对应的系数为 1，优秀对应的系数为 1.2，差对应的系数为 0.8。

绩效薪酬适用于经营性的企业，工作的独立性高、结构性低，组织文化上更强调个人的绩效表现而非合作。如果一个企业的价值取向是强调团队合作精神，则强调个人表现的绩效工资就会与这种企业文化相冲突。

4．组合薪酬结构

组合薪酬结构分成几个组成部分，分别依据绩效、技术和培训水平、职务、年龄和工龄等因素确定薪酬额。

优点：全面考虑了员工对企业的投入。

适用范围：各种类型的企业。岗位技能工资、薪点工资制、岗位效益工资等属于这种结构。

相关链接

薪酬结构主要是企业总体薪酬所包含的固定部分薪酬（主要指基本工资）和浮动部分薪酬（主要指奖金和绩效薪酬）所占的比例。供企业选择的薪酬结构策略有如下几种。

（1）高弹性模式

这是一种激励性很强的薪酬模型，绩效薪酬是薪酬结构的主要组成部分，基本薪酬处于非常次要的地位，所占的比例非常低（甚至为零）。即薪酬中固定部分比例比较低，而浮动部分比例比较高。基于这种薪酬模型，员工能获得多少薪酬完全依赖于工作绩效的好坏。当员工的绩效非常优秀时，薪酬非常高；而当绩效非常差时，薪酬则非常低甚至为零。

（2）稳定模式

这是一种稳定性很强的薪酬模型，基本薪酬是薪酬结构的主要组成部分，绩效薪酬等处于非常次要的地位，所占的比例非常低（甚至为零）。即薪酬中固定部分比例比较高，而浮动部分比较少。基于这种薪酬模型，员工的收入非常稳定，几乎不用努力就能获得全额的薪酬。

（3）调和模式

这是一种既有激励性又有稳定性的薪酬模型，绩效薪酬和基本薪酬各占一定的比例。当两者比例不断调和和变化时，这种薪酬模型可以演变为以激励为主的模型，也可以演变为以稳定为主的薪酬模型。

6.2 薪酬结构的设计步骤

对薪酬结构的大体情况进行分析后，我们首先确定工资标准，然后根据岗位评价的结果进行计算，再根据薪酬市场调查情况对某一职位的工资作出适当调整，以保持企业的薪酬水平和市场的薪酬水平大体一致。本章以要素计点法进行岗位评价的情况为例来说明薪酬结构的设计过程。尽管薪酬结构实际上本身就是在薪酬的外部竞争性和内部一致性之间平衡的一种结果，但是即使是在同一个企业内部、岗位等级不同，对该职位的薪酬的内部一致性和外部竞争性的考虑也会出现不同的侧重，一般情况是岗位等级越高，则对外部竞争性的强调可能会越多。一般薪酬结构的设计大致分为以下几个步骤，如图 6-4 所示。

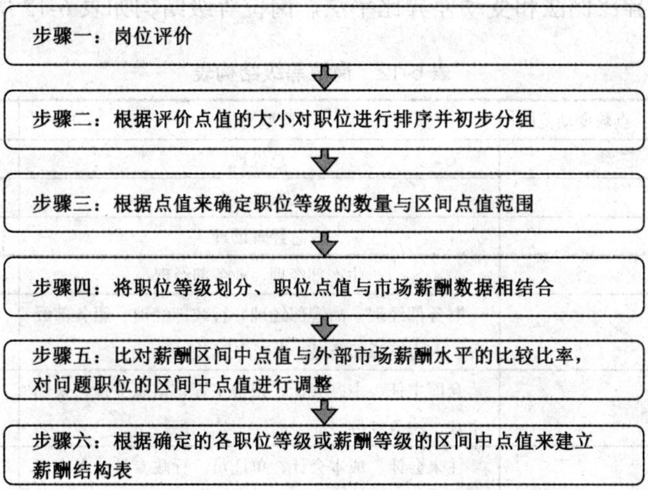

图 6-4　一般薪酬结构的设计步骤

下面以某公司为例来阐述如何进行薪酬结构的设计，其流程如下。

1．岗位评价

（1）岗位评价点数

这一步骤在第 3 章已经进行了详细的阐述，在这里就不再赘述。这一步骤主要有几个重要环节：梳理组织结构、理清组织层级与职位序列、岗位分析、选择关键职位、选择岗位评价的付酬要素、设计打分量表、进行岗位评价、校对岗位评价的结果，如表 6-11 所示。

表 6-11　岗位评价结果

序号	职位名称	点数
1	总经理	770
2	样品专员	180
3	人事助理	237
4	人力资源部专员	286
5	仓库主任	330
6	财务部经理	414
7	总经理助理	485

（2）根据岗位的评价点数确定岗位等级的数量及其点数变动范围

在实际操作中，由于有时是只对典型职位进行岗位评价，因此在这用情况下还要考虑到未被评价职位的情况，综合考虑职位的数量、职位之间差异的大小、企业的薪酬哲学、核心价值观等管理理念后确定岗位等级的数量和每一个岗位等级的最高值和最低值。

在不同岗位等级内部的点数区间进行划分时，可以采用以下几种方法：绝对级差法、变动级差法、固定差异比例法和变动差异比率法，岗位等级结构如表 6-12 所示。

表 6-12 岗位等级结构表

职等	职级	点数变动范围	典型岗位	穿插岗位
A	1		总经理	
	2		副总经理	
	3		总经理助理	
B	4		生产部经理、业务部经理	
	5		财务部经理、品管部经理、行政部经理、船务部经理、人力资源部经理、生产主管	
C	6		仓库主任、主办会计、报价主管、信息主管、采购主管、法务专员	
	7		往来会计、成本会计、单证员、行政专员、人力资源部专员、业务员、后勤主管	网络管理员、报价员、采购员
	8		人事助理、跟单员、业务助理、出纳员、样品专员、白坯主管、色坯主管、成品检验主管	仓库记账员、仓库会计
D	9		白坯检验员、色坯检验员、成品检验员 前台、司机、食堂服务人员、搬运工	
	10		门卫、清洁工	

2．按照岗位评价得到的点数对职位进行初步分组

这一步骤主要有几个重要环节：根据评价点值进行排序、按照排序结果对职位进行初步分组（初步设定工资级别的数量，也就是所谓的将职位按照点值的大小来分等级），如表 6-13 所示。

表 6-13 按照岗位评价得到的点数对职位进行初步分组

总得分范围	级别	标杆职位	总得分范围	级别	标杆职位
50～75	41		451～475	57	
76～100	42		476～500	58	总经理助理、生产部经理
101～125	43		501～525	59	
126～150	44		526～550	60	业务部经理
151～175	45	白坯检验员、色坯检验员	551～575	61	
176～200	46	成品检验员	576～600	62	
201～225	47	样品专员、白坯主管、色坯主管、成品检验主管	601～625	63	
226～250	48	人事助理、跟单员、业务助理、出纳员	626～650	64	
251～275	49	往来会计、成本会计、单证员、行政专员	651～675	65	
276～300	50	人力资源部专员、业务员、后勤主管	676～700	66	
301～325	51	报价主管、信息主管 、法务专员、采购主管	701～725	67	

续表

总得分范围	级　别	标杆职位	总得分范围	级　别	标杆职位
326～350	52	仓库主任、主办会计	726～750	68	
351～375	53		751～775	69	总经理
376～400	54	船务部经理、人力资源部经理、生产主管			
401～425	55	财务部经理、品管部经理			
426～450	56	行政部经理			

3．将岗位等级划分、岗位评价点数与市场薪酬调查数据结合起来

利用获得的岗位评价的点数值和市场薪酬水平数值绘制散点图，得到市场薪酬曲线。横轴表示岗位评价的点数值，纵轴表示职位的市场薪酬水平值。各职位薪酬调查情况、各职级薪点范围与市场薪酬情况及确定各职级薪点区间与市场薪酬对应关系及市场（中位数）薪酬曲线，如表 6-14、表 6-15、表 6-16 及图 6-5 所示。

表 6-14　各职位薪酬调查情况

职　位	薪酬区间（元）
总经理	4 000～8 000
业务部经理	3 000～6 000
业务员	1 600～3 000
商务部经理	2 500～5 000
商务部职员	2 000～3 200
行政人事部经理	2 500～4 000
行政人事部职员	1 500～2 500

表 6-15　各职级薪点范围与市场薪酬情况

职　级	职　位	薪 点 范 围	薪酬区间（元）
5	总经理	90～100	4 000～8 000
4	业务部经理、商务部经理	80～90	2 500～6 000
3	行政人事部经理、业务员	70～80	1 600～4 000
2	会计	60～70	1 800～2 500
1	行政人事部职员、出纳	50～60	1 200～2 500

表 6-16　确定各职级薪点区间与市场薪酬对应关系

职　级	职　位	薪 点 中 值	薪酬对应值（元）
5	总经理	95	6 000
4	业务部经理、商务部经理	85	4 250
3	行政人事部经理、业务员	75	2 800
2	会计	65	2 150
1	行政人事部职员、出纳	55	1 850

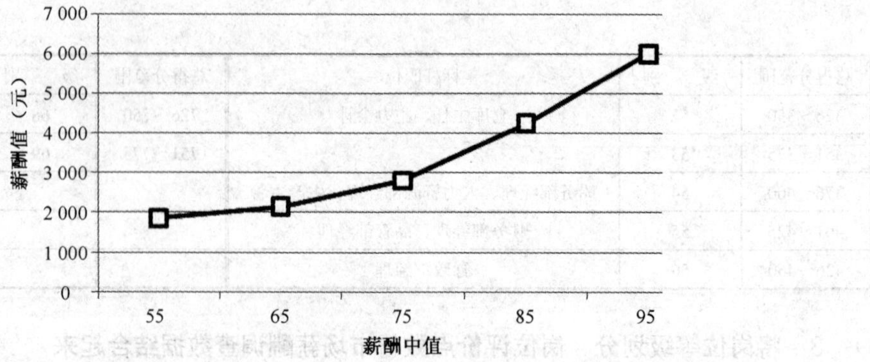

图 6-5　市场（中位数）薪酬曲线

4．确定企业的薪酬水平曲线

薪酬曲线是一个企业的薪酬结构的直观表现形式，它显示出企业内各个职位的相对价值与其实付薪酬之间的关系，典型薪酬曲线如图 6-6（a）、（b）所示。

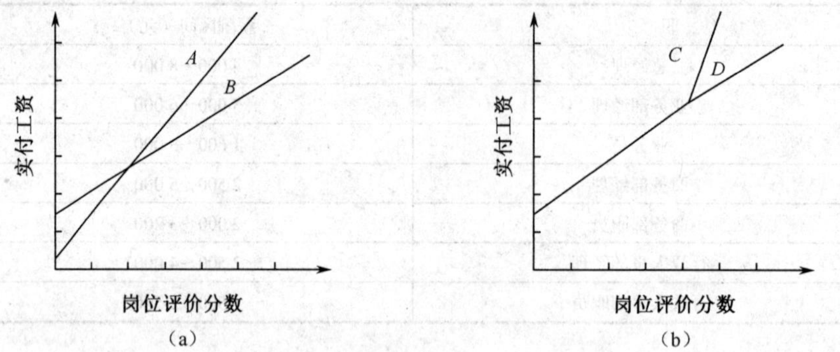

图 6-6　典型薪酬曲线

A、*B* 两条曲线都是单一的直线，说明这个企业是按统一的原则来确定各个职位的薪酬值的，即薪酬值正比于职位的相对价值。但 *A* 与 *B* 的斜率是不同的。*A* 斜率较大，较陡直，说明这一企业偏向于拉大不同贡献员工之间的收入差距；而 *B* 斜率较小，较平缓，说明这个企业偏向于照顾大多数，不喜欢收入悬殊。

C、*D* 则都是折线，在前面一段两者重合，到后面则斜率不一样，*C* 斜率增大，而 *D* 斜率减小。说明前者可能是认为自某一级别以上的员工均属企业骨干和精英，对企业成败的影响很大，是企业最宝贵的人力资源，故应重赏以激励他们的积极性。后者则可能着眼于不至于使高层骨干太脱离群众，以减少中、下层员工的不平衡感和抱怨，对高层骨干则通过加强教育、启发自觉及以非工资形式的奖励来补偿。

如果企业原来有薪酬设定，根据市场薪酬线调整的薪酬值如表 6-17 所示。

表 6-17　根据市场薪酬线调整的薪酬值

职级	职位	薪点中值	市场薪酬中值（元）	企业薪酬中值（元）	市场薪酬中值与企业薪酬中值的比率（%）	调整后的薪酬中值（元）
5	总经理	95	5 400	6 000	91.5	5 500
4	业务部经理、商务部经理	85	4 450	4 250	104.71	4 400
3	行政人事部经理、业务员	75	3 410	2 800	121.79	3 000
2	会计	65	2 370	2 150	110.23	2 300
1	行政人事部职员、出纳	55	1 330	1 850	71.89	1 700

5. 确定薪酬级差、薪酬变动范围、变动比率、相邻薪酬等级之间的交叉与重叠

要确定薪等的薪酬区间首先得确定薪等的浮动幅度、确定薪酬区间的中点及计算薪等的上限和下限，其中薪等的浮动幅度取决于岗位价值、岗位层级、基本称职和非常熟练之间的能力差距及企业文化和管理倾向等因素，我们在这里给出市场薪酬一般带宽与中点值级差建议，我们可以在设计薪酬结构时作为参考，如表 6-18 及表 6-19 所示，本例带宽建议为 49.8%。

表 6-18　市场薪酬一般带宽建议

序号	类别	带宽建议
1	一般人员	20%～25%
2	办公室、技术及辅助专业人员	30%～40%
3	中等水平的专业人员、中级管理人员	40%～50%
4	较高水平的专业人员、高级管理人员	50%以上

表 6-19　市场薪酬中点值级差建议

序号	类别	中点值极差建议
1	一般员工	10%～15%
2	一般专业人员、一般管理人员	15%～20%
3	中级管理人员	20%～30%
4	高级管理人员	30%～50%

浮动幅度（带宽）、薪酬的最小值及最大值的计算公式如下：

①浮动幅度（带宽）＝（薪酬最大值－薪酬最小值）÷薪酬最小值×100%

②薪酬的最小值＝中点值÷（1＋0.5×浮动幅度）

③薪酬的最大值＝薪酬最小值＋（薪酬最小值×浮动幅度）

以中点值 3 885 为例：

该薪等的薪酬最小值为：3 885÷（1＋0.5×49.8%）＝3 110（元）

薪酬的最大值为：3 110×（1＋49.8%）＝4 660（元）

浮动幅度为：（4 660－3 110）÷3 110＝49.8%

6．确定各岗位等级或薪酬等级的区间中值建立薪酬结构

最后，在考虑到各岗位等级内部各岗位的价值差异及相应的外部市场薪酬水平的情况下，确定各个薪酬区间的变动比率，就可以建立如图 6-1 所示的薪酬结构图。

6.3 宽带薪酬

6.3.1 宽带薪酬概述

宽带薪酬是在 20 世纪 80 年代美国提出的一种新型的薪酬设计理论体系。按照美国薪酬管理学会的定义，宽带薪酬就是指对多个薪酬等级以及薪酬变动范围进行重新组合，从而变成只有相对较少的薪酬等级以及相应较宽的薪酬变动范围。宽带薪酬模式打破了传统薪酬体系结构中岗位等级的观念，强调个人的绩效水平和能力拓展。具体来说，就是企业将原来十几甚至几十个固定的薪酬等级压缩成几个薪酬带（一般不超过 10 个），同时，将每个薪酬带所对应的薪酬浮动范围拉大，并参照市场薪酬率来确定薪酬浮动的范围。

一般来说，典型的宽带薪酬体系有 4～8 个等级的薪酬带，每个薪酬带的最高值与最低值之间的区间变动比率通常在 100%以上。传统薪酬结构中，同一岗位等级上的薪酬浮动范围通常只有 30%～40%，而在这种薪酬体系设计中，员工不是沿着公司中唯一的薪酬等级层次垂直往上走。相反，他们在自己职业生涯的大部分或者所有时间里可能都只是处于同一个薪酬宽带之中。他们在企业中的流动是以横向为主的，员工将随着工作时间的增加不断获得新的技能、能力，承担新的责任，或者是在原有的岗位上不断改善自己的绩效，他们就能够获得更高的薪酬。这也是区别于职位浮动薪酬制的主要优势之一。因此，宽带薪酬是一种真正的鼓励和发挥自身优势的以人为本的一种薪酬制度，与传统薪酬等级制的区别如图 6-7 所示。

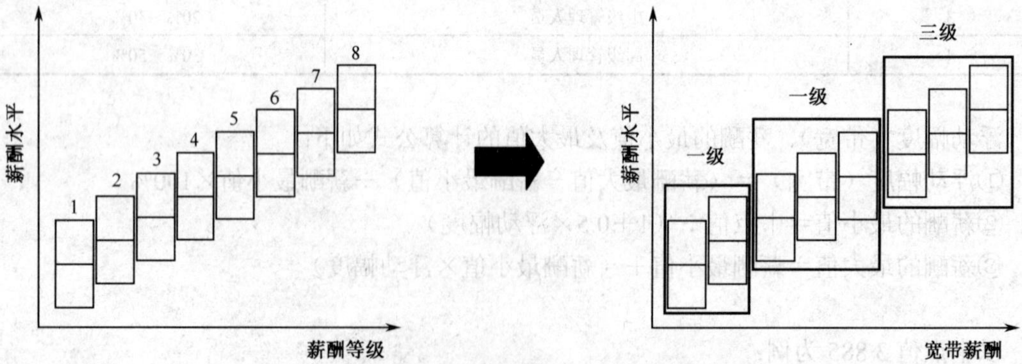

图 6-7 传统薪酬等级制与宽带薪酬的区别

6.3.2　宽带薪酬的特征

1．宽带薪酬的灵活性

打破了传统薪酬结构所维护和强化的等级观念，减少了工作之间的等级差别，有利于企业提高效率以及创造学习型企业文化，有助于企业保持自身组织结构的灵活性以及更有效地适应外部环境。

2．引导员工重视个人技能的增长

在传统等级薪酬结构下，员工的薪酬增长往往取决于个人职务的提升而不是能力的提高，即使能力达到了较高水平，如果企业中没有空缺岗位，员工仍然无法晋升到更高岗位并获得更高的薪酬。而宽带薪酬打破了原来只有岗位晋升才能大幅加薪的办法，给予员工较大的薪酬空间，有利于员工技能的不断增长。

3．适合组织结构扁平化发展趋势

宽带薪酬制度淡化了等级观念，有利于组织成员之间开展团队合作，提高企业效率，适应现代企业扁平化发展趋势的需要。

4．宽带薪酬制度以市场为导向

要求企业管理者有较高的管理水平和责任感，否则宽带薪酬会给员工定薪带来很大的随意性，会引起内部不公，同时增加企业人工成本。

6.3.3　宽带薪酬的设计流程

宽带薪酬的设计流程与传统的薪酬设计大致相同，只是具体步骤有自身的特点，因此在实际应用过程中要格外留意，宽带薪酬的设计流程如图 6-8 所示。

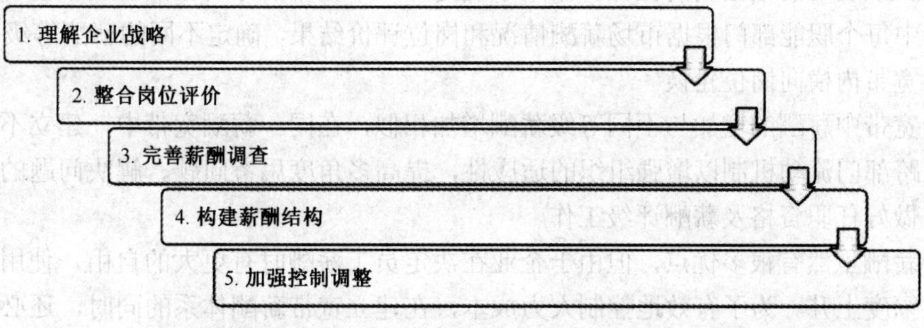

图 6-8　宽带薪酬的设计流程

1. 理解企业战略

企业人力资源战略是依据企业总体战略而制定的，同时为企业总体战略的实现提供强有力的支持，而薪酬战略又是企业人力资源战略的一种量化体现。因此在设计宽带薪酬时，首先要考虑企业的自身战略。

2. 整合岗位评价

岗位评价是宽带薪酬的基础，其目的在于确定企业内每个岗位的相对价值，以确保薪酬体系的内部公平。由于大多数企业包含着性质多样的岗位类别，因此企业应该着手开发符合其实际的岗位评价量表，用于岗位分类和分级。

3. 完善薪酬调查

企业的薪酬水平除了符合内部公平的原则，还应该满足外部公平的要求，以提高企业在人力资源市场上的吸引力与竞争力。所以进行薪酬调查就显得很有必要。薪酬调查的主要内容应该包括：了解同行业其他企业的薪酬水平，调查本地区的薪酬水平，与此同时还应对企业内部薪酬体系进行梳理。

4. 构建薪酬结构

企业根据内部岗位评价和外部薪酬调查的结果可以确定每一级薪酬的“带宽”，并设定每一级的上限和下限，即企业愿意支付的最高薪酬和最低薪酬。这需要注意两个指标，即每一级薪酬的浮动幅度和中点。中点由市场的薪酬水平和企业的薪酬策略决定，反映受到良好培训的员工在其工作达到规定标准时应该得到的薪酬。

（1）确定宽带的数量

企业要确定使用多少个薪酬带，在这些薪酬等级之间通常有一个分界点。在每一个薪酬宽带对人员的技能、能力的要求都是不同的。

（2）确定宽带内的薪酬浮动范围

根据薪酬调查的数据及岗位评价结果来确定每一个宽带的浮动范围以及级差，同时在每一个宽带中每个职能部门根据市场薪酬情况和岗位评价结果，确定不同的薪酬等级和水平。

（3）宽带内横向岗位轮换

同一宽带中薪酬的增加与不同等级薪酬增加相似，在同一薪酬宽带中，建立不同职能部门的员工跨部门流动机制以增强组织的适应性，提高多角度思考问题、解决问题的能力。

（4）做好任职资格及薪酬评级工作

宽带薪酬虽然有很多优点，但由于企业在决定员工薪酬时有更大的自由，使用人力成本有可能大幅度上升。为了有效地控制人力成本，在建立宽带薪酬体系的同时，还必须构建相应的任职资格体系，明确工资评级标准及办法，营造一种以绩效和能力为导向的企业文化氛围。

5. 加强控制调整

宽带薪酬的灵活性增强了企业对环境变化的反应能力，但这种特点也具有一定的副作用。因为灵活性中也潜藏了一些随意性，一旦问题爆发将给企业带来致命的打击。这就需要企业在宽带薪酬的实施过程中重视对细微环节的反馈。收集来自行业、市场、员工与管理等各方面的信息，根据变化及时控制，采取合理措施化解危机。

特别提示

宽带薪酬的实施条件

1. 宽带薪酬管理通常匹配于扁平化的管理结构，不强调资历，提倡职业发展和成长；适用范围：通常情况下技术型、创新型的企业更适合宽带薪酬管理模式。

2. 完善相关管理制度与办法，减少宽带管理的消极影响。

掌握好实行宽带薪酬的时机选择，在企业内外部环境变化提出了宽带薪酬实施的必要性，并且人力资源部门职责和主管责任的定位都发生了适应宽带薪酬的转变的情况下，其实施才能收到好的效果。注重加强非人力资源经理的人力资源管理技能。宽带薪酬管理的基础是要首先建立一个公平的内部级别体系。

3. 引发员工参与、加强沟通。

4. 配套的员工培训和开发计划。

6.4 宽带薪酬设计实例：Y 公司的宽带薪酬设计[1]

Y 公司作为一家快速发展的年轻民营企业，原有的薪酬体系已无法满足现有业务发展的需要，薪酬倒挂现象严重，很多员工认为企业薪酬缺乏公平及合理性。他们的薪酬跨度在 2 500～2 5000 元，这么大的跨度让更高的薪酬产生极大的诱惑，而员工向管理层晋升却非常困难。如果可以让相同职位员工因为绩效不同而获得不同的薪酬等级，将会极大中和员工对晋升的热衷度。因此，宽带薪酬模式将能够在此发挥重大作用。对 Y 公司宽带薪酬的设计程序如图 6-9 所示。

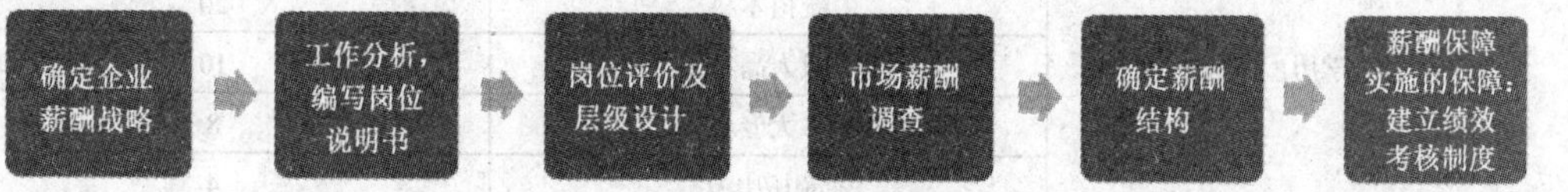

图 6-9　Y 公司宽带薪酬的设计程序

1 引自“宽带薪酬的薪酬结构设计”，张艺，大连海事大学，2014，有删减。

6.4.1 工作分析

根据Y公司的组织结构图及该公司各部门、子、分公司人员的构成情况，将公司内部员工的职类分为:高层管理人员、中高层管理人员、中层管理人员、主管人员、员工5大类。而且人力资源中心每年都会根据当前公司的现状和未来发展趋势，完善和修改原有的75个岗位说明书。

6.4.2 岗位评价

选取典型岗位若干，所选取的岗位要能够反映职务特点，与其他类型岗位有显著的差异。运用统一的岗位评价方法对其进行评价。表6-20是各类人员的典型职位的评价因素及权重表。

表6-20 Y公司典型职位的评价因素及权重

评价因素		最高分数	合计数	权重
责任心	1.风险控制能力；2.预算控制能力；3培养下属能力；4.沟通能力，责任心；5.工作结果的有效性；6.员工岗位匹配性；7.法律责任；8.管理层级	75; 40; 40; 60; 40; 40; 70; 35	400	40%
知识技能	1.学历；2.独立完成工作的能力；3.工作灵活性；4.工作经验；5.专业技能；6.综合素质	30; 55; 60; 55; 60; 40	300	30%
努力程度	1.工作压力；2.实际工作量；3工作创新性；4.团队融入度	60; 40; 60; 40	200	20%
工作环境	工作时间长短；环境舒适性	50; 50	100	10%
合计			1 000	100%

要素计点法的要素很多，由于受篇幅的限制，表6-21只对其中的“知识技能”要素中的“学历”子要素和“工作灵活性”进行分级定义。

表6-21 Y公司评价因素“学历”的分级定义

评价因素	评价标准	评价分数
学历	硕士及以上	30
	统招本科	20
	成人高考	10
	大专	8
	高中/中专	4

根据以上的评价原则，对公司75个岗位进行评价的结果，最高为董事长887分，最低为后勤保障类职位，87分。表6-22选取了部分职位作为这次评价的结果加以说明。

表 6-22　部分职位的评估分值

职　　位	评 估 分 数
董事长	887
人力资源管理中心总监	780
集团办公室主任	635
顾问子公司总经理	580
分公司总经理	402
财务部门经理	362
区域经理	343
子公司部门主管	313
分公司部门主管	246
资深客户经理	200
高级客户经理	180
普通职员	150
保安	87
宝洁	87

6.4.3　薪酬层级设计

Y 公司的薪酬等级是按照组织结构层级直接划分的，共分为五个层级，A 层级对应董事长和管理中心总监，B 层级对应集团办公室主任和子公司负责人，C 层级对应各部门经理和分公司总经理，D 层级对应分公司部门主管，E 层级对应普通辅助类员工级岗位。由于 Y 公司之前的薪酬体系中同等级之间薪资跨度较大，这次设计宽带薪酬是以稳定为主要原则，因此层级设计以包住目前同等级最低、最高薪资为标准，在此基础上每次涨幅控制在合理区间内。根据以上原则，在各层级设置了 6 个梯级。如表 6-23 所示是 Y 公司的薪酬层级表。

表 6-23　Y 公司的薪酬层级

层　　级	标准岗位价值分	层 级 系 数	年度薪酬标准系数
A1	870	10.9	10.9G1
A2	828	10.4	10.4 G1
A3	786	9.8	9.8 G1
A4	744	9.3	9.3 G1
A5	702	8.8	8.8 G1
A6	660	8.3	8.3 G1
……			
E1	140	1.8	1.8G5
E2	128	1.6	1.6 G5
E3	116	1.5	1.5 G5
E4	104	1.3	1.3 G5
E5	92	1.2	1.2G5
E6	80	1.0	1.0 G5

6.4.4 设计薪酬等级区间

薪酬层级表完成后，下一步就需要将各岗位对应到薪酬层级表中，确定基准薪资级别及最低、最高薪资级别，完成同级别带宽及薪资范围设定工作。岗位的对应薪酬层级根据岗位的评估分值来获得，比如分公司总经理的评估分值为 402 分，对应 C2 这个岗位层级，那么 C2 就是该岗位的标准薪酬级别，然后把比标准薪酬级别高或者低两个级别的层级设定为该岗位的最高或最低薪酬等级，完成薪酬等级区间的设定。

6.4.5 任职能力评估及薪酬等级定位

表 6-24 是两个代表岗位的任职能力评分表（按照岗位要求，评价因素重要性依次为学历权重 1、工作年限权重 2、专业技能权重 3、综合知识权重 4、职业素养权重 5）。

表 6-24 典型岗位的任职能力评分表

员工姓名	岗位名称	评价因素及重要性因素					合　计
		学历（权重 1）	工作年限（权重 2）	专业技能（权重 3）	综合知识（权重 4）	职业素养（权重 5）	
王某	财务经理	3	4	3	5	5	65

每个员工的评估得分都应该在一个合理的得分范围内，一般情况下得分会在 15～75。低于 15 时，说明这个员工无法胜任当前岗位，如果得分超过 75 分，则说明这个员工能力已经超越当前岗位需求。对于低于 15 分或高于 75 分的员工，人力资源管理者需要考虑其与岗位的匹配性。表 6-25 以财务部门经理为例，介绍岗位薪酬等级定位。

表 6-25 薪酬层级定位表

C4	C3	C2	C1
15～30	31～45	46～60	61～75

6.4.6 市场调查

根据市场调查，Y 公司决定对部分薪酬进行调整，调整后的薪酬与市场平均水平持平或略高于市场平均水平。调整的结果为：总监岗位普遍上调 20%，部门经理与资深客户经理普遍上调 15%，客户经理保持不变，但是增加绩效薪资比例和金额。

6.4.7 确定薪酬结构

Y 企业在薪酬结构设计上选择调和式薪酬结构模式，固定薪酬与绩效薪酬结合，既保证员工的基础薪资又使其具备激励性。同时，这一做法又可以让人力成本变得更加可控。最终薪酬由四个部门组成：基本工资、补贴、绩效工资、加班工资及保险福利等。

以基层管理人员薪酬结构设计为例，这一群体不直接参与销售，不直接带来效益，因此绩效比例不宜太大，绩效比例在 10%～20%比较合适，又因为他们加班较多，同时为他们适当增加加班工资，绩效考核也不宜跨度太大，季度考核方式比较实际。因此可将“基本工资+绩效工资+工龄工资+补贴+福利+年终奖+加班工资”作为基层管理者的薪资结构。

6.4.8 Y 公司各层级的宽带薪酬区间

根据市场薪酬平均水平、Y 公司薪酬成本预算、Y 公司运营情况等，将每层级的薪资设置一个平均工资数，分别为 G1，G2，G3，G4，G5。表 6-26 为新薪酬体系的各职类的薪酬区间。

表 6-26 Y 公司各职类的薪酬区间

层 级	标准岗位价值分	层级系数	中高层管理者	专业技术人员	基层管理者	销售人员	后勤人员
A1	870	10.9	10.9G1				
A2	828	10.4	10.4 G1				
A3	786	9.8	9.8 G1				
A4	744	9.3	9.3 G1				
A5	702	8.8	8.8 G1	8.8 G2			
A6	660	8.3	8.3 G1	8.3 G2			
B1	650	8.1	8.1 G1	8.1 G2			
B2	608	7.6	7.6 G1	7.6 G2			
……							
D5	170	2.1				2.1G4	2.1G5
D6	145	1.8				1.8G4	1.8G5
E1	140	1.8				1.8 G4	1.8G5
E2	128	1.6				1.6G4	1.6 G5
E3	116	1.5					1.5 G5
E4	104	1.3					1.3 G5
E5	92	1.2					1.2G5
E6	80	1.0					1.0 G5

上表充分体现了宽带薪酬体系的特点，同层级薪酬跨度较大，同时下层级的薪酬水平经过努力完全可以达到上层级的薪酬。

6.4.9 建立合理的绩效考评制度

为减少考评方案的实施阻力，绩效考评方式仍沿用 Y 公司原有的 KPI 考核制度，只是将原有的考核指标进行调整和充实，使其量化标准更明确，指标更具备说服力。

复习思考题

一、单项选择题

1. 等比级差是（　　）。
   A. 各薪酬等级之间以相同的级差百分比逐级递增
   B. 各等级薪酬之间以累进的百分比逐级递增
   C. 各薪酬等级之间以累退的比例逐级递增
   D. 各等级工资之间按照“分段式”来确定级差百分比和级差绝对额的变化
2. 薪酬区间渗透度说法正确的为（　　）。
   A. 通常代表了该薪酬等级中的职位在外部劳动力市场上的平均薪酬水平
   B. 它是用来表示员工实际获得的基本薪酬与相应薪酬等级的中值或是中值与市场平均薪酬水平之间的比例关系
   C. 它是员工的实际基本薪酬与区间的实际跨度之间的关系
   D. 它不能反映员工在其所在的薪酬区间中相对位置
3. 下列哪个公式是正确的（　　）。
   A. 薪酬区间渗透度=（实际基本薪酬-区间最高值）/（区间最高值-区间最低值）
   B. 薪酬区间渗透度=（实际基本薪酬-区间最低值）/（区间最高值-区间最低值）
   C. 薪酬区间渗透度=（实际基本薪酬＋区间最低值）/（区间最高值-区间最低值）
   D. 薪酬区间渗透度=（实际基本薪酬-区间最低值）/（区间最高值＋区间最低值）
4. （　　）是基于业绩的薪酬结构。
   A. 首先对员工所从事的工作本身的价值做出客观评估，然后根据所评价的结果赋予担任这一工作的员工与其工作价值相当的薪酬结构
   B. 根据员工所掌握的技能和能力来确定的薪酬结构
   C. 根据员工能够胜任的工作的种类数目，或者员工技能的广度来确定薪酬
   D. 根据员工的绩效来确定，因工作绩效量的不同而变化，处于同一职位的员工不一定能获得相同数额的劳动报酬
5. （　　）表示员工实际获得的基本薪酬与相应薪酬等级的中值或是中值与市场平均薪酬水平之间的关系。
   A. 薪酬比较比率　　　　　　　　　　B. 薪酬区间渗透度

C．薪酬变动比率　　D．薪酬变动范围

6．在薪酬结构设计的原则中，强调企业设计薪酬结构时必须充分考虑企业自身发展的特点和支付能力的是（　　）。

A．内部一致性原则　　B．外部竞争性原则
C．经济性原则　　D．激励性原则

7．影响薪酬结构设计的外部因素不包括（　　）。

A．文化与风俗习惯　　B．市场竞争压力
C．政府政策、法律和法规　　D．组织战略

8．决定企业薪酬结构的关键因素是（　　）。

A．外部因素　　B．组织因素
C．内部劳动力市场　　D．雇员的接受程度

9．在薪酬结构设计的类型中，将薪酬分解成几个组成部分，分别依据绩效、技术与培训水平、职位、年龄与工龄等因素来确定薪酬的是（　　）。

A．以职位为导向的薪酬结构　　B．以能力为导向的薪酬结构
C．以绩效为导向的薪酬结构　　D．组合薪酬结构

10．在宽带薪酬结构设计中，薪酬体系一般由四部分组成，为了补偿和鼓励员工在恶劣的工作环境下劳动而支付的薪酬是指（　　）。

A．基本薪酬　　B．绩效薪酬　　C．津贴　　D．福利保险

二、简答题

1．什么是薪酬结构？完整的薪酬结构包括哪些内容？

2．薪酬等级级差有哪些确定方法？请详细阐述。

3．薪酬结构有哪些类型？请详细阐述。

4．简述薪酬结构的设计步骤。

三、案例分析题

某大型国有企业原有的薪酬制度概括如下（现象：迟到、早退及误工，管理技术人员流失）。

1．薪酬水平处于行业工资水平的 50%位置，但核心技术、管理岗位员工的工资只达到行业薪酬水平的 20%位置；

2．薪酬等级按行政级别划分，共 48 级，级差为 50 元；

3．薪酬的调整采取“一支笔”政策，总裁同意就可以。

问：（1）该公司薪酬体制存在哪些问题？

（2）如果该公司计划引入宽带式薪酬体系，应当按照什么样的程序进行设计？

四、技能操作题

1．某企业同一薪酬区间内甲、乙、丙三名技工的实际基本薪酬分别为 3 850 元、4 100 元和 4 200 元，该薪酬区间中值为 4 000 元，而同等技工的市场平均薪酬为 4 200 元。试从内部比较和外部比较的角度分别计算薪酬比较比率，说明该组员工实际获得的基本薪酬与相应薪酬区间中值之间的比较关系，以及薪酬区间中值与市场平均薪酬水平之间的比较关系。

2．从某薪酬结构中截取下来的某一薪酬等级有关数据如图 1 所示。该等级的甲工人的实际薪酬为 7 200 元。

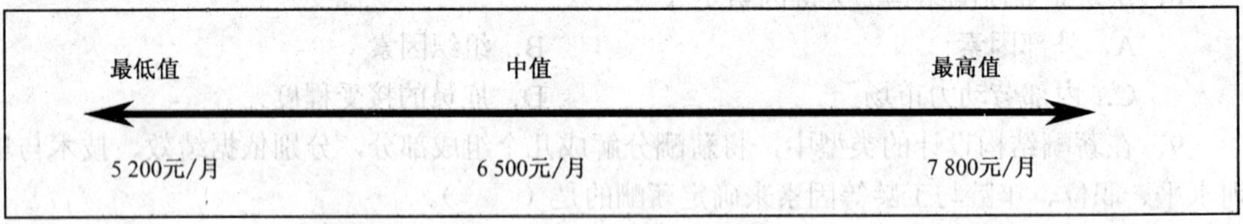

图1　某一薪酬等级相关数据

试计算：（1）以最低值为基础的薪酬变动比率；

（2）甲工人的薪酬比较比率；

（3）甲工人的薪酬区间渗透度。

最低值= 5 200 元/月；中值=6 500 元/月；最高值= 7 800 元/月。

第7章

基于岗位的薪酬体系设计

学习目标

📖 一般掌握

- 薪酬体系含义及类型
- 岗位薪酬体系的概念

📖 重点掌握

- 薪酬体系设计步骤
- 基于岗位薪酬体系的设计步骤与流程
- 岗位薪酬体系的三种形式

学习导航

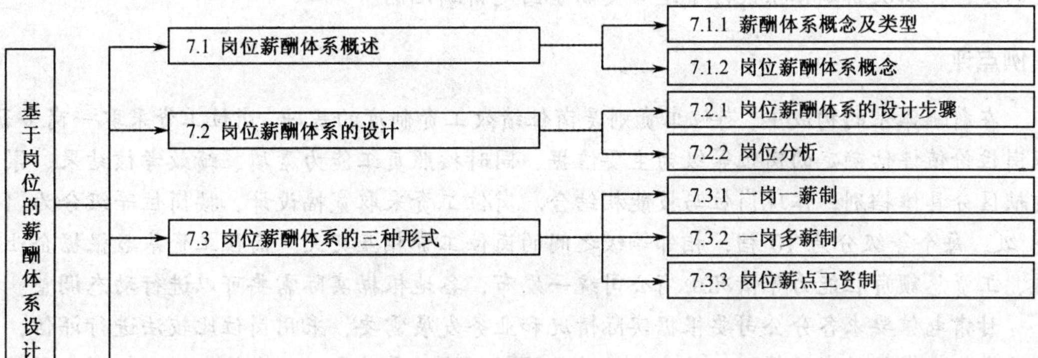

导入案例

甘肃电信全业务经营岗位薪酬体系以“平稳对接，支撑发展；结合现实，突出岗位价值和历史贡献；按需设岗，以岗定薪；统一性和灵活性相结合”为原则，包含岗位分类、岗位层级和岗位等级。其中，岗位按照4级分类，依次为岗位族群、子族群、基准岗位、标准岗位。岗位族群则按管理和专业分为两大序列、8 大族群，依次为经营管理类、市场类、销售与服务类、产品类、企业信息化类、维护与服务支撑类、网发建设类和综合支撑类。其中，经营管理类的岗位归为管理序列，其他7大类的岗位归为专业序列。

基准岗位是岗位基本职责和任职能力要求相似的一类工作岗位的集合，在基准岗位的基础上,公司通过明确岗位的基本要素,即岗位职责、任职能力要求(KCI)、关键绩效指标(KPI)、服务对象等因素设置标准岗位。岗位层级主要包括管理岗位层级和专业岗位层级，其中，管理岗位层级主要体现岗位的管理关系，满足企业上下级管理的需要。管理岗位层级按照管理关系分为8个层级，包括省、市、县分公司正副职及内设部门正副职；管理岗位层级体系中对应设立6个非领导职务岗位层级，用于满足经营管理类岗位任职者到达规定条件和长期在经营管理类岗位工作的优秀任职者担任非领导职务的需要。专业岗位层级主要体现岗位职责范围与深度、胜任能力要求、岗位贡献大小和专业指导关系的不同，满足员工纵向职业发展的需要，鼓励员工立足本岗位成才，共分为初级、中级、高级和资深4个层级。岗位等级则主要体现实际岗位评估的相对价值，满足薪酬分配和员工横向职业发展的需要，岗位等级由低到高共设28个等级。

与岗位体系相对应的薪酬体系将实行以岗位为基础、与绩效和贡献相挂钩、符合不同岗位特点的差异化薪酬分配制度，主要包括岗位工资、绩效工资、津贴补贴、保险福利和中长期激励。初期以岗位工资薪酬体系确立和对接为主；绩效工资、津贴补贴、保险福利和中长期激励等在岗位工资薪酬体系对接完成后，结合实际推行情况，后续逐步配套推进。值得一提的是，在本次薪酬体系设计中适当提高了固定薪酬比例。

案例点评

在薪酬体系的构成中，岗位工资则是岗位绩效工资制度的基础。岗位工资采取一岗多薪，以岗位价值评估确定的岗位等级为主要依据，同时按照员工能力素质、绩效考核结果、累计贡献区分具体档别，体现岗位与技能相结合。岗位工资采取宽幅设计，按岗位等级分为 1～28 级，每个等级分为 10 档，相邻等级之间的岗位工资相互交叉。岗位工资基数根据企业效益、工资总额负担能力等情况由省公司统一发布，各地根据实际需要可以进行动态调整。

甘肃电信要求各分公司要根据实际情况和业务发展需要，采用岗位比较法进行评估，综合确定标准岗位的岗位等级；首次对接时要预留相应的晋升和职业发展空间，起到牵引员工岗位结构优化的作用。岗位工资对接时，要掌握好“基层一线岗位员工岗位工资增幅高于管理岗位工资增幅，低岗位员工岗位工资增幅高于高层级岗位工资增幅”的原则，确保专业岗位工资档次对接后，最低岗位工资达到 2 220 元。

（资料来源：魏东，甘肃电信执行全新岗位薪酬体系，中国信息产业网，2015-01-13）

7.1 岗位薪酬体系概述

7.1.1 薪酬体系概念及类型

薪酬体系是企业整体人力资源管理体系之重要组成部分。薪酬体系是指薪酬的构成，即一个人的工作报酬由哪几部分构成。一般而言，员工的薪酬包括以下几大主要部分：基本薪酬（即本薪）、奖金、津贴、福利 4 大部分。

薪酬体系设计根据企业的实际情况，并紧密结合企业的战略和文化，系统、全面、科学地考虑各项因素，并及时根据实际情况进行修正和调整，遵循按劳分配、效率优先、兼顾公平及可持续发展的原则，充分发挥薪酬的激励和引导作用，为企业的生存和发展起到重要的制度保障作用。一个设计良好的薪酬体系直接与组织的战略规划相联系，从而使员工能够把他们的努力和行为集中到帮助组织在市场中竞争和生存的方向上去。薪酬体系的设计应该补充和增强其他人力资源管理系统的作用，如人员选拔、培训和绩效评价等。

薪酬体系主要是针对基本薪酬的薪酬系统。目前国际上通行的薪酬体系主要有 3 种类型：职位或岗位薪酬体系、技能和能力薪酬体系以及绩效薪酬体系。

7.1.2 岗位薪酬体系概念

岗位薪酬体系是对每个职位所要求的知识、技能以及职责等因素的价值进行评估，根据评估结果将所有岗位归入不同的薪酬等级，每个薪酬等级包含若干综合价值相近的一组岗位。然后根据市场上同类岗位的薪酬水平确定每个薪酬等级的工资率，并在此基础上设定每个薪酬等级的薪酬范围。

岗位薪酬体系是以工作为基础的薪酬体系，而技能和能力薪酬体系则是以人为基础的薪酬体系。岗位薪酬体系是传统的确定员工基本薪酬的制度，它最大的特点是员工担任什么样的岗位就得到什么样的薪酬，只考虑岗位本身的因素，很少考虑人的因素。

小案例

“薪点”的作用

某省胜北油田采油厂根据每个月各站点油气生产等方面任务完成的好坏来决定员工绩效工资的高低，如员工被考核的薪点数比平均数高 50 多个点，其绩效工资肯定要多一些。

为建立职工工资与实际劳动成果挂钩、收入凭贡献的竞争激励机制，胜北油田在全厂范围内推行了薪点考核薪酬分配制度。制度实行以来，很大程度上缓解了生产一线人员不足的现象，扩大了基层单位的经营考核自主权，激发了职工的工作热情，提高了全厂各项工作水平。

该厂实施的职工薪点考核薪酬分配制度的核心是按岗位因素（如设备、工作量）及定员核定岗位薪点，实行按岗定点、以效定值、按业绩考核取薪。薪点考核薪酬分配制度是以工作水平和业绩来决定个人收入，最终打破以前常规性的“大锅饭”体制，实现多劳多得。

7.2 岗位薪酬体系的设计

7.2.1 岗位薪酬体系的设计步骤

基于岗位的薪酬体系设计主要包括以下流程，如图 7-1 所示：

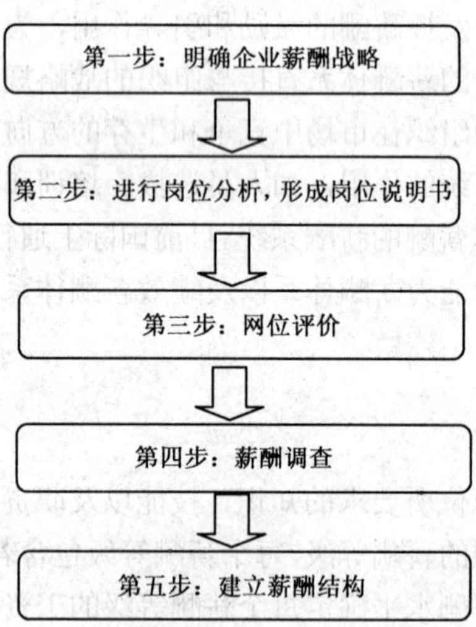

图 7-1 基于岗位的薪酬体系设计流程

1. 明确企业薪酬战略

公司薪酬战略主要反映公司的薪酬水平和外部市场的薪酬水平相比较的结果。薪酬战略可以分为领先型、跟随和滞后型。企业根据自己的薪酬战略对市场薪酬线进行修正，得到企业的薪酬线，从而将岗位评价点值转化为具体的工资数目。薪酬战略与水平决策的主要信息来源为高层访谈，高层访谈中应明确以下问题。

（1）企业目前的发展阶段：迅速发展阶段，正常发展至成熟阶段，还是无发展或衰退阶段？

（2）企业目前的发展战略：创新战略还是低成本战略？

（3）企业目前的财务重点：控制成本，还是成本并非最关键的问题？

（4）企业目前更注重内部公平性，还是外部竞争力？

（5）目前企业与外部市场的定位比较：市场领先水平、部分人员市场领先还是落后？

（6）企业重点激励的人才：研发人员、销售人员还是其他？

（7）对核心人才的激励政策是什么？

（8）薪酬支付的依据是什么？职位，技能还是业绩？

最终通过访谈明确以下问题:此次薪酬改革付出的成本为多少？此次薪酬改革主要激励的对象是哪些？目的是合理控制人工成本，有效激励企业员工。

小案例

国企高管薪酬改革：高管薪酬大幅下降

目前，中国的国企用人体制主要是以组织任命为主，市场化选聘的职业经理人占比很小。2015 年 10 月由人社部等方面制定的《中央部门管理企业负责人薪酬制度改革方案》和 30 多个省（自治区、直辖市）上报的地方国企负责人薪酬改革方案，已经全部通过相关方面的审核、批复。本轮国企高管薪酬改革的重点主要是对组织任命的国企高管实行“限薪”。实施改革后，绝大多数国企高管的薪酬水平都会下降，有的下降幅度还比较大。

其中，对于组织任命的国企高管，下一步的薪酬将由基本年薪、绩效年薪、任期激励收入 3 部分构成；对于通过市场化选聘的职业经理人，将实行契约化任期制管理，其薪酬结构和水平，是由董事会按照市场化薪酬分配机制确定，会采取多种方式探索完善中长期激励机制。

对于在年度或任期考核中不合格的国企高管，属于组织任命的，不得领取绩效年薪和任期激励收入；属于市场化选聘的，则会被解聘。

（资料来源：无盐，“聚焦国企高管薪酬改革：高管薪酬大幅下降”，前瞻网，2015-10-31）

企业薪酬战略与企业的战略、发展阶段和企业类型紧密相关，如表 7-1 所示。除此之外，组织的类型也会影响企业薪酬策略的制定。

表 7-1　企业薪酬战略与企业的战略、发展阶段和企业类型的关系

企业发展阶段	企业经营战略	薪酬策略	薪酬组合	薪酬性质与薪酬结构
迅速发展阶段	成长战略	以业绩工资为主，刺激创业	高额基本工资，中、高等奖金与津贴，中等福利	高弹性，以绩效为导向
正常发展至成熟阶段	稳定战略或集中战略	薪酬管理技巧	平均基本薪资，较高比例的奖金，较高比例的津贴，中等的福利水平	高弹性，以绩效为导向，或折中以能力（工作）为导向组合
无发展或衰退阶段	收缩战略或精简战略	着重成本控制	较低的基本薪资，与成本控制相结合的奖金，标准的福利水平	高弹性，以绩效为导向，或以能力（工作）为导向组合

2．进行岗位分析，形成岗位说明书

岗位说明书主要包括工作职责、业绩标准、任职资格要求、工作条件等，它是岗位价值评价的基础信息。

3．岗位评价

岗位评价是通过一套标准化的评价指标体系，对各岗位的价值进行评价，得到各岗位的评价点值。评价点值成为决定该岗位基础工资的主要依据。岗位价值评价的方法主要包括排序法、分类法、因素比较法、计点法等。其中计点法和分类法是目前企业中运用最多的岗位评价方法。

4．薪酬调查

在岗位评价之后，还需要对各岗位进行外部市场薪酬调查，并将外部薪酬调查的结果和岗位评价的结果相结合，形成各岗位平均市场价值的市场薪酬线。

5．建立薪酬结构

企业在参照各岗位平均工资的基础上，根据从事相同工作人员间的绩效差异决定不同的薪酬。也就是建立每个岗位的中点工资、最高工资和最低工资，从而形成薪酬结构。

岗位薪酬体系的设计步骤中明确企业薪酬战略、岗位评价、薪酬调查及薪酬结构等内容在本书其他章节已经做详细阐述，在这里我们只对岗位分析环节加以介绍。

7.2.2 岗位分析

1．岗位分析的操作步骤

岗位分析是一项技术性很强、复杂而细致的工作，做好并不容易，必须有充分的认识和准备。其操作步骤主要包括以下几个方面，如图 7-2 所示。

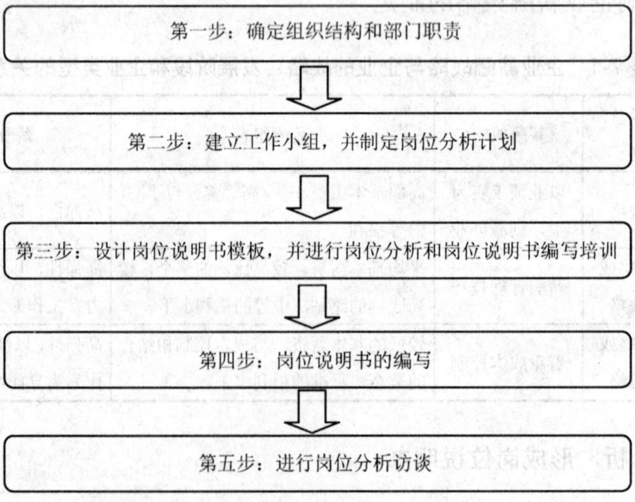

图 7-2 岗位分析的操作步骤

第一步：确定组织结构和部门职责

岗位分析可展开的前提条件是企业里有关组织结构已确定，并具有相对稳定性；在组织结构基础上，工作流程及部门责任已确定；每个部门应有的工作职位也已明确。有些企业在对人力资源系统进行变革时，没有与其他组织系统联系起来，在上述条件不具备的情况下，单独对人力资源体系进行立项。这样的结果对岗位分析以及其后的工作评价、绩效考核与薪酬体系的效果将会大打折扣。所以在进行岗位分析前，首先要进行组织机构调整和部门责任和部门职位的确定。部门职责梳理的方法与岗位分析方法类似，一般与部门经理进行访谈，确定其部门职责。

第二步：建立工作小组，并制定岗位分析计划

一般由外部聘请有关专业人士作为工作小组顾问。岗位分析涉及企业内所有部门，只有得到各部门充分重视和支持才能顺利完成任务。所以最好建立由最高领导牵头，各部门主要领导参与的领导小组，在领导小组下再设具体操作的工作小组。工作小组由人力资源部部分成员及各主要部门（如管理、研发、生产、销售）人员组成。岗位分析实施计划的制订，应根据公司需要、任务量（职位复杂性与多少）来确定。

第三步：设计岗位说明书模板，并进行岗位分析和岗位说明书编写培训

岗位说明书模板的设计应注意以下几个方面：首先，明确本次岗位分析的主要目标。我国大多数企业过去没有做过岗位分析，第一次进行这项工作很难达到完美，也不应该过分追求完美。岗位说明书模板应根据企业实际情况进行设计，对所需要填写的项目有所选择，删除关系不大的项目。其次，对要参加岗位分析访谈和岗位说明书编写的员工进行相关培训，由专家对岗位分析的特点进行讲解、引导和控制进行统一规定；并对有疑义的地方进行讨论。

第四步：岗位说明书的编写

在培训之后，组织参加培训的人员在规定时间内编写岗位说明书初稿，并由外部专家对岗位说明书的初稿进行审核。对发现的问题进行总结，并针对发现的问题再次进行纠错培训。

第五步：进行岗位分析访谈

针对一些公司的关键岗位，由外部专家主持，进行一对一的岗位分析访谈。

2. 岗位分析实例

R 公司是青岛地区最大的汽车经销商集团，下设三个事业部：汽车事业部、房地产事业部及奢侈品事业部。目前公司部分业务模块功能定位不清，导致部分工作无法顺利开展，造成工作效率的降低。由于工作效率的降低，员工为了完成当日的工作，必须通过加班加点来实现，结果导致员工加班的现象普遍存在。每年的员工满意度调查对于此项内容的满意度较低。公司选取售后管理部部门作为岗位分析的对象。

（1）项目的确立与启动

集团人力资源部、汽车事业部经过多次讨论，一致认为可以通过对于售后管理部各个工作岗位的岗位分析，来为整个集团各个岗位进行分析提供借鉴，该阶段的主要工作有：

1）召开项目启动沟通会，号召相关人员积极配合项目的开展。

2）项目进度安排，制定项目的进度表。

3）项目正式启动，集团人力资源部安排相关负责人及参与人员共同组成项目实施团队。

（2）岗位分析计划与设计

1）确定分析方法

2）确定岗位分析对象

3）编制调查问卷

4）编制岗位分析表

5）编制访谈提纲

6）确定访谈形式

7）制定调研计划

（3）文件资料的统计分析

本项目所采用的现有资料包括：售后管理部现有组织结构图、R 公司发展战略、售后管理部人员名册信息表、售后管理部各岗位员工绩效考核成绩、售后管理部年（月）度工作总结等。通过对以上资料的分析，项目组工作人员对售后管理部各岗位的基本情况有了初步了解。

（4）岗位信息的分析

1）部门工作抽样

分析人员将岗位分析人员的工时分为有效工作时间和无效工作时间两类，具体的划分标准如表 7-2 所示。

表 7-2　工作时间划分标准

序　号	分　类	项　目	内　容
1	有效工作时间	准备工作时间	公司及部门内的晨会、现场 6S 管理
2		基本工作时间	接待到店维修保养客户、解答客户的各类问题、接听客户电话、日常报表等工作
3		辅助服务时间	协助其他部门进行资料查找及客户问题转达
4		结束整理时间	夕会
5		生理休息时间	员工生理休息时间
6	无效工作时间	自身造成的停工时间	接听私人电话及处理私人事务
7		非本身造成的停工时间	由于机器设备或其他外部原因造成的停工
8		返工时间	由于工作失误或者统筹不到位，造成统一工作重复进行
9		违反劳动纪律损失时间	因违反劳动纪律损失的时间

2）部门各岗位分析

项目组将结合本次售后管理部岗位分析的内容进行详细说明。下面主要以“工作职责”为例来进行问题分析。通过对调查问卷、工作日志、个人和集体访谈记录等方式获得的信息的分析，项目组归纳出该岗位造成无效工作时间的外部原因及可能存在的改善机会点，详见表 7-3。

表 7-3　无效工作时间的外部原因及改善机会点

序　号	问题点	改善机会点
1	因来店车辆较少，造成服务顾问接车数量减少，导致工作不饱和	加强客户招揽，增加进厂台次
2	由于车辆集中到店，在进厂台次较少时，服务顾问工作饱和度降低。例如：某服务顾问某日工作饱和度为59.91%，主要是由于车辆上午到店较为集中，下午接车数量减少造成的	加强预约，合理安排车辆到店时间，减少因集中到店造成客户满意度下降，同时，减少因无车辆到店造成的效率降低
3	工作链条中相关岗位职责划分不太明确，主要是车辆引导员及车间调度方面。例如：由于车辆引导员没有及时将预约工单交给服务顾问，导致服务顾问要到车辆引导员处领取工单，造成时间浪费	明确各岗位职责，并反复强调，加强意识
	……	

鉴于以上问题点及改善机会点，项目组工作人员测算了通过合理改善问题点可提高的效率，具体分析如表 7-4 所示。

表 7-4　改善可提高效率分析

序号	问题点	改善措施	提升效率
1	服务顾问往返至引导员处取预约工单	引导员在车辆到店后，第一时间确认是否为预约车辆，同时，找到对应的预约工单送至服务顾问手中	0.03%
2	休假的服务顾问未进行工作交接，因寻找检查单耽误时间	部门内建立工作交接本，每位休假的服务顾问必须将手中在修车辆情况及相关单据的位置记录清楚	0.16%
3	找车间同事试车	充分利用对讲机，统一呼叫车间调度安排相关人员，减少到车间中往返找人的时间	0.02%
		……	

（5）岗位分析结果的形成阶段

根据上面的分析，最后以服务顾问为例进行岗位说明书的编写。现因组织结构不合理造成的影响组织内活动的现象，因此本次岗位分析项目未进行组织结构再设计。作为输出性的结论性成果，编制岗位说明书是岗位分析的一项重要工作，也就是要将岗位分析的结果全部输出到岗位说明书中，这是岗位分析结论的最终体现。

（6）规范工作流程

项目组工作人员通过大量数据的收集和分析发现，在服务顾问日常工作的各项流程中具有一定的主观差异性，这就直接导致工作标准化的缺失，每项任务的时长不但受到客户等客观因素的影响，还受到自身主观因素的影响。因此，项目组工作人员对服务顾问的日常工作流程进行了梳理，制定了标准化的操作流程。如图 7-3 所示为项目组对客户预约流程进行的规范。

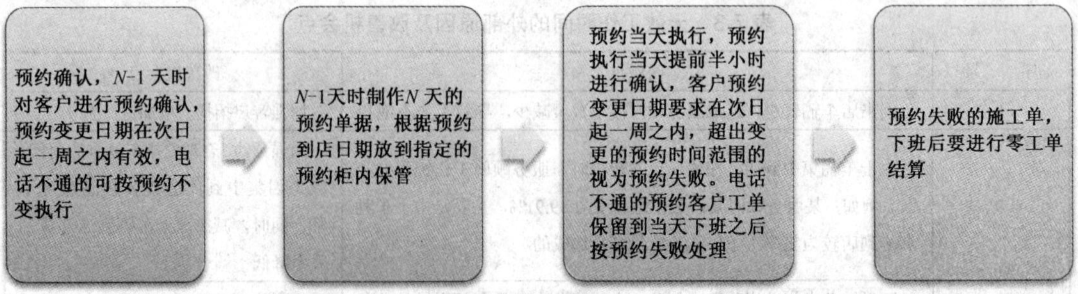

图 7-3　客户预约流程

7.3 岗位薪酬体系的三种形式

7.3.1 一岗一薪制

一岗一薪制是指组织中每个岗位只对应一个具体的薪酬标准，也就是对应确定的工资等级，同岗完全同酬，同一岗位任职者不存在薪酬差别。如表 7-5 所示，项目经理无论由谁任职，都是六级 11 120 元。

表 7-5　某企业职能岗位和项目岗位一岗一薪制

工资级别	工资标准	职能岗位	项目岗位
八	19 600	公司总经理	
七	14 200	公司副总经理	
六	11 120	总经理助理	项目经理
五	7 440	部门经理	项目副经理
四	5 600	部门副经理	项目部门经理
三	4 420	业务主管	项目部门副经理
二	3 140	业务骨干	项目技术员
一	2 640	业务员	项目操作工

一岗一薪制简单易行，好操作，无论是谁，只要在某个岗位就获得该岗位的报酬。例如某公司审计主管、发行主管岗位工资都是 4 300 元，无论是新招聘者还是在该岗位任职七、八年的老员工。一岗一薪制不能反映员工能力、员工资历因素，对绩效考核优秀者也不能及时给予加薪激励，因此在公平和效率两个方面都不能很好地达到薪酬目标；一岗一薪制的另一个缺点是不能进行薪酬调整，尤其是薪酬的个体调整问题。

适用范围：一岗一薪制要求人岗匹配，适用于标准化程度高、技术较为单一、工作产出结果统一、岗位比较稳定的岗位或企业，比如生产线上的工人等。

7.3.2　一岗多薪制

1．一岗多薪制概述

一岗多薪制克服了一岗一薪制的缺点，将岗位薪酬标准设定为一个范围，通常是岗位工资分别对应几个等级。如表 7-6 所示，部门经理岗位职等是五等，但工资等级可由 1 级到 5 级，对应工资标准为 7 440～11 840 元。

表 7-6　某公司一岗多薪制工资表

岗位	岗位职等	工资等级及标准				
		1	2	3	4	5
公司总经理	八	19 600	27 600	35 600	43 600	51 600
公司副总经理	七	14 200	15 700	17 200	18 700	20 200
总经理助理	六	11 120	12 320	13 520	14 720	15 920
部门经理	五	7 440	8 540	9 640	10 740	11 840
部门副经理	四	5 600	6 600	7 600	8 600	9 600
业务主管	三	4 420	5 220	6 020	6 820	7 620
业务骨干	二	3 140	3 740	4 340	4 940	5 540
业务员	一	2 640	3 140	3 640	4 140	4 640

需要注意的是，员工岗位晋升意味着职位等级（职等）的晋升，而员工工资等级的晋升不以岗位晋升为前提。

一岗多薪制可以考虑员工能力、员工资历、员工业绩等多种因素，在薪酬激励作用和公平目标方面都强于一岗一薪制。一岗多薪制的操作比一岗一薪制复杂，对企业管理水平提出了较高要求。一岗多薪制的特点是：能使同一岗位不同任职者的工资有所差别，可以实现同岗不同薪；对能力高、资历深的员工给予更高工资等级，给予能力稍差员工较低工资等级，在某种程度上更能体现内部公平；员工工资等级有晋升空间，这在某种程度上会带来激励效应。

一岗多薪制岗位工资等级可以根据能力确定，这样可以鼓励大家提高能力；也可以根据资历确定，增强员工忠诚度，同时也更加公平；还可以根据业绩确定，激励大家提高业绩，促进组织目标的实现。

在企业进行薪酬变革或初始设计薪酬体系时，如何给员工定级是比较复杂的事情，企业薪酬管理实践中有 3 种主要方法：第一种方法是根据员工能力分别定在不同的级别，实际上这也是比较困难的工作，在企业操作中往往以职称、工龄、任职时间等资历因素替代；第二种方法是根据员工资历分别定级；第三种方法是套改，即考虑任职者原来薪酬水平以及任职者资历等有关因素，转换到新工资体系中来。

在日常的薪酬管理中，一岗多薪制可以进行薪酬整体调整和个体调整。个体薪酬调整可以根据员工的资历进行，如任职年限、工龄、职称等因素；也可以根据绩效考核结果进行，考核结果优秀者可以晋级，考核不合格者降级。

一岗多薪制比一岗一薪制更能体现任职者能力、资历、业绩等因素，更适合大多数能力素质要求高、工作内容比较丰富的岗位。

适用范围：适用于那些岗位划分较粗、岗位之间存在工作差别、岗位内部的员工之间存在技术熟练程度差异的企业或部门。企业在实行一岗多薪制时，基本的操作规范要求与一岗多薪制相同。

小案例

企业："阶梯工资"留人才

"对于销售经理，需要有较强的市场开拓能力，有一定的产品营销经验，善于开拓和维护中高端目标客户，制订销售计划，完成月、季度、年度工作计划及任务指标，口齿伶俐、形象好，"海口市一家葡萄酒代理商的人力主管说，"在现在的快速消费时代，市场维护很重要。"

对此，万宁市的啤酒销售代表陈先生颇有心得，"夏天要来了，天气一热，喝啤酒的人就多了，几家啤酒商的竞争又开始了，但竞争主要还是在客户维护上"。陈先生说，他每天上门查货，翻看一下货架、冰柜、冰箱等，将其销售的啤酒摆在最显眼的位置。由于在维护市场、销售业绩等方面都不错，他的工资在 7 000～9 000 元，而一些能力较差的人，只能领两三千元，这就是多劳多得。

"只要有爱好，不懂汽车知识我们可以培养。"海口一家名牌车销售公司人力资源主管说。在汽车销售行业内，精英销售员流向豪华品牌汽车的现象很正常；但汽车销售员也分等级，这也跟业绩和工资挂钩，阶梯状工资待遇可留住人才。

（资料来源：企业"阶梯工资"留人才，南国都市报，2015-02-08）

2．一岗多薪工资标准的设计方法

在一岗一薪的基础上，形成一岗多薪、上下等级交叉的工资标准，通常的办法是按照岗位工资中线的百分比确定档差。档差百分比的大小取决于横向工资幅度的大小和档次的多少两个因素。

以某工程公司一岗十二薪的工资标准为例，如表 7-7 所示，首先把岗位工资中线作为基本标准；之后使用基本标准乘 3%，经个位四舍五入计算出档差，并在基本标准的基础上，按照档差增减延伸出其他档次的工资标准。

表 7-7　某工程公司一岗十二薪工资标准表

单位：元/月

档次/标准/岗级	基本标准	档差	岗位工资档次											
			1	2	3	4	5	6	7	8	9	10	11	12
一	2 970	89	3 059	3 148	3 237	3 326	3 416	3 505	3 594	3 683	3 772	3 861	3 950	4 039
二	3 270	98	3 368	3 466	3 564	3 662	3 761	3 859	3 957	4 055	4 153	4 251	4 349	4 447
三	3 570	107	3 677	3 784	3 891	3 998	4 106	4 213	4 320	4 427	4 534	4 641	4 748	4 855
四	3 930	118	4 048	4 166	4 284	4 402	4 520	4 637	4 755	4 873	4 991	5 109	5 227	5 345
五	4 290	129	4 419	4 547	4 676	4 805	4 934	5 062	5 191	5 320	5 448	5 577	5 706	5 834
六	4 710	141	4 851	4 993	5 134	5 275	5 417	5 558	5 699	5 840	5 982	6 123	6 264	6 406
七	5 130	154	5 284	5 438	5 592	5 746	5 900	6 053	6 207	6 361	6 515	6 669	6 823	6 977
八	5 610	168	5 778	5 947	6 115	6 283	6 452	6 620	6 788	6 956	7 125	7 293	7 461	7 630
九	6 180	185	6 365	6 551	6 736	6 922	7 107	7 292	7 478	7 663	7 849	8 034	8 219	8 405
十	6 840	205	7 045	7 250	7 456	7 661	7 866	8 071	8 276	8 482	8 687	8 892	9 097	9 302
十一	7 590	228	7 818	8 045	8 273	8 501	8 729	8 956	9 184	9 412	9 639	9 867	10 095	10 322
十二	8 340	250	8 590	8 840	9 091	9 341	9 591	9 841	10 091	10 342	10 592	10 842	11 092	11 342
十三	9 150	275	9 425	9 699	9 974	10 248	10 523	10 797	11 072	11 346	11 621	11 895	12 170	12 444
十四	10 050	302	10 352	10 653	10 955	11 256	11 558	11 859	12 161	12 462	12 764	13 065	13 367	13 668
十五	11 100	333	11 433	11 766	12 099	12 432	12 765	13 098	13 431	13 764	14 097	14 430	14 763	15 096
十六	12 150	365	12 515	12 879	13 244	13 608	13 973	14 337	14 702	15 066	15 431	15 795	16 160	16 524
十七	13 350	401	13 751	14 151	14 552	14 952	15 353	15 753	16 154	16 554	16 955	17 355	17 756	18 156

7.3.3　岗位薪点工资制

1．岗位薪点工资制概述

所谓岗位薪点工资制，是指以管理岗位为主要实施对象，以薪点数为标准，根据企业经济效益情况，按企业结算工资总额确定薪点值，以岗位贡献为依据，以员工贡献大小为基础，确定岗位劳动报酬的一种弹性工资分配制度。岗位薪点工资制坚持以经济效益为中心，以市场为导向，以按劳分配为主体，突出岗位要素在薪酬分配中的作用，合理拉开收入差距，收入分配向关键岗位和重要岗位倾斜，坚持“一岗一薪、岗变薪变”原则，鼓励岗位人员的内部正常流动。

2．岗位薪点工资制的优点

（1）以岗位为基础，以业绩和能力为导向，遵循按劳分配和效率优先、兼顾公平的原则，体现岗位劳动差别，合理、适度拉开各类人员工资收入分配差距，打破资历、身份的界限。

（2）实行以岗定级，一岗多薪，即一个岗级对应几个工资等级，相邻岗级的工资等级相互交叉，岗位级别与工资等级不是一一对应关系，通过同一岗级内的工资等级进行年度考核增减薪，认可和实现在同一岗级上不同员工的能力和经验的差异。

（3）通过岗薪薪点点值将职工利益与企业利益紧密挂钩，必然会促使职工积极主动地关心企业的生产经营状况，实现个体目标与企业目标的有机统一。

（4）针对行业特点，薪酬设计向生产经营、管理责任重和知识密集岗位倾斜，促进核心骨干人员对企业的成就感和归属感，有利于培养、激励、留住人才。

3．岗位薪点工资制的操作步骤（如图 7-4 所示）

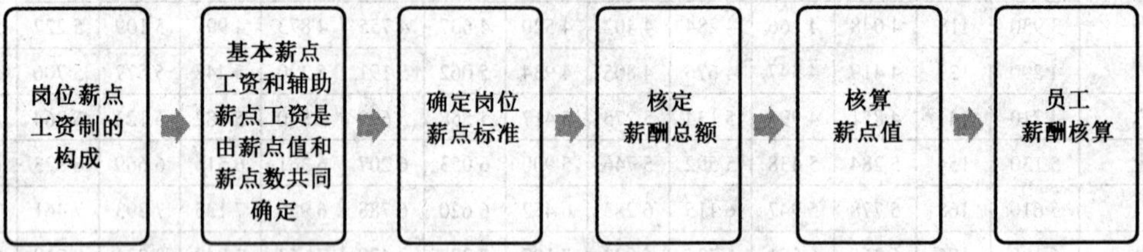

图 7-4　岗位薪点工资制的操作步骤

（1）岗位薪点工资制的构成

岗位薪点工资制由基本薪点工资、辅助薪点工资和保障工资 3 大部分构成。基本薪点工资包括：岗位薪点工资、技能薪点工资和学历薪点工资。辅助薪点工资包括：工龄薪点工资和效益薪点工资。

（2）基本薪点工资和辅助薪点工资是由薪点值和薪点数共同确定

基本薪点工资 =（岗位薪点数 + 技能薪点数 + 学历薪点数）× 固定薪点值

辅助薪点工资 = 工龄薪点数 × 工龄薪点值 + 基本薪点数 × 效益薪点值 × 员工的个人考核贡献系数

员工的个人考核贡献系数参照年终绩效考核管理办法执行。

（3）确定岗位薪点标准

1）在岗位评价的基础上，确定岗位分级体系。

2）根据薪酬调查结果和企业薪酬策略、支付能力，确定各等级岗位的合理薪酬定位，得到各等级薪酬中值和薪酬差距。

3）确定各等级薪酬幅度，并根据重叠度做进一步调整，从而得到各等级的上限和下限。

4）将薪酬曲线转化为薪酬标准表。

5）将薪酬标准表转化为薪点表。一般做法是：将最低等级薪酬标准作为基数，核算为 100 点，进一步核算其他岗位等级薪点数。

例如，最低等级薪酬标准为 850 元，将其作为 100 点；如某等级为 3 400 元，则其为 400 点。

以上 1）～4）步与一般的薪酬设计过程完全相同，人力资源的专业管理人士不难理解，而第 5 步仅仅是将绝对额形式的薪酬标准表转化为薪点表。

（4）核定薪酬总额

根据历史数据核定薪酬总额以及薪酬总额所占销售额的比例。当然，也可以根据企业实际情况用其他反映企业总体经营效果的指标来代替销售额。比如，可以采用企业增加值指标，即扣除生产过程中消耗或转移的物质产品后的余额。

（5）核算薪点值

根据薪酬总额和前述薪点表，重新核定薪点值，就是根据薪点表和各岗位现在岗人数核算出企业总薪点，然后用薪酬总额计算出薪点值。当然，薪点值的最终确定还必须综合考虑市场薪酬水平、企业薪酬策略等因素。

（6）员工薪酬核算

设计薪酬改革及重新确定薪酬标准应利用薪点值测算员工薪酬标准，并分析员工薪酬水平变动情况。如果仅仅是将原薪酬标准表转换为薪点表，一般不存在员工薪酬变动的问题。

4. 岗位薪酬体系的实施条件

实施岗位薪酬体系首先对以下几方面情况作出评价。

（1）岗位内容的完整性

岗位内容是否已经明确化、规范化、标准化，岗位薪酬体系要求纳入本系统中的岗位本身必须是明确的、具体的，企业必须保证各项工作有明确的专业知识要求，有明确的责任，同时这些岗位所面临的工作难点也是具体的、可以描述的。

（2）岗位的内容的稳定性

岗位内容是否基本稳定，在短期内不会有较大的变动，不至于因为岗位内容的频繁变动而使岗位薪酬体系的相对稳定性和连续性受到破坏。

是否具有按各人能力安排岗位或工作岗位的机制。企业必须能够保证按照员工个人能力来安排适当岗位，既不能存在能力不足担任高等岗位的现象，也不能出现能力高者担任低等岗位的情况。

（3）企业中是否存在相对较多的职级

无论是比较简单的工作还是比较复杂的工作，岗位级数应该多，确保企业能够为员工提供一个随着个人能力的提升从低级岗位向高级岗位晋升的机会。否则会阻塞员工的薪酬提升通道，加剧员工的晋升竞争。

（4）企业的薪酬水平定位

企业的薪酬水平是否足够高，如果企业的总体薪酬水平不高，岗位的等级又很多，处于岗位序列最底层的员工做得到的报酬就会非常少。

5. 如何有效实施岗位薪点工资制

（1）完善岗位评价机制，应对岗位内容变动

当组织机构及岗位变化时，要根据岗位技术含量、责任大小、劳动强度和环境优劣重新确定岗级。最好能建立一个岗位职责审核制度，每隔一定时期，对所有正在使用的岗位职责进行一次梳理，及时发现问题，处理问题。

（2）结合绩效考核机制，形成科学有效的考核体系

考核不能“临时抱佛脚”，应结合企业定期绩效考核机制，注重每月或每季的测评、打分，采用自评、互评和领导评定相结合的方式，以此作为年终考核升薪的依据。考核应公开、公正、公平，绝不能“走过场”，不然，岗位薪点工资制的实施将会失去真正的意义。

（3）提高岗位薪点工资在企业工资总额中的比重

应根据企业的行业特点，适当调整岗位工资标准占工资总额的比重，从而让岗位薪点工资制真正发挥其作用，而不仅是一个摆设。要转变观念，由以前的依靠奖金为主，转变为依靠个人的工作绩效而核发的岗位薪点工资为主。

（4）岗位薪点工资应与专业技能素质挂钩

如取得中、高级职称或技能等级的员工，可按标准提高一个等级的岗位薪点工资水平，激发员工钻研技术业务的自觉性，对提高企业职工整体素质可起到推进作用。

（5）合理确定社会通用性工种的薪酬水平

社会通用性工种的薪酬一般按当地劳动力市场公布的工资标准执行，避免出现由于内部不公平而产生的影响士气的情况。

（6）建立薪点调整的动态管理机制

在大型企业，管理者需要面对大量的岗位调整，复杂而又烦琐，必须建立一套行之有效的管理机制，理顺流程，简化手续，可利用计算机开发应用软件辅助管理。

7.4 岗位薪点工资制实例：T集团岗位薪点工资制

是一家具有独立进出口经营权的民营外贸企业。集团最早的薪酬制度采用的是“信封制”，即每位员工每月的工资发放由总经理个人决定，员工们彼此均不知道他人的薪酬状况，后来公司采用了国内企业普遍使用的岗位工资制。即根据原来“信封制”中每位员工的月薪，再考虑到该员工的工作岗位，综合确定该岗位的基本岗位工资，具体步骤如下。

7.4.1 薪点工资的构成

基本模式：月工资=基本工资+奖金

基本工资保障员工的基本生活水平，且在一段时间内保持不变；奖金与企业整体经营绩效挂钩，向员工传递市场压力。

7.4.2 确定薪酬水平的基本原则

员工的工资水平由薪点数和薪点值来确定。薪点数、薪点值越高，其工资水平越高。员工薪点数主要是由员工在职类、职种中具有的任职资格等级所决定；薪点值主要由企业的经

营绩效水平决定。

7.4.3　设计薪等表

薪酬总的空间共分为 8 个等级，薪等越高，薪点总体水平就越高。通过对 L 集团所有岗位进行分析、归类。形成 L 集团职位分类标准，共分为 5 大职类 12 个职种，对应不同的薪等，形成各自的薪酬晋升通路和空间。职类、职种登记表如表 7-8 所示。

表 7-8　职类、职种登记表

职类 / 职种 / 职层	职等	管理类			专业类			市场类			技术类	作业类	
		经营	管理	执行	财务金融	人力资源	物资采购	营销支持	营销	销售	研发	技工	操作工
核心层	8												
	7												
中间层	6												
	5												
骨干层	4												
	3												
基础层	2												
	1												

7.4.4　薪点的确定和薪点表

每个人薪点总数中含有保障性的薪点，考虑岗位和职务责任的薪点，还有充分考虑个人素质和能力的薪点。薪点结构中还体现静态与动态相结合的特点。

（1）薪点总数

薪点总数=基础薪点+职级薪点+岗位薪点+素质薪点(工龄+学历+职称薪点)

①基础薪点：此部分根据原有的保留工资平均额制定标准，为集团给予员工的基本生活补助，人人均等。每月可按 300 点计算。

②岗位、职务薪点：根据具体岗位特点和任职者的职务责任等基本条件确定，体现岗位的重要性、岗位对任职者的要求、职业风险对薪点高低的影响。

③素质薪点：依据员工个人条件给付，包括：工龄薪点、学历薪点，职称/技能等级薪点，体现员工素质差异及个人价值，鼓励员工不断提高技能、素质。

④工龄薪点：从到 L 集团工作开始，每年可按 5 个点计算。在每年元月统一调整员工工龄点，计算公式为：工龄点=工龄年限×5。

注：学历职称薪点（见表 7-9）：学历点是对具有高中以上学历员工增加的薪点。职称点（见表 7-10）是员工被公司聘任相应专业技术职务后增加的薪点。

表 7-9 学历职称薪点

高中学历	中专（技校）	大学专科	大学本科	硕士研究生	博士研究生
10 点	30 点	60 点	100 点	180 点	300 点

表 7-10 职称点

员 级	助 理 级	中 级	高 级	教授级高职
10 点	30 点	60 点	120 点	200 点

（2）薪点的分配与薪点表（见表 7-11）

表 7-11 薪点的分配与薪点表

	1 级	2 级	3 级	4 级	5 级	6 级	7 级	8 级	9 级	10 级	11 级
8 等	1 000	3 000	3 800	4 600	5 400	6 200	7 000	7 800	8 600	9 400	10 200
7 等	900	2 200	2 700	3 200	3 700	4 200	4 700	5 200	5 700	6 200	6 700
6 等	800	1 550	1 900	2 250	2 600	2 950	3 300	3 650	4 000	4 350	4 700
5 等	700	1 100	1 300	1 500	1 700	1 900	2 100	2 300	2 500	2 700	2 900
4 等	600	710	820	930	1 040	1 150	1 260	1 370	1 480	1 590	1 700
3 等	500	560	620	680	740	800	860	920	980	1 040	1 100
2 等	400	435	470	505	540	575	610	645	680	715	750
1 等	300	320	340	360	380	400	420	440	460	480	500

薪酬空间分为 8 个薪等，每个薪等又划分为 11 个薪级。在同一薪等中，薪级越高，薪点数越大。员工在所在职种的对应薪酬空间中，根据任职资格等级等因素，确定出其所在的薪等和薪级。

（3）实例分析

某员工 1998 年参加工作，现为中专学历，助级职称，其岗位为集团总经理助理，职级为二级总经理助理。则他的薪点数是多少？

$$薪点总数=300+1\ 500+1\ 000+5\times 6+30+30=2\ 890$$

按照任职资格登记表，确定他在 7 等，并将 2 890 套入薪点表中的 7 等中，按照就高原则，确定为 7 等 4 级（薪点数为 3 200，假设点值为 5 元，则其薪点工资为 16 000 元）。

7.4.5 工资水平的确定

（1）工资总额

工资总额由集团所有员工的固定工资、计划销售收入、实际销售收入、工资计提比例等因素共同决定。以下是相应的计算公式。

①月工资总额=月计划工资总额+（实际销售收入－计划销售收入）×工资计提比例

②月计划工资总额=年度计划销售收入×工资计提比例/12

③工资计提比例=去年工资总额/总人数×标准人数/年计划销售收入

（2）个人工资

将薪点总数分解为固定薪点数和浮动薪点数，分别作为确定基本工资和奖金的基础。

①薪点总数=固定薪点数+浮动薪点数

②基本工资=固定薪点数×固定薪点值

固定薪点值一般一年内保持不变，不同地区依据当地社会平均水平有所差异，可用来调节地区间的平衡。

③奖金=浮动薪点数×浮动薪点值×考核结果

浮动薪点值=月浮动工资总额/Σ员工个人浮动薪点数

固定工资与浮动工资的比例根据员工任职等级所在的职种与市场关联程度确定。

例如：在套改中，管理类和市场类的固定薪点数与浮动薪点数的比例为 3:7，其他职类的固定薪点数与浮动薪点数的比例为 7:3，各职种的比例可根据市场关联程度进行调整。

复习思考题

一、单项选择题

1. 在工作信息的收集方法中，由工作者本人按照标准格式，及时、详细地记录自己的工作内容与感受，在此基础上由岗位分析者综合分析信息的方法是（　　）。

A. 访谈法　　B. 问卷调查法
C. 观察法　　D. 工作日志法

2. 企业在确定薪酬水平时，根据市场平均薪酬水平来确定本企业的薪酬定位的政策是（　　）。

A. 薪酬领袖政策　　B. 市场追随政策
C. 拖后政策　　D. 混合政策

3.（　　）表示的是不同职系之间的相同相似岗位等级的比较和平衡。

A. 职组　　B. 职系　　C. 岗级　　D. 岗位职等

4. 岗位分析的方法不包括（　　）。

A. 观察法　　B. 访谈法　　C. 关键事件法　　D. 要素计点法

5. 下面哪一项不属于岗位说明书的基本内容？（　　）

A. 工作职责　　B. 工作环境　　C. 工作权限　　D. 工作中晋升

6. 岗位薪酬体系设计流程的第一步是（　　）。

A. 职系的划分　　B. 岗位分析
C. 明确企业战略　　D. 岗位评价

7. 一岗多薪制是为适应（　　）的工人之间劳动熟练程度存在差别而设立的。

A. 不同职位　　B. 相同岗位
C. 不同技术水平　　D. 不同责任大小

8．基于岗位薪酬体系设计的特点是（　　）。

A．既对人又对事　　B．对人不对事

C．对事不对人　　D．既不对人也不对事

9．对于岗位评价的主要步骤，下列顺序正确的是（　　）。

①确定岗位评价方法　②岗位分类　③成立岗位评价小组　④确定岗位评价要素　⑤收集相关岗位信息　⑥全面落实岗位评价计划

A．②①④③⑥⑤　　B．②⑤③①④⑥

C．①②③④⑤⑥　　D．①②④③⑤⑥

10．实施岗位薪点工资制的薪酬取决于（　　）。

A．岗位评价点数　　B．工资标准

C．计件单价与工作量　　D．点数和点值

二、简答题

1．简述基于岗位薪酬体系的概念及其三种形式。

2．实施岗位薪酬体系的前提条件是什么？

3．论述岗位薪酬体系的设计流程。

4．什么是岗位薪点工资制？简述岗位薪点工资制的设计流程。

三、案例分析题

H医药有限公司主要从事化学原材料、化学药制剂、生物制品、抗生素、生化药品、中成药等产品的生产和经营。该公司具有很强的研发能力，并先后通过了GMP和GSP认证，拥有较为畅通的产品渠道和一批核心的高素质销售人员，是华中地区的重点医药生产和流通企业之一。

该公司以“高附加值的员工是公司的最大资产”为人力资源管理理念，实施了岗位轮换制、员工建议系统、EVA奖金计划等一系列人力资源措施，以提高员工的忠诚度和价值。但近年来，公司骨干人员流失率呈逐年上升趋势，尤其以高管、研发人员最为突出。如何吸引、激励和保留关键人才，已成为困扰H公司董事会和人力资源管理者的一大难题。

（一）薪酬管理现状

H公司的薪酬体系包括工资、补贴、福利和奖金4个单元。所有员工分为管理职、技术职和一般职3个序列。

其中，工资单元实行典型的岗位工资制，其价值分配基础以职位为主，以能力为辅，整个工资体系共含11个等级，其中，第1级分3等，第2级分4等，第3～7级分5等，第8～9级分6等，第10级分7等，第11级分8等。最低工资水平（1级1等）为2 600元/月，最高工资水平为19 500元/月。

补贴单元的名目较多，包括车补、餐贴、通信补贴、房补、差补、安家补贴、学位补贴、技术职称补贴8个项目。其中，除技术职称补贴根据公司聘任职称发放，学位补贴根据国家国民教育系列学位发放外，其他补贴均以职位为基础进行发放。

福利单元除国家规定的社保险种之外，还包括补充商业保险、带薪年假、退休金等 8 个项目。

奖金单元则包括月度奖金（绩效工资）、服务质量奖、年终目标奖、最佳建议奖、特别贡献奖、EVA 奖金计划等 7 个项目。

H 公司现行薪酬体系的调整主要包括晋升调薪、考核调薪和通货膨胀调薪 3 种类型。晋升调薪分为职位晋升调薪和职称晋升调薪两种形式，均在员工晋升的下月开始执行。考核调薪的频率为每年一次。通货膨胀调薪每年调整一次，在通胀率超过 10%的情况下，该调整每半年一次。

（二）现行薪酬体系的突出问题

1．薪酬理念与人力资源管理理念错位

H 公司提倡能力主义，强调以能力为取向，在公平的原则下，内部拔擢有实力的员工，为公司贡献实绩并获得相应的报酬。同时，通过资格认证、工作论调、能力发展计划等一系列措施进一步强化高素质、高效能、高待遇的思想，是典型的基于能力的人力资源管理。然而其薪酬体系设计则基本以职位价值为基础，虽然对技术职通过技术职称补贴进行弥补，但未充分体现该系列的能力价值。

2．劳动力市场定位偏差

H 公司的人才结构为研:产:销:辅＝4:2:3:1，与典型的哑铃型人才结构相近。

该公司对研发（含技术）人员素质要求较高，虽然该公司地处华中，但此类人才的劳动力市场从该公司的人力资源实践来看，属于全国性市场，而非区域性市场。

根据该公司的产品市场定位，除公司主导产品的覆盖范围为全国之外，其他产品的市场，尤其是该公司的商业产品市场，基本以华中为主。因此，该公司营销人员的劳动力市场以区域市场为主（该公司的人力资源实践也证明此结论）。

但 H 公司现行薪酬体系设计时的劳动力市场定位，除一般职位之外，其他职位均为全国性劳动力市场，定位偏差较大。

3．薪酬水平定位偏差

公司外部劳动力市场定位偏差导致了公司在薪酬水平定位方面的偏差。一方面是因不同劳动力市场内部结构的不同而导致的参照系错误，另一方面是由于劳动力市场薪酬水平的差异导致的绝对薪酬水平偏差。

4．价值评估体系不严谨

H 公司的薪酬体系以职位为基础，其基本设计思路是通过职位评估来确定各职位之间的相对价值，再通过职位序列和市场薪酬数据之间的映射来建立基础工资体系。能力评估是该职位评估体系中的一部分，但该公司另外又设计了学历补贴和技术职称补贴，这虽然在某种程度上体现了公司人力资源管理政策当中“能力主义”的理念，但对能力要素的重复计算在根本上破坏了该公司薪酬体系的内部公平性和一致性。

5．薪酬调整机制不健全

H 公司薪酬体系的调整方式包括晋升调整、考核调整和通胀调整，但是缺少与市场薪酬水平变化相对应的调整方式，从而导致该薪酬体系虽然在设计之初在某种程度上具有了“外部竞争性”，但是并没有建立一种持续保持这种“外部竞争性”的管理机制。

6．工资等级范围和重叠度不尽合理

H公司各工资等级范围过窄，在一定程度上抵消了各工资等级内部薪酬调整的激励作用。同时各工资等级之间基本没有重叠（重叠度为负数，意味着该公司内部等级森严），对员工的职业发展倾向产生误导，对团队合作造成严重冲击，是造成该公司高管、研发人员流失的主要原因之一（对该公司员工进行的薪酬满意度调查的结果进一步印证了该判断）。另外，该公司高管人员平均薪酬水平仅为员工平均薪酬水平的11.3倍，远低于行业平均水平（16倍），这也是该公司高管人员流失率持续攀升的主要原因之一。

7．其他

以上仅仅是H公司在薪酬体系方面存在的一些主要问题，除此之外，补贴和福利项目的设计、绩效工资、奖金、销售提成等方面也存在着不同程度的问题。

[案例讨论与练习题]

针对该企业在薪酬体系方面所存在的种种问题，结合行业案例、相关数据和信息，请为H公司重新设计其薪酬体系。

四、技能操作题

某企业决定采用岗位薪点工资制，经研究分析确定职能部门岗位的主要薪酬要素是职责，对决策的影响、解决问题的知识经验。其中职责最重要，对决策的影响的重要度是职责的80%，解决问题的能力的重要度是职责的70%，知识经验的重要度是职责的60%。企业决定将各要素分为5个等级。该企业计划的总点值是800。每个薪点的工资为10元。

现岗位A的评价结果是：职责第二等级，对决策的影响第三等级，解决问题的能力是第三等级，知识经验是第四等级，问岗位A的薪资是多少？

第8章

基于技能和能力的薪酬体系设计

学习目标

一般掌握

- 技能薪酬体系的内涵及其优劣势
- 能力薪酬体系的优缺点

重点掌握

- 技能薪酬体系实施中应注意的问题
- 能力薪酬体系实施中应注意的问题
- 技能薪酬体系的设计流程
- 能力薪酬体系设计的步骤

学习导航

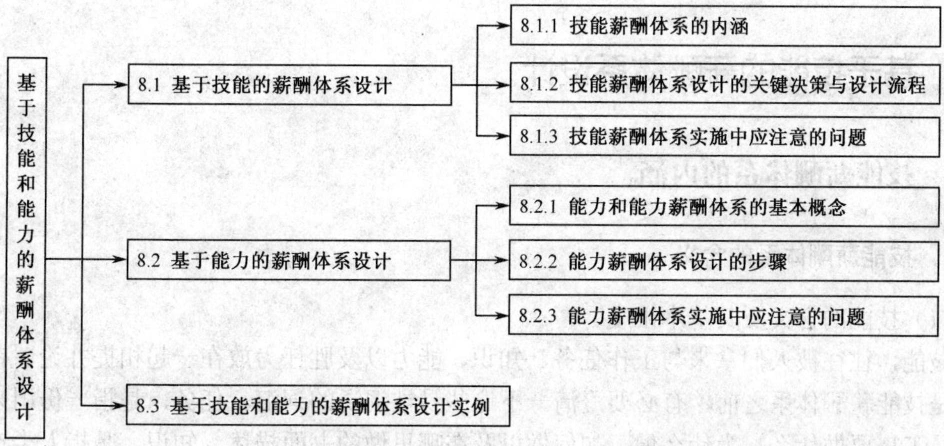

导入案例

A公司为了改进技术服务质量，提高客户满意度，2012年在客户服务部门内部对工程师和技术人员实行了技能工资制。

根据对技术人员和工程师的调查，公司总结出他们工作中所运用的硬件、软件、客户数据库、文件存档、网络接触面、书面交流、人际交往7个主要方面的技能，每个方面根据其运用到的具体技术划分为4个等级。

同时，组织专家对技术人员和工程师目前具有的技能种类和每种技能的等级进行评定，确定每位员工的底薪。以后，员工每提高一级技能或获得一项新的技能在得到评定委员会的认可后，就可获得相应的加薪。

实行技能工资制以后，因为掌握的技能与工资直接挂钩，所以员工们对培训的需求大大增加。为此，公司采用了3种培训方式对员工进行了大量的培训，主要包括：由公司技术骨干授课的内部课程培训，员工之间进行的在岗技能培训和外部专业技能课程培训。

案例点评

在传统的职位薪酬体系中，员工的薪酬取决于其所在的职位和职位本身的价值。不同的职位所承担的角色和任务不同，创造的价值也不同。因此这样的薪酬体系本身也是无可厚非的。但随着经济环境和人力资源管理的发展，企业的组织结构越来越趋向于扁平化，以提高其灵活性和效率，应对风云多变的市场环境。如此一来，企业成员想要通过职位晋升获得薪酬提升的机会就会变得越来越少。同时，企业在现代市场中的竞争地位的取得主要是依赖于团队合作的。员工需要做的工作不再局限于工作说明书中指定的工作任务。员工必须懂得更多，想得更多，必须对工作后果承担个人的责任。同时管理者也意识到要想提高公司的运行效率，必须鼓励员工尝试更多的工作，掌握更多的技能。因此，企业迫切需要新的制度支持这种新变化。正是在这样的背景下，基于技能和能力的薪酬体系应运而生。

8.1 基于技能的薪酬体系设计

8.1.1 技能薪酬体系的内涵

1. 技能薪酬体系的含义

（1）技能的含义及其基本维度

技能，往往被人们拿来与工作任务、知识、能力以及胜任力放在一起相提并论。在明确什么是技能薪酬体系之前，有必要澄清一下这些易被混淆的词汇。任务，是指一份用来说明一位员工需要做什么、为什么做、如何做以及在哪里做的书面描述。知识，是指人类在实践中认识客观世界（包括人类自身）的成果，它可能包括事实、信息，描述或在教育和实践中获得的技能；它可能是关于理论的，也可能是关于实践的。能力是完成一项目标或者任务所体现出来的素质。

技能则是能力概念的延伸，是指掌握并能运用专门技术的能力。在人力资源概念里，技能包括了一种绩效标准在里面。比如一位技术工人就是指一位能够很容易、很准确、很熟练地完成工作的人。所谓胜任力，是指在特定工作岗位、组织环境和文化氛围中绩优者所具备的可以客观衡量的个体特征及由此产生的可预测的、指向绩效的行为特征，它是技能概念的一个变种，我们会在后面的能力薪酬体系中对胜任力进行详细论述。一般我们认为，技能是指从事蓝领工作以及事务性工作所需要的工作技能，而胜任力则是针对管理人员、专业人员、技术人员以及其他白领工作所需的工作技能。

要想进一步理解技能，我们可以将技能划分为 3 个维度（见表 8-1）。

表 8-1　技能的 3 个维度

维度	含义	示例
技能深度	想在某一岗位上达到好的工作绩效，员工除了需要胜任一些简单的体力活动，还需要从事一些较为复杂的活动	如培训主管，不仅需要了解培训的基本流程，还要掌握有一定深度的技能，如培训需求调查分析、培训效果考核等
技能广度	员工在某一岗位工作时，不仅需要掌握本职工作的相关技能，还需要掌握其上下游职位或者同级职位所要求的多种一般性技能	如一个流水线上的操作工作应当掌握他的上道工序和下道工序的操作等
技能垂度	员工自我管理的能力和限度	如一个程序开发团队的成员对时间规划、领导、群体性的问题解决、培训以及与其他团队成员之间的协调等

（2）技能薪酬体系的含义

技能薪酬体系又称为技能薪酬计划，是指企业根据一个人所掌握的与工作有关的技能的深度和广度以及员工所实际具备的水平来支付基本薪酬的一种薪酬制度。即以人的能力要素作为薪酬支付的直接对象。

这种薪酬理论认为员工获得报酬的差异主要来自人本本身能力水平的差异，而非职位等级和价值的高低。这一理论存在的前提假设是：员工掌握的知识与技能越多，员工的工作效率就越高，弹性也越强。企业相信“有好的能力，就会有好的结果”。

2．技能薪酬体系的特点

技能薪酬体系的典型特点有以下两个方面。

（1）以人为本的薪酬设计

技能薪酬体系的最大特点在于，以员工的个人特质和能力为基础，关注各个员工在获取组织需要的知识、技能与能力方面的差异，以人为中心进行薪酬体系设计。

（2）以技能的提升作为支付的依据

在技能薪酬体系中，员工薪酬水平支付的依据是个人所掌握的、经过组织认可的、鉴定程序认可的知识、技能与能力水平。因而，员工个人技能的提升对于其薪酬水平的改善起着重要的作用。

3．技能薪酬体系的优缺点

技能薪酬体系的优缺点如表 8-2 所示。

表 8-2　技能薪酬体系的优缺点

优缺点	具体表现
优点	有利于企业员工个人目标和企业目标的统一 有利于提高员工技能水平，增加企业竞争力 有利于员工的工作满意度，降低员工流失率 有利于高参与型管理风格的形成
缺点	有可能会给企业带来资金压力 技能薪酬体系的设计和管理更为复杂 有可能会限制员工和企业的发展 有降低工作效率的风险

4．技能薪酬体系的适用范围

技能薪酬体系通常适用于所从事的工作比较具体，而且能够被界定出来的操作人员、技术人员以及办公室人员。

技能薪酬体系首先是在工厂中和其他一些蓝领工作占主导的场合赢得了广泛的应用。近几年来，其行业应用范围不断扩大。目前应用技能薪酬体系比较高的行业主要有：（1）运用连续流程生产技术的行业，如食品加工；（2）运用大规模生产技术的行业，如计算机生产；（3）服务行业，如电信；（4）运用单位生产或小批量生产技术的行业，如加工工业。

相关链接

株洲所技能员工突破 3 600 人可与总经理拿一样的工资

株洲新闻网 7 月 20 日讯（通讯员　胡小亮）当前，随着国家工业 4.0、制造业 2025、智能制造等战略项目的推进，高技能人才的培养以及“大匠精神”的传承愈发重要。在株洲所，就有这样一支技能人才队伍，中国轨道交通装备产业和高端智能产业发展，离不开这些“名匠”。在 18 日的株洲所技能月开幕式上，株洲所发布消息，该公司技能人才已突破 3 600 人，可与企业领导拿一样的工资和福利。

“专业制造是株洲所核心竞争力的重要体现，必须培养大量的能工巧匠，用好用活技能人才，让技能人才成为企业创新驱动战略重要的支撑力量。”株洲所执行董事兼总经理丁荣军强调，技能人才被誉为株洲所人才核心的第三极力量，备受重视。

20 世纪 80 年代，株洲所推动科技成果产业化、商品化，为解决一线用工问题，株洲所开始招收技能工人。2010 年，该公司颁布“乔”型职业发展体系，首次将能工巧匠专类列入公司四类人才发展通道，建立企业技能员工评价、考核和晋升的标准和导向。“乔”型职业发展体系的颁布，科学系统地解决了技能员工认同难、评价难、晋升难等诸多问题。

“通俗点讲，只要你够优秀，技能人才也能拿到公司总经理一样的工资。”相关负责人介绍说，比如，技能人才可以凭借自己的技术实力在“能工巧匠”的通道不断“升级”。如果晋升到资深主任制造师，就享受公司高级职业经理一样的工资及福利待遇；晋升到制造专家，就能和株洲所高管享受一样的工资福利待遇；晋升到首席制造专家，即可享受株洲所领导班子成员一样的工资福利待遇。“让广大技能员工享有与其他人才团队同等的成才成长的机会，这极大地激发了他们的工作热情。”

体制解决了，思想包袱丢到了，株洲所又在技能人才的培养上下苦功夫。株洲所注重载体创新，通过“考核评价—技能培训—竞赛选拔—岗位使用—表彰激励”五位一体的培养体系，着力解决技能人才“不够用”和“不适用”两大难题，并利用内外培训资源，采用理论办班、实训演练、岗位练兵、专家授课、校企联合办学等多种方式，全方位、多层次培养和开发技能人才，实现全所技能员工培训覆盖率达到 90%以上。

值得一提的是，株洲所还延续了“导师带徒弟”的优良做法，签订“师带徒”协议，通过传帮带，实现技能人才快速成长。此外，株洲所人力资源部还对全所 200 多个工种和工序全面梳理、鉴定，组织 5 000 多人次参加技能考核鉴定，目前，公司拥有国家、省市技术能手各 1 名，中国南车核心技能人才 12 名，高技能人才占总人数的 31%。

（胡小亮．株洲新闻网．2015-07-20.）

8.1.2　技能薪酬体系设计的关键决策与设计流程

1．技能薪酬体系设计的关键决策

企业在将技能薪酬体系作为自己的薪酬管理制度之前，首先要明确这种薪酬体系设计的关键决策点。唯有如此，才能发挥技能薪酬体系的优势，避免错误地选择了不当薪酬体系。

（1）培训体系与资格认证

实施技能薪酬体系就必须建立起相应的配套机制，培训体系与资格认证就是最直接的配套机制。实施技能薪酬体系必须建立一套体系来对员工进行培训以及开发企业要求具备的新技能；还必须有资格认证来确保员工真正掌握了这些技能，同时还需要有阶段性的资格重审过程，以确保员工在未来一段时间内仍然具备这些技能。

（2）技能的范围

采用技能薪酬体系的组织必须明确一个问题，到底哪些技能是组织应该支付报酬的。对于任何一个组织来说，都不能无限制地对员工所获得的任何技能都给予报酬。组织所支付的技能必须是工作所需的，且要确保这些技能的总价值与市场薪酬水平之间存在紧密的联系。若工作需要 4 种技能，则必须具备了 4 种技能后才能获得市场薪酬水平。

（3）技能的广度和深度

通才还是专才？这不仅员工在个人职业发展中要考虑的问题，更是组织在采用技能薪酬

体系时必须要明确的问题。企业要设计技能薪酬体系时必须清楚地知道，究竟是鼓励员工成为通才，还是鼓励他们仅仅去不断提高具有很高价值的那些特定技能？譬如专业技术人才的文字处理能力是否应获得报酬？

（4）单一职位族/跨职位族

技能薪酬体系是应该严格限定在某一职位族之内，还是应该设计成一个鼓励真正的跨职能培训计划？两者在员工的未来职业发展通道上有明显的不同：前者鼓励员工沿着某一特定的职业通道获得职业发展机会，相对来说更适合职能型组织；而后者则鼓励员工打破传统的职能通道，形成新的职业通道，更适合时间型组织。

（5）学习的自主性

学习的自主性也是企业在进行技能薪酬体系设计时重点考虑的问题。主要体现在：员工主动学习下一种技能是源于其自身需要呢？还是源于组织或工作流程的需要？抑或客户的需求？此外，还有一个需要强调的问题是，员工应当按照自己的速度来学习这些技能还是应当按照组织确定下来的速度来学习这些技能？

（6）管理方面的问题

在管理方面，组织要最大限度地利用员工已有技能的同时，还应考虑到当员工达到技能的最高等级，即当其继续学习新技能的削弱时，应如何激励员工。

2．技能薪酬体系设计的设计流程

技能薪酬体系设计流程的重点在于开发出能够使技能和基本薪酬联系在一起的薪酬计划，并且要使这些技能与企业内相应职位要求相匹配。总体来说，其设计流程如图 8-1 所示。

图 8-1 技能薪酬体系设计流程

（1）成立设计小组

成立设计小组是技能薪酬体系设计的第一步。技能薪酬体系设计首先要成立两个层次的委员会：薪酬指导委员会和薪酬设计小组。

薪酬指导委员会由企业高层管理人员参与组成。其职责主要是：1）确保技能薪酬体系的设计与企业的总体薪酬管理哲学和企业战略相匹配；2）制定技能薪酬设计小组的章程并批准其计划；3）指导、监督薪酬设计小组的工作；4）审查技能薪酬方案并报决策部门批准。

薪酬设计小组一般由专家、技能薪酬计划所涵盖的那些员工和各相关部分代表所组成，如人力资源部代表、财务部门代表、信息部门代表等。为便于做出决策，薪酬设计小组的人数通常是奇数，其具体规模由采用技能薪酬的职位或工作的数量决定，但至少应当来自不同层次和部门的 5 个人所组成。其职责主要是负责技能薪酬设计的具体工作。

特别提示

除了指导委员会和设计小组以外，企业还可以根据本身实际情况考虑是否成立“主题专家组”，用于协助设计小组解决遇到的各种技术问题。其成员可以包括员工、员工的上级、人力资源部门的代表、具备特定工作流程知识的人。

（2）进行技能分析

技能薪酬体系的付酬要素是那些对与有效完成工作任务来说至关重要的技能。因此，必须首先对员工所要完成的工作进行准确的理解和深入分析，确认哪些技能才是对所要完成的工作有价值的，是企业需要付酬的。

1）技能分析前的准备工作

在进行技能分析前，设计小组需要对影响技能薪酬体系的组织相关情况进行分析。在设计时，关注的焦点是设计系统时要达成的目标而不是系统本身。因此，设计小组在进行技能薪酬体系设计前，应对组织目标、组织文化、员工授权程度、组织经营战略、技术和工作系统进行充分研究与分析。

2）开展工作分析

为了描述各工作所需的技能，必须对工作本身开展分析，从中提炼出企业需要付酬的技能。

这一环节要求薪酬设计小组通过工作分析获得相关职位或工作的工作任务描述，评价各项工作任务的难度和重要性程序，然后根据需要重新对工作任务信息进行编排，对工作任务进行组合，为技能模块的界定和定价打下基础。

（3）确定技能模块

在确定技能模块之前，我们有必要对技能、技能模块和技能类型之间的关系作以介绍。

如图 8-2 所示，技能是分析的最小单位，是对所作工作的具体说明，比如检查油量和所有的滤油器。技能模块是与一项职位或职位的某一部分相类似的技能、活动或行为的集合，如承担房屋的组装工作。而技能类型则是指反映了一个工作群内所有活动或一个过程中各的不同技能水平的有关技能模块的集合，如生产技术人员。

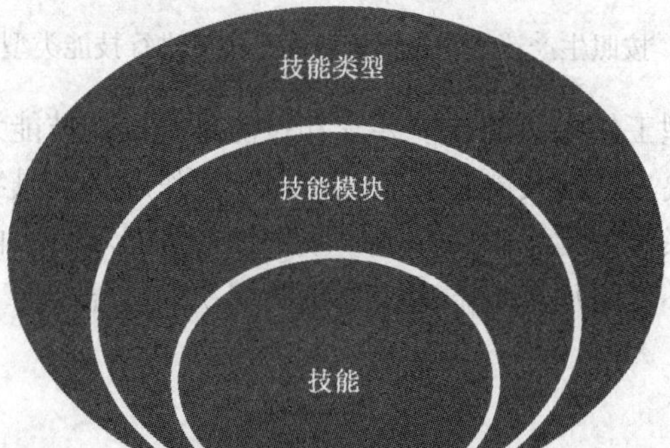

图 8-2　技能、技能模块、技能类型关系图

1）技能模块的划分

常见的技能模块的划分有两种方法。一种是按照生产环节和技能的等级水平两个维度进行划分。另一种是组织按照从事不同类型工作人员的技能要求和技能水平进行划分。

①按生产环节和技能的等级水平两个维度划分。组织首先按照生产过程的不同环节，划分与生产过程步骤相对应的技能类型。

小案例

畅饮公司是一家以生产新鲜的果味饮料为主的“即榨汁”的工厂，厂里现有工人 230 名。“即榨汁”的生产过程有 4 个阶段：一是原料处理，接受并加工原材料；二是混合，将原汁配制成果味饮料；三是装瓶，用机器吹塑软包装瓶，装入果汁、封口；四是包装，用机器不断将封好的瓶子包装为 4 盒装。

畅饮公司的技能薪酬结构使用了 4 种与生产过程中的每个步骤相对应的技能类型：原料处理、混合、填料、包装。每种技能分为 3 个等级：初级水平、中级水平、高级水平。这样一个新员工最初从原料处理的初级水平（A1）开始，被证明在技能 A1 上合格以后，就可以接受 A2 或 B1 方面的培训。如图 8-3 所示。

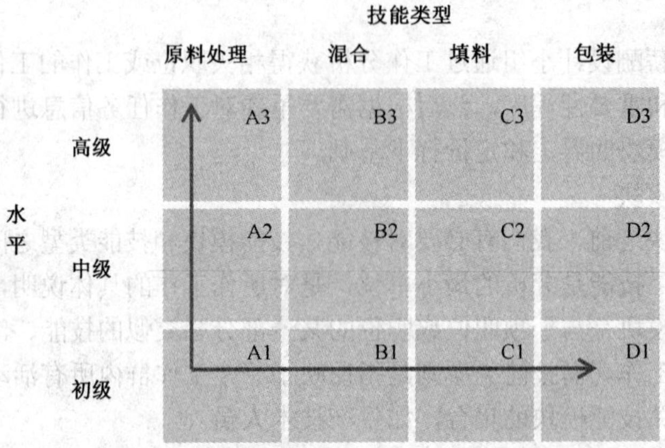

图 8-3　按照生产流程和技能等级两个维度进行技能类型的划分

②按照从事不同类型工作人员的技能要求和技能水平，将技能划分为基础技能、核心技能、可选择技能 3 个模块。基础技能是员工从事本职工作所必须具备的基础知识和能力；核心技能是员工保证生产系统正常运转、完成本职工作任务必不可少的知识和技能；可选择技能是员工在本职工作之外的附加专业能力，是更高层次的技能。

小案例

SA 公司将技术员的技能分为 3 类：基础技能、核心技能、供选择技能。

基础技能：一次质量讨论会、关于材料处理与危险性材料的录像、三天安全研习班，以及半天的上岗培训。所有的基础能力都是必备的，而且必须被证明达到了技术员 1 级的薪酬率为 25 美元/小时。

核心技能：这些技能对于整个系统的运作（如捏造、焊接、绘画、润饰、集合、检验）都是必不可少的。每项技能都赋有一个分值。

供选择技能：这些都是附加的专业化能力，从计算机应用到团队领导与一致意见的达成。此外，还可以把上述两种方法结合起来划分技能类型。即把每个环节所需要的各项技能（初级技能、中级技能、高级技能）划分为基础技能、核心技能和可供选择技能。当然，员工掌握技能增加往往意味着其岗位等级的提高。

2）技能模块的定价

对技能模块的定价实际上就是确定每一个技能单位的货币价值。特别需要强调的是，在技能定价时需要遵守的一个重要原则是：组织必须确保某职位的任职者在全部具备完成该职位所需要的各项技能以后才能获得本职位的市场薪酬水平。组织需要在这个原则的基础上确定各种技能模块的相对价值。

模块相对价值的确定可以基于以下几个维度：①失误的后果，即技能发挥失误所带来的各种后果，如财务损失等；②工作的重要性；③基本的知识水平，即掌握一门技能所必需的语言、推理等方面的知识；④工作或操作的水平，即技能的广度和深度；⑤监督责任。

（4）技能的培训与认证

技能的培训与认证是技能薪酬运行的平台。实践证明，只要员工的报酬与其技能相联系，员工参与公司培训的热情就会提高。这一环节需要对员工现有技能进行分析，并在分析基础上制订出培训计划、技能资格认证计划。这是技能薪酬体系设计中技术难度最大的工作。

一个技能培训计划应包含 7 个基本内容：为什么要培训（why），谁接受培训（whom），培训些什么（what），谁实施培训（who），如何培训（how），在什么时间（when），在什么地点（where）。

以技能为基础确定薪酬，员工技能水平的认证就显得尤为重要了。一个完整的员工技能水平认证计划应该包括 3 个要素：认证者、认证所包含的技能水平以及员工通过何种方式表现自己所具备的技能水平。通常企业会成立一个认证委员会对员工技能进行认证，其组成人员可以来自内部，也可以来自外部。

小案例

英国政府为增加就业和促进职业培训的发展，已授权 3 家公司颁发国家认可的职业技能证书，全球快餐业巨头麦当劳公司榜上有名。

英国资格和课程署说，麦当劳已具备颁发国家认可职业技能证书的能力。这一证书分为高、中、低 3 个等级，其中高级证书与英国中学高级水平考试（A-level）水平相当。

成为国家认可的职业技能证书颁发机构后，麦当劳公司马上行动起来，推出一个名叫“管理人员基本变化”的课程。

政府一名职业技能培训专家说，英国政府这一新举措可帮助英国向同领域的先进国家靠拢。他举例说，澳大利亚已赋予科尔斯连锁超市公司类似权力。

创新、大学和技能大臣约翰·德纳姆说："这将在全国范围内极大地促进职业技能水平的提高，使我们在国际竞争中更具实力。当今世界瞬息万变，英国只有最大限度地提高国民职业技能，才能获胜。"

除麦当劳外，英国政府还授权网络铁路公司颁发铁轨工程方面的职业技能证书，授权Flybe航空公司颁发飞机工程和飞机客服方面的证书。

这是英国政府首次授权个别公司颁发国家认可的职业证书，据信也是欧洲的先例。

（5）制定薪酬方案

完成以上流程后，组织就可以据以制定薪酬方案了。技能类型划分的方式不同形成的薪酬结构往往也会有一定的差别。图 8-4 展现了畅饮公司按照生产过程划分技能类型所形成的薪酬结构。每种技能类型和每个技能模块对应不同的薪酬标准，形成了 12 个等级的薪酬结构。

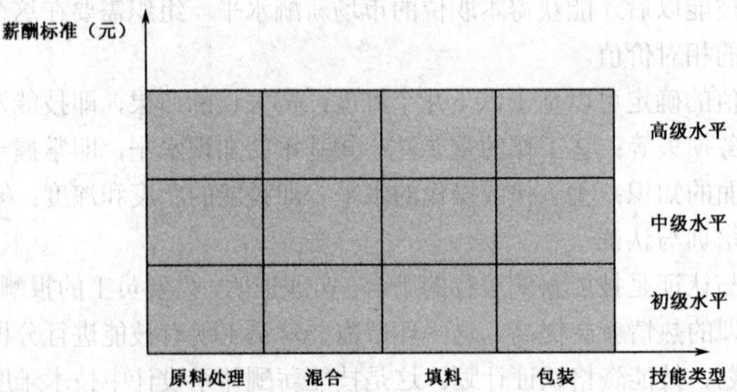

图 8-4 畅饮公司按照生产过程划分技能类型所形成的薪酬结构

按照技能模块定价，即不同类型的员工掌握不同模块的技能，也因此获得不同的薪酬定价。企业也可以赋予每项技能一定的点数，员工掌握了一项技能后，就获得一定的点数。

小案例

SA 公司的技能薪酬方案有 3 种类型的技能：基础技能、核心技能、供选择技能。3 种技能的内容如表 8-3 和表 8-4 所示。

表 8-3 基础技能和选择技能

基础技能	选择出的供选择技能	
质量课程	维护	达成一致意见
商店地板管理	后勤—JIT	公共关系
材料处理	公司几何	培训
危险性材料录像	计算机处理	职业发展
安全研习班	评价中心	群体决策
上岗培训研习班	舆论建设	团队组织能力

表 8-4　选出的核心技能及点数

技能	点数	技能	点数	技能	点数
Longeron 捏造	10	完工检查	5	手工组装安全度	15
控制板捏造	15	机器检查	20	使用机器 MK13	25
甲壳捏造	15	焊接	15	使用机器 MK14	25
终端铸造焊接	20	漏洞检查/修补焊接	5	工具安装	10
润饰——油漆	20	最终认可检验	10	NCL 检查	30
润饰——Ablative	20	焊接检查	15	零件去油污	10
润饰——表面准备	10	火焰喷射	15	组织	5
MK13 组装	15	组装检查	5	接受检查	5
MK14 组装	15				

其技术人员的薪酬结构如图 8-5 所示。

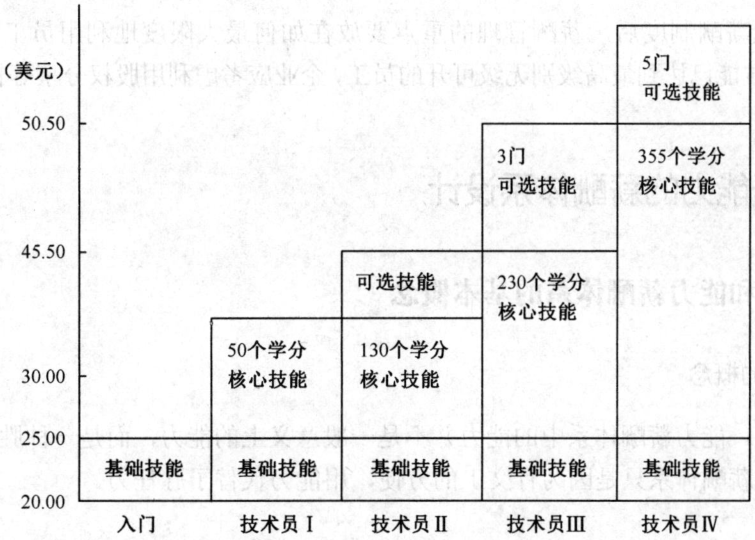

图 8-5　SA 公司以技能为基础的技术员薪酬结构

8.1.3　技能薪酬体系实施中应注意的问题

在技能薪酬体系的实施中，应注意以下几个方面的问题。

1. 技能的界定

技能薪酬是以技能作为组织向员工支付薪酬的依据的。企业不可能对员工所拥有的全部技能都支付薪酬。为更好地引导员工，企业必须明确告知员工，哪些技能属于企业付酬的范围，哪些技能不属于企业付酬的范围。

2. 技能与薪酬的关系

技能与薪酬之间的关系主要体现为：（1）企业必须确保员工拥有该职位所需具备的所有技能才能获得市场薪酬水平；（2）企业必须明确自己所要提供报酬的那些技能开发的范围，以此引导员工向广度或深度方向扩展自己的技能。

3. 员工的参与和持续沟通

在设计薪酬体系时，必须确保员工代表的参与。同时还要保证所有员工都在了解技能体系的设计全过程，包括设计进程、设计方案、企业付酬所依据的技能类型等，并应广泛听取员工的意见。

4. 技能薪酬管理方面的问题

实施技能薪酬制度后，薪酬管理的重点要放在如何最大限度地利用员工目前已有的技能。对于那些技能已达到最高级别无级可升的员工，企业应考虑利用股权分享等长期激励手段。

8.2 基于能力的薪酬体系设计

8.2.1 能力和能力薪酬体系的基本概念

1. 能力的概念

严格来说，能力薪酬体系中的能力并不是一般意义上的能力，而是一种胜任力。我们通常称其为能力薪酬体系只是因为行文上的方便，用能力代替了胜任力。

相关链接

胜任力理念的提出最早可追溯到早期的罗马，是从早期的罗马人试图详细说明“好的罗马士兵”所具有的属性开始的。而最早提出“胜任力”这个概念的则是哈佛大学教授戴维·麦克利兰（David McClelland）。1973 年，麦克利兰在《测量胜任力而非智力》一文中提出用胜任力取代传统智力测量。他认为胜任力是指能将某一工作中有卓越成就者与普通者区分开来的个人的深层次特征，它可以是动机、特质、自我形象、态度或价值观、某领域知识、认知或行为技能等任何可以被可靠测量或计数的，并且能显著区分优秀与一般绩效的个体特征。

但有的学者从更广泛的角度定义胜任力，认为胜任力包括职业、行为和战略综合 3 个维度。职业维度是指处理具体的、日常任务的技能；行为维度是指处理非具体的、任意的任务的技能；战略综合维度是指结合组织情境的管理技能。

关于胜任力的内涵学者们众说纷纭，最典型的观点是能力的冰山模型。

能力冰山模型认为，胜任力是由知识、技能、自我认识、人格特征和动机 5 大要素构成的，如图 8-6 所示。这里所关注的“胜任力”主要是指那些能够促使人们实现优秀绩效的“冰山以下”的深层次特质，如动机等。

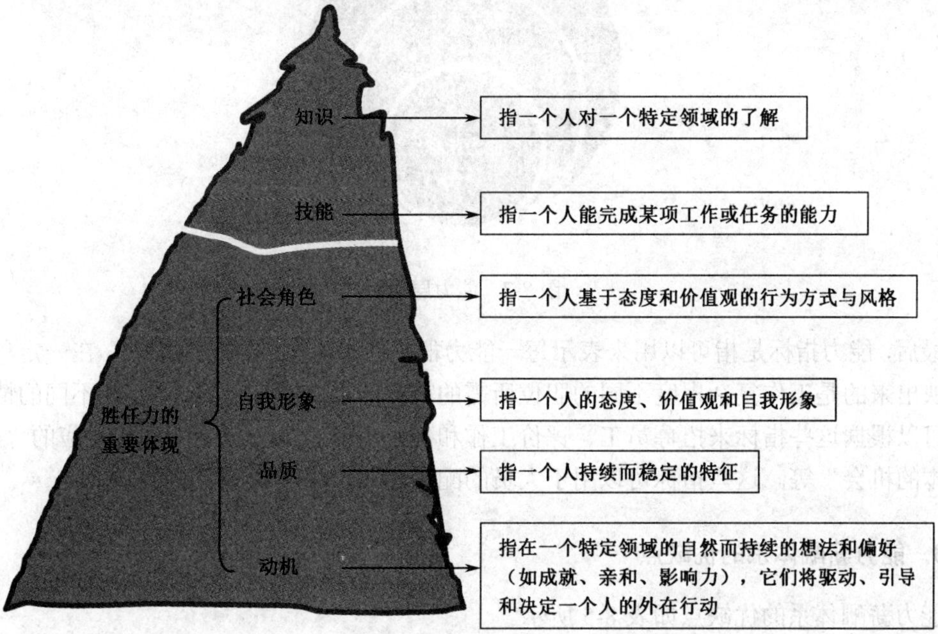

图 8-6　能力的冰山模型

在组织中不同层面的职务、不同职务系列的职务所要求的具体胜任力内容和水平是不同的。一般而言，胜任力是针对公司的管理层、研发和技术人员等白领阶层的。

2. 能力薪酬体系的概念

能力薪酬体系又称为以能力为基础的薪酬模式，是指组织根据员工所掌握的与工作有关的能力以及知识的深度和广度支付基本薪酬的一种报酬制度。

基于能力的薪酬体系隐含的假设前提是：员工的能力直接决定了其所创造的价值。因此，付给员工的薪酬应当根据其能力决定。能力薪酬体系主要适用于白领阶层，如公司专业人员和管理人员。它更多地倾向于组织中的中高层员工。其薪酬标准比较抽象，与具体职能联系不大。如认知能力、个人价值、自我形象等都可以成为判断其能力高低的标准。

从能力薪酬体系的实际操作情况可以将员工所具有的能力划分为三个层面，即核心能力、能力模块以及能力指标，如图 8-7 所示。

首先，核心能力是指为了确保组织的成功，员工必须具备的核心技能和素质。“为保证组织成功所需要技能和能力的关键领域，这些能力往往来自理念、使命价值观、业务战略与方案等内容”。

其次，能力模块着眼于将核心能力转换为可观察的行为。对于核心能力的“业务意识”，可包含组织的沟通、成本管理、第三方关系、寻找业务机会等多个维度。

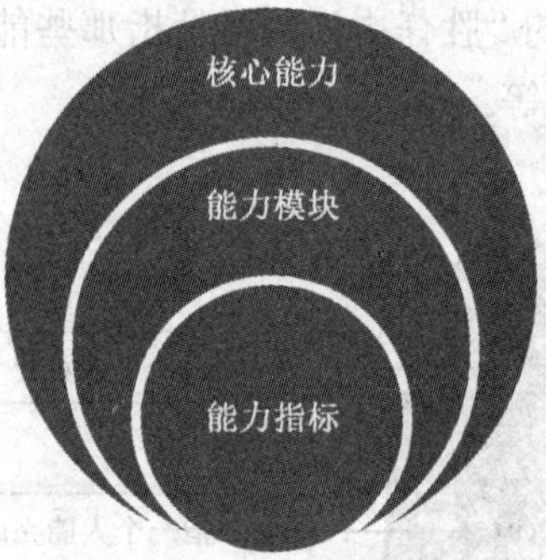

图 8-7 能力层面图

最后，能力指标是指可以用来表示每一能力群中能力水平的可观察行为。在一定程度上，它反映出来的是工作复杂程度不同的职位所需的特定能力在程度上的不同。在不同的情境下，组织可以根据这些指标来招募员工、评价工作和确定薪酬。如与成本管理相对应的“发现节约成本的机会”等。这些指标可以用于人员的配备和评价以及薪酬支付。

3. 能力薪酬体系的优缺点

能力薪酬体系的优缺点如表 8-5 所示。

表 8-5 能力薪酬体系的优缺点

优缺点	具体表现
优点	有利于提升组织的竞争力 支持扁平型组织结构 鼓励员工对自身发展负责，拓宽职业发展路径 对组织学习具有支持作用
缺点	增加了企业的薪酬成本 能力难以得到准确的定义和衡量 其实施过程过于复杂

8.2.2 能力薪酬体系设计的步骤

能力薪酬体系的设计步骤与技能薪酬体系设计步骤大体是相同的。只不过能力薪酬体系主要是对能力进行分析和评价。其设计步骤如图 8-8 所示。

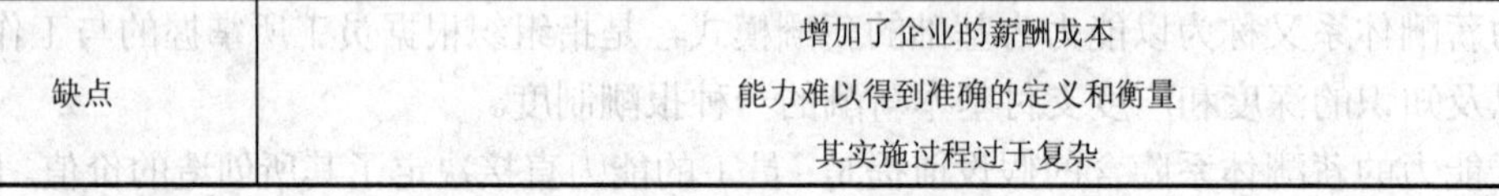

图 8-8 能力薪酬体系设计步骤

1. 能力的界定

这一环节中，企业要解决的问题是：组织需要的能力是什么？或者说能为组织创造竞争优势的能力和其他必要的能力有哪些？

在这一步骤上，实际上要求组织界定自己准备支付报酬的能力到底是哪些。因为在不同的战略导向和文化价值观氛围中以及在不同的行业中，作为企业报酬对象的能力组合很可能会存在差异。有时候，即使不同的企业所使用的能力在概念上是一样的，但是同样的能力在不同的组织中却很可能有不同的行为表现。

研究表明，最常用的 20 种核心能力包括：成就导向；质量意识；主动性；人际理解力；客户服务导向；影响力；组织知觉性；网络建立；指导性；团队与合作；开发他人；团队领导力；技术专家；信息搜寻；分析性思考；观念性思考；自我控制；自信；经营导向；灵活性等。

小案例

一家跨国的日常消费品生产和销售公司将希望自己的员工在市场营销领域中具备的核心能力界定为 4 大类。

- 综合管理技能：对公司战略与创新作出贡献；制定销售渠道战略；建立销售基础设施与销售组织；客户供应链接口管理；完成交易；第三方（分销商等）管理。
- 现代商业技能：客户开发计划的制订；客户计划的实施。
- 一般商业技能：经销商管理。
- 商业营销技能：商品类别管理。

而该公司对人力资源管理专业人员的能力要求则分为一般能力和专业能力两大类。

- 一般能力：制定企业战略；业务规划与实施；项目管理；变革管理；业务流程设计与管理；信息管理；信息应用与开发。
- 专业能力：人力资源战略管理；人力资源规划与发展；组织开发与变革；招募管理；学习管理；绩效改善；员工关系；薪资福利。

2. 能力的提取

这一环节实际上就是确定已经被界定的付酬范围的能力可以由哪些品质、特性和行为组合表现出来。

能力本身是一种抽象的概念，一方面，对能力本身进行直接的衡量很困难；另一方面，企业关心员工能力的最终目的是员工如何运用这种能力来达成企业所期望的经营结果。因此，用员工在工作过程中的行为表现以及其他特性来代替对能力本身的直接衡量不仅是必要的，而且对企业来说也是最有意义的。

在这一步骤上，企业需要通过观察和直接询问绩效优异者是如何完成工作或解决问题的，来确定达成优秀绩效的行为特征有哪些，或者哪些行为能够表明员工具备某种能力。

3. 能力的评估

能力评估是能力薪酬方案设计的关键一环。虽然能力较为抽象，较难于评价。但并不是不能评价。

小案例

以某公司对员工能力评价中的财务专业知识和沟通能力为例。如表 8-6 和表 8-7 所示。

表 8-6 财务专业知识评价

财务知识：包括 A：会计学原理、统计学原理、税收、经济法法规；B：企业财务管理、企业财务会计、会计电算化；C：管理会计、税务会计；D：审计学、高级财务会计；E：金融证券、投融资管理等	
级别	定　义
一级	了解某一类所包含的基本知识
二级	1. 了解 A、B 类的知识 2. 了解 A 类的知识；了解 C 类的知识
三级	精通 A、B、C 类知识，掌握 D、E 类知识
四级	精通 A、B、C、D、E 类知识

表 8-7 沟通能力评价

沟通：通过口头和书面方式表达、传达思想	
级别	定　义
一级	能够为工作事项进行联系或相互简单交流
二级	能够与他人进行较清晰的思想交流，在书面沟通时文法规范、能够抓住重点，让别人易于理解
三级	沟通技巧较高，具有较强的说服力和影响力，书面沟通时，有较强的感染力
四级	沟通时有较强的个人魅力，影响力较强，书面沟通时有很强的感召力

企业可以根据能力素质模型的定义和等级对员工打分，得到量化分值，以此确定相应的薪酬等级；如果得分小于下限，说明该员工的任职能力达不到岗位的能力素质要求；如果得分大于上限，说明该员工的任职能力完全超过该岗位的能力素质要求，这两种情况都应对员工进行岗位调整。如表 8-8 所示。

表 8-8 采购员岗位部分能力要求

岗位	知识要求	技能要求	职业素养要求
采购员	基本知识二级、公司知识二级、专业技术知识二级、质量管理知识二级、生产知识一级、环境管理知识一级、经验二级	理解能力一级、计划能力一级、沟通能力二级、创新能力一级	团队精神一级、服务意识二级、责任感二级、廉洁二级、忠诚度三级、诚信三级

4. 能力与薪酬的结合

这是能力薪酬体系操作的最后一个步骤，根据界定好的能力类型及其等级定义，对员工在某领域中所具备的绩效行为能力进行评价，然后将评价的结果与他们所应当获得的基本薪酬结合在一起。显然，在这种薪酬体系中，员工的基本薪酬水平高低取决于他们对于一种工作、角色或者团队功能的理解和执行能力，他们可以因具备某些既定能力或者是能力水平的提高而得到基本薪酬的提升。一旦能力薪酬作为一种基本薪酬被接受下来，企业就可以将其内化到薪酬体系的其他部分之中，比如作为确定浮动薪酬的基础。

能力与薪酬的结合方法如表 8-9 所示。

表 8-9　能力与薪酬的结合方法

方　法	内　涵
职位评价法	最常见的做法。即在传统的要素计点法中，用与能力相关的要素部分或全部替代传统的报酬要素
直接能力分类法	与职位评价法几乎是完全相反的做法，它完全根据个人的能力情况进行基本薪酬等级的划分，是真正意义上的能力薪资体系
传统职位能力定薪法	在这种方法中，员工依然会因为开发能力而获得报酬，但是关于职位和薪资的概念都更为传统
行为目标达成加薪法	基于能力的行为目标达成度来确定加薪水平
能力水平变化加薪法	将员工的薪资水平直接与对其总体能力水平的变化情况所做的评价挂钩

8.2.3　能力薪酬体系实施中应注意的问题

结合目前能力薪酬体系在一些成功案例的考察，我们总结出成功实施能力薪酬体系特别需要注意的几个问题。

1. 能力薪酬体系有特定的适用范围

员工的能力在很大程度上会决定公司业绩的情况下，能力薪酬体系才比较适用。

特别提示

并不是所有的公司都适合采用能力薪酬体系，也并不是公司中的每个部门都适合采用能力薪酬体系。比如，对于软件开发公司来讲，其专家人才的能力高低决定了公司在市场上的竞争力和行业的地位。因此软件公司比较适用于能力薪酬体系。但软件公司中的行政人员并不太适用此薪酬体系。

2. 能力薪酬体系必须与企业整体人力资源战略和组织战略相匹配

建立了能力薪酬体系不代表公司就能够培训员工的能力提升企业的竞争力。因为能力的培养不是一朝一夕能够实现的。对能力的强调必须贯穿于企业整体人力资源战略中，具体来说，就是在人力资源的规划、招募、培训、晋升、绩效管理以及薪酬管理等各个方面都应该强调能力的独特地位，才能促进能力薪酬体系达到更好的实施效果。

3．应具备一套健全的与能力有关的工作评估机制

能力评估是能力薪酬体系的关键一环。考虑到能力评估是一件相当棘手的工作，一旦能力评估失误，不仅达不到企业采用能力薪酬体系所期待达到的初始目的，反而会将企业推向反面。因此公司在采用能力薪酬体系之前，必须要先搞清楚：自己对能力是如何界定的？它在公司发展中的作用是什么？公司员工对该体系是否了解和认同？

4．完全以能力为薪酬支付依据并不可取

能力对于业绩来讲，固然是重要的。但事实上职位职能和作用同样有助于员工业绩的表现。这些与职位职能和作用有关的因素应与能力一起共同构成薪酬制度的基础。在美国大多数采用能力薪酬体系的公司，都只是将能力作为确定员工报酬水平的标准之一，将其与职位薪酬结合使用。这样既保证了公司可以对有能力的员工进行补偿，又不会挫伤业绩表现好的员工的积极性。最理想的机制是：既可以对好的业绩表现进行补充，又可以考察该业绩的实现过程；既承认过去的成功，又能为将来打好基础。

当然，除了以上 4 个方面外，能力薪酬体系在实际实施的过程中，还存在其他的问题，诸如员工虽然拥有能力但在工作中难以得到发挥的机会等。

总之，能力薪酬体系的运用对于企业来说，既有机会，又有挑战。如能运用得当，不仅能给员工带到工作或角色上来的附加值提供报酬，而且能帮助企业更好地实现其战略目标。

8.3 基于技能和能力的薪酬体系设计实例：中国石化集团国际石油勘探开发公司的能力薪酬体系设计

中国石化集团国际石油勘探开发公司（Sinopec International Exploration and Production Corporation ，简称“SIP 公司”）成立于 2001 年 1 月，是中国石化集团（Sinopec Group）的全资子公司，代表中国石化集团统一对外进行上游油气合作，是中国石化集团海外油气勘探开发投资与经营作业一体化的战略经营单位，是中国石化集团从事上游海外投资经营的唯一化专业公司。

作为中国石化集团公司“资源战略、国际化战略”的排头兵，SIP 公司 2011 年全年获得海外权益产量达到了 2 280 多万吨，累计获得权益产量 7 770 多万吨。多次被中国石化集团授予“特别贡献奖”。SIP 公司总部设有 19 个职能部门，在海外设有多个分支机构，中外员工总数达到了 4 739 人，员工国际比例达到 77.3%。

为了得到一个较为可行同时与 SIP 公司相匹配的薪酬体系，公司决定通过 SWOT 内外部环境分析（见表 8-10）更清楚地了解 SIP 公司情况，做好 SIP 公司在行业中的定位，这样才能保证 SIP 公司具备一定的薪酬外部竞争性。

表 8-10　SWOT 内外部环境分析

优势（Superiority）	良好的企业文化；人才队伍国际化、年轻化
劣势（Weaknesses）	核心竞争力欠缺，品牌影响力薄弱；资金不足，投资回报率低；公司的科技水平及科技创新能力较低
机会（Opportunities）	中石化的海外发展战略支持；海外油气勘探开发前景乐观
威胁（Threats）	海外投资政策性保险体制不完善；海外投资管理体制制约海外石油投资事业的发展

为巩固和强化集团公司作为中国 4 家国家石油公司之一的地位作出自己的贡献。国际石油公司针对未来 3 年公司的目标，需要加强企业的核心竞争力，并建立和应用了相应的员工能力素质模型。

8.3.1　明确公司决策及所需能力

设计员工能力素质模型时，首先要清楚地知道公司所需的能力是什么，而公司所需的能力又必须与这个时期公司的目标与公司的主要策略相匹配。我们通过对公司这三年目标的分解制定出了相应的主要策略，并将其细化到公司所需能力。如表 8-11 所示。

表 8-11　公司未来三年的主要策略和能力

时期	公司目标	主要策略	公司所需能力
第一年	开拓国际石油勘探开发市场，更多地占领和利用海外石油资源，在海外建立石化集团的石油生产基地，尽快形成一定规模的海外份额油生产能力	开发生产有发展潜力的老油田，尽早见到效益，拿到份额油。 在进行充分资源论证和经济评价的前提下，主要在投资目标区有选择地参与或独立承担风险勘探项目，争取较高的投资回报。 联合国外有能力的跨国石油公司，介入国外海洋石油的勘探开发市场。 发挥集团公司在天然气勘探开发和处理加工上的配套技术优势，抓住机遇，积极开拓海外天然气勘探开发市场	鼓励发现机会的机制 开发技术能力 项目管理能力 国际合作能力 计划制订能力 鼓励发现计划的机制 勘探开发技术能力 拥有良好的国际合作伙伴关系 海洋石油勘探开发技术能力 天然勘探开发术能力
第二年	积极开发集团公司上、中、下游一体化的优势，以市场换资源，带动和促进石化集团上游的技术、工程承包、劳务、设备	提供石油工程服务，以劳带资，增加寻找勘探开发投资项目的机会；而勘探开发投资项目又反过来进一步巩固和扩大工程服务市场	计划制定能力 鼓励发现机会的能力项目管理能力 国际合作能力 联合集团内部各油田的能力
第三年	负责海外石油工程项目的市场开发和项目运作，把各个油田企业联合起来。优势互补，互相联合，组成集团，参与国际竞争	对外统一旗帜、统一规划市场，统一协调管理；对内协调监督，提高打入国际市场的能力和素质；发挥各自优势，共闯国际市场（三种模式：项目管理、代理制和项目协调服务制）	计划制定能力 项目管理能力 联合集团内部各油田的能力

8.3.2 明确个人所需能力

根据公司所需能力，概括合并得到核心竞争力，最终落实到员工个人素质能力。员工个人所需能力为国际合作能力、沟通交往能力、商业判断力、计划和管理能力。

8.3.3 建立员工能力素质模型

根据目前 SIP 国际石油公司战略和员工的现状以及分析所得的员工所需的能力素质，可以得到如表 8-12 所示的员工能力管理素质模型。

表 8-12 SIP 国际石油公司员工能力素质模型

能力素质分类	单项能力素质	单项能力素质构成
核心能力素质	计划管理能力	工作计划
		项目管理
	沟通交往能力	人际沟通
		建立关系
	团队合作能力	
	独立工作能力	
基本能力素质	外语能力	
	中文书面管理能力	
专业能力素质	人力资源管理能力	
	财务知识	
	法律知识	
	技术问题解决能力	

接下来是对能力各等级的界定，以沟通交往能力模型为例，SIP 公司将沟通交往能力分为 4 个等级（见表 8-13）。

表 8-13 沟通交往能力的行为表现

级别	行为表现
一级	在沟通中显示出对人的尊重和礼貌 确认和利用适当的沟通渠道表达信息，寻求帮助 对他人话题表示兴趣，通过提问、重复等手段理解别人的意思 能够与他人建立良好的关系
二级	能清晰地表达自己的想法 在问题解决过程中，维持沟通的渠道 建立他人对自己的信任 建立信息交换的人际关系网络

续表

级别	行为表现
三级	能通过交谈、交流和解释各种复杂观点 能够把握别人没有公开表达出来或表达含义不清的意思 在解决方案达成共识过程中表现出灵活性 利用人际关系作为信息来源
四级	能够对不同类的大量观众产生影响和激励 在公司建立正式的双向沟通体系，监督其远期效果 在组织内部和组织之间建立联盟 有目的和及时地向外部利益相关者推广组织消息、产品和服务，获得并保持他们的支持

一级为能力素质的基础要求，一般是指员工能知道或掌握基本的概念术语、组织流程或有关工具的使用，同时能进行简单的分析。

二级为能力素质的中级要求，一般要求员工能熟练、独立地进行工具操作或运用所掌握的各方面知识，同时能对其他同事或下属进行简单教育和管理。

三级为能力素质的高级要求，一般要求员工精通某一方面的知识、流程或工具的使用，同时能行使较为复杂的管理职能。

四级为能力素质的专家级要求，一般要求员工精通某一方面的知识、流程或工具提出战略性的建议或做出调整，同时能对事情的发展趋势及隐含的问题有足够的预见性和洞察力。

在进行岗位分析评价之后，按照 SIP 公司的员工核心能力素质要求以及开拓国际市场所必需的英语能力，对每个岗位所需要达到的这 5 个能力的级别进行界定，得到如表 8-14 所示的 SIP 国际石油能力素质矩阵。

表 8-14　SIP 国际石油员工能力素质矩阵

部门名称	岗位名称	计划管理能力	沟通交往能力	团队合作能力	独立工作能力	英文能力
	总经理	4	4	4	3	
	副总经理	3	3	4	4	3（4 主管外事）
	总地质师	3	2	3	4	3
总经理办公室	办公室主任	3	4	3	4	3
	行政事务项目经理	2	3	3	3	3
	行政助理	1	2	2	2	2
	外事外联项目经理	2	3	3	3	4
	外事外联助理	1	2	2	2	3
	翻译岗	1	2	2	2	4
	人事劳资项目经理	2	3	3	3	2
	人事劳资助理	1	2	1	2	2

续表

部门名称	岗位名称	计划管理能力	沟通交往能力	团队合作能力	独立工作能力	英文能力
勘探开发部	勘探开发部经理	3	3	3	4	3
	勘探项目经理	2	3	3	3	3
	勘探地质岗	1	2	2	2	2
	开发项目经理	2	3	3	3	3
	油田开发管理	1	2	2	2	2
	工程技术管理岗	1	2	2	2	
	项目开发经理	3	3	3	3	3
	项目开发岗	2	3	2	2	3
	信息及技术职称管理	1	2	2	2	3
项目管理部	项目管理部经理	4	3	3	4	3
	现场作业项目管理	3	3	3	3	3
	工程技术管理岗	2	2	2	2	3
	现场管理协调岗	2	2	2	2	2
	项目组织筹备岗	2	2	2	2	2
	健康/安全/环保项目经理	3	3	3	3	3
	健康/安全/环保	2	2	2	2	3

其中的每个点代表着公司中的相应岗位上的人员如果要很好地完成自身的工作，对应能力素质模型中相应的素质，他所应达到的级别；每一行代表着相应岗位上的人员所应具备的各项能力素质的集合；每一列代表着相应能力素质根据岗位的不同，对应岗位上员工所应具备的不同级别。

8.3.4 能力素质模型在薪酬管理的应用

1. 员工能力素质评估

为了更好地将员工个人能力素质与薪酬挂钩，同时为员工培训做参考，SIP 公司将员工能力素质模型运用在员工能力的评估上，由评估者根据被评估者适用的具体技能项目，参照员工能力素质模型对各种能力掌握情况的行为表现描述，对被评估者的表现作出评估，每一具体项目的评估结果为下述三项之一：O，熟练运用；E，掌握；U，未达标准。

熟练应用：表明被评估者表现超出了该选项的要求，有非常显著或突出的表现。此项评分只给予此项内容表现最佳的员工。

掌握：表明被评估者达到了该项指标的要求。

未达标准：表明被评估者与该选项的要求存在差距，需要改善。

整个评估流程如图 8-9 所示。

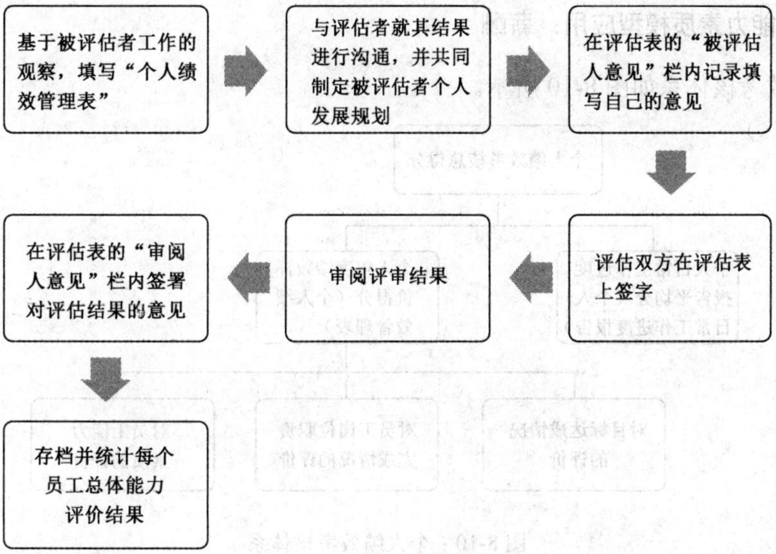

图 8-9　评估流程图

2. 员工能力素质培训

在对员工年度能力考评结束后，人力资源部门收集所有评价表，对每项能力的 4 个等级相应未达标员工数进行统计，如表 8-15 所示。

表 8-15　评价表统计结果

能力名称	等级 4	等级 3	等级 2	等级 1
国际合作能力	2	4	7	3
商业判断力	1	2	5	3
计划和管理能力	1	6	8	4
沟通交往能力	2	3	3	2
英文能力	1	6	7	7
中文书面表达能力	2	4	4	6
人力资源管理能力	1	6	8	4
财务知识	1	3	5	6
法律知识	1	3	6	5
技术问题解决能力	1	4	4	5

针对每个等级中欠缺比较多的能力，寻找相应的培训方式，对员工进行培训，比如人力资源部可以集中国际合作能力，外文能力和法律知识，必须要达到等级但是未达到的员工，为其提供培训课程，以帮助他们达到相应的能力，又比如对所应达到等级 4 但未达到的员工，人力资源部应该为其寻找挑战性更高的工作，以帮助他们在工作中提高相应的能力。

3．员工能力素质模型应用：薪酬

个人绩效考核体系如图 8-10 所示。

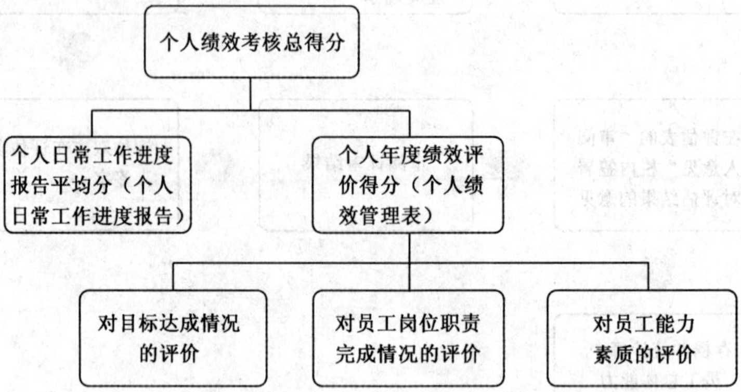

图 8-10　个人绩效考核体系

根据岗位级别的不同，工作性质以及工作要求也不同，分别赋予个人年度绩效和个人日常工作进度不同的权重。具体权重分配如表 8-16、表 8-17 所示。

表 8-16　个人绩效考核总得分表

岗位级别	个人年度绩效评价得分权重	个人日常工作进度报告平均分权重
公司总经理	100%	
公司副总经理和总地质师	100%	
部门经理	90%	10%
项目经理	80%	20%
基层员工	70%	30%

表 8-17　个人年度绩效评价得分表

岗位级别	对目标达成情况的评价	对岗位职责完成情况的评价	对能力素质情况的评价
公司总经理	100%		
公司副总经理和总地质师	80%	10%	10%
部门经理	70%	15%	15%
项目经理	40%	30%	30%
基层员工	20%	40%	40%

能力（仅指核心能力）表现情况最终得分是按照 O=30；E=70；U=100，以及应达等级为权重计算出的加权平均数。

（说明：本体系在设计中先将能力与绩效挂钩，而得分情况是以权重分配的方式得到的，虽然有一定的主观性，但将权重与等级结合最终得到的结果是相对客观的。）

复习思考题

一、单项选择题

1．以能力为导向的薪酬结构的优点是（　　）。

A．企业的薪酬成本低

B．企业的成本管理低

C．重视员工的工作绩效及能力的实际发挥程度

D．有利于员工提高技术、能力

2．如果某企业员工的能力大小对企业生产效率影响很大，一个能力很强的普通员工比部门经理甚至总经理为企业创造的价值还高，那么该企业的薪酬制度应实行工资与员工（　　）紧密挂钩。

A．能力　　B．岗位

C．效率　　D．年功

3．某公司员工薪酬构成项目及构成比例为：技术等级工资占 70%，职务津贴占 10%，生产津贴占 10%，工龄及其他工资占 10%，由此，我们可以判定该公司实施的薪酬结构类型为（　　）。

A．以职位为导向的薪酬结构　　B．以技能力为导向的薪酬结构

C．以绩效为导向的薪酬结构　　D．组合型的薪酬结构

4．能力薪酬体可以看作广义的（　　）的一部分。

A．技能薪酬体系　　B．绩效薪酬体系

C．职位薪酬体系　　D．综合薪酬体系

5．在能力薪酬体系的操作中，（　　）即确定本企业准备支付薪酬的能力到底是哪些。

A．能力界定　　B．能力定义

C．能力定价　　D．员工能力评价

6．（　　）将工资计划和培训计划结合在一起。

A．年薪制　　B．技能工资制

C．绩效工资制　　D．岗位工资制

7．主要适用于企业的专业技术人员和管理人员等“白领”人员的工资形式为（　　）。

A．能力工资　　B．提成工资

C．技术工资　　D．岗位工资

8．在实行岗位技能工资时，技能工资水平的确定是根据员工的（　　）。

A．责任程度　　B．劳动强度

C．劳动条件　　D．劳动技能水平

9．某单位现执行的岗位工资标准起点为 800 元，止点为 2 240 元，起止倍数为 2.8 倍，岗位级别较多，但岗别之间的差距小，只有 125 元，使得在责任大、贡献大、技术复杂性高的关键岗位不能多得，不利于关键岗位人才的稳定，为了解决此问题，我们可以实行（　　）。

A．工资与职务挂钩　　B．工资与技能挂钩

C．工资与资历挂钩　　D．工资与专业挂钩

10．某公司的销售人员销售业绩十分出色，该公司通过研究明确了究竟是什么使那些销售人员如此出色，并把这些要素归为支付工资的基础，该公司薪酬支付体系属于（　　）。

A．职位工资体系　　B．技能工资体系

C．能力工资体系　　D．绩效工资体系

二、简答题

1．什么是技能薪酬体系？试述其优缺点。

2．技能薪酬体系设计的基本步骤是什么？

3．技能薪酬体系设计中的关键决策有哪些？

4．能力薪酬体系在实施中应注意哪些问题？

三、案例分析题

HS 是一家具有 60 多年历史的大型国有制造企业，主营业务为工程机械产品制造，人员规模 4 000 余人，主要面对华北和西北市场。十年前中国工程机械市场的爆发性增长，该企业销售规模增长迅速，目前已发展成为行业内领先品牌。然而，在风光的销售业绩的背后，是企业内部的管理问题，其中最突出的就是薪酬问题。该企业目前有几种适用于不同类型岗位的工资制度。例如，（1）职能部门采用的是以岗位工资为主导的工资制度，即在每月发放的工资中，岗位工资约占 80%，绩效工资占 20%左右；（2）技术部门实行的是组合工资制，它由基本工资、岗位工资和项目奖金三部分组成；（3）车间工人采用的是计件工资加奖金的工资制度。

随着企业发展，高学历、高素质的员工越来越多，企业对产品研发、市场销售人员以及一线的生产工人的操作技能和专业能力要求越来越高。于是，分管人力资源管理工作的副总经理张彬先生开始关注工资制度的改革问题，并考虑在企业推行技能工资制度的可能性，试图通过构建技能和能力工资体系，调动员工提升个人能力素质的主动性，从而促进学习型组织的建立。

[案例讨论与练习题]

请结合案例说明，推行技能工资制需注意哪些问题？

四、技能操作题

九州公司是主要从事家用电器生产的一家民营企业。2013 年，由于内外部生产经营环境的变化，公司决定对员工的工资进行调整，主要是在原有的基础上提薪，面对公司内不同的

人员类型，公司决定采取按身份提薪．按技能提薪和按工龄提薪 3 种形式。杨晓明是公司人力资源部的薪酬主管，由他为公司研发部门的技术人员设计一个按照技能提薪的方案，杨晓明决定首先要考察员工的技能经验、工作态度、业务成绩，然后根据考察结果的打分情况，再确定员工的加薪水平。

假如你是杨晓明，请为公司设计出一个切实可行的技术人员提薪方案。

第9章

基于绩效的薪酬体系设计

学习目标

- 一般掌握
  - ■ 绩效薪酬设计原则
  - ■ 绩效薪酬的类型
  - ■ 特殊业绩薪酬的设计和实施
- 重点掌握
  - ■ 业绩薪酬的概念
  - ■ 业绩加薪方案的设计
  - ■ 一次性奖金方案设计

学习导航

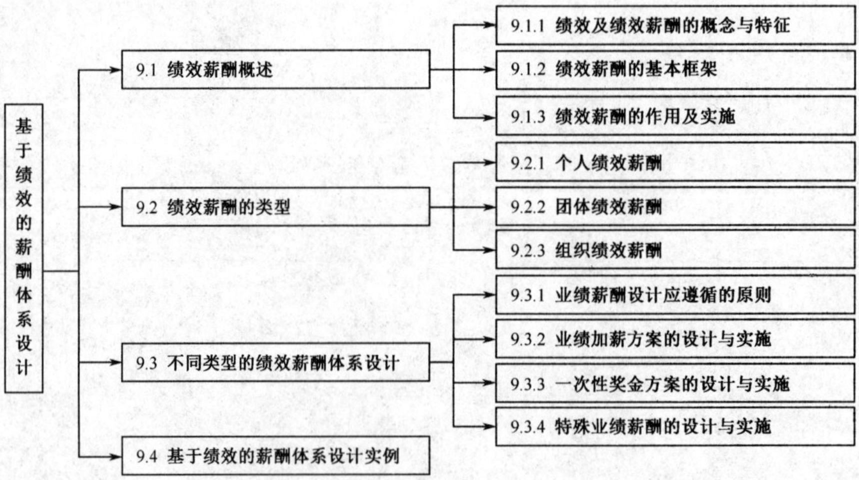

导入案例

作为薪酬体系的重要组成部分，绩效薪酬对发挥员工工作潜能、激发员工工作积极性起着极其重要的作用。前几年，三大电信运营商都已建立了市场导向的绩效薪酬体系。中国移动建立了基于平衡计分卡的关键绩效指标体系，整体上构建了包括绩效计划和目标设定、绩效指导和强化、绩效评估及回报在内的绩效管理体系。中国联通于 2009 年起推行了薪酬体系套改方案，依据职位等级和岗位胜任度确定固定薪酬，依据贡献度确定变动薪酬。近来，各运营商越来越重视绩效薪酬的作用，在改革绩效薪酬制度方面已做出了一些尝试，加大推进绩效薪酬改革的力度。2012 年，中国移动在安徽、广东、甘肃等地的呼叫中心、一线营业厅先行推进计件薪酬制度，通过提升变动薪资比例激发一线员工活力，激励员工通过自身劳动提高收入。中国联通在 2013 年工作会上明确提出在分配激励方面要坚持绩效优先的原则，确保薪酬分配向高贡献员工和一线员工倾斜。

案例点评

运营商在绩效薪酬改革时需要重点解决好 3 个关系。

1. 绩效评价与薪酬管理的关系

绩效评价和薪酬管理需紧密关联，绩效评价的好坏决定了薪酬的高低。

2. 绩效薪酬与岗位薪酬、技能薪酬的比例关系

不同部门、不同层次岗位、不同地域的员工绩效薪酬占总体薪酬的比例应有所差别。绩效薪酬与岗位薪酬、技能薪酬有着不同的侧重点：岗位薪酬、技能薪酬关注的是员工的职位、能力、技能，绩效薪酬更加关注员工对企业产出的价值。

3. 个体薪酬与团体薪酬的关系

兼用个体薪酬与团体薪酬，既关注个人绩效也关注团体绩效。对于很多知识型工作，每位员工与其他员工之间的工作关系非常紧密，员工本人对工作进度及完成情况没有充分控制力，是团队合作的结果。且个人在其中的贡献较难衡量，需采用团体薪酬，先在团队间进行分配，然后再依据个人绩效进行分配。

9.1 绩效薪酬概述

9.1.1 绩效及绩效薪酬的概念与特征

企业经常会遇到各种各样关于工资的抱怨，作为企业虽然支付了大量的工资总额，但是员工仍然不满意，抱怨工资太低或者责怪企业待遇不公平；作为员工感觉付出和回报不成正比，企业不重视员工能力。面对这样的矛盾，绩效薪酬是企业探索和解决工资和报酬之间矛盾最有效的方式之一。

1．绩效的概念

绩效是对员工工作完成的质量和数量所进行的评价，即员工以什么样的态度完成了所分配的任务以及完成的任务对企业产生何种影响。绩效另一方面是对员工的潜在能力、性格、适应性等素质方面的评价。

如图 9-1 所示，我们可以从管理角度和个人层面来理解绩效的概念。

从管理角度	从个人层面
• 绩效包括个人绩效和组织绩效两个方面，绩效应该评价的不只是个人，还应该对整个团队或者组织的工作进行评价。从经济学角度看，绩效与薪酬是员工和组织之间的承诺关系，绩效是员工对组织的承诺，薪酬是组织对员工的承诺	• 一种观点是绩效就是结果。绩效应该定义为员工工作的结果，因为这些工作结果与组织的发展目标、客户满意度及所投资金的关系最为密切，也直接影响组织目标的实现。绩效是工作所达到的结果，是一个人的工作成绩记录，也是一个员工最直接的工作体现； • 另一种观点认为绩效是行为，工作结果并不一定是个人行为导致的，可能会受其他因素影响；比如员工在工作中没有完全平等的机会，而且员工在工作中的表现不一定都与工作内容有关，如员工经常加班，有可能是个人能力存在问题

图 9-1　绩效的概念

但这两种观点都存在缺陷，过分关注工作结果会导致忽视过程和人际关系，过分地强调结果可能会误导员工认为绩效是行为，同样过分强调行为，会影响对真实动机的判断，这并不是说绩效的行为定义中不能包含目标，但不是所有的绩效都是行为，只有与结果相关的绩效才算是行为。

2．绩效薪酬的定义

绩效薪酬是对员工超额工作部分或工作绩效突出部分所支付的奖励性报酬，旨在鼓励员工提高工作效率和工作质量。它是对员工过去工作行为和已取得成就的认可，通常随员工业绩的变化而调整。比较常用的形式是“绩效加薪”、“一次性奖金”和“个人特别绩效奖”。

绩效可以作为发放薪酬的参考，依据绩效制定薪酬形成了绩效薪酬制度。

绩效薪酬常用来将员工业绩和薪酬联系起来，目的在于激励员工更好地工作。绩效薪酬从广义上理解是个人、团队或企业的业绩与薪酬的明确关系，薪酬依据个人、团队和企业业绩的变化而具有灵活的弹性；其狭义的理解是员工个人的行为和业绩与薪酬的联系，薪酬根据员工的行为表现和业绩进行相应的变化，由于员工自身的业绩和行为在较大程度能受到自己控制。因此，员工可以控制他们自己薪酬总量水平的高低，从而达到薪酬对员工业绩调控的目的。

9.1.2　绩效薪酬的基本框架

绩效薪酬是确保员工薪酬公平的有效方式，因此薪酬设计无论在程序和内容方面都应该体现公平和公正，目前基于岗位价值和业绩导向的薪酬结构即岗位绩效薪酬形式是薪酬设计的主流。绩效薪酬能否起到控制薪酬管理的作用，取决于诸多因素，这正是人们对绩效薪酬的作用有争议的原因，因此在实施绩效薪酬设计时，应充分考虑企业自身的情况和影响绩效薪酬的因素，建立适合自己的薪酬体系。

美国著名学者赫尼曼就绩效薪酬的设计提出了基本的框架设计（见图 9-2），在这个设计中，我们能够清晰地看到绩效薪酬运用中的各种影响因素，同时也体现了绩效薪酬的复杂程度，这也是绩效薪酬在不同情况下运用，起到的效果不同的原因。

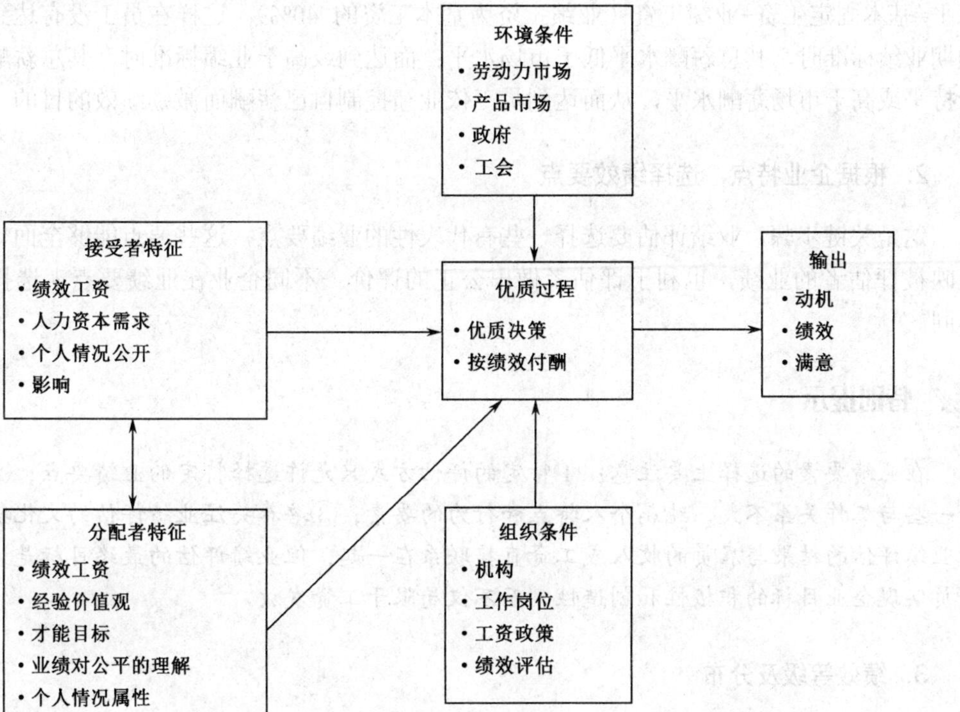

图 9-2　绩效薪酬的基本框架

绩效薪酬设计的基本原则是通过激励个人提高绩效，促进组织的绩效，即通过绩效薪酬传达企业绩效预期的信息，刺激企业中所有的员工来达到它的目的；能促进高绩效员工获得高期望薪酬；保证薪酬因员工绩效而不同。基于赫尼曼的设计框架绩效薪酬设计应包含下列内容。

1．确定企业绩效薪酬的构成

员工薪酬一般包括以下方面。

（1）基本薪酬：即工资，它体现的是劳动力的价值，或者人力资本的价值。

（2）奖励薪酬：即奖金，它体现的是超额劳动的价值。

（3）附加薪酬：即津贴，它实际上是对特殊工作条件的补偿性价值。

（4）员工福利：指的是为吸引员工到企业工作或根据需要设计的。

企业在实际操作过程中，各类薪酬的比例可以使用配比法确定。先依据岗位评价和外部薪酬水平确定各个岗位的基本固定工资水平，这时应考虑薪酬水平市场定位，这种情况下，一般基本工资水平应定位于市场薪酬水平的相对低位，再在各个岗位基本工资的基础上上浮一定比例，使各个岗位薪酬的总体水平处于市场薪酬水平的中高水平，如某岗位的薪酬总体水平=基本固定工资+业绩工资（业绩工资为基本工资的 40%）。这样在员工没有达到或低于预期业绩标准时，其总薪酬水平低于市场水平；而达到或高于业绩标准时，其总薪酬水平就会持平或高于市场薪酬水平，从而达到员工依业绩控制自己薪酬而激励绩效的目的。

2．根据企业特点，选择绩效要点

这是关键步骤，业绩评估要选择一些有代表性的业绩要点，这些要点能够全面、客观地反映被评估者的业绩，也利于评估者做出公正的评价。不同企业在业绩要点上选择侧重点不同。

特别提示

在业绩要素的选择上要注意：①特定的评估方式只允许选择特定的业绩要点；②避免选择一些与工作关系不大，纯属个人特点和行为的要素；③培养关注业绩评估的文化氛围，尽管业绩评估的结果与雇员的收入或工资直接联系在一起，但业绩评估的最终目标是为了激励雇员实现企业目标的积极性和创造性，而不仅局限于工资发放。

3．绩效等级及分布

依据绩效评估对员工绩效考核结果划分的等级层次与具体的绩效指标和标准有关，也与企业考核的评价主体和方式有关。在做到公正、客观地对员工绩效进行评价的基础上，绩效等级的多少和等级之间的差距将会对员工绩效薪酬分配产生很大影响。

在设计绩效等级时还要考虑绩效薪酬对员工的激励程度，等级过多造成差距过小，将会影响对员工的激励力度；等级过少造成差距过大将会影响员工对绩效薪酬的预期，以致使员工丧失向上的动力。

在确定了企业绩效等级以后，还应明确不同等级内员工绩效考核结果的分布情况，即每一等级内应有多少名员工或有百分之几的员工；通常来讲企业决定员工绩效分布时基本符合正态分布，即优秀的占 10%～20%，中间的占 60%～70%，而差的 10%左右。严格的绩效分布一方面有利于对员工的绩效进行区分，另一方面也有利于消除绩效评价各方模糊业绩，使得被评价对象的评价结果趋中。

4．明确企业绩效薪酬分配方式

绩效薪酬在个人或团队中常采用以下两种方式进行分配。一种是绩效薪酬直接与个人业绩工资标准对应进行分配；一种是绩效薪酬先在团队间进行分配，然后再依据个人绩效进行分配，这中间又包含两种形式即完全分配和不完全分配。完全分配是将企业计提的绩效薪酬总额在团队与员工中进行彻底划分，一分不剩；而不完全分配是在控制绩效薪酬总量的情况下，在团队与员工之间依考核等级进行层次分配，绩效薪酬总量存在一定剩余。

综上所述，绩效薪酬的设计主要包括 3 个方面的要点：

第一，设立绩效指标与确定绩效标准；

第二，根据企业特点，采取科学的绩效评估方法；

第三，设计绩效和薪酬之间的联系。

前两方面都是绩效管理的工作，第三项才直接与薪酬管理有关，可见绩效薪酬制度是一种将绩效管理和薪酬管理相结合的人力资源管理模式。

9.1.3　绩效薪酬的作用及实施

1．绩效薪酬的作用

绩效薪酬的作用如图 9-3 所示。

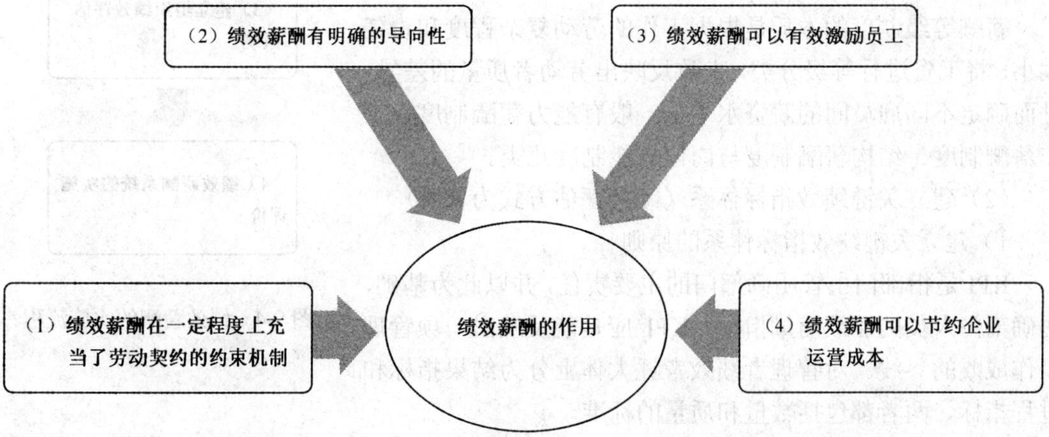

图 9-3　绩效薪酬的作用

（1）绩效薪酬在一定程度上充当了劳动契约的约束机制

绩效薪酬通过直接向员工为组织创造的价值付酬，企业建立了自身利益和员工个人利益的连带机制，确保了二者间的一致性。因而也就大幅度降低了员工偷懒、怠工的概率。

（2）绩效薪酬有明确的导向性

绩效薪酬体系中包含了一整套绩效时，由于它们直接与企业战略相联系，因此能够避免员工花费大量精力却无益于企业增值现象的出现。

（3）绩效薪酬可以有效激励员工

当员工绩效能够得到公正评价并获得相应报酬时，员工对于公平感和成就感的心理需求可以同时得到满足，这将能够强化工作动机和工作努力程度，实现雇用双方的双赢。

（4）绩效薪酬可以节约企业运营成本

绩效薪酬在本质上是一种浮动薪酬制度，其成本开支随着个人、团队或组织绩效的改变而改变，因此在很大程度上缓解了企业在薪酬固定成本上的支出压力。

2. 绩效薪酬的实施流程

我们假设绩效评估的方式为 KPI 评估，其绩效薪酬的实施流程如图 9-4 所示。

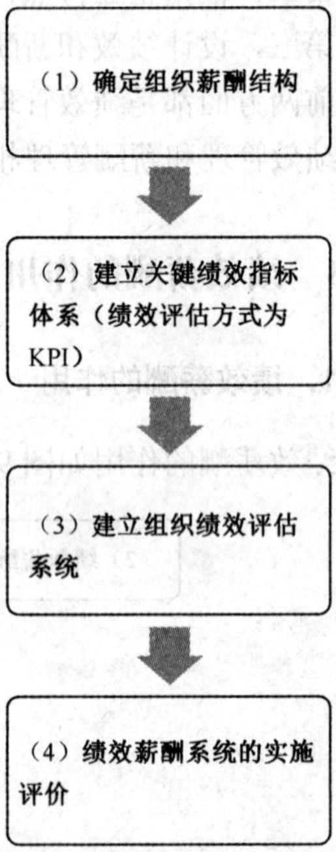

图 9-4　绩效薪酬的实施流程

（1）确定组织薪酬结构

一般来说，现代企业薪酬由基本薪酬、奖励薪酬、附加薪酬、员工福利组成。

通常组织薪酬结构主要包括：

1）薪酬成本在不同雇员间的配置；

2）职务和岗位工资率的确定；

3）雇员薪酬各个部分的比例分配；

4）基本薪酬与奖励薪酬的调整。

薪酬等级制度的本质是根据工作的劳动复杂程度和责任大小，将工资进行等级分类，大致反映出劳动者质量的差异，进而确定不同雇员间的薪资水平。一般有能力薪酬制度、工作薪酬制度、结构薪酬制度与岗位技能制度几类。

（2）建立关键绩效指标体系（绩效评估方式为 KPI）

1）建立关键绩效指标体系的原则

KPI 是指部门主管明确部门的主要责任，并以此为基础，明确部门人员的业绩衡量指标。KPI 应是能反映出一项管理工作成败的界线。对管理者绩效考评大体上分为结果指标和过程指标，两者都包括数量和质量的标准。

2）KPI 体系建立过程

明确企业的战略目标，并在企业例会上用头脑风暴法和鱼骨分析法找出企业的业务重点。这些业务重点即是企业的关键结果领域；然后再找这些关键结果领域的关键绩效指标，这些 KPI 定为企业级的 KPI。

3）关键绩效指标的分配

关键绩效指标的分配是否适合某一具体职位应根据该职位的工作职责、职级、在组织架构中所处的位置、所负的责任的大小、对某一结果的影响力的大小来确定。

4）关键绩效指标权重的确定

权重确定的具体方法一般为：关键绩效指标和工作目标完成效果之间的权重分配。一般来讲，领导层绩效计划不设工作目标完成效果，其权重为零；而综合职能部门，如人力资源部、财务部、综合部、审计监察部等，通常要设工作目标完成效果评价。

5）审核关键绩效指标

对 KPI 进行审核的目的主要是确定这些 KPI 是否能够全面客观地反映被评价对象的工作绩效，以及是否适合评价操作。绩效管理是管理双方就目标及如何实现目标达成共识的过程，以及增强员工成功达成目标的能力的管理方法。

（3）建立组织绩效评估系统

绩效工资的计量基础是员工个人的工作业绩，如果业绩评估没有说服力，那么整个绩效工资制度就毁于一旦，因此业绩评估是绩效工资的核心。

工作业绩评估手段可以分为正式体系和非正式体系。非正式体系主要是依靠管理人员对员工工作的个人主观判断；正式体系建立在完整的评估体系之上，强调评估的客观性和公正性。绩效评估的目的不仅是为付给员工合理的劳动报酬提供依据，更重要的是发挥员工个人的能力和创造性，使员工个人发展与企业发展目标趋向一致。因此制定切实可行的评估目标是绩效工资的基础。

在评估目标确定中，要遵守以下原则：

1）评估目标一定要为员工所接受、认可，业绩评估目标一定要在上下级之间、主管与员工之间充分交流的基础上制定；

2）业绩测量手段要客观、可靠和公正，评估后，要将规划业绩和实际业绩的差距及时反馈给被评估者，听取被评估者的意见，和被评估者进行充分交流；

3）对业绩并不优秀者，要帮助和督促被评估者制订完善的计划，并为其提供诸如培训、好的工作条件等，促使员工迎头赶上；

4）对业绩优秀者，不是仅给予内在奖励，如提供晋升和发展机会，而是注重从内外两方面激励优秀者为企业做出更大贡献。业绩评估要选择一些有代表性的业绩要点，这些要点能够全面、客观地反映被评估者的业绩，也利于评估者做出公正的评价。

（4）绩效薪酬系统的实施评价

组织任何时候都要重视绩效管理，以及和绩效管理密切联系的薪酬激励问题，引入竞争机制，形成职工能进能出、管理人员能上能下、收入能增能减的机制，完善内部激励机制，加大对企业集团核心技术开发、管理创新及市场开拓等领域有突出贡献和起关键作用的人才的激励力度，拉开分配差距，实行更灵活的收入分配制度。

9.2 绩效薪酬的类型

关于绩效薪酬的类型，从不同角度可以划分出不同的类型，如表 9-1 所示。

表 9-1 绩效薪酬的不同类型

划分角度	具体类型
以激励目标和激励对象来划分	个体激励型
	团队激励型
	各种一次性奖励
以企业支付薪酬的结构来划分	绩效工资
	绩效奖励奖金
	绩效福利
以工作绩效的含义和范围来划分	个人绩效
	团体绩效
	组织绩效
以绩效薪酬实现目的划分	业绩薪酬
	激励薪酬

在本章中，我们将以工作绩效的含义和范围来划分绩效薪酬的类型，将绩效薪酬划分为个人绩效、团体绩效和组织绩效。

9.2.1 个人绩效薪酬

1. 个人绩效薪酬的形式

基于个人的绩效薪酬包括很多形式，主要有很多种类,其一是计件工资制和计时工资制，适用于工厂等生产类企业；其二是根据业绩完成情况而给予的绩效加薪；其三是一次性奖金的支付。

本节中我们将重点讨论计件工资制和计时工资制。绩效加薪以及一次性奖金的支付将在下一节中阐述。

（1）计件工资制

计件工资制是指按照生产的合格品的数量（或作业量）和预先规定的计件单价，来计算报酬，而不是直接用劳动时间来计量的一种工资制度。它是由工作物等级、劳动定额和计件单价所组成，能较准确地反映工人的实际劳动量。它包括：

1）实行超额累进计件、直接无限计件、限额计件、超定额计件等工资制，按劳动部门或主管部门批准的定额和计件单价支付给个人的工资。

2）按工作任务包干方法支付给个人的工资。

3）按营业额提成或利润提成办法支付给个人的工资。

计件工资的计算公式是：工资数额=计件单价×合格产品数量

计件工资制的类型较多，特点各有不同。具体如表 9-2 所示。

表 9-2　计件工资制的类型及特点

类　　型	特　　点
直接无限计件工资制	上不封顶，同一单价计酬
直接有限计件工资制	在劳动定额内按计件单价支付，对超额部分进行限制，采用“封顶”的计件工资
累进计件工资制	在劳动定额内按计件单价计发工资，超额部分在原单价基础上累进单价计发工资，超额越多，单价提高
超额计件工资制	在劳动定额内，按计时发给标准工资，超额部分发给计件工资
按质分等计件工资制	根据产品的不同质量，规定不同的计件单价发工资
包工工资制	把生产任务包给个人或班组，如按期完成，发给包工工资，类似于集体计件工资
间接计件工资制	二线工人和从事辅助性工作的工人，按一线工人完成的产量进行折算计件发给工资
最终产品计件工资制	以整个企业或班组为单位，以最终产品计数的计件工资制

计件工资制一般适用于下列情况：工作性质重复，产品便于采用计数计算；工作监督困难，不便采用计时工资；有必要鼓励员工提高生产速度，增加产品数量。

特别提示

在实际生产经营中，要实行计件工资制，企业生产需具备相应的客观条件,如需要有明确的方法以计量产品的数量，需要有明确的标准以确认产品的质量，并需制定合理的劳动定额标准和相应的统计制度等。最终采用何种形式的计件工资制，是由企业根据自己的生产特点与工作需要而制定的。

（2）计时工资制

计时工资制是根据劳动者的实际劳动时间和工资等级以及工资标准检验和支付劳动报酬的工资形式。按其计量单位的不同，可分为小时工资制、日工资制、周工资制和月工资制以及年工资制。

然而绩效薪酬的计时工资制不同于我们以往所说的计时工资制，以往的计时工资制是根据员工的实际工作时间和工资标准的乘积来支付工资报酬。而这里所说的计时工资制，即绩效薪酬中的计时工资制更多的是在一定的工作标准基础上，以员工节省的工作时间数量或者单位时间内提高的工作效率为考察对象为计算报酬的。以标准工时制为的计划工资制还结合了计件工资制的特点，衍生出 Bedeaux 计划、Haisey 计划等多种形式。

标准工时制依据其员工的生产效率高于标准水平的比例支付给员工同等比例的报酬。生产效率即生产单位产品所需的标准时间和实际投入的工作时间之比，也就是效率系数。

小案例

A 公司主要业务是服装生产及销售。假设某位车间工人每天工作时间为 8 小时，其基本工资是 100 元。按照该员工所处的职位要求，他的标准产量应该是每小时生产 10 单位的产品，即生产每单位产品需要 6 分钟。如果他工作 1 天生产了 160 单位的产品，那么生产每单位产品实际花费了 3 分钟。该员工的生产效率系数为 2，其当天的收入就应该为 100×2=200 元。

2. 个人绩效薪酬的优缺点

在个人绩效薪酬体系中绩效与薪酬紧密相关，因此，实施这一薪酬体系无疑将会极大地增强员工的工作积极性，减少企业的监督成本，提高企业的整体业绩，有助于企业战略目标的实现。同时因为绩效薪酬属于可变薪酬的范围，还可以帮助企业减少固定资金支出的压力。

但在个人绩效薪酬制度神奇光环的背后，这种制度的“双面刃”效应也日渐显现。首先，由于过于注重个人利益，导致团队利益或企业利益受损。其次，奖励指标的片面性可能会歪曲激励。再次，增加了管理层与员工之间发生摩擦的机会。由于绩效薪酬与员工的切身利益直接相关，而其本身又具有可变性，不像职位薪酬那么明确，因而在设计和执行过程中容易产生矛盾与争执，如工作机会不均等、绩效指标不合理、考核结果不公正，等等。

9.2.2 团体绩效薪酬

1. 团体绩效薪酬的形式

团体绩效薪酬可以分为团队绩效薪酬和部门绩效薪酬两个方面。具体的团队绩效薪酬形式主要有：班组或小团队奖励计划、斯坎隆计划、所得分享计划等。

（1）班组或小团队奖励计划

班组或小团队奖励计划是计件工资制和标准工时制的变化形式，用于衡量业绩的指标时既可以产量系数，也可以是效率系数，更多地强调评价工作班组在实物产出上的绩效指标。其目的是促进团队合作，提高生产率；鼓励员工参与管理，提高士气；加强员工对企业的认同感。

其分配形式有 3 种：1）组员平均分配；2）组员根据其对班组绩效的贡献大小得到不同的奖金；3）根据每个组员的基本工资占班组所有成员基本工资总数的比例确定其奖金比例。

班组奖励计划不仅适用于生产工人，还适用于其他类型的团队，诸如销售团队、研发团队等)。此外，它还可能包括更多其他的绩效指标，如成本节约情况、团队销售业绩、项目完成进度情况等。

（2）斯坎隆计划

20 世纪 30 年代中期，美国曼斯菲尔公司的工会主席斯坎隆首次提出一项劳资协作计划。

该计划指出，如果雇主能够将因大萧条而倒闭的工厂重新开张，工会就同工厂一同努力降低成本。其目的在于降低公司的劳动成本而不影响公司员工的积极性。这一计划被称为斯坎隆计划。

斯坎隆计划强调员工的参与，对员工支付生产效率提高的奖励。其计算的主要依据是企业的实际销售率或者生产额。该计划中奖金的计算程序是：

第一步，确定收益增加的来源，通常用劳动成本的节约来表示生产率的提高，用次品率降低来表示产品质量的提高和生产材料等成本的节约。

第二步，将上述各种收益增加来源的收益增加额加起来就可以得到增益总额。

第三步，提留和弥补上期亏空。

第四步，确定员工分享增益的比重，并根据这一比重计算员工可以分配的总额。

第五步，计算员工可以分配的增益总额与参与这一计划的员工当期工资总额的比例。用这一比例乘以各员工的工资所得到的结果就是该员工分享的增益的数量。

其计算公式为：

奖金=（单位销售收入工资含量标准－实际单位销售收入工资含量）×销售收入×

分配系数=（按标准计算的工资总额－实际工资总额）×分配系数

小案例

某公司 2014 年度商品值为 10 000 000 元，总工资额为 400 000 元，目前其商品产值为 9 500 000 元。其实际工资总额为 330 000 元。

①其标准工资成本＝9 500 000×（400 000÷10 000 000）=380 000（元）

②节约成本=380 000－330 000=50 000（元）

③员工奖金=50 000×0.75=37 500（元）

其余的 25%则是公司预留的储备金,以供日后的需要。

斯坎隆计划既可以用于企业，也可以用于某个部门，比较适用的部门是生产部门和销售部门，特别是成本控制领先的行业。公司所有员工，从经理到工人，从主管人员到办事人员都参与提出节约成本、改进生产和管理的方法，而员工随着参与决策程度的提高，抱怨情绪也相应减少，对组织的忠诚度和满意度也不断提高。

（3）所得分享计划

所得分享计划是指企业与员工分享由于绩效提高带来的“所得”的奖励形式。其早期形式就是斯坎隆计划。经过数十年的发展，现在所得分享计划已经有了一些改进。其典型的代表是拉克计划和效益增进分享计划。

1）拉克计划

拉克计划是由经济学家艾伦·拉克（Allen Rucker）于 1933 年提出的。其实质就是以企业的净产值为基础来给员工发放绩效奖金。拉克通过对 1914—1947 年美国制造业的研究发现，美国制造业的人事费总额占生产价值（生产额扣除原材料价值后的剩余部分，即附加值或者净产值）的比例一般都在 39.395%。因此，他认为生产价值与 39.395%的乘积就是人事费总额。已发的人事费低于按照这一比例提取的人事费总额的部分，应该以奖金的形式发放给劳动者。

其计算公式为：

奖金总额=附加价值×标准劳动分配率－实际支付工资总额

2）效率增进分享计划

效益增进分享计划是由工业工程师米歇尔·费恩（Mitchell Tein）在1973年提出的，其奖金计算以总劳动成本为基础，适应了企业对总成本核算和控制的需要。生产率提高分享计划的重点不在衡量节省成本的经济价值，而是追求在更短的劳动时间内生产出更多的产品。

这一计划的关键是计算劳动时间比率，即生产单位产品所需要耗费的劳动小时数，通过将当期的劳动时间比率与基期的或者预期的劳动时间比率进行比较。如果当期的劳动时间比率低于基期或者预期的劳动时间比率，那么该企业的劳动生产率就获得了提高，因此就可以将这一部分生产率提高带来的收益进行分享。生产率提高分享计划往往是以周为单位向员工发放分享奖金。但这种分享计划有一个回购规定，即公司可以通过一次性向员工付款买回超过一定标准的生产率，从而使企业能够在生产率上升到一定水平后提高基期值或者分享值。

2. 团体绩效薪酬的优缺点

团体绩效薪酬制度从工作的角度来看，工作产出是团体的合作的结果，衡量团体的贡献比衡量个人在其中的贡献更容易。从企业的管理方面来看，团体绩效薪酬制度有利于企业建立良好的绩效文化和团队合作文化。

团体绩效薪酬制度的缺点表现在引发“搭便车”的问题上。在监管不严的情况下，有些团队内的员工就会出工不出力。出工不出力的员工和低效率的员工却领取与高效率员工一样的团体薪酬。这样，会挫伤贡献率高的员工的积极性，增加其流动性。

另外，由于收入的稳定性较低，薪酬的风险性加大，将会促使去追求基本工资比例高的工作。

9.2.3 组织绩效薪酬

1. 利润分享计划

利润分享计划是指员工根据其工作绩效而获得一部分公司利润的组织整体激励计划，是由企业建立并提供资金支持，让其员工或受益者参与利润分配的计划。

在这种计划下，报酬的支付是建立在对利润这一组织绩效指标的评价的基础上的，利润分享计划是一次性支付的奖励，它不会进入雇员的基本工资中去，因而不会增加组织的固定工资成本。

利润分享计划的形式主要是现金计划和延期利润分享计划。其中现金计划是最流行的利润分享计划形式，即每隔一定时间，把一定比例（通常为15%～20%）的利润作为利润分享额。延期利润分享计划则是在监督委托管理的情形下，企业按预定比例把一部分利润存入员工账户，在一定时期后支付。这类计划使员工可以享受税收优惠，因为个人收入所得税的支付要延期到员工退休后，这样，他只需以较低的税率纳税。

在西方国家中，最常见的是现金现付制形式。

其优点是：将员工的利益在同一计划中体现，使全体员工都关注公司的利润，公司利润的大小直接影响员工的收益。

其缺点是：该计划通常与员工的基本薪资挂钩，即利润分享计划没有考虑员工个人的业绩，它仅关注企业的经营目标。

适用范围：在实际运用中，利润分享计划在成熟型企业中显得更为有效。

2. 员工持股计划

员工持股计划（Employee Stock Option Plan，ESOP）是指通过让员工持有本公司股票和期权而使其获得激励的一种长期绩效奖励计划，是员工所有权的一种实现形式，是企业所有者与员工分享企业所有权和未来收益权的一种制度安排。在实践中，员工持股计划往往是由企业内部员工出资认购本公司的部分股权，并委托员工持股会管理运作，员工持股会代表持股员工进入董事会参与表决和分红。其操作流程如图 9-5 所示。

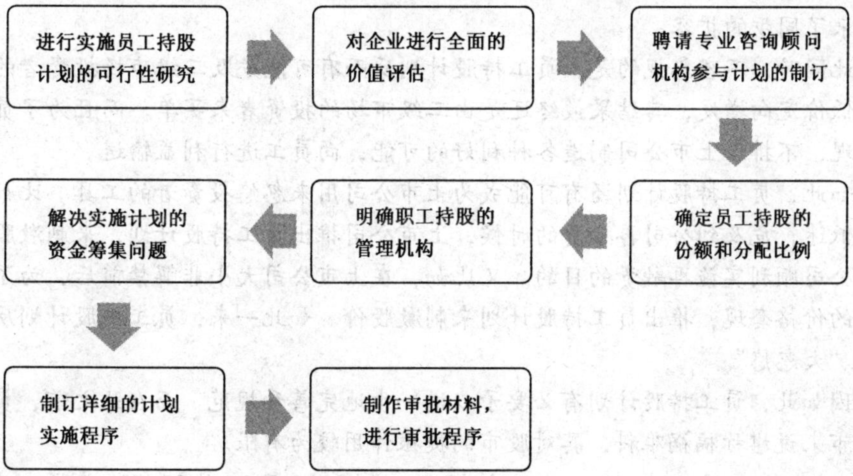

图 9-5　员工持股计划操作流程图

在实施员工持股计划时应注意：

1）要保证基金会是独立的、合法的实体，不受公司控制。

2）要严格评估参与计划的员工资格。

3）要注意员工的持股比例。

4）要避免强迫员工参与员工持股计划。

相关链接

员工持股计划是利好还是忽悠

2014年6月20日，证监会发布了《关于上市公司实施员工持股计划试点的指导意见》，上市公司根据员工意愿，通过合法方式使员工获得本公司股票并长期持有。基于该计划可以为股市带来增量资金，因此被某些业内人士认为是重大利好。不过，员工持股计划到底会成为一大利好，还是一大忽悠，目前还存在不确定性。

首先，员工持股计划能给股市带来的增量资金十分有限。就目前的上市公司来说，大部分公司普通员工的收入其实非常有限。在员工自愿参与持股计划的原则面前，普通员工的参与热情估计并不高。特别是中国股市的亏钱效应，让员工们拿出自己的薪酬出来买进二级市场的股票，这几乎是不可能的事情。

比较可行的办法是：其一，由企业员工掏钱，买进公司低价回购的股份，或由上市公司向员工低价定向增发，以确保员工持股计划可以获利；其二，由上市公司掏钱买进本公司的股票，然后以福利的方式分发给公司员工。不论哪一种方式，能给股市带来的增量资金都是有限的。尤其是就前者来说，要么与上市公司的回购利好构成对冲，要么在带来增量资金的同时也带来了同步的扩容。

而与此同时，不容忽视的是，员工持股计划反而有可能危及二级市场投资者的利益。比如向员工低价定向增发，其结果最终还是由二级市场的投资者来买单。而且为了员工持股得以最终套现，不排除上市公司制造各种利好的可能，向员工进行利益输送。

不仅如此，员工持股计划还有可能成为上市公司用来忽悠投资者的工具。比如，在上市公司股价低迷，危及到公司再融资的时候，上市公司推出员工持股计划，来刺激股价上扬，达到上市公司顺利实施再融资的目的。又比如，在上市公司大小非解禁前后，为了能让大小非以更高的价格套现，推出员工持股计划来刺激股价。如此一来，员工持股计划反倒成了上市公司的“大忽悠”。

也正因如此，员工持股计划有必要予以进一步地完善和规范。而在此之前，员工持股计划对于股市来说堪称福祸难料，其对股市的提振作用较为有限。

（2014年06月23日，来源：京华时报）

3. 风险收益计划

它从共担风险的角度给予员工提醒：当企业业绩下降的时候，他们的基本工资会下降，比如可能会降低到原来的90%，而当企业的绩效上升的时候，其基本工资可能会上升到原来的120%，它的目的在于更多地把员工当成企业的合伙人来看待，这种工资计划有时候也被称为可变工资计划。

9.3　不同类型的绩效薪酬体系设计

9.3.1　业绩薪酬设计应遵循的原则

业绩薪酬的设计应符合 SMART 原则，如图 9-6 所示。

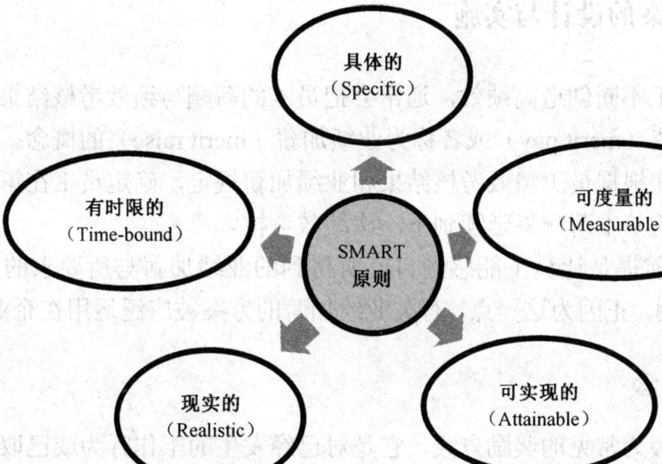

图 9-6　SMART 原则

1．具体的（Specific）

业绩指标要切中特定的工作目标，要能够概况员工的具体工作职责，不是笼统的，而是应该适度细化，并且随环境变化而发生变化。

2．可度量的（Measurable）

业绩指标或者是数量化的或者是行为化的，只有量化的指标才能够衡量员工绩效的优劣，同时需验证这些业绩指标的数据或信息是可以获得的。

3．可实现的（Attainable）

业绩指标在付出努力的情况下是可实现的。主要是为了避免设立过高或过低的目标，太高的目标容易打击员工积极性，起不到绩效薪酬的作用；太低也会使员工产生惰性，失去绩效薪酬的价值，这样才能推动设立该考核指标的意义。

4．现实的（Realistic）

业绩指标是实实在在的，是可以证明和观察得到的，是现实的存在，比如销售人员的销售积极性，是现实的可以观察到的指标。

5．有时限的（Time-bound）

业绩指标中要有一定的时效性，即设定完成这些绩效指标的期限，这也是关注效率的一种表现。毕竟企业适应市场变化，而这种变化也要体现在员工的工作业绩上，才能够体现绩效薪酬的意义。

9.3.2 业绩加薪方案的设计与实施

企业为了鼓励员工不断创造高绩效，通常会把员工的薪酬与绩效考核结果联系在一起，因此就形成了业绩工资（merit pay）或者称为业绩加薪（merit raise）的概念。一般是在年度绩效考核结束后，企业根据员工绩效考核结果和业绩加薪规定，确定员工在第二年可以得到的基本薪酬，增加后的基本薪酬将延续到下一次绩效考核。

业绩工资的假设前提是让员工能感到自己所得到的业绩加薪与所要求的业绩有密切关系，从而起到激励作用。正因为这一点，有关业绩加薪的方案被广泛运用在企业实际操作中。

1．业绩加薪的概念

业绩加薪是一种最为常见的奖励方式，它是对已经发生的工作行为或已取得的业绩效果的认可或奖励。组织通常会根据员工的年度绩效评价结果和事先确定下来的加薪规则，决定员工第二年的基本薪酬。基本薪酬的增长幅度与绩效评价等级联系在一起，员工将得到与自己的绩效评价等级相对应的工资调整，如表 9-3 所示。

表 9-3 业绩加薪规则举例

绩效评价等级	S	A	B	C	D
具体描述	优秀	良好	中等	及格	差评
业绩加薪幅度	5%	3%	1%	0	-1%

注：业绩工资=基本工资+（业绩工资×业绩加薪幅度）。

2．业绩加薪的实效要点

（1）确定业绩加薪的幅度

业绩加薪的幅度主要取决于企业的支付能力和企业的战略发展目标。幅度过高，加重企业的人力成本，财务能力降低。幅度过低会失去业绩加薪的激励作用，而且很容易与生活成本的上升而进行的加薪混淆。企业比较容易操作的加薪幅度是和市场平均水平进行对比，如表 9-4 所示。

表 9-4　业绩工资增长指导表

		员工工资与市场工资的比较比率				
		0.85～0.95	0.95～1.0	1.0～1.05	1.05～1.15	1.15～1.25
		工资增长幅度				
绩效评价等级	A（好）	12%～15%	11%～13%	10%～12%	9%～11%	增长上限
	B（较好）	10%～12%	9%～11%	8%～10%	7%～9%	—
	C（一般）	8%～10%	6%～8%	—	—	—
	D（差）	5%～8%	—	—	—	—
	E（极差）	—	—	—	—	—

此外，加薪的幅度还取决于员工现有的基本薪酬水平和其他的绩效评定结果，首先，基本薪酬水平越高，对加薪的幅度越要进行一定的控制，否则支付成本将会过快增长。其次，组织还应考虑到各级薪酬等级的浮动范围。

（2）业绩加薪的时间

常见的业绩加薪时间安排是每年一次，也有些组织采取半年一次或者是每两年一次的做法，企业加薪时间也应匹配企业的战略需求来确定。

（3）确定业绩加薪的基数

不同企业在实施业绩加薪时可能采用不同的数据作为调薪基数。主要有 3 种调薪基数。

1）以员工的基本薪酬为基数

业绩工资＝基本工资+（业绩工资×业绩加薪幅度），这种方法的优点是简单易行，而且容易和员工进行沟通。缺点是如果加薪幅度较大，会使组织内部薪酬差距逐渐拉大，不利于企业的团结与合作。

2）以员工所在薪酬范围的中位数为基数

即首先使用同一薪酬等级的员工因绩效评价结果相同而获得相同的绝对加薪值，从而有利于保持薪酬的内部一致性，同时，也放慢了那些已处于薪酬范围高端员工的加薪速度，有利于缩小薪酬差距。

3）以员工的基本薪酬为基数或者市场薪酬水平为基数，同时考虑相对薪酬水平的加薪

企业会首先判断员工的薪酬水平与内部或者外部市场平均薪酬水平之间的关系，从而确定员工的相对薪酬水平。具体情况视企业的情况而定。

业绩加薪虽然很好地体现了报酬和绩效挂钩的关系，对员工也有一定的激励作用，但是一旦加薪固定为基本薪酬以后，就难以发挥激励作用了。

9.3.3　一次性奖金方案的设计与实施

从广泛意义上来说，一次性奖金计划属于业绩加薪的范畴，但不存在基本薪酬的不断累加，它采用一次性支付的方式，因此能够有效地控制薪酬成本的增长。

小案例

如表 9-5 所示，假设某员工初始基本薪酬为 20 000 元，每年度业绩加薪和一次性奖励幅度均为 8%。

表 9-5　业绩加薪和一次性奖励的成本比较

时间	业绩加薪		一次性奖励	
	基本薪酬	加薪值	基本薪酬	加薪值
2012	20 000	1 600	20 000	1 600
2013	21 600	21 600×8%=1 728	20 000	1 600
2014	23 328	23 328×8%=1 866	20 000	1 600
……	……	……	……	……

一次性奖金实施的要点如下。

1. 确定标准一次性奖金基数

一次性奖金方案设计中最关键的问题就是标准一次性奖金基数的确定。比较简单的做法是，企业在借鉴其他企业做法的基础上，采用强制分布法按不同层级、不同系列和不同岗位类别将员工年度拟定收入与半年度标准一次性奖金、年度标准一次性奖金之间确定一个拆分比例，从而得出员工半年度标准一次性奖金与年终标准一次性奖金，即：标准一次性奖金基数＝岗位年薪数×各岗位系列拆分比例。具体步骤如图 9-7 所示。

第一，根据企业的职务说明书体系，按照工作内容和工作性质不同，将现有岗位划分为高层管理类岗位、非业务类岗位、业务类岗位和生产操作类岗位4个大的类别

↓

第二，按照专业知识、领导责任、解决问题的复杂程度、对企业营运的影响程度以及人际关系困难度等几项评级标准进行分类和定级，将职位归入不同的类别和级别

↓

第三，根据员工年度拟定收入按不同层级、不同系列和不同岗位类别的岗位工资与半年度标准一次性奖金、年终标准一次性奖金间的拆分比例分别计算员工标准一次性奖金

图 9-7　确定标准一次性奖金基数的步骤

2．确定业绩评价汇总系数

业绩评价系数不仅是衡量一个组织各阶层员工在考核期内业绩状况的评价尺度，同时也是最终决定一次性奖金高低的主要因素。确定业绩评价系数的关键是确定不同员工个人业绩、部门 / 团队业绩和企业业绩在业绩评价过程中所占的权重比例。

业绩系数的确定较为复杂，企业比较实际的做法是：对于中高层管理人员考核其部门业绩和企业业绩；而对于企业一般员工，如操作工，只考核个人业绩。但是应该看到，企业业绩也就是企业利润，应该来说是企业所有人共同创造的，普通员工虽说对利润的影响力度小，那只不过是考核比例多少的问题。

3．设计中的关注点

如图 9-8 所示，我们在基于业绩的薪酬体系时应关注以下几个方面的问题。

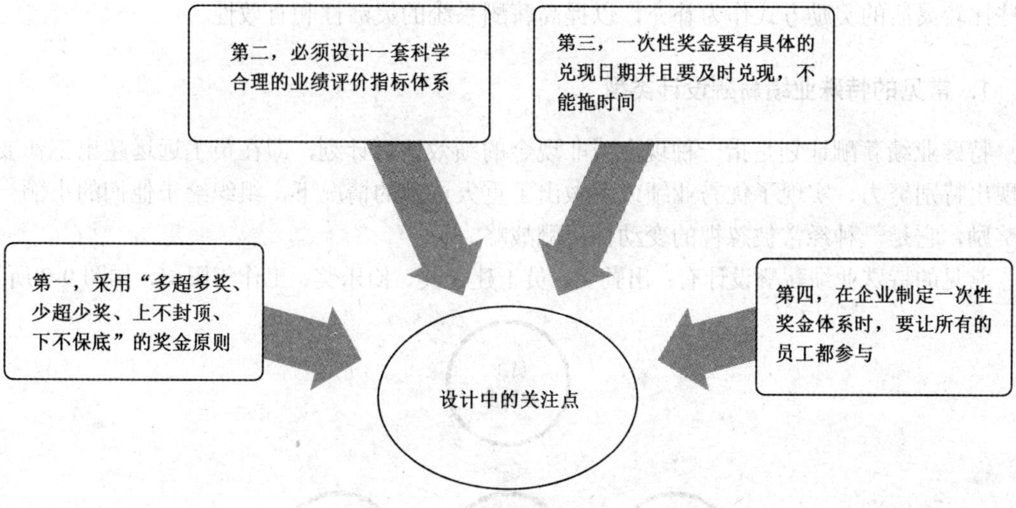

图 9-8　一次性奖金方案设计中的关注点

第一，采用“多超多奖、少超少奖、上不封顶、下不保底”的奖金原则。

设定个人业绩考核下限，若个人半年 / 年度业绩评估分数低于 60 分，则取消其当半年 / 年度一次性奖金；同时根据企业和部门完成整体目标情况确定业绩系数，其系数最低可为 0。

第二，必须设计一套科学合理的业绩评价指标体系。

科学合理的业绩评价指标体系是业绩薪酬实施成功的重要保证。在员工的业绩考评指标体系中，首先要体现企业的战略意图。其次，要有团队合作指标。另外必须包含组织的利益，例如，企业服务的成本、客户的满意度等。

第三，一次性奖金要有具体的兑现日期并且要及时兑现，不能拖时间。

如果有特殊原因延迟的应该向员工解释清楚，使得员工有清晰、具体的期望。企业向员工传递的信息是：一次性奖金制度使严格的、高业绩的员工能够及时得到回报。这样的一次性奖金制度创造了高业绩员工得到回报的环境，成为塑造企业文化的动力。

第四，在企业制定一次性奖金体系时要让所有的员工都参与。

参与的过程是一个很好的沟通和培训的过程，也是让企业和员工发现问题和树立成功实施的信心的过程。

一次性奖金能够很好地解决那些已处于薪酬范围高端的员工的激励问题。但需要注意的是，长期实行一次性奖金会导致基本薪酬的停滞不前，并由此引发员工的消极行为。避免这种情况较为有效的方式是将业绩加薪和一次性奖金的有机结合，例如在时间上做出相互配合的安排，在实行一次性奖金的同时周期性地使用业绩加薪。

9.3.4 特殊业绩薪酬的设计与实施

组织内各项正式的工资制度和激励计划是薪酬系统的主要内容，此外，组织还可以采用一些比较灵活的奖励方式作为补充，以提高薪酬系统的灵活性和有效性。

1. 常见的特殊业绩薪酬设计类型

特殊业绩薪酬计划是指一种现金或非现金的绩效认可计划，即在员工远远超出工作要求表现出特别努力、实现了优秀业绩或者做出了重大贡献的情况下，组织给予他们的小额一次性奖励，它是一种经常被忽视的变动性报酬战略。

常见的特殊业绩薪酬设计有：出勤奖、员工建议奖、伯乐奖、工作年限奖，如图 9-9 所示。

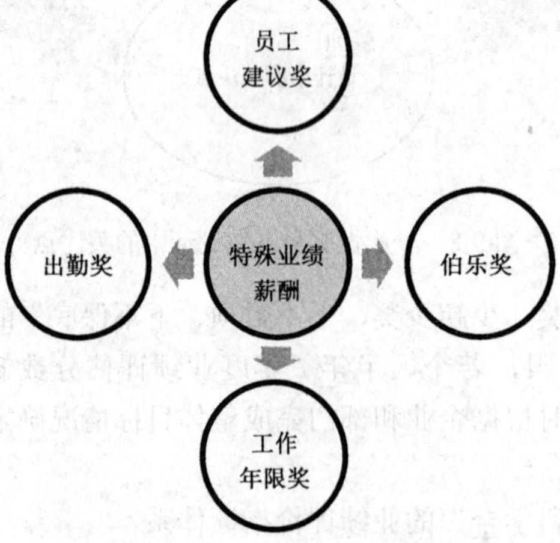

图 9-9 常见的特殊业绩薪酬设计

（1）出勤奖

出勤奖是为规范人力资源管理制度，完善内部奖惩管理规定及福利制度，提高员工的工作积极性和工作效率，促进公司管理工作而设置的一项奖惩制度。

（2）员工建议奖

员工建议奖是指由于员工提了建议，企业为了鼓励员工多提建议而支付的奖金。

员工和合理化建议有时能为企业节省大笔资金，或者大大提高企业的劳动生产率；不仅如此，合理化建议奖也符合“爱厂如家”的企业文化，能够提高企业的凝聚力，加强员工的主人翁责任感。

（3）伯乐奖

伯乐奖是给那些推荐优秀员工加入组织或培养出优秀员工的管理者提供的奖励，这也是企业招聘的重要手段。

（4）工作年限奖

工作年限奖是对那些为组织长期服务的员工的奖励。基目的是留住核心员工，防止有价值员工的流失，提高员工的忠诚度。

小案例

服务年限奖标准与要求

签订一年期合同且为企业持续服务满一年，享有 1 200 元的服务年限奖；(100 元/月)
签订二年期合同且为企业持续服务满二年，享有 3 600 元的服务年限奖；(200 元/月)
签订三年期合同且为企业持续服务满三年，享有 7 200 元的服务年限奖；(300 元/月)
签订四年期合同且为企业持续服务满四年，享有 12 000 元的服务年限奖；(400 元/月)
签订五年期合同且为企业持续服务满五年，享有 18 000 元的服务年限奖；(500 元/月)
签订十年期合同且为企业持续服务满十年，享有 25 200 元的服务年限奖。(600 元/月)

2．特殊业绩薪酬的局限性

首先，由于随机性和自由度很高，所以如果管理不细或者沟通不清楚，很可能使员工无法真正清楚绩效和奖励间的关联性。

其次，与其他绩效奖励计划不同，特殊绩效认可计划并不能改变行为。

最后，尽管它能够使得骨干绩效者继续保持优良绩效，但是却无法促使绩效不良者更加努力或更好地工作。

9.4 基于绩效的薪酬体系设计实例：CK 财产保险公司高新中心支公司基于绩效的薪酬体系设计[1]

经相关保险行政机构批准，CK 财产保险公司高新中心支公司于 2004 年正式成立，为

1 改编自：张春春．CK 财产保险公司高新中心支公司基于绩效的薪酬体系设计[D]．长春：吉林大学，2013.

CK 财产保险公司的三级机构，经营范围为市级，为主要展业机构。这是 CK 财产保险公司在东北地区所设立的第一个省会级城市业务机构。公司的业务经营范围涉及非寿险的各个领域业务，包括机动车辆保险、家庭财产保险、企业财产保险等传统险种和新开发的新险种，总计达到 200 多个。

截至 2012 年 6 月底，CK 财产保险公司高新中心支公司保费收入在所在地区财产险市场占 7.83%的份额，在财产保险市场上位列第四位，各项主要经营指标在同行业内均名列前茅。

随着市场的不断扩大，高新中心支公司对人才的需求日益增加。然而现在的薪酬体系已不能满足其进一步发展的需要，为此，CK 财产保险公司高新中心支公司重新设计了一套适应企业发展的基于业绩的薪酬体系。

9.4.1 员工岗位类别划分

根据工作性质、具体分工及重要程度的不同，将高新中心支公司现有员工划分为以下几种，便于将薪酬体系设计得更加细化，内容更加充实。

1. 各级机构负责人

包括中心支公司（即三级机构）班子成员，支公司（即四级机构）班子成员，以及三级机构直属业务部门负责人。

2. 销售岗位团队负责人

包括中心支公司（即三级机构）直属业务部门内设业务科室负责人，以及支公司（即四级机构）所设业务科室负责人。

3. 管理岗位团队负责人

指中心支公司（即三级机构）职能部门负责人（包含副职）。

4. 销售岗位员工

指中心支公司（即三级机构）直属业务部门内设业务科室以及支公司（即四级机构）所设业务科室内，负责保险销售工作的员工。

5. 管理岗位员工

指中心支公司（即三级机构）职能部门以及支公司（即四级机构）综合管理部内，为保险销售人员提供后勤保障服务的员工。

囿于篇幅所限，仅以销售团队负责人和销售人员的薪酬体系设计为例加以阐述。

9.4.2　销售岗位团队负责人的薪酬体系设计

1．销售岗位团队负责人的薪酬体系设计思路

薪酬结构如下：

个人薪酬总额 = 固定薪酬 + 绩效薪酬 + 社会保险 + 福利

（1）固定薪酬

1）销售岗位团队负责人的月固定薪酬标准为 2 000 元。

2）实际固定薪酬＝固定薪酬标准×固定薪酬发放系数（见表 9-6）

表 9-6　销售团队年保费收入和固定薪酬发放系数对照表

上年度保费收入（元）	固定薪酬发放系数
1 000 万以上	120%
500 万～1 000 万	100%
300 万～500 万	80%
300 万以下	60%

（2）绩效薪酬

1）销售岗位团队负责人，科室不含自身在内最少有员工 3 人（不含实习人员和试用期员工）科室年度总保费任务分为 4 个级别（见表 9-7）。

表 9-7　销售团队级别对照表

年度总保费任务（元）	团队级别
1 000 元以上	I
500 万～1000 万	II
300 万～500 万	III
300 万以下	IV

实习人员和试用期员工的保费任务不得冲抵正式员工的任务，但可以计算为团队任务。

2）按月发放绩效薪酬（见表 9-8）

绩效薪酬 =（团队保费–本人保费）× 绩效薪酬系数

表 9-8　销售团队绩效薪酬系数表

年度总保费任务（元）	绩效薪酬系数
1 000 万以上	2.5%
500 万～1000 万	2.0%
300 万～500 万	1.5%
300 万以下	1.0%

绩效薪酬的提取，应按照销售岗位团队负责人申报的团队级别所对应的月度保费，符合其级别标准时，正常发放；高于其申报的级别时，按照实际对应的级别发放；低于其申报级别时，按照实际对应的级别发放，低于最低级别时，按比例发放。

2. 销售岗位团队负责人的薪酬体系设计方案

（1）销售团队考核指标

1）销售团队年度净保费考核底限为 200 万元。

低于该数额的，第二年不再保留销售团队，解聘该销售团队负责人，不再聘任同类职务。

2）销售团队负责人本人以外的保费规模，不得低于销售团队总保费的 50%。

（2）销售团队的数量

每年年初，支公司应依据上一年度保费规模为主要依据，设立 3～5 个销售团队，上报市公司审核。

中心支公司直属业务部，最多可设立两个销售团队。

（3）销售团队规模分类

1）按照年度净保费规模，分为 8 类：

1 类团队：年度净保费 1 080 万元以上；

2 类团队：年度净保费 1 080 万元以下，960 万元以上；

3 类团队：年度净保费 960 万元以下，840 万元以上；

4 类团队：年度净保费 840 万元以下，720 万元以上；

5 类团队：年度净保费 720 万元以下，600 万元以上；

6 类团队：年度净保费 600 万元以下，480 万元以上；

7 类团队：年度净保费 480 万元以下，360 万元以上；

8 类团队：年度净保费 360 万元以下，240 万元以上。

2）销售团队归类

原则上，以该销售团队上一年度净保费数据，与本年度团队目标申报数据综合评估后，由支公司上报中心支公司审批后确定。对销售团队，每季度考核一次，对于实际完成情况与申报类别严重不符的，给予类别调整。

（4）销售团队的目标考核操作

1）每月按照绩效薪酬 70%的标准，发放绩效薪酬，年末考核时如果完成设定的科室目标，补发剩余部分。

2）年末考核，如果销售团队业绩超过年初核定的归类级别，按照对应的差额，补发绩效薪酬。

9.4.3 销售岗位员工的薪酬体系设计

1. 对销售岗位员工的薪酬体系设计思路

（1）销售岗位员工签约标准

根据各参评机构的实际情况，确定销售岗位员工入司最低签约标准。如表 9-9 所示。

表 9-9　销售岗位员工所属区域和入司标准对照表

所属区域	最低签约标准
经济开发区	50 万元
市内行政区	40 万元
一类郊县	30 万元
二类郊县	20 万元

（2）销售岗位员工薪酬结构

薪酬总额 = 固定薪酬+绩效薪酬+展业补贴+社会保险+福利

（3）执行标准

1）薪酬部分

①固定薪酬

Ⅰ非车险（大额补充医疗保险、农险除外）

按不同险种支付规定佣金后，按保费收入的 5.5%计提最高不超过公司核定的标准。

Ⅱ车险

a.直销业务：直销保费收入的 5.5%。

b.团单业务：凡经销售岗位员工联系介绍的团单业务，保费收入可以计入该员工考核业绩，如果支付佣金比例低于规定比例的，可按下列方法计提基本工资。

固定薪酬 = 该团单保费收入 ×（规定最高比例 − 实际支付比例）

②绩效薪酬（见表 9-10）

销售岗位员工的直销业务，应参照其考核业绩，根据超额的比例，确定其绩效薪酬发放系数的标准。

绩效薪酬 = 直销保费收入 × 绩效薪酬发放系数

表 9-10　销售岗位员工超额比例和绩效薪酬发放系数对照表

超出签约考核基数比例	绩效薪酬发放系数
60%以上	1%
20%～50%	0.5%
0%～20%	0.2%

2）展业补贴

按照销售岗位员工当月的保费收入的一定比例，分别计提交通补贴、通信补贴。

交通补贴 = 当月保费收入×1%

通信补贴 = 当月保费收入×0.5%

3）签约业务人员按月考核。在一个年度内，连续三个月保费为零或全年不能达到公司要求的最低签约标准，公司将与其解除劳动合同。

2. 销售岗位员工的薪酬体系设计方案

（1）薪酬结构的确定

个人薪酬总额＝固定薪酬+绩效薪酬+社会保险+福利+增员奖励+年功津贴

其中的增员奖励和年功津贴两个科目，用于加大鼓励销售岗位员工展业的力度。

（2）增员奖励的核定

1）增员奖励：公司鼓励销售岗位员工推荐优秀的展业人才并给予奖励。

2）增员奖励的方式：

销售岗位员工入司开始签订劳动合同的同时，与其推荐人确立正式的推荐关系，公司给予推荐人一次性奖励。

奖励方式为：

①奖励额度＝被推荐人在实习期间的保费收入×0.3%

②当被推荐人被公司批准直接签订劳动合同时，计算公式调整为：

奖励额度＝被推荐人最初三个月的保费收入×0.35%

（3）年功津贴的核定

1）年功津贴

公司鼓励销售岗位员工长期服务于公司，对于长期服务于公司并且业绩优异的销售岗位员工设置年功津贴给予奖励。

2）年功津贴的发放方式（见表 9-11）

销售岗位员工与公司签订并履行正式劳动合同一年以上，同时获得公司同意第二年继续签订正式劳动合同者，有资格自第三年劳动合同开始后，按年度获得年功津贴。

年度年功津贴＝销售岗位员工两年前的年度实收保费收入×年功津贴系数

表 9-11 年功津贴系数表

两年前年度实收保费（元）	年功津贴系数
600 万以上	1.0%
400 万～600 万	0.8%
300 万～400 万	0.6%
200 万～300 万	0.4%
100 万～200 万	0.3%
100 万以下	0.2%

年功津贴应在统计结果出来后一次性发放。

3）停发年功津贴的几种情况

①销售岗位员工降级至试用期或解除劳动合同后，年功津贴停止发放。再次签订正式劳动合同后，需履行该正式劳动合同一年以上，同时获得公司同意再次继续签订正式劳动合同者，方有资格按照公司相关规定，获得年功津贴。

②销售岗位员工的年度保费考核任务低于对应职级的任务下限时，停止发放当年年功津贴。

（4）销售岗位员工降级标准

1）销售岗位员工当月保费收入不得低于计划指标的 20%（以前月份保费收入扣除月计划保费数额后可以结转到当月），否则当月将停止发放交通补贴和通讯费补贴，待完成任务后再予补发。

2）销售岗位员工累计 6 个月保费收入低于计划指标的 10%（以前月份保费收入扣除月计划保费数额后可以结转到当月），公司将书面通知其解除劳动合同。

3）销售岗位员工当月保费为零时（以前月份保费收入扣除月计划保费数额后可以结转到当月），按照政府最低生活标准发放工资。累计 3 个月保费为零时（以前月份保费收入扣除月计划保费数额后可以结转到当月），公司将以书面的形式通知其与之解除劳动合同。

4）业务员年度保费收入不得低于 60 万元，否则，公司将以书面的形式通知其与之解除劳动合同。

复习思考题

一、单项选择题

1.（　　）是企业与员工团队分享生产率收益的一种手段。

A．收益分享　　B．利润分享

C．股权激励计划　　D．员工持股计划

2.（　　）是指公司和员工约定在将来某一时期内以特定价格购买一定数量的公司股权，购股价一般参照股票的现行价格确定。

A．现股计划　　B．期股计划

C．期权计划　　D．干股计划

3．下面哪个不属于个人激励奖励计划（　　）。

A．直接计件工资计划　　B．标准工时计划

C．差额计件工资计划　　D．利润分享计划

4．奖金对员工来说更多的功能是（　　）。

A．激励功能　　B．配置功能

C．保障功能　　D．维持功能

5．利润分享计划是指根据（　　）的衡量结果来向员工支付报酬的一种绩效奖励模式。

A．个人业绩标准　　B．个人绩效评价等级标准

C．企业绩效标准　　D．部门绩效标准

6．个人绩效奖励计划的优点不包括（　　）。

A．刺激生产率的提高　　B．有助于企业控制成本

C．有利于员工掌握多种不同技能　　D．易操作，便于与员工沟通

7．收益分享计划是对（　　）的绩效进行衡量，这些绩效常表现在因生产率和质量改善所导致的成本节约。

A．某一组织　　B．某一个人

C．某一项目　　D．某一群体或部门

8．下列不属于个人绩效奖励计划的主要形式是（　　）。

A．绩效加薪　　B．福利

C．一次性奖金　　D．月浮动薪酬

9．就企业整体而言，绩效加薪的幅度主要取决于（　　）。

A．加薪幅度

B．企业薪酬水平与市场薪酬水平的对比关系

C．企业的支付能力

D．企业的制度

10．以绩效为导向的薪酬结构不适合（　　）人员。

A．员工的行为难以监督与控制

B．任务饱满，有超额工作的必要

C．根据工作能力和潜力来确定薪酬的

D．大型企业的高层管理

二、简答题

1．什么是绩效及绩效薪酬？

2．阐述绩效薪酬的实施流程。

3．绩效薪酬的类型有哪些？

4．团体绩效薪酬的形式有哪些？并举例说明。

三、案例分析题

根据全球家具行业发展趋势，在未来五年将是行业快速成长的最佳机遇期。为此，DQ 集团高层制定了五年的中期发展战略规划，明确未来五年集团内销的战略方向是：营统销分实现组织一体化，经销商考核实现客户专业化，渠道创新实现通路多元化，产品人机工程实现功能科技化。

为保障集团的内销战略决策落地，DQ 集团年初就引入人力资源副总裁，意图加强集团人力资源管理职能的建设，以保证人力资源满足公司战略发展之需。

年初，DQ 集团进行了组织大变革——产销系统分离，把以前的销售部拆分成国内营销和国际营销两个公司；工厂按照产品分为：A 产品公司、B 产品公司。

王智华就是在这个时候被招进 DQ 集团的，职位是集团国内营销公司人力资源经理。

王智华入职后，国内营销公司的总经理李闯就对他寄予了厚望。李闯是做销售出身的，文化水平不高，是 DQ 集团土生土长的经理人。在长期的营销管理实践中，李闯深刻体会到

人力资源管理中的绩效薪酬机制对营销人员业绩激励与影响的价值。在他看来，销售人员都比较现实，多劳多得是必需的，没有激励就没有动力，激励得越多，销售业绩就会越好。

在内销公司的月度工作总结计划会上，李闯满怀豪情地发表了演讲："国内营销现在 1 000 个业务员，一个月工资和奖金总额是 1 000 万元，月均销售收入是 1 个亿，我打算每月多投入 1 000 万元，让我们的月均销售收入翻一番，年底冲刺 20 个亿。"

发表完演讲后，李闯扭头对王智华说："王经理，你回头做个绩效薪酬方案，看看如何保证我投入 1 000 万元，年底能产出 20 个亿。"

王智华初来乍到，只能硬着头皮答应了。只是他心里是非常不认可总经理的这种直线思维：如果投入 1 000 万元，能产出 10 个亿；投入 2 000 万元，能产出 20 亿元，公司为何不投入 10 个亿，直接就产出 1 000 亿元，马上就能冲入世界 500 强。

但无论如何，王智华必须得解决这个问题。这需要他先去搞清楚内销公司的绩效薪酬管理现状。经了解，他发现内销公司的绩效薪酬管理状况如下：

1．近十年来，公司就一直采用销售额提成制，销售系统上到总经理，下到业务员，都执行销售额提成制；并且不同岗位级别提点不同，总经理、总监的提点一致，副总经理、经理的提点一致，销售代表（即客户经理）的提点一致。

2．销售系统不同岗位层级的固定薪酬基本上没有区别：总经理和总监的固定工资差距是 300～500 元，总监和经理相差 200 元，经理和主管相差 150 元，主管和销售代表的基本没有区别。

3．尽管今年年初对岗位等级做了调整，但销售系统的岗位等级还是太多，具体情况如表 1 所示。

表 1　国内营销公司销售系统岗位等级

调整前		调整后	
岗位名称	职级数量	岗位名称	职级数量
（副）总监	2	（副）总监	3
区域经理	3	区域经理	2
区域副经理	4	区域副经理	3
区域主管	5	高级客户经理	4
销售专员	4	客户经理	2
销售助理	3	助理客户经理	2
职等合计	21	职等合计	16

4．受提成制的影响，国内营销公司的人员调配异常艰难，重要的新市场、新客户没有人愿意去开发；做销售的不愿意转做市场，原因就是每月提点都是一样的，为什么要选择那些短期内难出成果的事情去做。眼看大半年都过去了，公司营销战略决策中的"营统分销"、"经销商考核"等重要工作都没有对应的部门、岗位和人员去承担职责。

5．受提成制的影响，国内营销公司很多岗位员工的薪酬都采取了类似的提成方式。如设计部采用"底薪＋设计图纸的提成"，市场部采用"底薪＋市场调研报告的提成"，招聘专员采用“底薪＋录用人员的提成”。

一时间，公司的价值评判与价值分配体系极度混乱，员工做任何事情都额外向公司要提成，并且想方设法弄出提成方案报李闯审批通过。比如内销公司直营部旗舰店提出，因为电子商务部经常带着客户到门店现场体验公司产品而影响了其门店的生意，所以要求申请专项提成激励——按接待人次进行提成；又比如，新产品上线前，要求产品管理部严格组织评审，并按时提交评审报告，产品管理部提出撰写评审报告也要拿提成。

面对这样混乱的绩效薪酬管理现状，总经理李闯居然没有意识到有任何问题，反而大力推而广之，一时间“人人有考核，事事要提成”的价值评判与分配理念充斥着整个内销公司。

了解了这些情况，王智华依然不知道该怎样去做才能满足总经理李闯提出的要求。眼看着试用期就快到了，王智华非常着急。

[案例讨论与练习题]

1．请问 DQ 集团国内营销公司总经理李闯直线思维的病根到底在哪里？

2．怎样才能设计出合适的令公司高层领导接受的绩效薪酬管理体系？

四、技能操作题

山花煤矿是一个年产 120 万吨原煤的中型矿井，该矿现有职工 5 136 人，其中，管理干部 458 人，占全矿职工的 8.9%。去年全矿职工在矿井领导的带领下，团结一心，努力奋斗取得了生产和安全的双丰收，因此，上级主管部门特拨下 15 万元奖金。

袁矿长代表矿行政机构召集下属五位副矿长和工资科长，财务科长，人事科长和相关料室的领导开了一个“分配安全奖金”的会议。王科长说“奖金总额是 15 万元，要想照顾到各方面是不可能的，只能定出个大致的档次，主要分五档，矿长 550 元，副矿长 500 元，科长 400 元，一般管理人员 200 元，工人一律 5 元。这样分下来，全矿处级干部 13 人，科级干部 130 人及各类管理人员 307 人，职工 4 678 人，刚好分均”。主管生产的冯矿长说“工人 5 元太少了且不论哪个工种都是 5 元，太不平均了，最好把工人的奖金也拉开档次”。安检科陈科长心想，我具体主管安全，责任不比你们小，奖金倒要少 150 元，这不太不公平了，于是说“要说安全工作，我天天都在打交道，但有些人一年没下过几天井，安全工作不沾边，奖金倒不少，我建议再加一个档次”。陈科长的话马上引起其他科长的不满，于是意见不能统一，最后还是按照原来的部署分发。

奖金发下后全矿显得风平浪静，但几天后矿里的安全事故就接连不断地发生，显示运输区转运队的人车跳轨，接着三采区割煤机电机被烧，随后就是开拓区两人受伤。袁矿长坐不住了，亲自组织带领工作组到各个工队追查事故起因，首先追查人车跳轨事故，机车司机说钉道工钉的道钉松动，巡检维修不细心。而钉道工说是司机开得太快，追来查去大家最终说出了心里话。他们说：我们拿的安全奖少，没那份安全责任，干部拿的奖金多，让他们干去吧。还有一些工人说，受伤就是为了不让当官的拿安全奖。一段时间矿里的安全事故仍然在不断发生，最终矿行政虽然采取了一些措施，进行了多方面的调整工作，总算把安全事故压下去了，山花矿区从前那种“人人讲安全，个个守规程”的景象不见了。

问题：该企业该如何建立合理的奖金分配制度？请写出设计方案。

第10章

员工福利体系设计

学习目标

📖 一般掌握

- 员工福利的概念
- 员工福利的作用
- 弹性福利的设计
- 津贴和补贴的内涵

📖 重点掌握

- 员工福利的类型
- 员工福利的设计与管理

学习导航

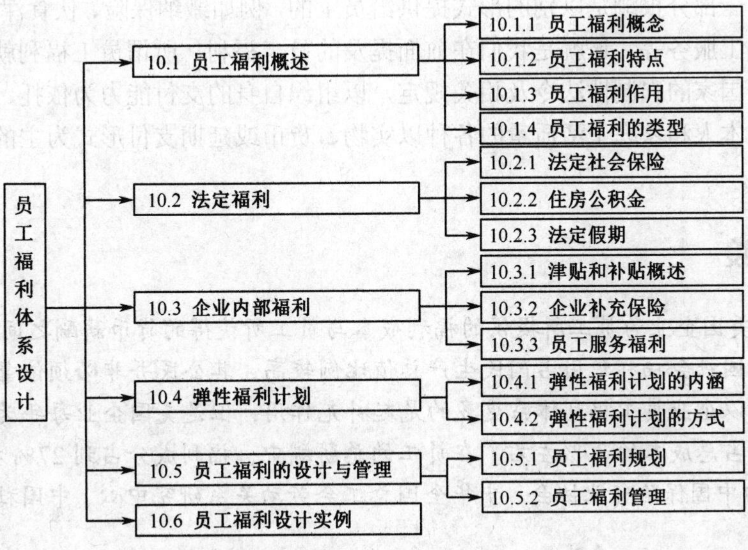

导入案例

CH 中国公司市场部经理被一家很有实力的 IT 公司邀请做市场部经理，为其提供双倍于现在的工资，此外还有其他非常诱人的条件。但略加思索后，该经理却坚决地回绝了，因为在 CH 公司，员工的收入在 IT 行业中属于中等水平，在薪资不占优势的条件下，公司主要靠感情投资来留住员工。

CH 公司为员工提供相关的家政服务，定期举办聚会，提供相互交流的机会。在公司里还有这样一个传统，就是谁要买了房子，大家都会去他们家，帮他们“暖房”，气氛很温馨。此外公司还提供娱乐资金预算，预算分为两部分，公司内部组建员工委员会来控制一部分预算的实施，另一部分由经理控制，主要实施于项目小组之中，而所有的这些都是纯粹的娱乐费用。

案例点评

福利是一种很好的吸引和保留员工的工具，有吸引力的员工福利计划既能帮助企业招聘到高素质的员工，同时又能保证留住员工。企业往往通过福利的形式为员工提供各种照顾，会让员工感觉到企业和员工之间的关系不仅是一种单纯的经济契约关系，而是在雇佣关系中增加一种类似家庭关系的情感成分，以提高员工的工作满意度，增加企业向心力。

10.1 员工福利概述

10.1.1 员工福利概念

在组织向员工提供的报酬中，很多人关注基本薪酬、奖金以及其他一些直接的货币报酬，其实还有相当一部分报酬是以别的形式提供给员工的，例如缴纳保险、伙食津贴、住房补助、带薪休假、员工服务等，这就是我们在前面提及的员工福利。所谓员工福利就是企业基于雇佣关系，依据国家的强制性法令及相关规定，以组织自身的支付能力为依托，向员工所提供的用以改善其本人和家庭生活质量的各种以实物、货币或延期支付形式为主的补充性报酬与服务。

相关链接

据统计，美国企业为员工所提供的福利成本与员工所获得的货币薪酬之间的比例是 37%左右。由于美国社会福利费用占国民生产总值比例较高，其公民并非必须依靠企业内部福利才能生存，所以企业员工福利体系更多的是起补充作用，但是美国企业每年为职工福利所支付的费用依然占总成本的 37%左右。在员工的总薪酬中，福利成分占到 27%左右。

2014 年由中国保险行业协会、中华全国总工会劳动关系研究中心、中国社科院社保研究中心联合主办，平安养老保险股份有限公司承办的《2014 年中国企业员工福利保障指数大中城市报告》(以下简称《报告》)在京发布。《报告》显示，我国大中城市企业员工福利指数为 66.5，福利保障处于基础水平的中间偏下位置。数据显示，在分企业类型员工福利指数中，国有企业员工福利保障情况最好，外资企业次之，民营企业最差。此外，国有企业福利保障范围最为宽泛，但员工取得各种福利保障的条件也最为严苛。“外商独资企业/代表处”的公平性指标最高，说明该类企业员工取得福利保障的条件最为宽松。

（资料来源：《2014 年中国企业员工福利保障指数大中城市报告》在京发布，中国供销合作网，2015-01-13）

10.1.2　员工福利特点

福利有别于根据员工的工作时间计算的薪酬形式，与基本薪酬相比，福利具有以下 3 个特点。

1. 补偿性

员工福利是对劳动者为组织提供劳动后的一种物质补偿，也是员工薪资收入的补充分配形式。一些劳动报酬不宜以货币的形式支付，可以以非货币的形式支付；不宜以个体的形式支付，便可以以集体的形式支付。

2. 均等性

员工福利均等性是指履行了劳动义务的员工，均有享受各种组织福利的平等权利。在组织里，由于劳动能力和个人贡献等因素的不同，造成员工之间在薪资收入上的差距，差距过大会对员工的积极性和组织的凝聚力产生不利的影响。所以，员工福利的均等性特征在一定程度上起着平衡劳动者收入差距的作用。

3. 集体性

集体性员工福利除了可以满足员工的某些物质性需求之外，还有一个重要特点是可以强化员工的团队意识和对组织的归属感。例如集体旅游、娱乐和健康服务等项目，都可以起到这种作用。

小案例

Facebook：边工作边娱乐

作为手握充足资金的全球顶级社交网络公司，Facebook 在员工福利待遇上向来毫不吝啬。除了免费的一日三餐，每年公司成立纪念庆典上还会发放各种出其不意的礼物。

另外，公司内部还配有医生、按摩师和理疗师，可以随时为员工解决各种健康问题。同时，公司每年还会租下附近的一个公园，组织员工们一起去玩一些校园时代的游戏，比如跷跷板、打扑克或者真实版“愤怒的小鸟”等。

10.1.3 员工福利作用

1. 员工福利对组织的作用

组织设置福利有国家立法规定、集体谈判等原因，也会增加组织运营成本，但从组织发展的大局来看，员工福利结果肯定是利大于弊的。

（1）使报酬形式多元化，能吸引和保留人才

福利是一种很好的吸引和保留员工的工具。有吸引的员工福利计划既能帮助组织招聘高素质的员工，同时又能保证已经被雇用来的高素质员工能够继续留在组织中工作。货币报酬的思维前提是假定工作是谋生手段，企业给足了钱，员工就会努力工作，这一假设只有在物质生活贫乏时管用，但当人们的生存问题已解决后，单一的货币报酬形式就不管用了。报酬形式多元化最大的特点就是考虑了员工需求的复杂性，并尝试用不同手段满足员工。当组织希望吸引和雇用某些类型的员工，但是又因为某些方面的原因不能单方面提高这些人的薪酬水平时，福利就可能会成为一种非常有利的报酬形式。假定有一家企业希望获得稳定可靠的员工队伍，因此希望提高本企业劳动力对于中中年人（尤其是有孩子的中年人）的构成比例。但是如果此企业单独根据这种特征向中年人提供较高的薪酬待遇，就有可能会导致其他人向法庭提出歧视诉讼。在这种情况下，如果企业向它试图吸引的那些劳动力群体的成员提供某些特殊的员工福利，就有可能会有效地避免这种法律困境。比如，为员工及其家庭成员提供健康保险，会使得有家庭的成员享受更多的福利；再如，为员工上大学的子女提供学费资助，也会达到同样的目的。

（2）有助于营造和谐的企业文化，强化员工的忠诚感

组织通过福利的形式为员工提供各种照顾，会让员工感觉到企业和员工之间的关系不仅是一种单纯的经济契约关系，从而在雇佣关系中增加一种类似家庭关系的感情成分，以提高员工工作满意度，或者降低员工的不满情绪。而员工工作满意度的上升必然会导致员工生产率的上升以及缺勤率和离职率的下降。

（3）提高企业经济效益

良好的福利一方面可以使员工得到更多的实惠，另一方面用在员工身上的投资会产生更多的回报。从经济学角度来看，员工福利是一种投资而且能长远的取得效益。员工福利解决了员工生活上的后顾之忧和经济困难，改善了生活，使他们精力充沛、心情舒畅地工作，从而提高工作效率，取得更大的经济效益。员工福利用在文化学习、体育娱乐方面的费用是“智力投资”。它提高了员工的劳动力素质，所带来的效益更是其他投资所不能比拟的。

小案例

美国 SAS 公司就不仅为员工提供拥有 2 名医生和 6 名专业护士的免费诊所、一个 5.5 万平方英尺的体育场、有补贴的住房、乡村俱乐部会员资格等福利，而且还为员工提供婴儿日托服务，同时为员工的子女上私立学校提供学费补助。该公司还实行了每日七小时工作制，让员工有机会享受家庭生活以及处理私人事务。结果，虽然该公司并未提供股票期权，薪酬水平在本行业中也不是最高的，但是它的年度员工流失率（4%）大大低于同行业的一般水平（20%）。

2. 员工福利对员工的作用

从劳动经济学的角度来说，如果同样的薪酬水平可以由不同的直接薪酬和间接薪酬组合构成，但总的薪酬成本不变，那么对于企业来说，货币薪酬多一些还是福利多一些实际上是无关紧要的。在这种情况下，企业是否实行某种福利或者福利的水平高低就要取决于员工的偏好了。那么，员工为什么会喜欢福利呢？

（1）税收的优惠

福利不仅对企业来说存在税收优惠，对员工来说也同样如此。以福利形式所获得的收入往往无须缴纳个人收入所得税；因此，在企业薪酬成本一定的情况下，员工直接从企业获得福利，与自己用拿到手的薪酬收入再去购买福利相比，其成本要低许多。节省的那一部分就相当于所缴税的税金。

（2）集体购买的优惠或规模经济效益

员工福利中的许多内容是员工工作或生活所必需的，即员工自己也要花钱去购买的，而在许多商品和服务的购买方面，集体购买更具有较多的优势，能够得到一定优惠，体现出规模经济效益。

（3）满足员工的多样化需要

不同的员工，甚至同一个员工在其职业生涯的不同阶段，对福利的项目偏好都是不同的。现在很多企业都在实行弹性福利计划，通过让员工选择不同的福利套餐来满足员工各个方面的需要。

从实际操作的角度来说，组织在选择提供给员工的各项福利项目时，最好首先明确下来提供这种福利包的目标是什么，这有助于一个组织选择最为有效的福利项目，并且对这些福利项目是否真正达到了预期的目的进行监控。在实践中，一些公司还就本公司的福利体系设计制定出了书面的福利目标陈述。

小案例

某公司的福利目标陈述

1. 建立和维护一项员工福利计划的宗旨是：满足员工对闲暇时间的需要以及降低员工在老年，健康状况不佳以及死亡等情况下所面临的各种风险。

2. 建立和维护一项员工福利计划的基本原则是：在员工自己做出的努力的基础上，组织适当的补充。

3. 每年根据员工的离职率，为填补岗位空缺数，出勤率，员工投诉率以及员工意见调查等因素，就员工福利计划对于员工的士气和生产率所产生的影响效果进行评价。

4. 每年将本公司的员工福利计划与本领域中的领袖企业进行比较，将一项福利计划所提供的总体福利水平维持在这样的一个位置上，即员工的人均福利成本落入这些领袖企业的第二个五分位上。

5. 每年核算新建的，调整过的以及现有的各种福利计划的成本相当于固定薪酬的百分比，并且尽可能地将其维持在这个水平上。

10.1.4 员工福利的类型

员工福利包括很多不同种类的福利项目，划分的方式也很多，我们可以把员工福利分为法定福利和企业内部福利。法定福利通常指国家政府和法律法规所规定的，强制性的基本福利制度，如养老保险、失业保险、生育保险、带薪年假、婚丧假等；而企业内部福利是指企业内部自行设定的一些福利内容：如旅游项目、补充养老金、公积金、生日蛋糕、节假日的津贴、礼物等。

需要注意的是，由于立法和其他一些环境的变化，福利领域的变化很快，因此我们需要随时关注现实情况的变化。

小案例

华为技术有限公司员工福利管理制度

1. 目的

为规范公司员工福利管理，增强员工归属感和责任感，体现公司对员工的人文关怀，提高员工工作积极性，特制定本制度。

2. 定义

福利是公司提供给员工的除基本工资、浮动工资、特殊奖励之外的利益和服务，是公司整体薪酬的有机组成部分。

3. 适用范围

本制度适用于与华为建立劳动合同关系的员工，外派至其他公司的遵照其所在公司的福利制度执行。

4. 职责

（1）综合管理部负责员工福利政策的确定、定期回顾与调整，负责确定福利项目及预算，实施所有福利。

（2）财务管理部根据综合管理部确定的预算进行发放。

5. 福利构成

公司福利由法定福利、普惠福利、特殊福利三部分组成。

（1）法定福利是国家和地方政府法律法规规定提供给员工的基本保障性福利，包括社会保险、住房公积金、法定休假、高温补贴、独生子女补贴等。

（2）普惠福利是公司提供给全体员工的保障性利益和服务，包括免费工作午餐、健康体检、节日补贴、交通意外险、员工团队旅游活动、生日祝贺、新生儿祝贺、探望慰问生病员工等。

（3）特殊福利是公司基于职位、职级或绩效而有所差异的福利，是对部分员工提供的额外福利。具体执行参照公司相关制度或通知。包括：交通津贴；高绩效员工奖励：每年的高绩效员工（AA 级员工）将一次性获得价值 1 万元旅游计划，同时公司将提供 5 天额外带薪年假，并可携家属同往。旅游及休假计划须在次年 12 月 31 日前实施，不得顺延至下一年度。

6. 福利执行的补充说明

（1）借入/调入员工福利

借入/调入的员工在公司工作期间享受公司福利，特殊约定的除外。

（2）社会保险和住房公积金办理

①社会保险和住房公积金办理根据当地政策法规，由公司和个人各自承担应交的社会保险和住房公积金费用。

②一般情况下，员工的社会保险和住房公积金关系应在公司所在地办理相关手续，如遇特殊情况经总经理批准后进行特殊处理。

③公司以员工基本工资为缴费基数为员工购买社会保险和住房公积金。

④新员工于当月 15 日前入职的，公司为其办理当月社会保险和住房公积金；

⑤当月 15 日后入职的，公司于次月开始办理其社会保险和住房公积金。

（3）免费工作午餐

公司在深员工可享受集团总部食堂提供的免费午餐，因工作地点原因无法享受的，可折算为午餐补贴发放。由用人部门在每月 5 日前提供员工上月出勤日（扣除出差日）给综合管理部，由综合管理部计算后与次月工资一起发放。

（4）员工团队旅游

①员工团队旅游所需的假期为员工福利假期，公司不另行安排。

②具体执行参照公司相关邮件通知。

7. 解释与执行

（1）本制度解释权属于公司综合管理部。

（2）本制度从 2013 年 1 月 1 日起执行。

（资料来源：华为公司员工福利管理制度，2013-01-01）

10.2 法定福利

10.2.1 法定社会保险

大多数市场经济国家的企业都要面对很多按照法律规定必须提供的福利项目。这一部分主要了解 5 种我国规定的集中法定社会保险类型：养老保险，失业保险，医疗保险，工伤保险以及生育保险，如图 10-1 所示。

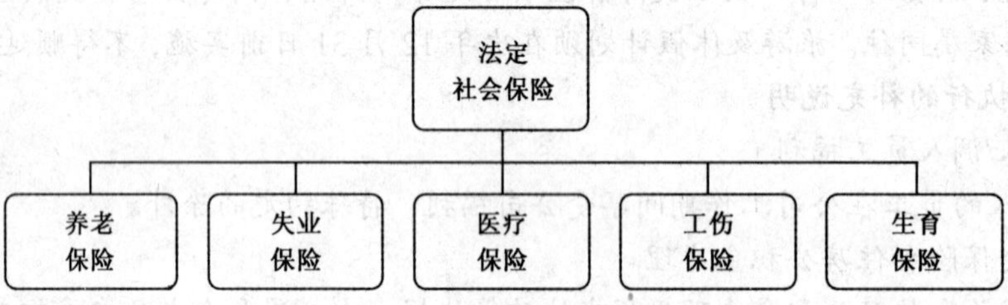

图 10-1 法定社会保险类型

1. 养老保险

法律规定的养老保险又称为老年社会保障，是针对退出劳动领域或无劳动能力的老年人实行的社会保护和社会救助措施。经过近十年的改革与建设，我国的养老保险制度已初步建立，形成了包括基本养老保险、企业补充养老保险和个人储蓄性养老保险为主的多层次、多支柱新型养老保险体系。

基本养老保险又称为国家基本养老保险，是按照国家统一政策规定强制实施的，以保证广大离、退休人员基本生活需要为目标的一种养老保险制度。

（1）养老保险的参保及缴费覆盖范围

基本养老保险覆盖范围是国有企业、城镇集体企业、外商投资企业、城镇私营企业和其他城镇企业及其职工，实行企业化管理的事业单位及其职工。省、自治区、直辖市人民政府根据当地实际情况，可以规定将城镇个体工商户纳入基本养老保险的覆盖范围。一些地方将自由职业者也纳入基本养老保险覆盖范围。

（2）缴费基数和费率

企业缴纳基本养老保险费的比例一般不得超过企业工资总额的 20%，具体比例由省、自治区、直辖市人民政府确定。少数省、自治区、直辖市因离退休人数较多、养老保险负担过重，确需超过企业工资总额 20%的，应报劳动保障部、财政部审批。个人缴纳基本养老保险费的比例，应逐步达到本人缴费工资的 8%。个体工商户、自由职业者的缴费全部由自己承担，缴费比例一般为 18%，其缴费基数可以在当地职工平均工资的 60%～300%中，选择一个缴费基数档次。

（3）养老金待遇

实行“社会统筹与个人账户相结合”养老保险制度后参加工作的职工，个人缴费年限累计满 15 年的，退休后按月发给基本养老金。基本养老金由基础养老金和个人账户养老金组成。退休时的基础养老金月标准为省、自治区、直辖市或地市上年度职工月平均工资的 20%，个人账户养老金月标准为本人个人账户储存额除以 120。个人缴费年限累计不满 15 年的，退休后不享受基础养老金待遇，其个人账户储存额一次性支付给本人。

相关链接

2014 年度北京市职工年平均工资为 77 560 元，月平均工资为 6 463 元，与其相关的社保缴费基数的上下限、工伤保险定期待遇等均会照此标准进行调整。

参加基本养老保险、基本医疗保险、失业保险、工伤保险、生育保险的职工按照本人上一年月平均工资确定缴费基数。如以北京市上一年职工月平均工资作为缴费基数的，则是 6 463 元，比上一年的 5 793 元增加 670 元。其中，缴费基数上限按照北京市上一年职工月平均工资 300%确定，即 19 389 元，比去年的 17 379 元增加 2 010 元。参加基本养老保险、失业保险的职工缴费基数下限按照北京市上一年职工月平均工资的 40%确定，即 2 585 元，上涨 268 元;参加基本医疗保险、工伤保险、生育保险的职工，缴费基数下限按照北京市上一年职工月平均工资的 60%确定，即 3 878 元，同比增 402 元。

如果某职工上年月平均工资超过北京市上一年职工月平均工资的 300%，缴费基数最高上限为 19 389 元，不能更高;而工资较低的职工，则各项社保缴费时不能低于相关下限标准。对于五险中缴费较多的养老保险，以个人缴费 8%的比例计算，职工今年的最低月缴费为 207 元、最高月缴费为 1 551 元，分别比上一年度要多出 21 元和 161 元。在职职工月工资低于 2 585 元的，最低月缴 207 元；月工资高于 19 389 元的，最高月缴 1 551 元；而对于月收入在 2 585～19 389 元的，则按本人上一年度月平均工资作为缴费基数。

个人委托存档的灵活就业人员缴纳基本养老保险、失业保险时，缴费基数分 3 个档次，分别是以社平工资的 40%、60%和社平工资为基数，因此社平工资上涨同时也会带动其缴费的提高。

（资料来源：“2015 年北京市社保缴费基数上限 19 389 元”，社保网，2015-06-08）

2．失业保险

失业保险是为遭遇失业风险，收入暂时中断的失业者设置的一道安全网，它覆盖范围通常包括社会经济活动中的所有劳动者。现行的失业保险是 2011 年 7 月 1 日实施的《社会保险法》，1998 年 12 月 16 日颁布的《失业保险条例》与之有冲突的，按照《社会保险法》执行。根据《社会保险法》规定：职工应当参加失业保险，由用人单位和职工按照国家规定共同缴纳失业保险费。

（1）失业保险的参保及缴费

1）国务院《失业保险条例》第二条规定：城镇企事业单位(包括国有企业、城镇集体企业、外商投资企业、城镇私营企业以及其他城镇企业)及其职工依照本条例规定，缴纳失业保险费，享受失业保险待遇。

2）国务院《失业保险条例》第六条规定：城镇企事业单位按本单位工资总额的2%缴纳失业保险费，职工按照本人工资的1%缴纳失业保险费。

（2）领取失业保险金的条件

根据《社会保险法》规定：失业人员符合下列条件的，从失业保险基金中领取失业保险金：（一）失业前用人单位和本人已经缴纳失业保险费满一年的；（二）非因本人意愿中断就业的；（三）已经进行失业登记，并有求职要求的。

申领失业保险金程序：失业人员失业前所在单位，应将失业人员的名单自终止或者解除劳动合同之日起7日内报受理其失业保险业务的经办机构备案，并按要求提供终止或解除劳动合同证明，参加失业保险及缴费情况证明等有关材料。

失业人员应在终止或者解除劳动合同之日起 60 日内到受理其单位失业保险业务的经办机构申领失业保险金。

相关链接

依据《北京市失业保险规定》关于“失业保险金标准应低于本市最低工资标准、高于城镇居民最低生活保障标准”的原则，考虑到北京市城镇居民最低生活保障标准和最低工资标准调整的实际，2015 年的失业保险金标准在现行基础上平均每档上调 110 元，增长 10.3%。

其中，累计缴费时间满 1 年不满 5 年的，失业保险金月发放标准为 1 122 元；累计缴费时间满 5 年不满 10 年的，失业保险金月发放标准为 1 149 元；累计缴费时间满 10 年不满 15 年的，失业保险金月发放标准为 1 176 元；累计缴费时间满 15 年不满 20 年的，失业保险金月发放标准为 1 203 元；累计缴费时间满 20 年以上的，失业保险金月发放标准为 1 231 元。此项调整自 2015 年 4 月 1 日起执行。

3. 医疗保险

医疗保险是指由国家立法，通过强制性社会保险原则和方法筹集医疗资金，保证人们平等地获得适当的医疗服务的一种制度。

（1）医疗保险的参保及缴费

《社会保险法》第二十三条规定职工应当参加职工基本医疗保险，由用人单位和职工按照国家规定共同缴纳基本医疗保险费。无雇工的个体工商户、未在用人单位参加职工基本医疗保险的非全日制从业人员以及其他灵活就业人员可以参加职工基本医疗保险，由个人按照国家规定缴纳基本医疗保险费。

（2）医疗保险待遇

根据国家现行的规定，职工基本医疗保险的支付范围划分为统筹基金和个人账户，分别核算，不得互相挤占。个人账户用于支付门诊费用、住院费用中个人自负部分以及在定点药店购药费用。个人账户归个人使用，可以结转和继承。统筹基金用于支付住院医疗和部分门诊大病费用，有起付标准和最高支付限额，具体标准和限额由统筹地区根据以收定支、收支平衡的原则确定。起付标准以下的医疗费用，从个人账户中支付或由个人自付；起付标准以上、最高支付限额以下的医疗费用，主要从统筹基金中支付。

相关链接

2015 年北京市城镇居民基本医疗保险中的“一老”和无业居民的住院报销比例提至 70%，最高支付限额提至 17 万元。至此，北京市所有城镇居民住院报销水平实现统一。

“一老”和无业居民住院医疗费用报销比例由原先的 60%调整为 70%;一个医疗保险年度内，住院最高支付限额由原来的 15 万元提高到 17 万元。

“一老”和无业居民在 2016 年 1 月 1 日前发生的住院医疗费用还是按照原规定执行，1 月 1 日后发生的住院医疗费用按新规执行。上述两项调整将进一步提高“一老”和无业居民的医疗待遇水平，减轻他们的大额医疗费用负担。

该政策惠及参加城镇居民基本医疗保险的全部“一老”和无业居民，约 25 万人，减轻群众负担约 1 亿元。目前北京市职工和退休人员在社区门诊医疗报销比例提至 90%;职工医保年度报销封顶线达到 30 万元;“一老”年度支付上限升至 15 万元。

（资料来源：“2015 年北京市社保缴费基数上限 19 389 元”，社保网，2015-06-08）

4．工伤保险

工伤保险是针对那些最容易发生工伤事故和职业病的工作人群的一种特殊社会保险。我国新的工伤保险制度建立了基金体制，工伤保险费用完全由企业承担，按照本企业职工工资总额的一定比例缴纳，职工个人不缴纳工伤保险费。

（1）工伤保险的缴纳

与养老、医疗、失业保险不同，工伤保险除了体现社会调剂、分散风险的社会保险一般原则外，还体现工伤预防、减少事故和职业病的发生率、体现企业责任等原则。因此，我国也采取了与国际接轨的做法，对于工伤保险费不实行统一的费率，而是根据各行业的伤亡事故风险和职业危害程度类别，实行不同的费率，主要包括差别费率和浮动费率两种形式。

小案例

大连市人民政府曾公布行业风险等级以及差别费率的分类，商业、贸易的风险等级是最低的，工伤保险的费率为工资总额的 0.1%；煤矿的行业风险等级是最高的，工伤保险的费率为 1.50%；其他行业，如港口业、汽车运输业、仓储货运业、装卸搬运业、木材加工业的行业风险等级为第 10 级，工伤保险费率为 1.0%；造纸以及纸制品业，汽车客运业、印刷业、采盐业、一般机械加工业的行业风险等级为第 6 级，工伤保险费率为 0.6%。

（2）工伤医疗待遇

工伤保险待遇由工伤保险基金支付主要部分，包括工伤医疗待遇、伤残待遇、工亡待遇以及其他待遇。

1）工伤医疗待遇

工伤医疗待遇包括工伤医疗费用、康复性治疗费用、辅助器具安装配置费用。

2）伤残待遇

伤残待遇包括一次性伤残补助金、伤残津贴、生活护理费。

3）其他待遇

其他待遇包括伙食补助、外地就医差旅费、停工留薪待遇等。停工留薪期一般不超过 12 个月。伤情严重或者情况特殊，经设区的市级劳动能力鉴定委员会确认，可以适当延长，但延长不得超过 12 个月。工伤职工评定伤残等级后，停发原待遇，按照本章的有关规定享受伤残待遇。工伤职工在停工留薪期满后仍需治疗的，继续享受工伤医疗待遇。

4）工亡待遇

工亡待遇包括一次性工亡补助金、丧葬补助金、供养亲属抚恤金。

5. 生育保险

生育保险制度是指国家通过社会保险立法，对女职工因生育子女而导致暂时丧失劳动能力和正常收入时，由国家或社会提供物质等方面帮助的一项社会保险制度。

建立生育保险的目的是保证生育状态的劳动妇女的身体健康，减轻其因繁衍后代而产生的经济困难，同时也是为了保证劳动力再生产的延续。生育保险不只是指对女职工生育子女所花费的生育手术费、住院费等费用的补偿，还包括通过建立社会生育基金的方式，对女职工在规定的生育假期内因未从事劳动而不能获得工资收入的补偿。

（1）生育保险的参保及缴费

《社会保险法》规定，职工应当参加生育保险，由用人单位按照国家规定缴纳生育保险费，职工不缴纳生育保险费。目前，生育保险费按照不超过职工工资总额的 1%由用人单位缴纳。

（2）生育保险待遇

生育保险待遇包括生育医疗费用和生育津贴。《社会保险法》第五十五条规定生育医疗费用包括下列各项：

（一）生育的医疗费用；

（二）计划生育的医疗费用；

（三）法律、法规规定的其他项目费用。

《社会保险法》第五十六条规定：职工有下列情形之一的，可以按照国家规定享受生育津贴：

（一）女职工生育享受产假；

（二）享受计划生育手术休假；

（三）法律、法规规定的其他情形。

生育津贴按照职工所在用人单位上年度职工月平均工资计发。2015 年北京市生育保险-生育津贴待遇如表 10-1 所示。

表 10-1 2015 年北京市生育保险-生育津贴报销标准汇总表

名称	享受方	条件	产假规定	公式
生育津贴	女职工	妊娠不满 16 周（含）流产	15 天	单位上年度职工月平均工资/30×产假天数
		妊娠 16 周（含）以上流产	42 天	
		正常生育	98 天	
		难产生育（产钳助产、胎吸、剖宫）	98+15=113 天	
		多胞胎生育	98+15×(胎数-1)天	
晚育津贴	男/女	女方年满 24 周岁生育第一个孩子	30 天	单位上年度职工月平均工资
		备注：如果男女方都参加生育保险，可按基数高的一方计算晚育津贴。		

10.2.2 住房公积金

住房公积金制度是住房保障体系的重要组成部分，其主要作用于改善工薪阶层居住条件，解决缴存职工买房租房困难问题。为了规范我国住房公积金管理工作，确保公积金缴存职员合法权益，为缴存职员提取公积金提供法律依据，国务院于 1943 年颁布实施《住房公积金管理条例》。为了解决《住房公积金管理条例》实施过程中出现的问题，国务院于 2002 年对《住房公积金管理条例》进行了修改，修改之后一直沿用至今。

（1）住房公积金的缴存

第十六条 职工住房公积金的月缴存额为职工本人上一年度月平均工资乘以职工住房公积金缴存比例。

第十八条 职工和单位住房公积金的缴存比例均不得低于职工上一年度月平均工资的 5%；有条件的城市，可以适当提高缴存比例。具体缴存比例由住房公积金管理委员会拟订，经本级人民政府审核后，报省、自治区、直辖市人民政府批准。

在 2005 年 1 月，建设部、财政部、中国人民银行发出《住房公积金管理中若干问题的指导意见》规定，职工和单位住房公积金缴存比例不应低于 5%，原则上不高于 12%，缴存住房公积金的月工资基数，原则上不应超过职工工作地所在设区城市统计部门公布的上一年度职工月平均工资的两倍或三倍。由于我国各地区经济发展水平和各单位的经济效益不同，因此出现了缴纳比例的差异，如表 10-2 所示。

（2）提取和使用

根据现行的《住房公积金管理条例》规定，住房公积金一是用于发放个人住房贷款，二是购买国债，三是银行存款。此外，住房公积金贷款还有支持保障性住房建设试点的作用。

表 10-2　2015 年我国各地区职工住房公积金的缴存比例规定

地区	缴存比例	缴费基数范围	
北京	北京住房公积金缴存比例为 12%，北京住房公积金管理委员会授权北京住房公积金管理中心审批单位住房公积金缓缴、降低缴存比例申请，并报北京住房公积金管理委员会备案。单位申请降低住房公积金缴存比例的下限原则上不低于 8%	最高以当地政府部门公布的社会平均工资 300%为限，最低不能低于社会平均工资 60%	缴存比例突破上限的要经过相关部门审批
上海	职工个人和单位住房公积金缴存比例仍为 8%～12%		
武汉	即职工和单位的住房公积金缴存比例均不得低于本人平均工资的 8%；有条件的单位可以根据实际情况提高缴存比例，但最高比例均不得超过平均工资的 12%		
山西	单位和职工住房公积金的缴存比例分别不低于 5%，不高于 12%。同一单位职工的缴存比例应当一致		
国务院《住房公积金管理条例》第十八条：职工和单位住房公积金的缴存比例均不得低于职工上一年度月平均工资的 5%；有条件的城市，可以适当提高缴存比例。 国家建设部：职工住房公积金的缴存比例为 5%～12%，有条件的地区和单位可以上调			

相关链接

2015 年 1 月 28 日，住建部、财政部、中央银行三部委在《关于放宽提取住房公积金支付房租条件的通知》（建金〔2015〕19 号）文件中指出今后无房(在缴存城市无自有住房且租房的)的职工,只要连续缴存公积金满 3 个月，无须租金发票、税票也可以支取住房公积金支付房租。根据通知,职工连续足额缴存满三月，本人及配偶在缴存城市无自有住房且租房的，可提取双方住房公积金支付房租。

10.2.3 法定假期

1. 公休假日

公休假日是劳动者工作满一个工作周之后的休息时间。国家实行劳动者每日工作时间不超过 8 小时、平均每周工作时间不超过 44 小时的工时制度。《中华人民共和国劳动法》（以下简称《劳动法》）第三十八条规定：用人单位应当保证劳动者每周至少休息一天。

2. 法定休假日

法定休假日即法定节日休假。《劳动法》规定，法定休假日安排劳动者工作的，支付不低于工资的 300%的劳动报酬。除《劳动法》规定的节假日以外，企业可以根据实际情况，在和员工协商的基础上，决定放假与否以及加班工资多少。

相关链接

全国年节及纪念日放假办法

根据2013年12月11日《国务院关于修改〈全国年节及纪念日放假办法〉的决定》第三次修订)，规定全体公民放假的节日。

第二条　全体公民放假的节日：

（一）新年，放假1天（1月1日）；

（二）春节，放假3天（农历正月初一、初二、初三）；

（三）清明节，放假1天（农历清明当日）；

（四）劳动节，放假1天（5月1日）；

（五）端午节，放假1天（农历端午当日）；

（六）中秋节，放假1天（农历中秋当日）；

（七）国庆节，放假3天（10月1日、2日、3日）。

第三条　部分公民放假的节日及纪念日：

（一）妇女节（3月8日），妇女放假半天；

（二）青年节（5月4日），14周岁以上的青年放假半天；

（三）儿童节（6月1日），不满14周岁的少年儿童放假1天；

（四）中国人民解放军建军纪念日（8月1日），现役军人放假半天。

3. 带薪年休假

世界上很多国家都通过法律规定了带薪年休假制度，但是带薪年休假的天数却相差很大。比如，很多西欧国家的员工可以享受每年30天的休假时间，而在美国，尽管劳动者可以享受的带薪休假时间是14天，但他们通常只会休11天。

我国《劳动法》第四十五条规定，国家实行带薪休假制度。2007年12月7日，国务院颁布了《职工带薪年休假条例》，并于2008年1月1日起开始施行。按照《职工带薪年休假条例》的规定，机关、团体、企业、事业单位、民办非企业单位、有雇工的个体工商户等单位的职工连续工作一年以上的，享受带薪年休假（以下简称年休假）。职工在年休假期间享受与正常工作期间相同的工资收入。职工累计工作已满1年不满10年的，年休假5天；已满10年不满20年的，年休假10天；已满20年的，年休假15天。

4. 其他假期

在员工福利中通常还包含病假，病假是指在员工因病无法上班时，组织仍然继续给他们支付薪酬的一种福利计划。在我国，员工还可以享受探亲假、婚丧假、产假与配偶生育假等。探亲假的享受对象是组织中那些与直接亲属不在同一个区域的员工，具体规定各地区有所不同。达到法定结婚年龄的员工可以享受婚假，晚婚者可以多享受一定的假期。符合生育政策的女职工可以享受产假，而男职工可以享受配偶生育假以照顾分娩的妻子。

10.3 企业内部福利

10.3.1 津贴和补贴概述

津贴是对员工在特殊劳动条件（时间、地点、岗位、环境）下工作，所支付的超额劳动及额外的生活费用，或对有损身心健康的岗位所给予的报酬，是工资的补充形式。常见的包括矿山井下津贴、高温津贴、野外矿工津贴、林区津贴、山区津贴、驻岛津贴、艰苦气象台站津贴、保健津贴、治疗卫生津贴等。此外，生活费补贴、价格补贴也属于津贴。

人们习惯上把属于工作（生产）性质的称作津贴，属于生活性质的称作补贴。津贴、补贴的种类、发放范围和标准等，一般由国家统一规定。对国家没有统一规定的，用人单位也可以根据生产需要，在政策允许的范围内，自行设立一些津贴、补贴项目。

1．津贴的特点

（1）补偿性

津贴是一种补偿性的劳动报酬，是对特殊劳动条件下工作的补偿。大多数津贴体现的是劳动条件的差别，而不是劳动本身数量和质量的差别，从而调解地区、行业、工种之间在这方面的工资关系。

（2）单一性

大多数津贴是根据某一特定条件和特定要求设立的，一事一贴。这就要求在确定津贴的条件、范围、对象时，界限必须十分明确。

（3）动态性

津贴是随劳动条件、工作环境的变化而变化的，可增可免，在岗享受，离岗取消。

2．津贴的类型

津贴大致可以分为 4 种类型（如图 10-2 所示）。

（1）工作津贴

它与工作直接关联，不工作时不享受，包括误餐津贴、交通津贴、防暑降温津贴、出差津贴、驻外津贴等。

（2）岗位津贴

它与岗位直接关联，对岗不对人。包括通信津贴、车辆津贴、保密津贴等。

（3）政策津贴

政策津贴是为了体现企业价值导向而针对某些人设置的薪酬补偿。如企业认为学历在一定程度上代表潜力，当企业整体应酬水平不高，但又希望一些技术熟练的员工能留下来，可以设置岗位工龄津贴；为了鼓励员工在业余时间做好党团工作，可设立党政津贴等。

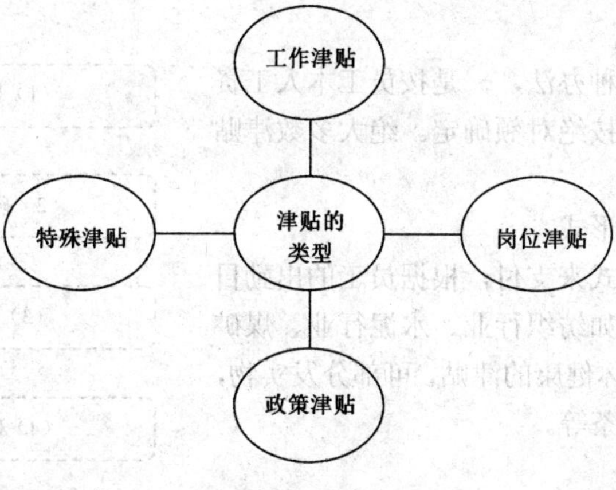

图 10-2 津贴的类型

（4）特殊津贴

特殊津贴是企业为解决特殊问题而设计的薪酬补偿，通常因人而设。如在组织变革过程中，一些身外关键岗位的老员工已经不适应岗位要求，为了减少变革阻力，让他们顺利退下来，就可以设计创业津贴、老干部津贴，以保障他们的利益。

小案例

某公司午餐补贴折算标准，根据员工工作常驻地消费水平的差异，午餐补贴明细如表 10-3 所示。

表 10-3 公司午餐补贴折算标准

工作常驻地	补贴折算标准
一类城市（深圳、北京、上海、广州）	25 元/餐
二类城市（杭州、南京、青岛等）	20 元/餐
三类城市（长春、洛阳、芜湖、潍坊等）	15 元/餐

3. 津贴的设计

津贴的设计步骤分为确定津贴项目、实施条件范围、津贴标准和支付方式共 4 个步骤，如图 10-3 所示。

（1）确定津贴项目

津贴项目名目繁多，用人单位按国家规定或实际需要来确定。

（2）确定实施条件范围

这是指确定设计某项津贴所需的条件和领取津贴人员范围，要进行科学的环境测试和调查分析，依据劳动条件的特殊性，规定明确、具体的津贴发放资格条件，使各类岗位、工种、职务对号入座，经申报批准后实施。

（3）确定津贴标准

确定津贴标准有两种办法，一是按员工本人工资的一定比例确定，二是按绝对额确定。绝大多数津贴均采用第二种方法。

（4）确定津贴支付形式

津贴主要以货币形式来支付，根据员工的出勤日按月发放。特殊的行业如纺织行业、水泥行业、煤矿行业等，为确保员工身体健康的津贴，可部分发实物，如定期发放木耳、保健茶等。

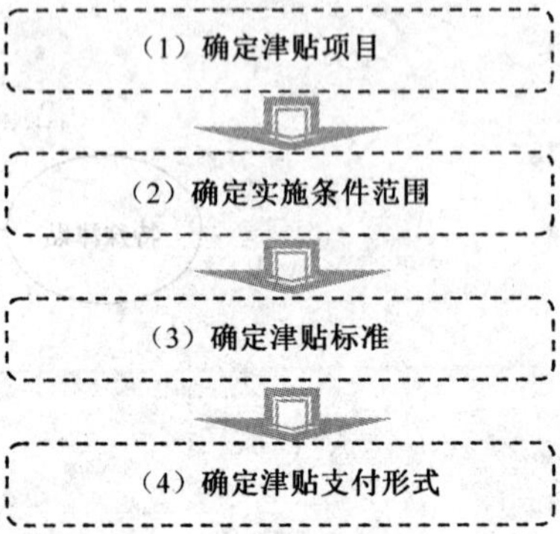

图 10-3 津贴设计的步骤

特别提示

津贴设计的基本原则

一是短期导向原则。津贴激励导向往往是短期性的例如，为了让员工留下来以解决暂时性的人员青黄不接，可采用工龄津贴。

二是需要导向原则。津贴设计要根据企业自身需要进行，不要盲目照抄他人或与他人攀比，津贴是非强制必需项目，主要用来调节公平性，解决个性化特殊情况。

三是因人而异原则。津贴设计要针对特定人群需要解决的问题，抽取个性化的特征，作为津贴对象的标准，以免产生津贴对象的扩大化而无谓增加成本。

10.3.2 企业补充保险

1. 企业补充养老金计划

我们在前面曾经讨论过的养老保险是社会保障的一部分，是法律所要求的退休福利。由于各方面的原因，法律所规定的养老金水平不会很高，很难保证劳动者在退休以后过上宽裕的生活。为此，很多国家都鼓励企业在国家法定的养老保险之外，自行建立企业的补充养老保险计划，其主要手段是提供税收方面的优惠。

我国政府于 2004 年出台了《企业年金试行办法》。根据该办法的规定，符合下列条件的企业，可以建立企业年金：

（1）依法参加基本养老保险并履行缴费义务。

（2）具有相应的经济负担能力。

（3）已建立集体协商机制。企业之所以具有建立并提出企业年金的积极性，原因在于通过向养老基金缴纳费用，企业可以享受一定额度的税收减免。但是，由于我国在税收等法律方面还不是很健全，目前在企业补充养老保险方面仍然处于探索阶段，尚未形成明确的模式。在财税〔2013〕103 号文件中明确规定 2014 年 1 月 1 日起，我国开始实施递延纳税企业年金制度。这一政策对于降低职工税负、完善我国多层次养老保险体系具有重要的推动作用。

2．团体人寿保险计划

人寿保险是市场经济国家的一些企业提供的一种常见的福利，企业为其员工提供团体人寿保险（group life insurance）。作为一个群体的员工相对个人而言，可以以较低的费率购买到相同的保险；而且团体方案通常适用于所有的员工（包括新进员工），而不论他们的健康或身体状况如何。

在多数情况下，企业会支付全部的基本保险费，承担金额相当于员工两年的薪酬收入，而附加的人寿保险则要由员工自己承担。在个别情况下，即使是基本保险费率也按一定的比率在企业和员工之间分摊，比如 50:50 或 20:80。在我国，也已经有不少企业开始为员工办理团体人寿保险。

3．健康医疗保险计划

健康医疗保险的目的是减少当员工生病或遭受事故时本人或家庭所遭受的损失。企业通常以两种方式提供这方面的福利：集体投保或者加入健康维护组织（HMO）或优先提供者组织。

集体投保是指企业向保险公司支付一笔费用作为保费，当员工或其家庭发生某些事故时，保险公司可以部分或全部地赔偿其损失。从长期来说，企业所缴纳的保费应该等于保险公司向员工支付的赔偿金与保险公司的管理费用之和。但是保险项目必须界定清楚保险的范围以及赔偿金的比率。有时，有些企业还采取了自保的形式，也就是说，企业自己拿出一部分资金作为员工的保险金，而不再向保险公司投保。

相关链接

谷歌：死后也能领工资

谷歌首席人力官拉兹洛·博克（Laszlo Bock）最近在接受记者采访时透露，谷歌推出了一项新福利：如果员工不幸去世，其配偶可以得到去世员工的股权授予，还能在未来 10 年内享受到去世员工 50%的薪酬；同时，他们未成年的子女在 19 岁之前还能每月收到 1 000 美元的生活费补助。谷歌对外称，这些福利没有在职时间的规定，谷歌全球现有的 3 万余名员工均有资格享受。

10.3.3　员工服务福利

现代很多企业除了给员工提供法定福利和企业补充保险之外，还针对不同员工的具体问题提供服务福利，具体包括给员工提供援助咨询服务、教育援助计划、儿童老人看护、饮食和健康服务，如图 10-4 所示。

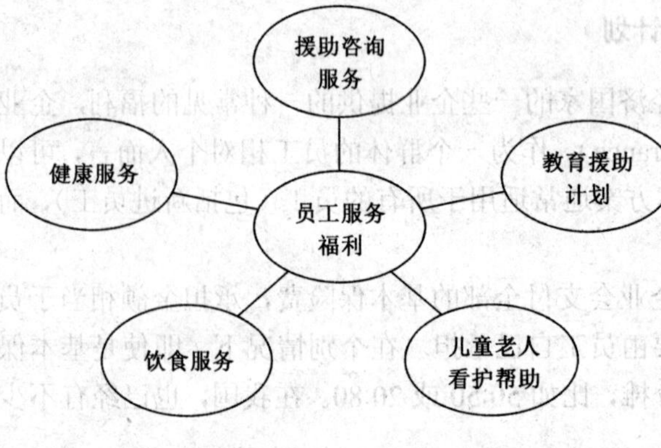

图 10-4　员工服务福利

1．援助咨询服务

员工援助咨询服务是企业针对生活上有压力、有问题的员工提供咨询或治疗的服务。咨询服务包括财务咨询（例如，怎样克服现存的债务问题）、家庭咨询（包括婚姻问题等）、职业生涯咨询（分析个人能力倾向并选择相应职业）、重新谋职咨询（帮助被解雇者寻找新工作）以及退休咨询等。在条件允许的情况下，企业还可以向员工提供法律援助。

2．教育援助计划

教育援助计划是针对那些想接受继续教育或完成教育的员工实施的一种很普遍的福利计划。教育援助计划分为内部援助计划和外部援助计划两种。内部援助计划主要是指企业内部的培训。例如，一些企业尝试在企业内开设自己的大学课程，如 MBA 课程，并聘请大学教师来企业讲课等。外部援助计划主要指的是学费报销计划。其目的是鼓励员工学习，同时吸引那些愿意开发自身知识和技能的员工。

3．儿童老人看护帮助

企业参与程度最低的一种儿童看护帮助是，企业向员工提供或帮助员工查找儿童看护服务的成本和质量方面的一些信息。在儿童看护帮助方面，参与程度较高的企业向那些已经购买了儿童看护服务的员工提供补贴。在最高的企业参与层次上，企业直接向员工提供工作场所中的儿童看护服务。

与儿童看护有些类似，老年护理的目的是帮助员工照顾不能充分自理的年迈父母。近些年来，随着我国长期实施的独生子女政策，很多作为独生子女的员工都将面对老人的抚养以及生病、年老时的护理压力，企业针对这种情况研究制定相关的福利政策是非常有必要的，在吸引和留住员工方面也会产生积极的效果。

4．饮食服务

很多企业为员工提供某种形式的饮食服务，让员工以较低的价格购买膳食、快餐或饮料。

在公司内部，这些饮食设施通常是非营利性质的，有的企业甚至以低于成本的价格提供饮食服务。这种做法对员工的好处是显而易见的。对企业来讲，则意味着员工不需要花费很长的就餐时间。即使不提供全部就餐设施的企业，往往也会提供饮水或自动售货机服务以方便员工。那些不提供饮食服务的组织可能就要为其不完善的工作设施支付补偿性的差别工资，或者提供饮食补助。

5. 健康服务

健康服务是员工福利中使用最多的福利项目，也是最受重视的福利项目之一。员工日常需要的健康服务通常是法律规定的养老、生育、工伤保险所不能提供的。在大多数情况下，健康服务包括为员工提供健身的场所和器械、定期组织员工体检以及为员工举办健康讲座等。比如，工作场所建造的运动场或者由组织出资成立的足球队、篮球队等，这些设施一方面为员工提供了社交的机会，另一方面也有助于员工从事体育锻炼。

小案例

谷歌的高福利

令人称道的高福利非谷歌公司莫属，排名第一的谷歌向来以丰厚的员工福利闻名业界。其中最常见的福利包括免费的美食、现场洗衣店、配备 WiFi 无线功能的通勤班车等。除了这些生活方面的福利之外，谷歌的福利还包括娱乐福利、假期福利、保险福利、育儿福利和死亡福利等诸多方面。

为了让员工保持健康的体魄，谷歌为员工配备各种室内室外的运动设备与场地，员工们不仅可以踢足球、打篮球、打网球，还可以游泳、攀岩、学跳舞。谷歌甚至配备了专门的游戏室给那些爱打电玩的员工。

在医疗方面，谷歌向员工提供全额医疗保险，甚至包括牙医补贴、眼部保健费用等。谷歌还为员工及其家人投保旅游保险，包括私人假期旅行。

谷歌从 2015 年 1 月 1 日起，谷歌将为其员工提供新福利，那些患有癌症的员工或其家人可免费接受高科技 DNA 检测，以帮助确定治疗癌症所需的最合适药物，据了解测试价格在 5 800～7 200 美元。

10.4 弹性福利计划

10.4.1 弹性福利计划的内涵

传统福利制度所带来的一个问题是：组织提供的福利组合并不适用于每一个员工。在这种情况下，可能企业支付的福利成本很高，但提供的福利对有的员工没有价值。例如，对年龄大的员工提供儿童保健福利计划就是没有意义的，这样的福利计划不能很好地激励员工。而弹性福利计划则为员工提供了多种不同的福利选择方案，从而满足了不同员工的不同需要，还能够更好地控制福利成本。

弹性福利计划又称为自助餐式的福利计划，其基本思想是让员工对自己的福利组合计划进行选择。但这种选择会受两个方面的制约：一是企业必须制定总成本约束线；二是每一种福利组合中都必须包括一些非选择项目，例如社会保险、工伤保险以及失业保险等法定福利计划。在上述两个因素的限制下，员工可以挑选福利项目。

相关链接

提供弹性福利计划好处多

弹性福利计划促使员工考虑他们所获得的福利的市场价格，从而认识到组织为其提供的福利的成本。此外，员工能够选择最适合他们的福利组合，对组织而言，福利成本的付出就获得了回报，否则，即使组织承担的成本再高，员工也可能会感觉不到。最后，弹性福利给予员工更大的权利来控制自己的福利选择，这种做法本身就是一种组织信任员工的信号，有助于增强员工对组织的忠诚度。

10.4.2 弹性福利计划的方式

选择何种弹性福利计划方案取决于企业想要从弹性福利计划中获得什么。

1. 附加福利计划

实施这种附加福利计划，不会降低原有的直接薪酬水平和福利水平，而是提供给员工一张特殊的信用卡，员工可以根据自己的需要自行购买商品或福利。发放给员工的信用卡中可使用的金钱额度取决于员工的任职年限、绩效水平，还可以根据员工基本薪酬的百分比来确定。在实施这种福利计划时，信用卡可能局限于某一商场或某一福利提供组织，如某一保险公司。换句话说，信用卡中的钱必须全部花完，不能提现现金，这也是与直接薪酬相区别之处。

2. 混合匹配福利计划

在实施混合匹配福利计划时，员工可以按照自己的意愿在企业提供的福利领域中决定每种福利的多少，但是总福利水平不变。一种福利的减少意味着员工有权选择更多的其他福利。当然，如果降低其他福利项目的水平仍然不能使员工对某种特定的福利感到满意，企业就只能采取降低基本薪酬的办法了。

3. 核心福利项目计划

核心福利项目计划是指为员工提供包括健康保险、人寿保险以及其他一系列企业认为所有员工都必须拥有的福利项目的福利组合。企业会将所有这些福利项目的水平都降低到各项标准要求的最低水平上，然后让员工根据自己的爱好和需要选择其他福利项目，或者增加某种核心福利项目的保障水平。

特别提示

实行弹性福利计划时应注意的问题

在实施弹性福利计划的实际过程中，企业往往不能给予在法律允许范围内员工所能够拥有的最大限度的自由选择权。这是因为，一方面这种做法会因为个别员工的特殊福利要求而大大提高公司的福利成本；另一方面如果某一员工在其职业生涯的早期阶段做出了一个并不明智的福利选择，到后来才发现这一选择其实是一种错误，到那个时候，企业赋予员工的这种自由度很大的选择权反而会招致员工的怨恨。因此，企业应限定某些员工必须选择一些福利项目。在这个基础上，员工才可以做出进一步的福利选择。

10.5 员工福利的设计与管理

10.5.1 员工福利规划

现如今，对于一个具体企业来说，福利目标的模糊性、福利项目的一致性以及福利种类的增多、福利成本的迅速增长等各种方面的问题，使企业的福利决策变得越来越困难。在企业的福利规划和决策过程中，企业需要决定提供什么样的福利以及怎样提供这些福利，这就需要企业应当从以下几个方面入手。

1. 了解国家立法

法律还规定了组织应该如何建立并运营某些特定的福利计划，政府通过立法要求企业为员工的健康和安全提供保障，同时还要提供各种各样的福利以弥补员工生病、工伤、失业和退休时的收入损失。无论企业是否愿意提供这些福利，也无论员工是否迫切需要这些福利，只要是法律规定的福利项目，企业就必须提供。

2. 开展福利调查

在进行福利决策时，还要考虑到其他企业所采取的福利措施。企业要想吸引和留住员工，保持在劳动力市场上的竞争力，就必须了解其他组织所提供的福利水平。因此，在政府相关机构以及行业协会或者咨询公司所主持的市场薪酬调查中往往可以找到福利方面的一些数据资料。一般的福利调查要得到的是市场上普遍存在的福利项目的形式、内容及其覆盖范围方面的信息。

3．做好企业的福利规划与分析

要对企业内部的福利实践进行分析，就需要对公司现存的福利项目和员工的需要以及偏好进行比较。把福利看成全面薪酬的一个重要组成部分的做法有助于企业把福利规划和吸引、保留员工更好地结合起来。但是这种分析可能会因为不同员工个体之间或群体之间的差异较大而变得更加困难。

要想获知员工对福利的偏好，可以在组织内部对员工进行问卷调查。问卷没有必要太复杂，可以只包含一系列可能提供的福利项目，让员工对其进行排序——从自己认为重要的到次要的。最好在问卷中包含答卷人的个人特征，这样企业就可以看出什么类型的员工群体偏好什么类型的福利计划。

10.5.2 员工福利管理

确定应当提供什么样的福利以及对什么人提供福利仅仅是福利规划与管理的一个方面，福利规划与管理的另一个方面是如何对现存的福利组合进行管理的问题。福利管理的内容包括福利申请的受理与处理、与员工进行福利沟通以及在环境变化时对福利进行监控和修订，如图 10-5 所示。

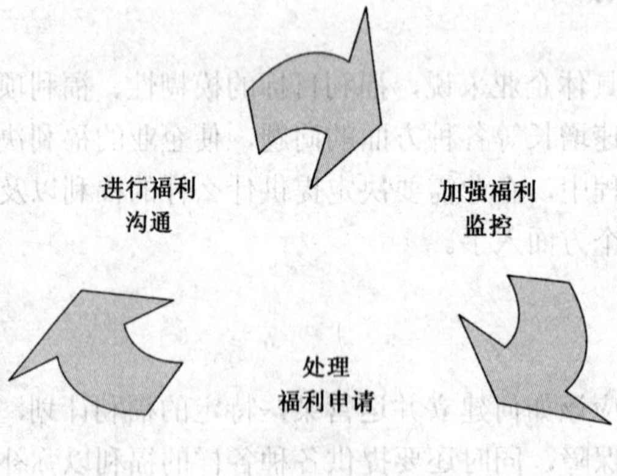

图 10-5 员工福利管理

1．处理福利申请

一般情况下，员工会根据公司的福利制度和政策向公司提出享受福利的申请，而企业此时就需要对这些福利申请进行审查，看其申请是否合理。这项任务并不是一种技能水平要求较高的工作，但是它通常很费时间，并且对从事这项工作的人的人际沟通能力要求较高。这是因为在对福利申请进行处理的时候，还要对那些福利申请被拒绝的员工提供咨询，向他们解释被拒绝的理由。

在福利申请的受理以及处理方面，福利管理者能够显示出自己对整个组织的重要价值，因为通过对福利申请者进行认真的审查，并恰当地处理福利申请，可以为企业节省很多不必要的支出。比如，员工所申请的某种福利，可能政府或者其他公共机构可以提供，而不必企业提供。这样，员工的福利需求能够得到满足，而公司也不必承担不必要的福利开支。

2．进行福利沟通

现在很多企业的经验显示，即使企业为员工提供福利做出了很多努力，员工仍没有意识到组织到底提供了什么福利，或者根本没有意识到组织为此付出了多么高额的成本。此外，虽然员工非常看重已经得到的福利，但是这并不意味着他们对企业所提供的每项福利计划都很满意。这两种情况表明，企业有必要设计一种完善的福利沟通模式，一方面告诉员工他们都享有哪些福利待遇，另一方面告诉员工他们所享受的福利待遇的市场价值到底有多高。

福利沟通比直接薪酬信息沟通要困难一些。很多时候，在每一个带薪工作日，员工都有可能会得到直接薪酬方面的信息反馈；换句话说，每工作一天，员工都知道今天自己能够赚到多少钱。然而，对大多数员工而言，福利在很长一段时间内可能都是看不到的。退休福利就是一个很好的例子，年轻人很少考虑有关退休金的问题，所以他们也很少意识到公司提供了退休福利待遇。

特别提示

有关福利沟通方面的建议

第一，编写福利手册，解释企业提供给员工的各项福利计划；
第二，定期向员工公布有关福利的信息；
第三，在小规模的员工群体中做福利报告；
第四，建立福利问题咨询办公室或咨询热线；
第五，建立网络化的福利管理系统。

3．加强福利监控

福利领域的情况变化很快，企业必须紧紧跟着随组织内部和外部的发展变化。

首先，有关福利的法律经常会发生变化，组织需要关注这些法律规定，检查自己是否符合某些法律法规的规定。一方面，避免自己在不知不觉的情况下违反国家的法律法规；另一方面，企业还以法律法规为依据，寻求有利于自己的福利提供方式。

其次，员工的需要和偏好也会随员工队伍构成的不断变化以及员工自身职业生涯的发展阶段而处于不断变化之中。因此，员工的福利需求调查应该是一项持续不断、经常进行的工作，而不能一劳永逸。

再次，与对外部市场的直接薪酬状况变化进行了解类似，对其他企业的福利实践的了解也是企业在劳动力市场上竞争的一种重要手段。

最后，对企业而言，最复杂的问题莫过于由外部组织提供的福利成本所发生的变化了，例如，由保险公司所提供的保险价格的改变等。

总之，企业只有对在福利领域所发生的上述种种变化进行有效的监控并随时进行调整，才能保证以较低的成本提供令员工满意的福利项目。

10.6 员工福利设计实例：T 公司员工福利设计

T 公司是四川省起步最早、规模化最大的实木门生产企业，是一个木居艺术生活时代的起航，如雅原木门，实木门集于全球名贵木材一体。公司深入挖掘中西木居文化的深厚底蕴，将更多的文化与设计元素融入木居艺术生活，产品畅销 29 个省市，近 228 个大中城市，赢得广大消费者的认可和社会各界的好评。

10.6.1 T 公司传统福利实施的现状

T 公司提供的福利待遇包括按国家规定执行的福利待遇，以及根据公司自身条件设置的福利待遇。

1. 社会保险

公司根据国家法律法规规定为员工办理“五险”(即养老、生育、工伤、医疗、失业)，为满足员工退休、生育、看病等需求提供了基本的社会保障。

2. 法定假日

每周单休制。所有员工都可享有国家规定的每年 11 天法定带薪假(元旦 1 天，春节 3 天，清明节 1 天，劳动节 1 天，端午节 1 天，中秋节 1 天，国庆节 3 天)。

3. 特别休假

员工试用期结束后，按国家有关规定享有婚假、丧假、分娩假等有薪假期。

4. 生日礼金

员工的生日，会有相关工作人员打电话祝贺并发放生日费。

5．发放节日礼金或实物

公司还提供过年过节的现金补助或发放食用油等实物来改善员工生活。

6．培训

主要是公司内部培训，主要通过教育或培训手段对员工进行有针对性的培训，对象是绩效不佳的员工以及有潜力有意愿的员工。

10.6.2　T 公司传统福利制度的问题分析

虽然公司重视员工福利，但是通过分析发现现有福利制度仍存在一些问题：公司提供的一系列福利，成本较高，但未发挥应有的作用；无法满足员工差异性的需求；现存福利制度的激励作用不明显。

10.6.3　T 公司弹性福利制度的设计与实施

1．T 公司弹性福利制度设计的工作步骤

T 公司目前是为了发福利而做福利工作，虽然有关员工健康的福利，但未能改善员工健康隐患，也因此导致现有的福利未能使员工工作效率达到应有水准，福利的保障作用没有发挥效力，因此 T 公司着手在了解国家劳动和税收政策，考虑自身企业战略、公司财务状况和支付能力等多项影响因素下，重新设计一个优秀的弹性福利制度。T 公司设计弹性福利制度的工作步骤如图 10-6 所示。

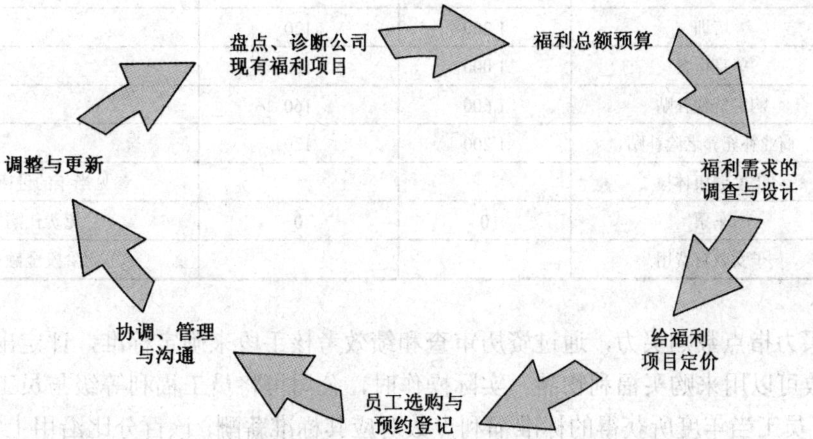

图 10-6　设计弹性福利制度的工作步骤

第一步，盘点、诊断公司现有福利项目；
第二步，福利总额预算；
第三步，福利需求的调查与设计；
第四步，给福利项目定价；
第五步，员工选购与预约登记；
第六步，协调、管理与沟通；
最后，保持弹性福利制度的动态性，根据自身和竞争对手的情况来不断优化。

2．T 公司弹性福利项目设计

（1）福利项目设计

通过对公司现有福利的研究以及对员工所需要福利信息的调查分析，最终将该公司的福利项目设定为：弹性福利和非弹性福利。非弹性福利即固定福利项目，所有员工的必选福利项目，包含法定假日、社会保险、特别休假、设施福利。而弹性福利项目是根据福利清单，员工根据自己的喜好来选择福利项目，福利清单内容包含：有薪假、旅游、培训、单身宿舍、购房贷款补贴、商业补充养老险补贴、年度健康、车票、子女教育费用等。

（2）福利待遇的标准

为方便起见，我们先将福利物品现价折算成对应点数从而为福利项目定价，员工根据自主选择和购买点数的不同享受不同标准和福利项目。福利项目定价参见表 10-4。

表 10-4 福利项目定价

编号	福利项目	购买金额（元）	购买点数（周期一年）	备注
1	有薪假	800	80	
2	旅游	800	80	
3	培训	1 200	120	
4	单身宿舍	1 000	100	
5	购房贷款补贴	1 600	160	
6	商业补充养老险补贴	1 200	120	
7	年度健康体检			参见当年的健康计划
8	车票	0	0	免费代购
9	子女教育费用			不同阶段金额不同

其中购买力指点数购买力，通过资历审查和绩效考核手段来确定标准，评定出员工的购买点数，点数可以用来购买福利物品。实际操作时，公司可将员工福利等级与员工薪酬绩效等级相对应，员工当年度所获得的标准福利点数对应其标准薪酬，该百分比沿用上年度水平。员工实际获得的福利点数计算公式为（年度绩效考核及其所对应的浮动系数如表 10-5 所示）：

$$标准福利点数 = 标准薪酬 \times R$$

$$员工实际获得的福利点数 = 标准福利点数 \times P \times (L/12) \times K$$

式中：R——标准福利占薪酬的百分比；

K——年度经营业绩浮动系数；

P——员工上年度考核浮动系数；

L——当年服务月份。

表 10-5　年度绩效考核及其所对应的浮动系数

年度绩效考核等级	A	B	C	D	E
年度绩效考核总分	18～20	14～18	10～14	8～10	≤8
浮动系数	2	1.6	1.2	0.8	0.4

注：新进员工为参与评定的年度考核默认等级为 C。

以标准薪 5 000 元的员工为例，该员工标准福利点数为 525(5 000×10.5%)，2014 年福利费用与工资比为 10.5%，若该员工 2015 年度业绩考核分为 15，所对应的考核浮动系数为 1.6，公司经营浮动系数为 4.0，则该员工 2016 年福利点数为：w=标准福利点数×P×(L/12) ×K=525×1.6×12/12×4.0=3 360。

（3）福利待遇的给付

统筹保险由财务部统一缴纳，个人应缴纳部分在工资中扣除。弹性福利部分若出现员工购买力不足或“储蓄”以及员工离职、岗位调动、长期病假等情况，根据公司预先确定具体的管理细则进行管理。

（4）协调、管理和沟通

公司针对福利纠纷和反馈意见采取相应的处理措施，不断优化福利制度。

复习思考题

一、单项选择题

1．现代化企业的福利项目是以企业（　　）来体现的。

A．福利的水平　　B．福利的标准

C．福利的类型　　D．福利计划的种类

2．（　　）是企业或单位自主发起的员工养老金制度。

A．养老保险　　B．企业年金

C．人寿保险　　D．健康保险

3．（　　）是社会保险的一个重要险种，也是企业员工的一项基本福利。

A．医疗保险　　B．工伤保险

C．养老保险　　D．失业保险

4．领取失业保险金的期限，最长为 24 个月，最短为（　　）个月。

A．3　　B．6　　C．12　　D．18

5．不属于社会保险的种类有（　　）。

A．医疗保险　　B．工伤保险

C．团体人寿保险　　D．失业保险

6．在法定假期加班工资应该是平常的（　　）。

A．一倍　　B．两倍

C．200%　　D．300%

7．法定福利具有（　　）的特点，任何企业都必须遵守。

A．法制性　　B．强制性

C．公平性　　D．都包括

8．福利与津贴的共同特点是（　　）。

A．补偿性　　B．不公平性

C．单一性　　D．不确定性

9．在我国，住房公积金制度是企业和员工都要按照员工工资的一定比例交纳住房公积金，计入（　　）的公积金账户。

A．企业　　B．组织

C．个人　　D．用人单位

10．现代有些企业会为在职攻读研究生的员工报销学费，这属于（　　）福利。

A．法定　　B．企业补充

C．员工服务　　D．社会保险

二、简答题

1．简述法定保险和企业补充保险的区别和联系。

2．简述津贴有哪些类型。

3．简述弹性福利项目及其优缺点。

4．简述员工福利管理的注意事项。

三、案例分析题

表 1　某企业福利项目

福利类别	构成项目	确定依据	标准	实施部门
法定福利	社会保险	国家及深圳法律法规规定	按国家及深圳法律法规执行	综合管理部
	住房公积金	国家及深圳法律法规规定	按国家及深圳法律法规执行	综合管理部
	法定休假	国家及深圳法律法规规定	《总部员工出勤和假期管理办法》	综合管理部
	高温补贴	国家及深圳法律法规规定	100 元/人/月（每年 6～10 月）	综合管理部
	独生子女补贴	符合国家计划生育政策，不满 14 周岁的儿童，提供独生子女证	￥15 元/月	综合管理部

续表

福利类别	构成项目	确定依据	标准	实施部门
普惠福利	免费工作午餐	所有在册员工	在总部食堂用餐享受此福利，费用标准为 25 元/人/天	综合管理部
	健康体检	所有在册员工	内科、外科、耳鼻喉科、眼底、血常规、血沉、尿常规、肾功能 3 项、肝功能 10 项、血脂 4 项、血糖、乙肝 6 项、甲胎蛋白、癌胚抗原、EB 病毒抗体、前列腺抗原（男）、糖尿病 4 项（40 岁以上）、B 超（肝胆脾胰肾）、B 超（前列腺膀胱）、胸部正位片、心电图、乳腺彩超（女）、宫颈液基细胞学检查 LCT（已婚女性）	综合管理部
	节日补贴	中国传统的重大节假日	《重大节日补贴标准》	综合管理部
	交通意外险	所有在册员工	商业交通意外险（含飞机、轮船、机动车等合法营运交通工具）	综合管理部
	员工旅游	旅游计划实施前 1 周的所有在册员工	每年一次,公司补贴 1 500 元/人，工会视情况而定	综合管理部
	生日祝贺	生日员工	价值 100 元的生日礼品	综合管理部
	新生儿祝贺	员工新生儿出生两月内	价值 400 元的礼品	综合管理部
	探望生病员工	生病住院或生病 3 天以上员工	价值 300 元的慰问品	综合管理部

［案例讨论与练习题］

1．见表 1，指出该企业的哪些福利是员工服务福利？

2．你对该企业的福利设置有无改进建议？

四、技能操作题

对某一企业做一次福利调研，根据福利具有满足员工多方面、多层次需要的原则，设计一份企业员工弹性福利方案。

第11章

薪酬业务处理

学习目标

📖 一般掌握

- 绩效工资的核算
- 结构工资的核算
- 薪点工资的核算

📖 重点掌握

- 计时工资的计算
- 计件工资的计算
- 社会保险及个人所得税的核算

学习导航

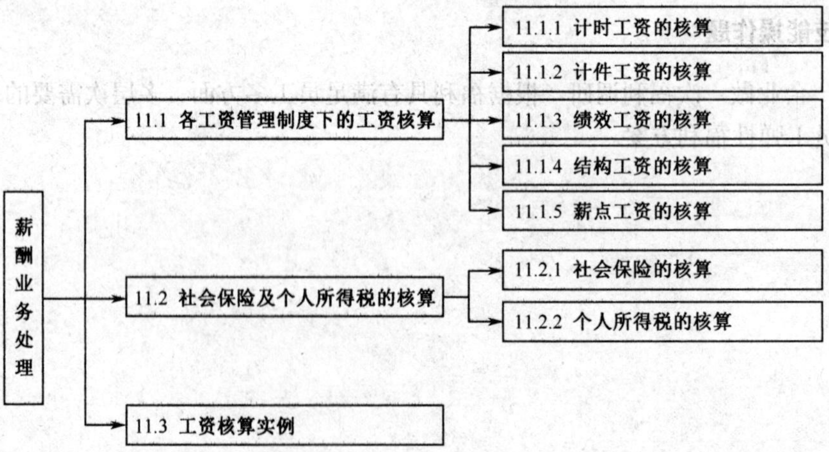

导入案例

赵丽在公司办公室工作，2～3 月，因个人有事，赵丽请了三天假。休假时间正好是 2 月 28 日一天，3 月 1、2 日两天。

赵丽的月工资标准是 6 000 元。2 月、3 月的工资表出来后，赵丽发现，2 月休了这一天，公司扣了她 400 元。3 月缺勤的这两天，公司扣了她 552 元。为什么同样的休假扣款标准不一样？

为此赵丽找到了人事部，人事部的解释是：公司在核算员工工资的时候，采用缺勤扣款的方式。2 月有 15 个工作日，每缺勤一天扣工资的 1/15，赵丽缺勤一天，扣 400 元。而 3 月有 22 个工作日，根据国家计薪日的规定，按照 21.75 天计算，每缺勤一天，扣 1/21.75 的工资，所以扣了 552 元。

赵丽提出，2 月也应该按照 21.75 个工作日计算，缺勤一天扣 276 元。人事部的回答是：2 月总共就 15 个工作日，按这样算，员工 2 月一天班不上，公司还要给发 6 天多的钱，当然是不对的。所以不能这么算。

本案例中为什么两个月缺勤扣款的标准不同？公司在操作中是否存在着问题？

案例点评

在以上的案例中，公司在确定扣款标准时，明显存在着一些问题。

问题 1：2 月的法定假日未计划在计薪日中。公司计算 2 月工资时，按照 15 个工作日计算的，而国家法定的三天假日没有考虑为带薪假期，这明显是不对的。

问题 2：2 月、3 月采用了不同的计薪标准。2 月、3 月公司都采用了有利于公司的扣款方式，但两个月标准不同，这也是不妥的。

（资料来源：“HR 案例解析：缺勤应该如何扣工资”，大莆田人才网，2015-05-04）

11.1　各工资管理制度下的工资核算

11.1.1　计时工资的核算

计时工资是指按照劳动者的工作时间来计算工资的一种方式。计时工资可分为：月工资制、日工资制和小时工资制。

计时工资的计算标准由中华人民共和国劳动和社会保障部制定，劳社部发〔2008〕3 号文件规定如下：根据《全国年节及纪念日放假办法》（国务院令第 513 号）的规定，全体公民的节日假期由原来的 10 天增设为 11 天。据此，员工全年月平均制度工作天数和工资折算办法分别调整如下：

1. 制度工作时间的计算

年工作日：365-104（休息日）-11（法定节假日）＝250（天）

季工作日：250 天÷4 季＝62.5 天/季

月工作日：250 天÷12 月＝20.83 天/月

工作小时数的计算：以月、季、年的工作日乘以每日的 8 小时。

2. 日工资、小时工资的折算

按照《劳动法》第五十一条的规定，法定节假日用人单位应当依法支付工资，即折算日工资、小时工资时不剔除国家规定的 11 天法定节假日。据此，日工资、小时工资的折算为：

日工资：月工资收入÷月计薪天数

小时工资：月工资收入÷（月计薪天数×8 小时）

月计薪天数＝（365 天-104 天）÷12 月＝21.75 天

法定假日：元旦、清明节、五一、端午节、中秋节各 1 天，春节、国庆节各 3 天。

小案例

小宋的月薪总额为 3 800 元，无其他津贴和补贴。公司实行标准工时制。年末，因公司任务紧，小宋在 2015 年 11 月除了满勤（工作日 21 天）外，还有很多加班安排，具体考勤确认如下。（注：该公司加班费的基数按照劳动者工资总额的 70%支付）

平时每天晚下班 1 小时；每周六都上班 9 小时（11 月 5 个周六）。

请问小宋 11 月加班工资及全月出勤工资是多少？

①满勤工资：3 800

②平时加班费：3 800×70%÷21.75÷8×1.5×21=481.54

③周六加班费：3 800×70%÷21.75÷8×2×9×5=1 375.87

④全月出勤工资：3 800+481.54+1 375.87 =5 657.37（元）

相关链接

劳动法第四十四条　有下列情形之一的，用人单位应当按照下列标准支付高于劳动者正常工作时间工资的工资报酬：

（一）安排劳动者延长时间的，支付不低于工资的百分之一百五十的工资报酬；

（二）休息日安排劳动者工作又不能安排补休的，支付不低于工资的百分之二百的工资报酬；

（三）法定休假日安排劳动者工作的，支付不低于工资的百分之三百的工资报酬。

特别提示

关于加班费基数的确定

实际操作中可按照以下几点操作：

1. 劳动合同约定的工资。

2. 劳动合同没有约定的，按照集体合同约定的工资数额确定。

3. 如果劳动合同、集体合同没有明确约定工资数额，或者合同约定不明确时，应当以实际工资作为计算基数，但不能低于当地的最低工资标准。

每个地区对于加班费基数的规定都不同，例如上海市规定用人单位与劳动者无任何约定的，假期工资的计算基数统一按劳动者本人所在岗位（职位）正常出勤的月工资的70%确定。

11.1.2　计件工资的核算

计件工资制是以当事人完成一定数量的合格产品或一定的作业量来确定劳动报酬的一种劳动形式。是按间接劳动时间来计算工资的一种方法。在企业内，实行计件工资的目的，在于更好地贯彻执行“各尽所能，按劳分配”的原则，以调动员工的劳动积极性，提高劳动生产效率，促进企业改善经营管理。

1. 计件单价的公式

计件单价的公式如表 11-1 所示。

表 11-1　计件单件公式汇总表

	按产量定额计算	按工时定额计算
个人计件	计件单价= 该工作物等级的单位时间的工资标准	计件单价=该工作物等级的单位时间的工资标准×单位产品的工时定额
集体计件	计件单价= 集体计件单位定员内全体人员的工资标准之和	计件单价= 集体计件单位定员内全体人员单位时间的工资标准之和×定员内全体人员单位时间内的产品工时定额 个人计件工资=Σ（计件单价×本月产量）

小案例

李某为深圳工人职位，月标准时间是 176 小时（月标准工作时间 22 天×8 小时），平时固定加班时间 40 小时，双休和法定节假日均休息不加班，共生产产品 8 000 件，产品单价是 0.5 元。那么张三的计件应发工资是多少？

①全月计件工资金额：8 000 件×0.6 元/件=4 800 元；

②全月计件小时工资：4 800 元/(176 小时+40 小时）=22 元/小时；

③计件全月应发工资：22 元×236（176 小时+40 小时×1.5 倍）=5 192 元。

（注：把计件工资换算成小时工资再计算加班费为准。经过换算后的小时工资不能低于当地最低工资标准的小时工资。如有低于的部分按照深圳市员工工资支付条例进行处罚，深圳市 2015 年 3 月 1 日起最低工资标准调整为：全日制就业劳动者最低工资标准 2 030 元/月，非全日制就业劳动者小时最低工资标准 18.5 元/小时。）

2. 实行计件工资时的注意事项

（1）依法支付加班费

实行计件工资制的企业在完成计件定额后，安排劳动者加班的，企业也应当依法支付加班费。《劳动法》第三十七条规定对实行计件工作的劳动者，用人单位应当根据本法第三十六条规定的工时制度合理确定其劳动定额和计件报酬标准。所以实行计件工资的劳动者，在完成计件定额任务后，应根据上述规定的原则，分别按照不低于其本人法定工作时间计件单价的 150%、200%、300%支付其工资。《劳动合同法》第四条还规定，用人单位在制定涉及劳动者切身利益的劳动定额管理等规章制度或重大事项时，应当经员工代表大会或全体员工讨论，与工会或员工代表平等协商确定。

（2）计件工资要与企业经营管理相结合

实行计件工资制要与整顿企业，改进企业经营管理相结合。通过实行计件工资制，促进企业改善经营管理，达到优质、高产、低耗、安全，全面提高经济效益的目标。实行计件工资必须具备一定的条件，不能不顾客观条件，盲目推行，把计件工资单纯作为提高职工收入的一种手段。

3. 计件工资制的适用范围

实行计件工资制的工种或单位应具备一定的条件：

（1）能准确计量产品数量；

（2）有明确的质量标准，并能准确检验；

（3）产品的数量和质量主要取决于工人的主观努力；

（4）具有先进合理的劳动定额和较健全的原始记录；

（5）生产任务饱满，原材料、燃料、动力供应和产品销路正常，并需要鼓励其增加产量。

11.1.3 绩效工资的核算

1. 绩效工资概述

绩效工资是工资制中的一种结算方式。是指通过对员工的工作业绩、工作态度、工作技能等方面的综合考核评估，确立员工的绩效工资增长幅度，以科学的绩效考核制度为基础。

绩效工资的基本特征是将雇员的薪酬收入与个人业绩挂钩。业绩是一个综合的概念，比产品的数量和质量内涵更为宽泛，它不仅包括产品数量和质量，还包括雇员对企业其他贡献。

企业支付给雇员的业绩工资虽然也包括基本工资、奖金和福利等几项主要内容，但各自之间不是独立的，而是有机结合在一起。

2. 绩效工资的核算

绩效工资从本义上说，应是根据工作成绩和劳动效率。现在绝大多数企业都会给员工采用绩效工资，以此达到提高员工积极性，促进员工努力工作的目的。但在实践中，由于绩效的定量不易操作，所以除了计件工资和佣金制外，更多是指依据雇员绩效而增发的奖励性工资。

计算公式如下。

绩效工资=绩效工资基数×绩效考核系数

员工工资=基本工资+岗位工资×公司系数×部门系数×个人绩效系数（绩效工资）

绩效考核结果转化为绩效系数，实现其调节工资分配的功能。部门绩效系数和个人绩效系数均定义为百分制考核结果取百分率。

绩效工资最重要的问题时如何确定绩效系数？企业之间因为绩效考核体系的不同，绩效系数的确定也有很大差别，因此如何公平合理的确定绩效系数，关系到绩效工资的成败。鉴于绩效考核本身的复杂性，以及每个企业的薪酬制度的差异，很难有统一的绩效核算方式和方法，本文以下绩效核算方案仅作为教学参考。

绩效考核常用计算公式如下。

（1）绩效考核得分

绩效考核得分 = KPI 绩效×50%+360 度考核×30%+个人行为鉴定×20%

（2）绩效奖金计算方式

绩效奖金可分为月度绩效奖金和年度绩效奖金，二者计算方法有所不同。

1）月度绩效奖金计算方法

每月从个人该月基本工资中提取 10%为个人奖金基准金额，按实际达成效果之优劣核算奖金金额，其计算公式如下：

个人绩效奖金=该月基本薪资×10%×部门系数×个人考核等级系数

2）年度绩效奖金计算方法

计算公式为：

年终奖金=（系数×连续工作月数×基本工资）/12×评分百分率

（系数由公企业根据年度利润报告而定）

在企业任期不满 1 年者，其年终奖考核通常是以连续工作月数计发。

（3）个人绩效的计算

为使员工工作绩效相互间具有可比性，以便有效地实施奖惩，通常采用绩效分值计算法，评估员工个人工作绩效完成情况。

个人绩效分值计算公式为：

个人绩效分值=∑（KPI 绩效分值×KPI 权重）×KPI 总权重+∑（工作目标完成分值×权重）

×工作目标总权重

绩效奖金=管理单元综合考核系数×个人考核系数×奖金基数

（4）与部门业绩挂钩的员工绩效计算

如果员工绩效工资要与部门业绩挂钩，则绩效工资首先需要根据部门考核成绩在部门间进行一次分配，然后再根据员工考核情况在部门内进行二次分配。

1）部门绩效工资分配（一次分配）

部门月度绩效工资总额＝公司可分配月度绩效工资总额/［Σ（部门加权价值×部门月度考核系数）］×某部门加权价值×该部门月度考核系数+某部门月度奖罚金额

2）员工绩效工资分配（二次分配）

员工月度实得绩效工资＝部门可分配月度绩效工资总额/［Σ（员工岗位价值系数×该岗位员工人数×员工月度考核系数）］×某岗位价值系数×该岗位员工月度考核系数+某员工月度奖罚金额

在上述绩效工资核算方案中，强调个人努力与团结协作的统一性；工作报酬和工作奖惩的统一性；员工个人命运与公司命运一体化；不强调资历，只看重现实的工作表现；定量评价与定性分析相结合；业绩考核与工资待遇，奖惩相互依存，考核是客观依据，待遇、奖惩是结果。但是采用上述方案也要综合考虑部门性质不同，考核时要适当调整分数。另外考核本身受很多影响，很容易失去绩效考核的本质意义，因此并不建议所有企业采用此类方式进行工资核算。

小案例

某公司绩效工资的核算

计算公式如下：销售人员个人绩效工资全额=个人公司职位基数×个人绩效工资系数×部门绩效工资系数。

某公司销售部销售人员王毅在公司的职位为金牌销售代表；其全年绩效工资基数为55 000元。

销售部15年度整体业绩目标为基本48分，合理51分，奋斗54分。王毅所在区域的个人业绩指标为保底46分，基本49分，合理52，奋斗55分。

若销售部15年最终得分为55分，即完成奋斗目标，部门系数为1.2；王毅所负责区域的最终业绩得分为49分，即完成基本目标，个人系数为0.8；则王毅个人预估绩效工资全额为55 000×0.8×1.2=52 800（元）。

11.1.4 结构工资的核算

1. 结构工资概述

结构工资制又称为分解工资制或组合工资制，公司给付工资的基础是企业内部不同职位或不同技能，反映职位和员工之间基本薪酬的对比关系的工资给付形式。结构工资制是在企业内部工资改革探索中建立的一种新工资制度。

工资结构是指员工工资的各构成项目以及不同项目各自所占的比例。一个合理的组合工资结构应该是即有固定工资部分，如基本工资、岗位工资、技能或能力工资、工龄工资等，又有浮动工资部分，如效益工资、绩效工资、资金等。结构工资制在理论研究中主要有以下几种形式。

（1）以绩效为导向的工资结构（绩效工资制）

以绩效为导向的工资结构因员工的劳动绩效的不同而不同，并不是处于同一职位或者技能等级的员工都能保证拿到相同数量的劳动报酬，企业在核算工资时应调整绩效工资在工资结构中所占的比重。

（2）以职位（岗位）为导向的工资结构（岗位工资制）

这一给付工资的前提是做好职位评价，充分考虑不同的职位在整个企业系统中的相对价值。

（3）以能力为导向的工资结构（技能工资制）

是以员工完成工作应具备的工作能力和潜力来确定，适用于科学研究、智能开发等技术复杂程度高、劳动熟练程度差别大的企业。

（4）组合工资结构（组合工资制）

将工资分解成几个组成部分，分别依据绩效、技术、培训水平等因素来确定工资额。

企业在实际应用结构工资核算时应考虑企业的性质和结构工资制的特点，不同性质的企业在采用结构工资时可以参考下列标准：

1）在企业工作弹性比较大，注重产出的高弹性类企业，应绩效工资与奖金占的较大比重，可以实用绩效为导向的工资结构。

2）在企业发展稳定，员工工作内容清晰明确的高稳定性性企业，可以基本工资比重相当大，奖金视经营情况按基本工资比例发放，如日本年功工资。

3）处于前述两个类型中间的企业属于折中类，可以参考企业的战略发展目标采用不同的结构工资核算方法，如以能力为导向的工资结构、以岗位为导向的工资结构及组合工资结构。

2. 结构工资核算的内容

如图 11-1 所示，结构工资一般包括 6 个部分：基础工资、岗位工资、技能工资、效益工资、浮动工资、工龄工资。

（1）基础工资

基础工资即保障员工基本生活需要的工资。设置这一工资项目是为了保证员工的基本生活。基础工资主要采取按绝对额或系数两种办法确定和发放。

1）绝对额办法。主要是考虑员工基本生活费用及占总工资水平中的比重，统一规定同一数额的基础工资。

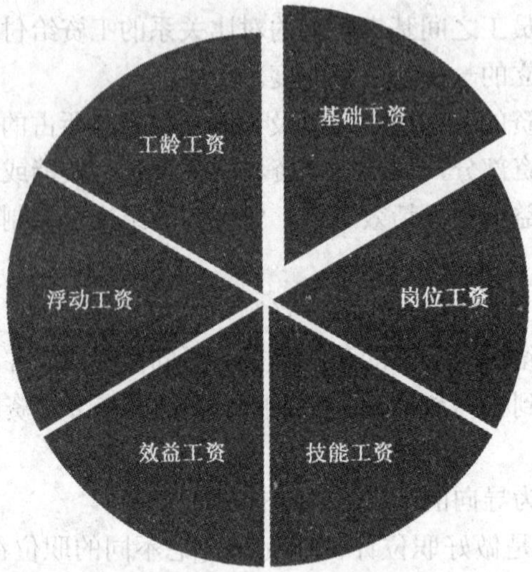

图 11-1 结构工资常见组成部分

2）系数办法，主要是考虑员工现行工资关系和占总工资水平中的比重，按大体统一的参考工资标准规定的员工本人标准工资的一定百分比确定基础工资。

（2）岗位（职务）工资或技能工资

岗位工资或技能工资是根据岗位（职务）的技术、业务要求、劳动繁重程度、劳动条件好差、所负责任大小等因素来确定的。它是结构工资制的主要组成部分，发挥着激励员工努力提高技术、业务水平，尽力尽责完成本人所在岗位（职务）工作的作用。

岗位（职务）工资有两种具体形式，一种是采取岗位（职务）等级工资的形式，岗（职）内分级，一岗（职）几薪，各岗位（职务）工资上下交叉；另一种是采取一岗（一职）一薪的形式。岗位（职务）工资标准一般按行政管理人员、专业技术人员、技术工人、非技术工人分别列表。

（3）效益工资

效益工资是根据企业的经济效益和员工实际完成的劳动的数量和质量支付给员工的工资。效益工资发挥着激励员工努力实干，多做贡献的作用。效益工资没有固定的工资标准，它一般采取奖金或计件工资的形式，全额浮动，对员工个人上不封顶、下不保底。

（4）浮动工资

浮动工资是劳动者劳动报酬随着企业经营好坏及劳动者劳动贡献大小而上下浮动的一种工资形式。形式多样。有利于调动员工群众的积极性，促使员工群众关心集体事业。

（5）工龄工资

工龄工资是根据员工参加工作的年限，按照一定标准支付给员工的工资。它是用来体现企业员工逐年积累的劳动贡献的一种工资形式。它有助于鼓励员工长期在本企业工作并多做贡献，同时，又可以适当调节新老员工的工资关系。工龄工资采取绝对额或按系数两类形式发放的办法。绝对额又可分为按同一绝对额或分年限按不同绝对额的办法发放。按系数又可分为按同一系数或不同系数增长的办法发放。一般来说，增加年功工资，主要决定于员工工龄的增长，同时还应决定于员工的实际劳动贡献大小和企业经济效益好差。只有这样，才能更好地发挥这一工资单元的作用。

各个项目并不是独立的，企业在确定每个项目的比重时应考虑企业的实际需要。最重要的原则是保证实现企业的发展目标和员工长期发展的目标，核算视每个项目的比重不同而定，具体核算实例不具有参考价值，核算结果是企业付给员工的综合工资，即没有扣除社保之前的工资额，因此不在此赘述。

特别提示

企业结构工资制的内容和构成视性质不同而有所不同。因此不宜简单照搬国家机关、事业单位的现行办法，各企业可以根据不同情况作出不同的具体规定。其组成部分可以按劳动结构的划分或多或少，各个组成部分的比例，可以依据企业的实际需要确定，没有固定的公式。

3. 结构工资核算的程序

实行结构工资核算的企业，在进行工资核算前，要做好充分的准备工作。如图 11-2 所示，在制定结构工资制时，主要程序有以下六方面工作。

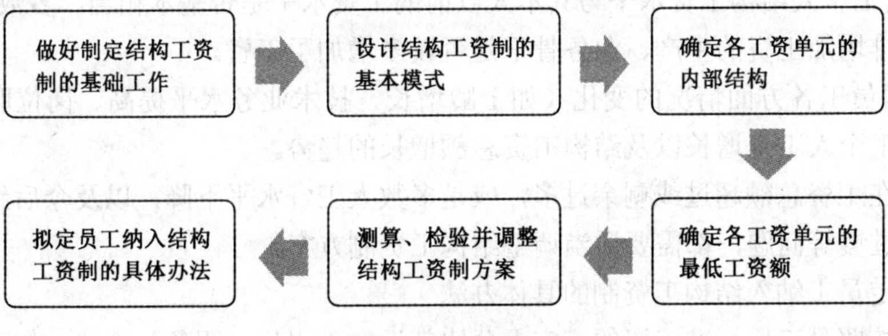

图 11-2　结构工资核算流程图

（1）做好制定结构工资制的基础工作

1）将全体员工人数、工资、工作年限、学历职称、技术等级、生产（工作）岗位、职务等登记造表，进行综合分析，剔除不合理因素，找出工资关系上的突出问题。

2）根据本单位生产、工作和人员结构的特点，对员工劳动进行分析归类，确定有代表性的劳动结构，譬如：劳动岗位（职务）、劳动能力、现时劳动、积累劳动等部分。

3）根据计量劳动量的客观需要，补充必要的工种形式，确定各工资形式的相互关系。

（2）设计结构工资制的基本模式

设计基本模式就是根据上述基础工作提供的资料和情况，确定工资结构，如设置基础工资、岗位（职务）工资、年功工资、效益工资 4 个单元。再确定结构工资中各单元的比例，即将结构工资总额视为 100%，分别确定各工资单元所占百分比。一般来说，生产、工作的重点环节，其相对应的工资单元比例应当安排高一些，反之，则可以安排低一些，然后，按各工资单元比例求出各单元工资额。

单元工资额=结构工资总额×该工资单元所占百分比

小案例

某企业确定结构工资制中的岗位（职务）工资所占百分比为40%，结构工资总额为每月10万元，那么岗位（职务）工资单元的工资额即为4万元。

（3）确定各工资单元的内部结构

即按照岗位功能测评办法，确定岗位工资单元中各类岗位的岗位顺序，如实行一岗一薪的，需确定各岗位之间的岗差系数，如实行岗位等级工资的，还需确定每类岗位内部各等级的工资系数，并测算平均工龄，确定效益工资的具体工资形式和发放办法等。与此同时，根据各工资单元内部结构的安排，规定相应的技术、业务标准、职责条例、劳动定额等项要求，并拟定具体考核办法。

（4）确定各工资单元的最低工资额

（5）测算、检验并调整结构工资制方案

即根据初步确定的结构工资制各单元工资标准，将全厂员工（或抽样）纳入方案测算：

1）看全部员工个人的结构工资相加后是否基本符合安排的结构工资总额。

2）看员工个人结构工资水平与其本人以前的工资水平是否基本相当，多数人略有增加，其中原拟安排增加工资的生产、业务骨干是否较多增加了工资。

3）根据员工各方面情况的变化（如工龄增长、技术业务水平提高、岗位职务变动等）预测各类员工个人工资增长以及结构工资总额增长的趋势。

如果存在工资总额超过或剩余过多，或是多数人工资水平下降，以及今后结构工资增长速度过快或过慢等问题，都需要适当调整结构工资制方案。

（6）拟定员工纳入结构工资制的具体办法

一般是按照员工原标准工资的一定百分比就近靠入岗位（职务）工资，如工资结构中设置了基础工资单元的，则先确定基础工资，再按上述办法靠入岗位（职务）工资，提升岗位、职务者按新岗位、职务计发工资，然后再分别确定员工的年功工资等，并确定计提效益工资的办法。

但是在实践中企业应用结构工资核算存在复杂的操作程序，人力资源部必须对不同员工的技能、岗位重要性、职位价值做出公正的评估，因此结构工资的核算并不是具有普遍性。作为人力资源专业的学生，对此种工资核算了解即可。

11.1.5 薪点工资的核算

1. 薪点工资核算的概述

薪点工资制是市场经济条件下在国内企业中新产生的一种薪酬制度，为现代企业工资收入分配制度改革提供了一个可供借鉴的模式，薪点工资给付工资是基于岗位的价值贡献大小，岗位职责、技能、经验要求、工作的强度、工作环境条件多角度评价获取岗位价值分值，再根据分值大小确定出的岗位工资方式。

薪点也是企业分配的最小价值单位，它随赋予每个薪点的货币价值的不同而代表不同金额，也叫薪点值。

例如：员工收入=点数 × 薪点值

薪点值=月度工资总额 ÷ 总点数

如：某岗位总点数为 1 000 点，每个薪点值为 5 元；则：收入 1 000 点 × 5 元值=5 000 元。

薪点的本质是：第一，每个员工的薪点数不同表明不同员工所具有的价值是不一样的。这取决于各个员工之间的教育背景，承担岗位职责大小，拥有的技能、工作经验或者其他综合能力的差异。第二，薪点数反映的是员工任职资格层级，也就是员工胜任其所在职种的水平，反映了员工所具备的知识、技能、经验对企业的价值。影响薪点数的因素主要有职种、任职资格等级和绩效 3 个方面。

2. 薪点工资核算的程序

薪点工资核算程序如图 11-3 所示。

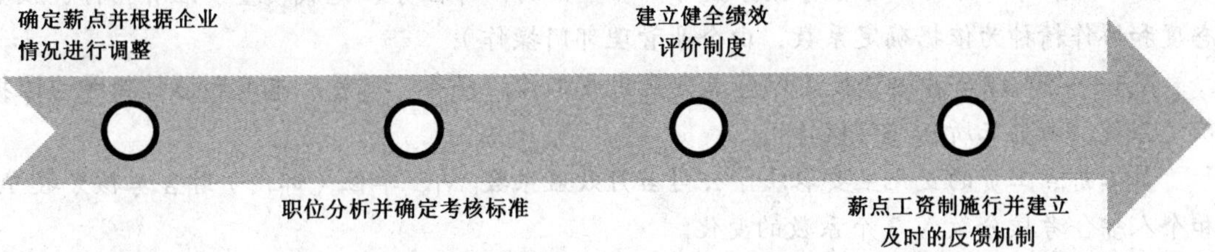

图 11-3　薪点工资核算程序

（1）确定薪点并根据企业情况进行调整

薪点点值是以企业的经济效益为基础，依据当年工效挂钩结算的可使用数与企业的实际支付能力计算确定的。由于企业工资总额受企业效益制约，所以薪点点值及员工收入，都将随着企业经济效益的升降而相应浮动。

相关链接

岗效薪点工资的点值按以下公式计算：

$$X=(A-G-R)/\sum D\div 12$$

式中，X 点——点值（单位：元）；

D——员工个人岗位薪点总数；

A——本年度上级核定的工资总额；

G——预算奖金总数；

R——工资含量内津贴补贴的年度总数。

（2）岗位分析并确定考核标准

业绩考核是反映员工当月工作绩放的直接依据，由企业管理部门和员工所在的部门负责实施。实现了员工的收入与公司的效益、单位/部门的业绩和个人的工作成绩的紧密挂钩，加强对员工的工作态度、能力和业绩等因素的考核，年终以业绩为依据按一定比例进行奖惩。通过考核，实现了人事、劳动、薪酬三位一体的滚动淘汰制。

相关链接

岗效薪点工资依据其评价结果进行计算，考核公式如下：

$$Z=B\times G\times N_1\times N_2\times N_3$$

式中：Z——员工岗效薪点工资；

B——员工岗效薪点数；

G——当年薪点点值；

N_1——公司当月效益系数（生产部门以当月完成的生产任务量为依据确定系数；职能管理部门以当月完成的销售任务为依据确定系数，由公司企业管理部门操作）；

N_2——单位（部门）综合考核分数（以各单位的工作任务、完成质量、经济指标、服务态度和协作精神为依据确定系数，由企业管理部门操作）；

N_3——个人综合考核分数（以员工当月完成工作的任务、质量、态度和协作精神为依据确定系数，由员工所在部门操作）。

员工薪点工资的变化主要取决于公司当月效益系数 N_1、单位（部门）综合考核分数 N_2 和个人综合考核分数 N_3 3 个系数的变化。

（3）建立健全绩效评价制度

要实现分配的公平性，则必须对单位和员工的绩效作出全面、客观、公正、准确的考核评价。在试行薪点工资制时，要把对单位和员工实际履岗贡献考核摆在重要位置，并提出具体要求。即对单位试行工效挂钩，严考核、硬兑现；对员工严格按照确定的量化考核标准实行考核，确定员工的贡献系数和实得点数。

（4）薪点工资制施行并建立及时的反馈机制

以岗定薪，易岗易薪，员工岗位晋升或调低岗位，则按新岗位最低档核定岗位要素点。因此，及时反馈员工的工作结果，有利于调整员工的工作岗位，实现有效的管理。

特别提示

岗效薪点工资制以岗位为对象，具有岗位工资的基本特征，在什么岗位就按什么岗位的点数加履岗贡献大小考核的奖罚点计酬，是一种以岗位因素为主的分配制度，其核心是对岗不对人，即：不论谁在这个岗位，都按岗位的点数计酬，不存在干部与工人的差异，易岗易薪。只要竞争上其岗. 在其位，负其责，就得其薪，真正实现责、权、利的统一。

3. 薪点工资核算实例[1]

中通出租汽车有限公司目前拥有出租汽车 2 000 多辆，公司主营业务有汽车客运、汽车配件销售等业务，为充分调动员工工作的主动性和积极性，使员工的收入与个人劳动成果、公司经济效益更加紧密地结合起来，体现“公平原则”的按劳分配目标，使公司更好地适应当前的行业竞争环境，公司决定从 2016 年 1 月 1 日开始在公司实行新的工资分配制度——薪点工资制，具体步骤如下。

（1）员工工资结构

员工工资结构如图 11-4 所示。

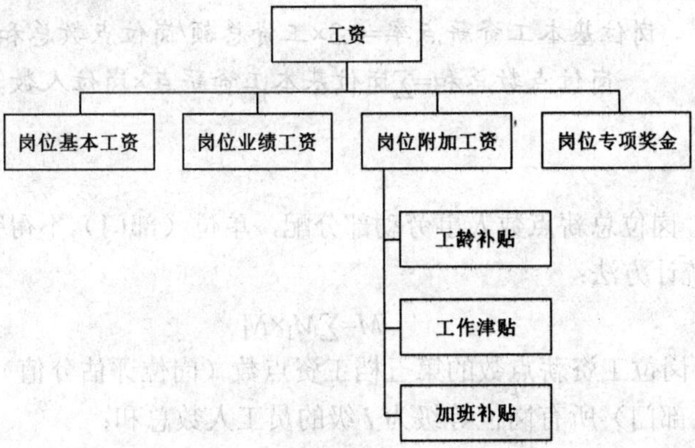

图 11-4　员工工资结构

其各部分所占比例如表 11-2 所示。

表 11-2　员工工资结构各部分所占比例

组成	岗位基本工资	岗位业绩工资	岗位附加工资	岗位专项奖金
工资总额的比例	30%	60%	10%	

1）岗位基本工资

体现岗位劳动差异和个人技能差异的工资，占工资的 30%，用薪点形式表示。岗位基本工资薪点取决于岗位劳动要素点和岗位员工技能点。

2）岗位业绩工资

通过与经济指标、个人能力、工作态度挂钩，及时地反映岗位员工贡献。岗位业绩工资薪点是岗位基本工资薪点的两倍。

3）岗位附加工资

岗位附加工资由工龄补贴、工作津贴、加班补贴构成。计算工龄补贴的工龄，按原办法确定，每年 1 月 1 日进行调整。工龄补贴按员工的工龄长短分三段计算。

1 ××汽车股份有限公司的薪点工资制，http://www.labournet.com.cn/fasj/jingxuan2.htm。

工龄 1～10 年（含 10 年）的，按 2 元/年计发；

工龄 11～25 年（含 25 年）的，按 5 元/年计发；

工龄 26 年（含 26 年）以上的，按 10 元/年计发。

工作津贴是指依据国家有关规定核准对特殊作业人员发放的津贴。

加班补贴则是按《劳动法》相关规定执行。

4）岗位专项奖金

奖项分为 20 项，集体奖 8 项，个人奖 12 项。依据奖金项制定的标准发放，由奖惩委员会负责管理。

（2）薪点工资率（薪点点值）计算方法

岗位基本工资薪点率=0.3×工资总额/岗位点数总和；

岗位点数总和=∑岗位基本工资薪点×岗位人数

（3）操作方法

1）薪点数统计

各单位（部门）岗位总薪点数人事劳动部分配，单位（部门）不得突破分配指标。各分厂（部门）薪点数统计方法：

$$M=\sum M_I \times N_I$$

式中：M_I——第 I 级岗位工资薪点数的第五档工资点数（岗位评估分值）；

N_I——分厂（部门）所有岗位等级为 I 级的员工人数总和；

M——各分厂（部门）薪点数的总和。

2）评估分档

由单位（部门）行政领导、工会、管理人员、职工代表等组成两级工资管理委员会，按岗位员工技能点评估表统一进行评估分档，员工技能点分档决定岗位员工的工资档次。

3）岗位技能点评估

岗位技能点是部门根据员工的岗位技能水平、工作经验、岗位工作表现、历史贡献 4 个主要因素对每位员工进行评分的分值，分数为 1～10 分，对应 1～10 档工资档次（如表 11-3 所示）。

表 11-3　岗位员工技能点评估表

姓名	岗位技能水平（30%）	工作经验（25%）	岗位工作表现（25%）	历史贡献（20%）	技能点分数 1～10 分
	1～10 分	1～10 分	1～10 分	1～10 分	
王××	9	9	5	7	7.6
李××	5	5	6	8	5.85
赵××	8	2	9	2	5.55
田××	3	4	2	5	3.4
齐××	2	7	4	9	5.15

4）岗位基本工资薪点的确定

首先根据岗位劳动要素点（评估分值）确定工资等级，再由部门评定岗位员工的技能，根据员工技能点对应工资等级中对应的档次，然后确定对应的岗位基本工资薪点数。

5）确定岗位业绩工资薪点

$$岗位业绩工资薪点 = 岗位基本工资薪点\times 2$$

6）岗位业绩工资按月考核发放

$$Z=B\times C\times N_1\times N_2\times N_3$$

式中：Z——员工岗位业绩工资；

B——员工岗位业绩工资薪点；

C——当年薪点点值；

N_1——公司当月效益系数；

N_2——单位（部门）综合考核分数；

N_3——个人综合考核分数。

薪点工资制的不足之处在于：一是实行薪点工资制有可能引发员工之间的过度竞争，它将影响部门或者班组整体工作效率的提高；二是为了推行此方案，有可能使设计的岗位档次间的差距过小，尚不能合理地体现岗位之间的差别；三是年轻员工投入改革的技能工资少。老员工投入改革的技能工资多，利用年功工资差不能完全弥补，可能引起部分老员工的心理不平衡。

岗位薪点工资制的优点是点值可调、工资能增能减，工资收入的多少与个人绩效、组织绩效紧密挂钩，既挂盈也挂亏，增强了员工的市场风险意识，增强了薪酬的激励力度，也增强了企业的凝聚力。

特别提示

为充分发挥岗位薪点工资制的优越性，在实施中应注意以下几点：

1. 应在岗位分析的基础上进行岗位评价，使岗位类别的划分建立在岗位评价的基础之上。

2. 建立严格的员工技能考核机制和员工绩效考核机制，使员工的基本薪酬与岗位绩效薪酬与考核的结果挂钩。

3. 实行动态管理，健全薪酬基础管理，加强薪酬成本与人工成本分析，不断改进完善薪酬制度。

11.2　社会保险及个人所得税的核算

11.2.1　社会保险的核算

1. 基本社会保险费的计算

要核算社会保险费用，首先应该确定员工的缴费基数，社保费用是用缴费基数乘以相应险种的比例算出的，而单位的缴费基数是按单位内正常缴费的员工缴费基数之和确定的。社会保险基数简称社保基数，是指职工在一个社保年度的社会保险缴费基数，它是按照职工上一年度 1～12 月的所有工资性收入所得的月平均额来进行确定。社会保险缴费基数是计算用人单位及其职工缴纳社保费和职工社会保险待遇的重要依据，是一切后续工作的基础，缴费基数有上限和下限之分，具体数额根据各地区实际情况而定，以北京市为例，2015 年社会保险缴费基数如表 11-4 所示。

表 11-4　北京市 2015 年 7 月—2016 年 6 月社会保险缴费基数表

户口性质	项目	单位缴纳						个人缴纳						合计
		养老	失业	工伤	生育	医疗	小计	养老	失业	工伤	生育	医疗	小计	
本市城镇	缴费基数	2 585	2 585	3 878	3 878	3 878		2 585	2 585			3 878		
	比例	20%	1%	0.50%	0.80%	10%		8%	0.2%			2%+3		
	金额	517.00	25.85	19.39	31.02	387.80	981.06	206.80	5.17			80.56	292.53	1 273.59
本市农村劳动力	缴费基数	2 585	2 585	3 878	3 878	3 878		2 585	2 585			3 878		
	比例	20%	1%	0.50%	0.80%	10%		8%				2%+3		
	金额	517.00	25.85	19.39	31.02	387.80	981.06	206.80				80.56	287.36	1 268.42

根据相关规定，参加基本养老保险、基本医疗保险、失业保险、工伤保险、生育保险的职工按照本人上一年月平均工资确定缴费基数。但对于收入过高或过低的人群，还相应地设定了缴费基数的上下限，即职工上一年月平均工资低于下限的，以下限作为缴费基数；高于上限的，以上限作为缴费基数。月平均工资在上下限之间的，则按本人实际工资收入确定养老保险缴费基数。

2015 年度北京市社保缴费基数上限按照北京市 2014 年职工月平均工资的 300%确定，最高不超过 19 389 元。参加基本养老保险、失业保险的职工，缴费基数下限按照本市 2013 年职工月平均工资的 40%，最低不低于 2 585 元；参加基本医疗保险、工伤保险、生育保险的职工，缴费基数下限按照本市 2013 年职工月平均工资的 60%，最低不低于 3 878 元。

而对于个人委托存档的灵活就业人员，缴费基数有三档可以选择。以北京市上一年职工月平均工资为缴费基数的，月缴纳基本养老保险费 1 292.6 元、失业保险费 77.56 元。以本市上一年职工月平均工资的 60%作为缴费基数的，月缴纳基本养老保险费 775.6 元、失业保险费 46.54 元。以本市上一年职工月平均工资的 40%作为缴费基数的，月缴纳基本养老保险费 517 元、失业保险费 31.02 元。而享受社会保险补贴人员，月缴纳基本养老保险费 155.1 元、失业保险费 5.17 元。

2．社保核算举例

2015 年张明是北京市城镇职工，每月收入为 2 400 元，则社保的计算方式如下：

个人缴纳部分：

养老金个人缴纳=2 585×8%＝206.8（元）

医疗保险个人缴纳= 3 878×2%+3 =80.56（元）

失业保险个人缴纳= 2 585×0.2% =5.17（元）

合计：292.53 元

单位缴纳部分：

养老金单位缴纳=2 585×20% = 517（元）

医疗保险单位缴纳= 3 878×10% =387.8（元）

失业保险单位缴纳= 2 585×1% =25.85（元）

生育保险缴纳= 3 878×0.8% =31.02（元）

工伤保险缴纳= 3 878×0.5% =19.39（元）

合计：981.06 元

11.2.2 个人所得税的核算

1．个人所得税计算

（1）工资、薪金所得

工资、薪金所得适用七级超额累进税率，税率为 3%～45%（个人所得税税率表如表 11-5 所示）。

表 11-5 个人所得税税率表

级数	含税级距	不含税级距	税率(%)	速算扣除数
1	不超过 1 500 元的	不超过 1 455 元的	3	0
2	超过 1500 元至 4 500 元的部分	超过 1 455 元至 4 155 元的部分	10	105
3	超过 4 500 元至 9 000 元的部分	超过 4 155 元至 7 755 元的部分	20	555
4	超过 9 000 元至 35 000 元的部分	超过 7 755 元至 27 255 元的部分	25	1 005
5	超过 35 000 元至 55 000 元的部分	超过 27 255 元至 41 255 元的部分	30	2 755
6	超过 55 000 元至 80 000 元的部分	超过 31 375 元至 45 375 元的部分	35	5 505
7	超过 80 000 元的部分	超过 57 505 元的部分	45	13 505
说明	1．本表含税级距指以每月收入额减除费用 3 500 元后的余额或者减除附加减除费用后的余额。2．含税级距适用于由纳税人负担税款的工资、薪金所得；不含税级距适用于由他人（单位）代付税款的工资、薪金所得			

（2）需要缴纳个人所得税的福利项目

根据《国家税务总局关于生活补助费范围确定问题的通知》（国税发〔1998〕155 号文）规定下列收入不属于免税的福利费范围，应当并入纳税人的“工资、薪金”所得计征个人所得税：（一）从超出国家规定的比例或基数计提的福利费、工会经费中支付给个人的各种补贴、补助；（二）从福利费和工会经费中支付给本单位职工的人人有份的补贴、补助；（三）单位为个人购买汽车、住房、电子计算机等不属于临时性生活困难补助性质的支出。由于工资、薪金包含的内容较多，需要考虑的点也较多，导致企业财务人员在计算工资、薪金缴纳个人所得税时，难以面面俱到，下面罗列一些容易被漏缴的个人所得税项目。

1）人人有份的实物福利

《国家税务总局关于生活补助费范围确定问题的通知》（国税发〔1998〕155 号）规定，从福利费和工会经费中支付给单位员工的人人有份的补贴、补助不属于免税的福利费范围，应当并入纳税人的工资、薪金收入计征个人所得税；个人所得税法实施条例第十条规定，个人所得的形式，包括现金、实物、有价证券和其他形式的经济利益。所得为实物的，应当按照取得的凭证上所注明的价格计算应纳税所得额。

2）超标准支付的保险、住房公积金

按照国家或省（自治区、直辖市）人民政府规定的标准、缴费比例实际缴付的基本养老保险费、基本医疗保险费和失业保险费以及住房公积金，免征个人所得税。但超过规定的比例和标准缴付的社会保险、住房公积金，应并入个人当期的工资、薪金收入，计征个人所得税。

依据：《财政部、国家税务总局关于基本养老保险费基本医疗保险费失业保险费、住房公积金有关个人所得税政策的通知》（财税〔2006〕10 号）规定，企事业单位和个人超过规定的比例和标准缴付的基本养老保险费、基本医疗保险费和失业保险费，应将超过部分并入个人当期的工资、薪金收入，计征个人所得税；单位和个人分别在不超过员工本人上一年度月平均工资 12%的幅度内，其实际缴存的住房公积金，允许在个人应纳税所得额中扣除。

3）私车公用的车辆补贴和超标准的通信补贴

日常经济业务中，很多企业会存在私车公用的情况，企业采用的形式亦各种各样，有的采取租赁的形式，有的采取直接发放现金车补的形式，有的则采取报销员工私车公用发生的费用（如汽油费、过路过桥费等）的形式补贴员工。根据规定，对于个人因公务用车制度改革而取得的公务用车补贴收入，扣除一定标准的公务费用后，按照工资、薪金所得项目计征个人所得税。同样的道理，企业向员工发放的通信补贴，扣除一定标准的公务费用后，按照工资、薪金所得项目计征个人所得税，其中的标准由各省税务机关规定。

依据：《国家税务总局关于个人因公务用车制度改革取得补贴收入征收个人所得税问题的通知》（国税函〔2006〕245 号）规定，因公务用车制度改革而以现金、报销等形式向员工个人支付的收入，均应视为个人取得公务用车补贴收入，按照工资、薪金所得项目计征个人所得税。

《国家税务总局关于个人所得税有关政策问题的通知》（国税发〔1999〕58 号）规定，个人因公务用车和通信制度改革而取得的公务用车、通信补贴收入，扣除一定标准的公务费用后，按照工资、薪金所得项目计征个人所得税。按月发放的，并入当月工资、薪金所得计征个人所得税；不按月发放的，分解到所属月份并与该月份工资、薪金所得合并后计征个人所得税。

4）旅游奖励

企业往往对业绩突出的员工给予旅游奖励，为员工报销旅游费用。这相当于员工从企业取得了非现金形式的经济利益，属于计算个人所得税的组成部分，应当并入员工当月工资、薪金计算缴纳个人所得税。

依据《财政部、国家税务总局关于企业以免费旅游方式提供对营销人员个人奖励有关个人所得税政策的通知》（财税〔2004〕11 号）规定，按照我国现行个人所得税法律法规有关规定，对商品营销活动中，企业和单位对营销业绩突出人员以培训班、研讨会、工作考察等名义组织旅游活动，通过免收差旅费、旅游费对个人实行的营销业绩奖励（包括实物、有价证券等），应根据所发生费用全额计入营销人员应税所得，依法征收个人所得税，并由提供上述费用的企业和单位代扣代缴。其中，对企业雇员享受的此类奖励，应与当期的工资、薪金合并，按照工资、薪金所得项目征收个人所得税。

5）为员工报销 MBA、EMBA 等学历教育费用

公司为储备人才和加强经营管理的需要，由公司承担费用，安排员工参加 EMBA 等培训。企业为员工承担的 MBA、EMBA 等学历教育费用均属于员工取得的与任职或者受雇有关的其他所得，应并入工资、薪金计算缴纳个人所得税。

依据：个人所得税法实施条例规定，各项个人所得的范围包括的工资、薪金所得，指个人因任职或者受雇而取得的工资、薪金、奖金、年终加薪、劳动分红、津贴、补贴以及与任职或者受雇有关的其他所得。《关于企业员工教育经费提取与使用管理的意见》（财建〔2006〕317 号）规定，企业员工参加社会上的学历教育以及个人为取得学位而参加的在职教育，所需费用应由个人承担，不能挤占企业的员工教育培训经费。

6）其他应纳税收入

社会保险、个人提供担保取得的收入、个人兼职取得的收入；民政部门支付给个人的救济金以及抚恤金。

（3）不属于工资、薪金所得项目的收入

对于一些不属于工资、薪金性质的补贴、津贴或者不属于纳税人本人工资、薪金所得项目的收入，不予征税。这些项目包括：①独生子女补贴。②执行公务员工资制度未纳入基本工资总额的补贴、津贴差额和家属成员的副食品补贴。③托儿补助费。④差旅费津贴、误餐补助；误餐补助是指国家财务制度对因出差、特殊工作的人员而影响其正常吃饭时给予的适当补助。⑤免税的福利费、抚恤金、救济金。福利费，指根据国家有关规定，从企业、事业单位、国家机关、社会团体提留的福利费或者工会经费中支付给个人的生活补助费；救济金，指国家民政部门支付给个人的生活困难补助费。

（4）以下所得也属于“工资、薪金所得”征税范围

从超出国家规定的比例或基数计提的福利费、工会经费中支付给个人各种补贴、补助；从福利费和工会经费中支付给本单位员工的人人有份的补贴、补助；单位为个人购买汽车、住房、电子计算机等不属于临时性生活困难补助性质的支出（月饼、过节费都需纳税）。

（5）工薪所得的个人所得税计算

应纳个人所得税税额 =应纳税所得额 × 适用税率 − 速算扣除数

应纳税所得额 = 工薪收入 − 免税收入 − 扣除费用 − 按照规定缴付的五险一金 − 采暖费补贴 − 公务用车及通信费 − 捐赠

具体工资薪金：工资、薪金所得，是指个人因任职或者受雇而取得的工资、薪金、奖金、年终加薪、劳动分红、津贴、补贴以及与任职或者受雇有关的其他所得。

个人取得的所得，只要是与任职或者受雇有关，不管其单位的资金开支渠道是以现金、实物、有价证券或其他支付形式（比如奖励旅游、购买商业性补充养老保险等）支付的，都是工资、薪金所得的征税范围。

2. 个税计算举例

某员工，2015 年 11 月税前工资 5 000 元，证书补贴 1 500 元，发内刊投稿稿费 200 元，补发交通补贴 1 200 元，社保个人部分 303 元，住房公积金个人部分 250 元，借公款 500 元从工资中扣还，无其他扣款项。请计算该员工的应纳个人所得税税额和最后的实发工资。

①应纳税所得额（本月收入）＝税前月工资 5 000 元＋证书补贴 1 500 元＋补发其他 200 元（稿费等等）＋探亲交通费 1 200 元＝7 900 元

②当月应纳的个人所得税＝（7 900－3 500－303－250）×10%－105＝279.7 元，税率参见表 11-5。

③该员工本月实发工资＝本月工资税后所得＝本月收入－总额个税－社保个人部分－公积金个人部分－其他扣款－借款＝7 900－279.7－303－250－500=6 567.3（元）

11.3 工资核算实例：AM 公司工资核算

AM 公司是北京市一家高新技术企业，主要从事数字系统设计和研发工作，员工构成简单。公司主要部门有设计部、商务部、研发部、人力资源、财务部。该公司的实行绩效薪酬，绩效考核方式简单。具体工资核算如下步骤所示。

11.3.1 工资核算基本资料

职级工资的 40%作为绩效考核基数。考评由公司 CEO 具体实施，该公司 2015 年 2 月薪资组成如表 11-6 所示。

表 11-6 AM 公司员工薪酬组成

序号	姓名	职务	薪资组成										
			岗位综合工资			餐补	差补	通信补贴	电脑补贴	奖金/提成	其他	合计
			职级工资	岗位工资	岗位绩效工资							
1	万总	CEO	20 000	12 000		330		500				
2	张力	人事行政副经理	7 800	4 680		330		150				
3	黎平	设计主管	5 000	3 000		300		100				
4	张曼	设计员工	4 400	2 640		315		50				

续表

序号	姓名	职务	薪资组成									
			岗位综合工资			餐补	差补	通信补贴	电脑补贴	奖金/提成	其他	合计
			职级工资	岗位工资	岗位绩效工资							
5	王辉	研发成员	2 800	1 680		330		50				
6	杜海涛	行政	3 000	1 800		330		50				
7	李佳	商务专员	3 600	2 160		330		100				
8	董丽	研发组长	7 500	4 500		330		50	125			
9	余珊	研发成员	3 500	2 100		375					482.76	
10	康成	商务专员	3 600	2 160		330						

11.3.2 绩效考核结果

AM 公司 2 月的绩效考核结果如表 11-7 所示。

表 11-7 AM 公司绩效考核结果

序号	姓名	职务	等级	系数
1	张力	人事行政副经理	A	1.2
2	张曼	设计员工	B	1.1
3	王辉	研发成员	B	1.1
4	杜海涛	行政	B	1.1
5	李佳	商务专员	C	1
6	董丽	研发组长	B	1.1
7	余珊	研发成员	C	1
8	康成	商务专员	C	1

11.3.3 工资核算

该公司岗位绩效工资计算公式如下：

月岗位绩效工资=岗位工资+绩效工资

=职级工资×60%+考核系数×职级工资×40%

该公司的住房公积金统一执行 4 000 元的缴存基数，社保执行 5 000 元的缴费基数。

问题 1：员工张力 2 月的岗位绩效工资是多少？

问题 2：员工王辉 2 月个人应缴存的社保包括住房公积金是多少？

问题 3：员工张力 2 月应缴纳的个人所得税及实发工资是多少？

计算结果分析如下。

问题 1：员工张力 2 月的岗位绩效工资=7 800×60%+7 800×40%×1.2=8 424（元）

本问题应该注意的是绩效考核方式不同，计算方式也有所不同。另外，不同行业作为绩效考核工资的基数也不同，但是绩效工作作为激励条件，一定要在保证员工公平和激励中取得平衡，不然也会失去绩效工资的作用。

问题 2：员工王辉 2 月个人应缴存的社保包括住房公积金=住房公积金个人缴纳= 4 000×12% =480（元）

问题 3：员工张力 2 月应缴纳的个人所得税＝（实际计税工资－3500）×税率－速算扣除数

实际计税工资＝标准工资＋绩效小计－应扣小计（社保和公积金）

个人缴纳的社保部分为不计税工资，张力应缴存的费用计算如下：

养老金个人缴纳＝5 000×8%＝400（元）

医疗保险个人缴纳＝5 000×2%＋3＝103（元）

失业保险个人缴纳＝5 000×0.2%＝10（元）

住房公积金个人缴纳＝4 000×12%＝480（元）

个人总共缴纳 993 元。

实际计税工资＝7 800＋4 680＋8 424＋330＋150－993=20 395（元）

个人应纳所得税＝（20 395－3 500）×25%－1 005＝3 218.75 元，税率参见表 11-5。

张力 2 月实发工资＝20 395－3 218.75－993＝16 183.25（元）

复习思考题

一、单项选择题

1．下列各项中，不属于职工薪酬核算内容的是（　　）。

A．养老保险金

B．工会经费和职工教育经费

C．职工因工出差的差旅费、业务招待费

D．因解除与职工的劳动关系给予的补偿

2．社会保险不包括（　　）。

A．养老保险　　B．失业保险

C．工伤保险　　D．医疗保险

E．商业保险

3．五一期间，小李在公司加班，公司应支付给小李工资（　　）的报酬。

A．150%　　B．200%　　C．300%　　D．400%

4．工资总额的项目不包括（　　）。

A．计件工资　　B．符合国务院规定的发明创造奖

C．津贴补贴　　D．加班加点工资

5.（　）只由企业按照员工工资总额的一定比例缴纳，员工个人无须缴纳。

A．养老保险　　B．失业保险

C．工伤保险　　D．医疗保险

6．按照我国现行社会保险制度的规定，职工个人的缴费工资基数根据（　）确定。

A．本人当月工资　　B．本单位职工当月平均工资

C．本人上一年度月平均工资　　D．本单位职工上一年度月平均工资

7．下述哪一个不是社会保险基金的来源？（　）

A．单位缴费　　B．个人缴费

C．财政补贴　　D．社会捐赠

8．以下所得，应按“工资、薪金所得”缴纳个人所得税的是（　）。

A．个人提供担保取得的收入

B．个人兼职取得的收入

C．个人对其任职公司投资取得的股息

D．出租汽车经营单位对出租车驾驶员采取单车承包或承租方式运营，出租车驾驶员从事客货营运取得的收入

9．下列所得中免纳个人所得税的是（　）。

A．年终加薪　　B．出售本人绘画的收入

C．个人保险所获赔偿　　D．从投资的某公司取得的派息分红

10．基本养老保险采用社会统筹与个人账户相结合的模式，企业缴纳的基本养老保险费用作何处理？（　）

A．全部纳入统筹基金

B．全部纳入个人账户

C．部分纳入个人账户，部分纳入统筹基金

二、简答题

1．什么是计件工资制？其计件工资制的适用范围有哪些？

2．什么是结构工资？请举例说明，并阐述结构工资的核算程序。

3．阐述薪点工资核算的程序。

4．哪些员工福利需要缴纳个人所得税？

三、案例分析题

李某在一家私营服装企业从事缝纫工作，公司对缝纫岗位实行的是综合计算工时工作制和计件工资制度，规定职工轮班作业，每做好一件服装发给工资 20 元。李某一般每月工资为 3 200 元左右，效率高时可以得到 3 600 元左右。

公司由于需要赶制一批时装，在李某已经达到规定工作时间的情况下，经与工会和职工本人协商，安排李某等人在休息日加班。之后，公司以李某每月工资 3 200 元为基数，折算

出其平均小时工资标准，并据此向其发放加班工资。李某觉得公司的做法不合理，因为在加班期间，她急公司之所急，工作十分努力，工作效率与平时最高相仿，因此，她认为公司应该以每月 3 600 元为基数计算加班工资，或者至少以平均月工资 3 400 元为基数。

为此，李某向有关机构咨询，希望了解公司的做法是否合理，应该如何确定她的加班工资计算基数。

[案例讨论与练习题]

请问公司的做法是否合理，应该如何确定李某的加班工资计算基数？理由是什么？

四、技能操作题

××教育培训公司是北京市一家从事业余培训的中等规模企业，2015 年 7 月，在职员工 110 名，部分员工信息如表 1 所示。

表 1 ××教育培训有限公司员工情况一览表

序号	姓名	职务	职称	学历	工龄	职务等级	技能等级
1	张正	总经理	副高级	硕士研究生	15	七级	四级
2	王栋	部门经理	中级	大学本科	12	五级	三级
3	李华	部门经理	中级	大学本科	10	五级	三级
4	丁晓	项目主管	中级	大学本科	8	二级	三级
5	崔巍	项目主管	中级	大学本科	6	二级	三级
6	孟河	项目主管	中级	大学本科	5	二级	三级
7	李丽	业务员	初级	大学专科	12	一级	二级
8	潘辉	业务员	初级	大学专科	10	一级	二级

该公司现行的工资制度采用结构工资制，工资由基本工资、职务（岗位）工资、技能工资、工龄工资和奖励工资组成。基础工资按照固定工资 2 000 元确定；工龄工资按照每年工龄 15 元的标准支付；奖励工资根据当月的经济效益确定，假设本月总经理的奖励工资是 3 000 元，部门经理的奖励工资是 2 500 元，项目主管的奖励工资是 2 000 元，业务员的奖励工资是 1 300 元。职务等级工资和技能等级工资分别如表 2 和表 3 所示。

表 2 ××教育培训有限公司职务（岗位）工资标准

职务（岗位）等级	工资标准（元）	工资极差（元）
一级	1 300	—
二级	1 400	100
三级	1 600	200
四级	1 800	200
五级	2 100	300
六级	2 500	400
七级	3 000	500

表 3　××教育培训有限公司技能工资标准

技能等级	工资标准（元）	工资极差（元）
一级	1 100	—
二级	1 200	100
三级	1 400	200
四级	1 600	200
五级	2 000	400

根据上述资料编制××教育培训有限公司工资发放的相关表格，编制员工工资发放单。

参考文献

[1] 乔治·米尔科维奇，杰里·纽曼，巴里·格哈特. 薪酬管理（第11版）[M]. 北京：中国人民大学出版社，2014.

[2] 邹善童. 薪酬体系设计实操从新手到高手[M]. 北京：中国铁道出版社，2015.

[3] 赵曙明. 薪酬管理——理论、方法、工具、实务[M]. 北京：人民邮电出版社，2014.

[4] 闫轶卿. 薪酬管理从入门到精通[M]. 北京：清华大学出版社，2015.

[5] 周亚波. 一本书学会薪酬管理——资深实战专家教你做好薪酬工作[M]. 北京：人民邮电出版社，2015.

[6] 李亚慧. 薪酬福利管理实训实战实务[M]. 北京：人民邮电出版社，2015.

[7] 李志畴. 薪酬体系设计与管理实务[M]. 北京：清华大学出版社，2014.

[8] 于彬彬. 薪酬设计实战[M]. 北京：机械工业出版社，2015.

[9] 周永亮. 现代企业薪酬管理全案[M]. 北京：机械工业出版社，2015.

[10] 贺清君. 老HRD手把手教你做薪酬[M]. 北京：中国法制出版社，2015.

[11] 约瑟夫·马尔托奇奥. 战略性薪酬管理[M]. 刘昕，译. 北京：中国人民大学出版社，2015.

[12] 刘爱军. 薪酬管理理论与实务[M]. 北京：机械工业出版社，2015.

[13] 杨毅宏. 绩效与薪酬管理全案（第2版）[M]. 北京：电子工业出版社，2015.

[14] 佚名. 薪酬设计，怎样达到最佳激励效果？[EB/OL]. 2015-07-01. http://wenku.baidu.com/link?url=jEt-RYYoz-2ikR-5fmOm59wwyioXWNREKZQWICASpRQT-jl gGDr9lxa3NveQmut8FNshjpJ5FzGmDUgfcacqrFmx0b-DvE75Ay6AX8h5-XG.

反侵权盗版声明

举报电话：（010）88254396；（010）88258888

传　　真：（010）88254397

E-mail：　dbqq@phei.com.cn

通信地址：北京市万寿路 173 信箱

电子工业出版社总编办公室

邮　　编：100036